Theologische Menschenrechtsethik angesichts der globalen
Flüchtlingssituation

GESELLSCHAFT – ETHIK – RELIGION

SCHRIFTEN DES INSTITUTS FÜR CHRISTLICHE
SOZIALWISSENSCHAFTEN. NEUE FOLGE

Herausgegeben von

Marianne Heimbach-Steins

BAND 23 · 2024

Josef M. Könning

Theologische Menschenrechtsethik angesichts der globalen Flüchtlingssituation

Eine Neuorientierung in der Diskussion um das Recht, Rechte zu haben

BRILL | SCHÖNINGH

Mit freundlicher Unterstützung des Bistums Osnabrück und des Bistums Münster.

Bibliografische Information der Deutschen Nationalbibliothek.

Die Deutsche Nationalbibliothek verzeichnet diese Publikation in der Deutschen Nationalbibliografie; detaillierte bibliografische Daten sind im Internet über http://dnb.d-nb.de abrufbar.

Zugl. Diss., Universität Münster, 2023.

Alle Rechte vorbehalten. Dieses Werk sowie einzelne Teile desselben sind urheberrechtlich geschützt. Jede Verwertung in anderen als den gesetzlich zugelassenen Fällen ist ohne vorherige schriftliche Zustimmung des Verlags nicht zulässig.

© 2024 Brill Schöningh, Wollmarktstraße 115, D-33098 Paderborn, ein Imprint der Brill-Gruppe (Koninklijke Brill NV, Leiden, Niederlande; Brill USA Inc., Boston MA, USA; Brill Asia Pte Ltd, Singapore; Brill Deutschland GmbH, Paderborn, Deutschland; Brill Österreich GmbH, Wien, Österreich) Koninklijke Brill NV umfasst die Imprints Brill, Brill Nijhoff, Brill Schöningh, Brill Fink, Brill mentis, Brill Wageningen Academic, Vandenhoeck & Ruprecht, Böhlau und V&R unipress.

www.brill.com

Einbandgestaltung: Anna Braungart, Tübingen
Herstellung: Brill Deutschland GmbH, Paderborn

ISSN 2367-3680
ISBN 978-3-506-79458-1 (paperback)
ISBN 978-3-657-79458-4 (e-book)

Inhalt

Abkürzungsverzeichnis XI
Vorwort XIII

Einleitung: Herausforderungen und Probleme theologischer
Menschenrechtsethik im Kontext globaler Migration XVII

1 **Theologische Ethik als Menschenrechtsethik** 1
   1.1 Zum Stellenwert der Menschenrechte in der theologischen
       Ethik 2
       1.1.1 *Begriff und Gehalt der Menschenrechte* 5
           1.1.1.1 Begriffliche Differenzierung. Menschenrecht und
                  Menschenrechte 5
           1.1.1.2 Der *common sense* theologisch-ethischer
                  Ansätze 9
           1.1.1.3 Menschenrechtssemantiken theologischer Ethik
                  (und darüber hinaus) 11
       1.1.2 *Zeichen der Veränderung im Verhältnis zur Moderne* 16
       1.1.3 *Bestimmte bzw. kritische Affirmation* 19
   1.2 Kategorien theologisch-ethischer Menschenrechtstheorie 21
       1.2.1 *Menschenwürde und das ‚Standbild Gottes'* 22
       1.2.2 *Identifikation unentdeckter Subjekte der Menschenrechte* .. 26
           1.2.2.1 Vulnerabilität 27
           1.2.2.2 Grundbedürfnisse 31
           1.2.2.3 Erfahrungen von Leid, Unrecht und
                  Unterdrückung 33
           1.2.2.4 Empowerment 36
       1.2.3 *Praktischer Geltungsvorrang* 38
       1.2.4 *Menschenrechtsethik und Migration* 41
   1.3 Zwischenfazit: Theologische Ethik als Menschenrechtsethik
       zwischen Konsolidierung und Problematisierung 43

2 **Die globale Flüchtlingssituation – Profilierung einer
menschenrechtsethischen Herausforderung** 49
   2.1 Die globale Flüchtlingssituation zwischen Migration und
       Flucht 49

2.2		Ein erfahrungsorientierter Blick auf die globale Flüchtlingssituation	55
	2.2.1	*Zerstörung*	56
	2.2.2	*Einengung*	60
	2.2.3	*Handeln*	62
	2.2.4	*Flüchtlingserfahrung und globale Migration*	65
2.3		Institutionentheoretischer Blick auf die globale Flüchtlingssituation	66
	2.3.1	*Übergreifende Tendenzen: Globalisierung und Humanitarismus*	67
	2.3.2	*Grenzen*	69
	2.3.3	*Camps*	71
	2.3.4	*Exekutiven und Administrationen*	72
	2.3.5	*Recht und Rechte*	73
2.4		Zusammenfassung: Globale Migration und Flüchtlinge	75

3 Das *Recht, Rechte zu haben* im Kontext globaler Migration – Debatten zwischen Rechtsbegründung und Rechtskritik ... 77

3.1		Das *Recht, Rechte zu haben*. Eine kritische Erschließung		79
	3.1.1	*Synopse der Belegstellen des* Rechts, Rechte zu haben		80
	3.1.2	*Der unmittelbare Kontext der Formulierung des* Rechts, Rechte zu haben		83
		3.1.2.1	„Daß es so etwas gibt, wie ein Recht, Rechte zu haben ..." – Konstruktive Elemente des *Rechts, Rechte zu haben*	84
		3.1.2.2	„... wissen wir erst, seitdem Millionen von Menschen aufgetaucht sind, die dieses Recht verloren haben ..." – Kritische Elemente des *Rechts, Rechte zu haben*	87
			3.1.2.2.1 *Die Temporalität des* Rechts, Rechte zu haben	88
			3.1.2.2.2 *Das Minderheiten- und Staatenlosigkeitsregime*	89
			3.1.2.2.3 *Analyse der legalen Lage der Rechtlosen und politische Menschenrechtskritik*	100
			3.1.2.2.4 *Existenzphilosophische Zivilisationskritik*	107
	3.1.3	*Vorläufiges Ergebnis*		111
	3.1.4	*Rezeptionsgeschichtliche Vorbemerkungen*		112
		3.1.4.1	Historische und biographische Aspekte	112
		3.1.4.2	Systematische Fragen	117

3.2	Die migrationsethische Rezeption des *Rechts, Rechte zu haben*		118
	3.2.1 *„Ethics of Migration" und Ethik im Kontext globaler Migration*		119
		3.2.1.1 Migrationsethik als „Ethics of Migration" (Migrationsethik Typ I). Struktur und Modell	119
		3.2.1.2 Migrationsethik als Ethik im Kontext globaler Migration (Migrationsethik Typ II). Ortsbestimmung und Horizonterweiterung	129
		3.2.1.3 Zusammenfassung: Voraussetzungen der migrationsethischen Rezeption des *Rechts, Rechte zu haben*	140
	3.2.2 *Seyla Benhabib revisited. Eine Möglichkeit, das* Recht, Rechte zu haben *zu lesen*		142
		3.2.2.1 Feministische und diskurstheoretische Wendung der Kritischen Theorie. Die intellektuellen Grundlagen Seyla Benhabibs	142
		3.2.2.2 Das *Recht, Rechte zu haben* bei Seyla Benhabib. Moralphilosophische Begründung und institutionelle Sicherung	150
		3.2.2.3 Die Vermittlung der migrationsethischen Paradigmen über das *Recht, Rechte zu haben*. Die membership question, die Logik der Exklusion und die Terminologie der Rechte	162
		3.2.2.4 Zusammenfassung: Das *Recht, Rechte zu haben* als neues migrationsethisches Paradigma	167
	3.2.3 *Das Scheitern der migrationsethischen Rezeption des* Rechts, Rechte zu haben		170
		3.2.3.1 Desinteresse, Indifferenz und normative Selbstreferentialität der Migrationsethik Typ I	171
		3.2.3.2 Theoretische Dominanz- und Machtverhältnisse	173
		3.2.3.3 Der Abstand zwischen normativer Theorie und sozialer Praxis – und die Frage nach neuen Prioritäten	175
		3.2.3.4 Folgerungen und Perspektiven	177
3.3	Erschließung neuer Horizonte: Das *Recht, Rechte zu haben* diesseits moralphilosophischer Rechtsbegründung		178
	3.3.1 *Die aporetische Verfassung der Menschenrechte. Eine anders als moralische Grundlegung des* Rechts, Rechte zu haben		180
		3.3.1.1 Debatte um den Fortbestand von Rechtlosigkeit	181
		3.3.1.2 Politische Prinzipienlehre	186

    3.3.1.3 Akzeptanz der „groundlessness" (Etienne Balibar) der Menschenrechte. Das *Recht, Rechte zu haben* als paradoxe Formulierung 189
    3.3.1.4 Zwischenfazit 192
  3.3.2 *Das* Recht, Rechte zu haben *als postmigrationsethischer Rechtsbegriff* 194
    3.3.2.1 Flüchtlinge als theoretische Schlüsselfiguren 194
    3.3.2.2 Das *Recht, Rechte zu haben* als verlorenes Recht . . 198
    3.3.2.3 Das *Recht, Rechte zu haben* als menschliches Recht oder: Recht auf Politik 201
    3.3.2.4 Das *Recht, Rechte zu haben* als postterritoriales, kollektives Recht oder: Recht auf Demokratie 204
    3.3.2.5 Zwischenfazit 208
  3.3.3 *Diesseits der Rechtsbegründung. Impulse des Rechts, Rechte zu haben* 209
 3.4 Zusammenfassung: Desiderate und Reflexionsbedarfe aus theologisch-ethischer Perspektive 212
  3.4.1 *Das* Recht, Rechte zu haben *als menschenrechtsethische Herausforderung. Eine vorläufige Bilanz* 213
  3.4.2 *„Aporien der Menschenrechtsethik". Bleibende Probleme und spezifische Aufgaben theologisch-ethischer Reflexion* 218

4 Zur Möglichkeit theologischer Menschenrechtsethik heute. Das *Recht, Rechte zu haben* – theologisch-politisch gelesen 223
 4.1 Zur Einleitung: eine *theologisch-politische* Lektüre 225
 4.2 Politische Theologie der Souveränität. Theologische Überlegungen 228
  4.2.1 *Was heißt: Politische Theologie der Souveränität?* 228
  4.2.2 *Zum Begriff der ‚Politischen Theologie'* 233
    4.2.2.1 Politische Theologie als Theologie der Welt 234
    4.2.2.2 Politische Theologie als praktische Fundamentaltheologie 237
    4.2.2.3 Politische Theologie als Theologie nach Auschwitz 241
    4.2.2.4 Politische Theologie als Compassion 244
    4.2.2.5 Zusammenfassung 247
  4.2.3 *Politische Theologie der Souveränität – gegen den Strich gelesen* 248
    4.2.3.1 Die historische und systematische Verschränkung von Souveränität und Gottesbegriff 249

    4.2.3.2 Souveränitätskritik an der Grenze von Theologie
       und Anthropologie – eine Verschärfung 251
    4.2.3.3 Zusammenfassung: Gegen-Souveränität 257
  4.2.4 *Die Durchsetzung des* Rechts, Rechte zu haben *oder:*
    der Bedarf gegen-souveräner Orte, Institutionen und
    Personen 258
4.3 Universalismus ohne Gott?
  Die Gottesfrage und das *Recht, Rechte zu haben* 261
  4.3.1 *Der Gottesbegriff als Aporie der politischen Philosophie*
    oder noch einmal: die Frage nach den normativen
    Grundlagen von Politik 263
  4.3.2 *Die verallgemeinerten und konkreten Anderen und die*
    Andersheit Gottes 264
  4.3.3 *Menschwerdung als Lebensform. Das Pariatum im Spiegel*
    zeitgenössischer Konzepte des Universalismus 266
    4.3.3.1 Kritik 270
    4.3.3.2 Protest und Provokation 273
    4.3.3.3 Das Menschliche 276
    4.3.3.4 … und die Gottesfrage? 279
  4.3.4 *Das* Recht, Rechte zu haben *einklagen – Theologische*
    Anmerkungen zu einer vernachlässigten Semantik des
    Klagebegriffs 281
  4.3.5 *Die Grundlegung des* Rechts, Rechte zu haben *oder:*
    der Bedarf eines theologisch-politisch lebbaren
    Universalismus 286
4.4 Zusammenfassung: Die Produktivität einer
  theologisch-politischen Lesart des *Rechts, Rechte zu haben* 288

5 **Fazit: Für eine theologisch-politische Menschenrechtsethik im Kontext globaler Migration** 291
5.1 Akzentuierungen und Differenzierungen 292
5.2 Horizonterweiterungen 294
5.3 Korrekturen 297
5.4 Desiderate 299

Literaturverzeichnis 303

Abkürzungsverzeichnis

ACHPR	African Court on Human and Peoples' Rights / Afrikanscher Menschenrechtsgerichtshof
AEMR	Allgemeine Erklärung der Menschenrechte
BRD	Bundesrepublik Deutschland
EGMR	Europäischer Gerichtshof für Menschenrechte
EMRK	Europäische Menschenrechtskonvention
EU	Europäische Union
GFK	Genfer Flüchtlingskonvention
GG	Grundgesetz der Bundesrepublik Deutschland
GPF	Globaler Pakt für Flüchtlinge
GPM	Globaler Pakt für reguläre, sichere und geordnete Migration
IGH	Internationaler Gerichtshof
ILO	Internationale Labor Organization / Internationale Arbeitsorganisation
ISGH	Internationaler Strafgerichtshof
NGO	Non-Governmental Organization / Nichtregierungsorganisation
UN	United Nations / Vereinte Nationen
UNHCR	United Nations High Commissioner of Refugees
WTO	World Trade Organization / Welthandelsorganisation

Vorwort

In meiner Jugendzeit in einem Dorf auf dem Hümmling hörte ich mit meinen Freunden oft ein Lied der US-amerikanischen Punkband *Rise Against*, die neben einigen anderen zum Soundtrack unserer Jugend gehörte. Es ist ein nicht ganz typischer Punkrocksong. Die Strophen sind vergleichsweise bedacht; der Refrain ist dafür umso brachialer. Die Tempowechsel zwischen Strophen und Refrain und die unverwechselbare Stimme des Sängers, Tim McIlrath, erzeugen eine eigentümliche Intensität, die uns damals in ihren Bann zog.

> Don't hold me up now / I can stand my own ground / I don't need your help now / You will let me down, down, down!

Den Refrain sangen wir zu nächtlicher Stunde aus einer diffusen Haltung des Rebellierens lauthals mit. Diesen Drang nach Autonomie, nach Eigenständigkeit konnten wir buchstäblich fühlen. Doch wirklich verstanden habe ich die Botschaft des Textes damals nicht.

Kürzlich kam mir das Lied aus gegebenem Anlass wieder in den Sinn: Es trägt den Titel „Prayer of the Refugee" – Gebet des Flüchtlings. Mir war natürlich immer bekannt, dass das Lied diesen Titel trug; doch bewusst wird er mir erst jetzt nach eingehender wissenschaftlicher Beschäftigung mit der globalen Flüchtlingssituation. Ein Gebet ist der Song der Form nach nicht. Er kommt ohne bekannte Formeln aus und richtet sich auch nicht an eine wie auch immer benannte Gottheit. Der Text erzählt aus der Ich-Perspektive von der Erfahrung eines Flüchtlings.

> I'll tell you stories of a better time / in a place that we once knew. / Before we packed our bags / and left all this behind us in the dust, / we had a place that we could call home / and a life no one could touch.

Die Erinnerungen an das alte Zuhause können nur noch in Geschichten erzählt werden. Der Ort, die Heimat muss hinter sich gelassen werden und ist damit unwiederbringlich verloren. Doch es spricht nicht nur Wehmut aus dem lyrischen Ich. Es beschreibt sich und die, die sein Schicksal teilen, vielmehr so:

> We are the angry and the desperate, / the hungry and the cold. / We are the ones who kept quiet / and always did what we were told. / But we've been sweating while you slept so calm / in the safety of your home. / We've been pulling out the nails that hold up / everything you've known.

Die Wütenden, Verzweifelten, die Hungernden und Frierenden, die zum Schweigen Gebrachten und Fügsamen, die den Naturgewalten Überlassenen und Ausgebeuteten – sie klagen ein nicht näher bestimmtes Gegenüber („you") an, das nachts ruhig und sicher schlafen kann und in falschen Gewissheiten über diese Welt lebt. Und sie fordern für sich ebenfalls die Möglichkeit ein, wieder ein menschenwürdiges Leben führen zu können:

> Keep quiet no longer / we'll sing through the day / of the lives that we've lost / and the lives we've reclaimed.

Damit findet sich in diesem Songtext verdichtet, was mir im Laufe meiner Forschungsarbeit als Beschreibung der gegenwärtigen Flüchtlingserfahrung begegnete. Doch der Rekurs auf Erfahrungen ist eine heikle und sensible Angelegenheit – aufgrund ihres partikularen, spezifischen, in gewisser Weise unvertretbaren Charakters, aber auch weil sie durch die Suggestion von Authentizität anfällig für Vereinnahmungen und Ausbeutung sind. So hat aus heutiger Sicht die Verwertung der Flüchtlingserfahrung in einem popkulturellen, auch kommerziell höchst erfolgreichen Stück eines weißen, männlichen, US-amerikanischen Künstlers zumindest einen faden Beigeschmack. Es mag das Privileg des Künstlers sein, durch ein lyrisches Ich von Erfahrungen zu sprechen, die denen des Künstlers nicht entsprechen. Mir als Theoretiker steht solch eine subjektive, erstpersönliche Aneignung nicht zu. Erfahrungsorientierung im Denken kann nur theoretisch, d. h. reflexiv gebrochen sein. Ich spreche nicht als Flüchtling oder an Stelle von oder für Flüchtlinge. Es geht nicht darum, unartikulierten Stimmen durch *meine* Theorie hindurch Gehör zu verschaffen, wohl aber ihnen Gehör zu *schenken* und sie theoretisch wie argumentativ zugänglich zu machen.

Nicht Identifikation, sondern Reflexion also ist der Anspruch der vorliegenden Arbeit, die am Institut für Christliche Sozialwissenschaften der Universität Münster unter der Betreuung von Prof. Dr. Marianne Heimbach-Steins entstanden und im Sommersemester von der Katholisch-Theologischen Fakultät als Dissertationsschrift angenommen worden ist. Für die Druckfassung ist sie geringfügig überarbeitet worden. Ermöglicht wurde diese Arbeit durch vielfältige Unterstützung in inhaltlicher und materieller Hinsicht, so dass an dieser Stelle einigen Personen und Institutionen zu danken ist. Für die Gewährung eines Promotionsstipendiums danke ich der Stiftung zur Ausbildung katholischer Geistlicher im Bistum Münster, meinen Kolleg:innen in der Bildungsstätte Haus Ohrbeck für Freiräume in den Sommermonaten 2022 und 2023, die ich für die Arbeit an der Dissertation und die Vorbereitung auf die Rigorosa nutzen konnte. Für großzügige Druckkostenzuschüsse gebührt den Bistümern

Osnabrück und Münster mein Dank. Prof. Dr. Marianne Heimbach-Steins hat diese Arbeit mit großem Interesse, Bestärkung und Zuspruch sowie wenn nötig freundlicher Ermahnung zur baldigen Verschriftlichung von Gedanken begleitet. Auch für das Zutrauen, die Ermutigung und die Übertragung von Verantwortung für wissenschaftliche Projekte während meiner Zeit als Mitarbeiter am Institut für Christliche Sozialwissenschaften bin ich ihr sehr dankbar. Prof. Dr. Thomas Hanke danke ich für die kurzfristige Übernahme des Zweitgutachtens und weiterführende Rückfragen zur theologischen Sinnspitze der Arbeit. Ein fruchtbares Arbeitsumfeld habe ich am ICS sowie im Doktorand:innenseminar vorgefunden. Vielen Weggefährt:innen – in der Bundesaktionsgruppe Weltnah und im Forum C der CAJ, in der Jugendbildungsstätte Marstall Clemenswerth sowie meinen Freundeskreisen auf dem Hümmling, rund um Andervenne, in Münster und Osnabrück – verdanke ich Inspiration, Unterstützung, Wertschätzung und Horizonterweiterungen. Meinen Eltern, Annegret und Burkhard Becker, danke ich dafür, dass ich, unabhängig von allem, einfach ihr Sohn und meinem Bruder Heinrich sein Bruder sein darf. Meiner Frau Susanne bin ich dankbar, dass wir das Leben gemeinsam bestreiten. Dies alles hat durch die zurückliegende Zeit des Forschens und Nachdenkens getragen.

Osnabrück im August 2023   Josef Könning

EINLEITUNG

Herausforderungen und Probleme theologischer Menschenrechtsethik im Kontext globaler Migration

Mitten in Nürnberg gibt es seit 1993 eine Straße der Menschenrechte, ein Kunstwerk des israelischen Architekten Dani Karavan (1930–2021). Durch einen steinernen Torbogen mit der hebräischen Inschrift „Du sollst nicht töten", dem 5. Gebot des Dekalogs, gelangt man auf die Straße, die 29 weiße Steinsäulen aus Waschbeton und eine Eiche säumen. Darauf befinden sich Kurzformen der 30 Artikel der 1948 feierlich proklamierten AEMR in deutscher und jeweils einer anderen Sprache. So sind beispielsweise der 1. Artikel in Deutsch und Jiddisch, der dritte Artikel in Deutsch und Niederländisch und der 15. Artikel in Deutsch und Ivrit eingemeißelt (vgl. Karavan 2013, 1). Nürnberg ist ein symbolträchtiger Ort für die Geschichte der Menschenrechte. Sein Name ist untrennbar verbunden mit dem „gesetzlichen Unrecht" (Gustav Radbruch) der Nürnberger Gesetze, die Jüdinnen und Juden im Jahr 1935 zu Bürger:innen zweiter Klasse machten und die Judenverfolgung juristisch untermauerte. Im historischen Gedächtnis sind zudem die Nürnberger Prozesse zwischen 1945/46 und 1949 verankert, in denen führende NS-Funktionäre vor dem von den USA eingerichteten Internationalen Militärgerichtshof für Kriegsverbrechen, Verbrechen gegen die Menschlichkeit und Verbrechen gegen den Frieden angeklagt und verurteilt wurden. Er gilt als Vorläufer des 1998 errichteten ISGH mit Sitz in Den Haag.

Nach Auskunft des Architekten will die Straße der Menschenrechte kein Monument und auch keine Gedenkstätte sein; sie ist ein begehbares Kunstwerk (vgl. Karavan 1993, 1). Die Menschenrechtsartikel säumen diese Straße, stellen einen Weg dar – über riesige Distanzen, Sprach- und Kulturräume hinweg. Sie sind ein weltumspannendes Projekt, ein gemeinsamer Weg der Menschheit. Und zugleich ist die Straße der Menschenrechte auch fast banal ein Weg, auf dem Menschen schlendern und flanieren, „wo sie promenieren" (Karavan 1993, 1), zum Einkaufen oder zur Arbeit gehen und der Umgebung gar keine tiefere Beachtung schenken müssen. Die Straße der Menschenrechte steht sinnbildlich für die politische Verankerung der Menschenrechte im Alltag und in der Ausnahme. Sie sind so selbstverständlicher Teil des politischen Alltags, dass sie kaum Beachtung finden, und sie sind mit großen historischen Ausnahmeereignissen sowie politischen Ausnahmesituationen verknüpft.

Bürger:innen demokratischer Verfassungsstaaten genießen in der Regel verfassungsmäßige Grundrechte, die von Legislative und Exekutive respektiert und geschützt werden müssen und durch eine Verfassungsjudikatur überwacht werden. Es gibt Menschenrechtsberichte, parlamentarische Ausschüsse für Menschenrechte und zahlreiche weitere Gremien mit einem expliziten Fokus auf die Menschenrechte. Tag für Tag stellen Menschen sich in den Dienst der Menschenrechte – in Nichtregierungsorganisationen, in Bildungs- und sozialen Einrichtungen, Gewerkschaften, demokratischen Parteien und auch in Religionsgemeinschaften. Jenseits dieser gesellschaftlichen und politischen Menschenrechtsexpertise bedeutet der Alltag der Menschenrechte aber auch, dass sie zum Teil gar nicht sichtbar werden oder ins Bewusstsein geraten: dass Menschen selbstverständlich bei Krankheit eine Behandlung bekommen, dass sie eine Schule besuchen können, dass sie für geleistete Arbeit fair bezahlt werden und ausreichend Erholungszeit zugesprochen bekommen, wird im Alltag in der Regel selten mit Menschenrechten in Verbindung gebracht. Menschenrechte werden zwar generell als wichtig erachtet. Doch was genau sich abseits eines hehren Anliegens oder eines bedeutungsschweren Pathos hinter dem Begriff verbirgt, bleibt unklar (vgl. Kohlenberger 2022, 9–10).

Dafür sind die Menschenrechte umso präsenter in Ausnahmesituationen. Sie werden verbunden mit außergewöhnlichen Ereignissen: im Positiven ihrer feierlichen Erklärung am 10. Dezember 1948 oder als gemeinsame Sprache der demokratischen Revolutionen im Ostblock 1989; im Negativen den Schrecken zweier Weltkriege und des beispiellosen Menschheitsverbrechens der Shoah (vgl. Menke/Pollmann 2017, 9–12). Seit ca. 20 Jahren spielen immer stärker auch humanitäre Notlagen oder (Bürger-)Kriege sowie autoritäre, diktatorische Regime, in denen Menschenrechte systematisch verletzt werden, eine Rolle. Immer dann und immer dort, wo Menschenrechte verletzt, aberkannt, bestritten und vorenthalten werden, erhalten sie auch besondere Aufmerksamkeit und eine starke Dringlichkeit.

Wenn über Menschenrechte diskutiert wird, richtet sich die Aufmerksamkeit schnell auf die Lage von Flüchtlingen. Nachdem im Jahr 2015 insgesamt ca. 1 Million Menschen einen Asylantrag in der BRD gestellt hatten, konnte die lange an die EU-Außengrenzen verdrängte Flüchtlingsfrage auch in Mitteleuropa nicht mehr ignoriert werden. Seitdem sind auch zahlreiche sozialwissenschaftliche, philosophische und ethische Arbeiten entstanden. Oft beginnen sie mit dem Hinweis auf die wieder immens gestiegene Zahl an Flüchtlingen, um auf den dringenden Handlungsbedarf hinzuweisen. Und tatsächlich sind die Zahlen alarmierend: Seit 2015 sind die Zahlen derer, die sich unter einem UNHCR-Mandat[1] befinden sprunghaft angestiegen – von ca. 65 Millionen auf ca. 89,3 Millionen im Jahr 2021.[2] Wären Flüchtlinge ein Staat, so wäre seine Bevölkerung binnen 7 Jahren von der Größe Frankreichs über diejenige Deutschlands (ungefähr 83 Millionen) hinaus gewachsen und er zählte zu den 20 bevölkerungsreichsten Staaten der Welt. Vor diesem Hintergrund ist die stetig steigende Zahl derer, die vom UNHCR statistisch erfasst werden, ein Indikator für ein massives strukturelles Problem der Weltgemeinschaft. Er zeigt an, dass wir in einer Welt leben, die so eingerichtet ist, dass immer mehr Menschen aus regulären politischen Zusammenhängen herausfallen und auch nicht wieder in diese zurückfinden. Schon allein deshalb stellt sich die Frage, wie es um das Verhältnis zwischen Menschenrechten und Flüchtlingen bestellt ist.

Der gängigste und am weitesten verbreitete Grundsatz in Bezug auf die Menschenrechte lautet: Menschen haben Menschenrechte allein aufgrund ihres Menschseins. Wenn sich die Geltung und Gültigkeit der Menschenrechte allein aus dem Menschsein ergibt, dann besteht prinzipiell kein Problem: Flüchtlinge sind Menschen und als Menschen haben sie Menschenrechte. Die existierenden Missstände – unsichere Fluchtrouten, überfüllte Lager, lang andauernde Asylverfahren – sind auf dieser Grundlage vor allem politisch zu lösen. Doch die prekäre Menschenrechtslage von Flüchtlingen ist vor allem ein dauerhafter, verstetigter Zustand. Ursprünglich sollte der Status als Flüchtling genau dies verhüten. Die GFK von 1951 definiert den Flüchtlingsstatus von der „begründeten Furcht vor Verfolgung aufgrund von Rasse, Religion, Nationalität, Zugehörigkeit zu einer sozialen Gruppe oder der politischen Überzeugung" (GFK Art. 1 Abs. A. Abschn. 2). Schon unter das UNHCR-Mandat fallen aber auch andere Gruppen. Und über diese Komplikation hinaus, die schon mit der Begriffsbestimmung beginnt, mehren sich die Stimmen, die nach einer grundlegenden Neuorientierung rufen.

Auf der Suche nach dem Anfang für diese Neuorientierung richtet sich das Augenmerk noch einmal auf den Torbogen der Straße der Menschenrechte in Nürnberg. Seine Inschrift, das 5. Gebot, ist zwar ein universalmenschlicher Grundsatz, aber auch untrennbar mit der religiösen Tradition des Judentums und des Christentums verknüpft. Die Frage nach einer religiösen oder einer säkularen Grundlegung der Menschenrechte begleitet die

---

[1] Unter das UNHCR-Mandat fallen: Asylsuchende, Flüchtlinge, Binnenvertriebene, Staatenlose und seit 2019 venezolanische Exilant:innen.
[2] https://www.unhcr.org/dach/de/services/statistiken (abgerufen 04.01.2023).

Menschenrechtsphilosophie seit langem. Insofern ist es sinnvoll, die Forderung nach einer grundlegenden Neuorientierung auch für die *theologische Ethik* zu erschließen. Dabei stellt sich die grundlegende Frage, wie theologische Menschenrechtsethik angesichts der globalen Flüchtlingssituation zu konzipieren ist und welcher Stellenwert genuin religiösen Motiven und theologischen Argumenten dabei zukommt.

Bearbeitet wird diese Fragestellung vor dem Hintergrund eines Verständnisses von *Sozialethik als Kritik*.³ Das Wort „Kritik" stammt vom griechischen Verb *krinein*, das sowohl mit *unterscheiden* als auch *entscheiden* übersetzt werden kann. Schon etymologisch besteht ein Zusammenhang zwischen Kritik und Krise und um die Semantik von Unterscheidung und Entscheidung kreist der Kritikbegriff bis heute. Unter zeitgenössischen Bedingungen lässt sie sich als analytische und normative Dimension von Kritik reformulieren (Herbst/Gärtner 2020, 5). „Kritik meint im emphatischen Sinne (...) die grundlegende Problematisierung allgemeiner (zumeist sozialer) Zusammenhänge auf der Basis tiefgreifender wissenschaftlicher Analyse." (Herbst/Gärtner 2020, 4–5) Was Kritik von anderen wissenschaftlichen Untersuchungen abhebt, ist die damit verbundene prinzipielle Infragestellung herrschender Verhältnisse und Irritation überkommener Selbstverständnisse (vgl. Buckel 2016, 290), die sich aber als begründet, fundiert und nachvollziehbar erweisen, und d. h. ihrerseits gegenüber Einwänden und Infragestellungen aus der *scientific community* rechenschaftsfähig sein muss.

Bedingt durch vielfältige Krisen, von denen die Finanzkrise 2008 sicher den größten Schub bedeutete, versammelten sich zu Beginn des 21. Jahrhunderts immer lauter werdende gesellschaftliche Stimmen programmatisch auch hinter dem Anspruch einer grundsätzlichen Kritik der Gesellschaft, insbesondere mit Blick auf deren kapitalistisch organisierte Wirtschaftsweise und den massiven Zugriff auf die Lebensformen im Zuge der neoliberalen Gesellschaftsreform, die Ende der 1970er-Jahre begann. Seitdem ist auch der Kritikbegriff wieder Gegenstand theoretischer Untersuchungen geworden und hat ein vielfältiges Aktualisierungs- und Erneuerungsbestreben von Traditionen kritischer Theoriebildung angestoßen.⁴ Diese waren zwar nie gänzlich verschwunden, hatten aber an akademischer und gesellschaftlicher Relevanz eingebüßt.⁵ Im

---

3 Siehe dazu grundlegend den Band von Becka u. a. (2020a).
4 Ein Reservoir der in der Philosophie relevanten Kritiktraditionen liefert der Sammelband „Was ist Kritik?" (Jaeggi/Wesche 2009). Eine erste kritische Bilanz in Auseinandersetzung mit praktischen Formen der Kapitalismuskritik findet sich bei: Kempf (2019).
5 Dafür gibt es unterschiedliche Gründe, u. a. den keinesfalls nur autoritären Siegeszug des Neoliberalismus in der bürgerlichen Gesellschaft oder auch eine Verschiebung der

wissenschaftlich-akademischen Kontext wurde mit dem Wiederaufleben der Kritik ins Bewusstsein zurückgeholt, dass Kritik nicht gleich Kritik und schon gar kein monolithischer Definitionsbegriff für Wissenschaft ist.

Auch der theologischen Ethik, speziell ihrer sozialethischen Variante, ist diese neuere Debatte um den Kritikbegriff nicht entgangen. Sie provozierte die Frage, inwiefern und auf welche Weise theologische Ethik als Kritik entworfen werden und auf welche theologischen und nichttheologischen Denktraditionen sie sich dabei beziehen könne (vgl. Riedl 2017).[6] Vor diesem Hintergrund wurde deutlich, dass „Sozialethik als Kritik" (Becka u. a. 2020a) zu begreifen keine Tautologie ist. Sozialethik ist nicht per se schon Kritik. Im Gegenteil: Ein Verständnis von Sozialethik als Kritik bringt den lange wohlgepflegten Gegensatz – und die etablierte Arbeitsteilung – zwischen *Ethik* als Begründung normativer Maßstäbe und Kriterien zur Orientierung (auch von Kritik)[7] und *Kritik* als Vermögen und Vollzug der praktischen Vernunft, die Unvernunft in den gesellschaftlichen Verhältnissen in Gestalt ihrer Herrschaftsförmigkeit über die Menschen durchsichtig zu machen,[8] in Bewegung. Wenn es auch nicht darum gehen kann, die Sozialethik auf ein einheitliches Kritikverständnis festzulegen, so muss doch jeweils ein bestimmter Kritikbegriff[9] erarbeitet werden, der sich zu den aktuellen Theoriedebatten wie auch der gesellschaftlichen Situation verhält, in der die Kritik neuen Auftrieb bekommt (vgl. Becka u. a. 2020b, 7–8).

Zudem baut der Forschungsansatz dieser Arbeit auf einem Modell „Christlicher(r) Sozialethik als eine(r) sozialwissenschaftliche(n) und theologische(n) Disziplin" (Heimbach-Steins 2022) auf, das dem Anspruch verpflichtet ist, „im interdisziplinären Diskurs auskunfts- und rechenschaftsfähig" (Heimbach-Steins/Bachmann 2022, 9) zu sein. Genau genommen ist die Christliche Sozial*ethik* durch den zugleich *sozialwissenschaftlichen* und *theologischen* Charakter nicht nur interdisziplinär,[10] sondern transdisziplinär verfasst. Diese Arbeit orientiert sich daher an einem *transdisziplinären Dreieck* aus (systematischer) Theologie, (politischer) Philosophie und (qualitativ

---

Aufmerksamkeit der Kritik hin zu einer tieferen Grundlegung und besseren Ausbuchstabierung ihrer normativen Grundlagen.

6 Neben dem Vorschlag Riedls – einer Diskussion zwischen neuer Politischer Theologie und der kritischen Theorie Judith Butlers – finden sich in der Ausgabe der sozialethischen Zeitschrift „Ethik und Gesellschaft", in welcher Riedls Aufsatz erschienen ist, weitere programmatische Vorschläge sozialethischer Kritik sowohl als Begriff wie auch als Vollzug.

7 Dies repräsentiert etwa Große Kracht (1993).

8 Vgl. Becka u. a. (2020b, 8–9).

9 Dies ist eine Aufgabe dieser Arbeit, die in Kap. 4.3.3 auch noch einmal explizit bearbeitet wird.

10 Zur Interdisziplinarität der Christlichen Sozialethik siehe auch: Riedl u. a. (2014).

forschenden) Sozialwissenschaften. Dabei ist einerseits der Eigenlogik der einzelnen Disziplinen zu folgen, andererseits werden sie im Rahmen eines genuin christlich-sozialethischen Fachzusammenhangs rezipiert. In diesem entsteht nicht nur ein Gespräch zwischen unterschiedlichen Forschungsweisen, sondern ist auch ein die jeweiligen Fachgrenzen überschreitender eigenständiger Gesprächszusammenhang konstituiert. Konkret eingelöst wird der Anspruch einer transdisziplinären Christlichen Sozialethik durch die Konsultation und Diskussion von Referenztheorien und Gesprächspartner:innen aus Theologie, Philosophie und Sozialwissenschaften für die Erarbeitung eines *problemorientierten Ansatzes theologischer Menschenrechtsethik*. Von diesem interessegeleiteten Zugang abgesehen haben die gewählten Referenztheorien aber auch eine Bedeutung für den Gesamtansatz dieser Arbeit. Die theologische Bezugsgröße ist die Neue Politische Theologie. Dieser seit Anfang der 1960er-Jahre entfaltete fundamentaltheologische Entwurf formuliert den Anspruch, die Herausforderungen des Glaubens durch die Moderne kritisch und zugleich theologisch produktiv zu bearbeiten.[11] Die globale Flüchtlingssituation lässt sich in diesem Sinne ebenfalls als eine fundamentale Herausforderung theologischer Menschenrechtsethik begreifen. Die philosophische Referenzgröße ist die Philosophie der Menschenrechte. Sie gibt mit ihren Leitbegriffen und Problemstellungen Impulse für den normativen Horizont dieser Arbeit. Auf sozialwissenschaftlicher Seite wird das Gespräch vor allem mit den ethnographischen und sozial- und kulturanthropologischen Arbeiten Michel Agiers gesucht. So bleibt im Bewusstsein, dass Begriffe immer auf soziale Realitäten treffen und aus diesen entwickelt werden. Ein problemorientierter Ansatz theologischer Menschenrechtsethik ist also dem Anspruch nach durch Kritik- und Analysefähigkeit einerseits, Orientierungs- und Urteilsfähigkeit andererseits gekennzeichnet.

Gleichzeitig ist damit eines auch schon deutlich: Am Ende dieser Arbeit werden keine politischen Lösungsvorschläge oder Handlungsempfehlungen für die globale Flüchtlingssituation formuliert. Die Flüchtlingssituation wird dagegen als grundlegende theoretische Herausforderung begriffen. Der Gegenstand und das Ziel dieser Arbeit ist ein Konzept theologischer Menschenrechtsethik angesichts der globalen Flüchtlingssituation. Gleichwohl ist damit ein genuin praktisches Interesse enthalten; Praxis und Politik, Menschenrechte und Ethik sind auch als Begriffe nie ausschließlich theoretisch und reflexiv. Insofern muss Theorie in ein Verhältnis zur Praxis, müssen Begriffe in ein Verhältnis zu Erfahrungen gesetzt werden.

---

11 Zur Struktur der Neuen Politischen Theologie anhand grundlegender Herausforderungen siehe: JBMGS 3/2c, 128–142.

Der Forderung nach einer grundlegenden Neuorientierung nachzukommen heißt daher, ganz von vorn zu beginnen. Das heißt: Schlüsselbegriffe und -konzepte, wie Menschenrechte, Flüchtlinge oder theologische Menschenrechtsethik sind einer grundlegenden Überprüfung zu unterziehen.[12] Der in dieser Arbeit vollzogene Denkweg gliedert sich dabei in fünf Etappen von unterschiedlicher Länge: Die *erste Etappe* (Kap. 1) rekonstruiert ein Verständnis theologischer Ethik als Menschenrechtsethik. In den vergangenen dreißig Jahren ist sowohl in der Moraltheologie als auch in der Sozialethik eine differenzierte Theoriebildung entstanden, die sich sowohl fundamentalen Fragen nach Begriff und Gehalt der Menschenrechte als auch der eigenständigen Profilierung menschenrechtsethischer Kategorien widmet. Insbesondere für die ethische Reflexion von Migration hat sich dabei ein menschenrechtsethischer Zugang etabliert und ist das menschenrechtliche *Durchsetzungsproblem* priorisiert worden. Allerdings gerät die theologische Menschenrechtsethik auf der *zweiten Etappe* (Kap. 2) unter Druck. Bei einer eingehenden Untersuchung der globalen Flüchtlingssituation stellt sich heraus, dass das Verhältnis zwischen Menschenrechten und Flüchtlingen nicht einfach als eines der (Wieder-)Herstellung interpretiert werden kann, sondern durch eine Ambivalenz gekennzeichnet ist. Anhand eines erfahrungsorientierten und institutionenkritischen Zugangs wird zunächst ein Flüchtlingsbegriff skizziert, der sich von einem völkerrechtlichen Verständnis deutlich abhebt, aber auch grundsätzliche Fragen an den Menschenrechtsbegriff aufwirft, der das internationale Flüchtlingsregime begleitet. Auf der langen *dritten Etappe* (Kap. 3) wird daher ein Konzept untersucht, das in den vergangenen Jahren Kritik des bestehenden Systems, grundlegende menschenrechtsphilosophische Überlegungen und die Diskussion lösungsorientierter Ansätze miteinander verband wie kaum ein anderes: die in der Regel auf Hannah Arendt zurückgeführte Formulierung des *Rechts, Rechte zu haben*. Diesem Schlüsselbegriff der menschenrechtsphilosophischen Debatte um die Flüchtlingsfrage wird quellenkritisch und rezeptionsgeschichtlich nachgegangen. Dabei zeigt sich, dass das menschenrechtliche Durchsetzungsproblem intern mit dem *Problem der normativen Grundlegung* verknüpft ist. Ohne Auseinandersetzung mit dem Grundlegungsproblem lässt sich auch das Durchsetzungsproblem nicht adäquat bearbeiten. Ein Vorschlag aus theologischer Sicht wird auf der *vierten Etappe* (Kap. 4) mit der Skizze einer theologisch-politischen Lesart des *Rechts,*

---

12   Damit wird auch auf einen Forschungsüberblick verzichtet. Im Verlaufe der einzelnen Etappen werden Bestandsaufnahmen gemacht. Insgesamt entwickelt diese Arbeit somit einen Gedanken*gang*, der manchmal ausschert, an einigen Stellen verweilt, mitunter an schon bekannte Orte zurückkehrt und von einer anderen Seite begutachtet.

Rechte zu haben vorgelegt. Hierzu werden vor allem Elemente der religiösen Tradition, auf die in der Diskussion ums *Recht, Rechte zu haben* zurückgegriffen wird, kritisch diskutiert. Die *fünfte und letzte Etappe* (Kap. 5) bündelt die Forschungsergebnisse zu einem Plädoyer für den Entwurf einer theologisch-politischen Menschenrechtsethik, der Akzentuierungen und Differenzierungen, Horizonterweiterungen und Korrekturen vornimmt, aber auch bleibende Desiderate benennt.

KAPITEL 1

Theologische Ethik als Menschenrechtsethik

Wenn gefordert wird, dass sich die theologische Ethik als Menschenrechtsethik angesichts der globalen Flüchtlingssituation neu orientieren müsse, dann muss zunächst dargelegt werden, was sich hinter dieser griffigen Formel eigentlich verbirgt. Wovon ist also die Rede, wenn von theologischer Ethik als Menschenrechtsethik gesprochen wird? Auf welchen Voraussetzungen beruht sie? Wie verhält sie sich zum größeren Zusammenhang der Menschenrechtsphilosophie und -theorie? Welche Kategorien verleihen der theologischen Ethik ein eigenständiges menschenrechtsethisches Profil? Und mit welchen Problemen sieht sie sich konfrontiert?

Diese Fragen sollen im folgenden Kapitel dargestellt und erörtert werden. Es handelt sich dabei um einen systematischen Zugang zur theologischen Ethik als Menschenrechtsethik, der einschlägige Arbeiten theologischer Ethiker:innen – sowohl Moraltheolog:innen als auch Sozialethiker:innen – heranzieht, sie aber im Hinblick auf das Interesse an einer Darstellung befragt und auswertet, die grundlegende Einsichten bündelt und zugleich bleibende Differenzen benennt. Auf diese Weise soll eine grundlegende Orientierung auf dem Gebiet der theologischen Menschenrechtsethik ermöglicht werden. Diesem Zugang ist daher geschuldet, dass die einzelnen Entwürfe nicht detailliert dargestellt und hinsichtlich ihrer Vor- und Nachteile, Stärken und Schwächen diskutiert und beurteilt werden.[1] Dennoch wird nicht darauf verzichtet, auf systematische Probleme aufmerksam zu machen, wo dies angezeigt scheint; mitunter ist dabei auch eine Positionierung in bestimmten Streitfragen notwendig. Das vorrangige Ziel ist aber eine kritische Darstellung dessen, was sich unter dem Stichwort *Theologische Ethik als Menschenrechtsethik* verstehen lässt.

Hier begegnet eine differenzierte fachliche Debatte, die über ein schlichtes Bekenntnis zu den Menschenrechten weit hinausgeht. Aus diesem Grund wird in zwei Schritten die theologisch-ethische Theoriebildung zur Frage der Menschenrechte rekonstruiert: Der Reflexion zum Stellenwert der Menschenrechte in der theologischen Ethik (Kap. 1.1) folgt eine Systematisierung zentraler Kategorien theologisch-ethischer Menschenrechtstheorie (Kap. 1.2). Den Abschluss bildet ein Zwischenfazit, das einerseits die Befunde sichert und

---

1 Außerdem kann die mittlerweile entstandene große Zahl zu einzelnen Menschenrechten nicht ausführlich gewürdigt und berücksichtigt werden.

sie zugleich mit Blick auf die weitere Diskussion in dieser Arbeit problemorientiert zusammenfasst (Kap. 1.3).

1.1 Zum Stellenwert der Menschenrechte in der theologischen Ethik

So kategorisch die Verpflichtung, so wenig selbstverständlich ist die Anerkennung der Menschenrechte in Kirche und Theologie. Das liegt nicht unerheblich in der Natur der Sache. Die Anerkennung der Menschenrechte ist weltweit keineswegs selbstverständlich. Zu einer Leitkategorie globaler Politik werden sie – nach einer deutlichen Erhöhung ihres juridischen Gewichts durch Prozesse völkerrechtlicher Kodifizierung in den Jahrzehnten nach dem Zweiten Weltkrieg – endgültig erst ‚nach 1989'. Innerhalb der Kirche und der Theologie stehen zudem noch einige historisch bedingte Hemmnisse einer produktiven Rezeption im Wege, so dass erst im Zuge der nachkonziliaren Erneuerung der deutschsprachigen theologischen Ethik die Menschenrechte zu einer zentralen theologisch-ethischen Reflexionskategorie werden.[2]

Ein Anzeichen für den hohen Stellenwert, den die Menschenrechte mittlerweile in der theologischen Ethik genießen, ist die Aufnahme der AEMR in die ‚Erinnerungskultur', die sich – analog zu den Rhythmen päpstlicher Sozialverkündigung – in den letzten Jahrzehnten vornehmlich in der Sozialethik findet. Zu den Jubiläen der AEMR finden sich daher zahlreiche Publikationen, die sich unterschiedlichen Facetten der Menschenrechte widmen.[3] Zugespitzt könnte man sagen, dass die AEMR und damit die Menschenrechte in der theologisch-ethischen Rezeption in den Rang einer Sozialenzyklika gelangt sind.

---

2 Hier sind nochmals zeitliche Verzögerungen innerhalb der theologischen Ethik selbst zu verzeichnen: In der Moraltheologie setzt die Rezeption der praktischen Philosophie der Moderne, v. a. in Gestalt Immanuel Kants, früher ein als in der Sozialethik. Seit Beginn der 1990er-Jahre kann jedoch von einer flächendeckenden „Modernisierung" gesprochen werden. Siehe dazu für die Sozialethik am Beispiel des Jahrbuchs für Christliche Sozialwissenschaften als einem bedeutsamen Medium: Heimbach-Steins u. a. (2019). Im Umfeld des Zweiten Vatikanums nimmt bereits ein anderes sozialkatholisches Denken als das neoscholastisch geprägte Einfluss auf die lehramtliche Sozialverkündigung. Dieser, oft mit dem Namen *M.-Dominique Chenu* verbundene Ansatz, ist z. B. entscheidend für die Kategorie der „Zeichen der Zeit" und die Formulierung der Pastoralkonstitution des Konzils. Nicht hoch genug einzuschätzen ist der Einfluss und die Rolle von Papst Johannes XXIII., der das päpstliche Lehramt ebenfalls öffnete und so gesamtkirchlich neue Maßstäbe setzte (Heimbach-Steins 2001b, 15–25).

3 So etwa zum 50. Jubiläum (Autiero 1998), zum 60. Jubiläum (van Meegen 2008; Bock 2010) und – wenn auch nicht ganz intendiert – passend zum 70. Jubiläum (Baumeister u. a. 2018a).

Der entscheidende Wechsel der Menschenrechtsrezeption in der lehramtlichen Sozialverkündigung ereignet sich mit der Enzyklika „Pacem in terris" (PT) Johannes' XXIII. im Jahr 1963;[4] seither ist die Bedeutung der Menschenrechte durch das päpstliche Lehramt immer wieder bekräftigt worden (vgl. Hilpert 2016, 12–14). Während auf kirchlicher Ebene jedoch immer noch um die Verwirklichung der Menschenrechte auch innerhalb der katholischen Kirche gerungen wird, zeichnet sich der Stand theologisch-ethischer Menschenrechtsforschung zunehmend durch eine differenzierte Theoriebildung zu den Menschenrechten im Allgemeinen und zu einzelnen Menschenrechten, v. a. dem Recht auf Religionsfreiheit, im Besonderen, durch eine hohe Diskussionsfähigkeit mit nichttheologischen, wenn auch theologieaffinen Ansätzen[5] sowie originelle Beiträge zur Menschenrechtsforschung, etwa zu einem „neue[n] Begriff der Menschenrechte" (Bogner 2014a), aus.[6]

Die Hochschätzung der Menschenrechte ist auch darin begründet, dass mit den Menschenrechten in Form der AEMR „eine, man muss wahrscheinlich sogar sagen: die einzige bisher erreichte, universale Verständigungsbasis für ein friedliches, menschheitliches Zusammenleben innerhalb und vor allem unter den einzelnen Staaten" (Hilpert 2016, 44–45) artikuliert worden ist. Dabei wird den Menschenrechten eine doppelte Bedeutung zugeschrieben: Sie formulieren einerseits einen Kanon von „grundlegenden Überzeugungen und Kriterien" (Hilpert 2016, 45), andererseits bleiben sie aber auch „Absichtserklärung, Versprechen und vor der Weltöffentlichkeit abgegebene Selbstverpflichtung, deren Einlösung verletzbar ist und bleibt." (Hilpert 2016, 45) Mit dieser grundsätzlich positiven Einschätzung geht dann auch eine optimistische Sicht auf die Entwicklung der Menschenrechte im Rahmen der Herausbildung und Etablierung der Vereinten Nationen nach dem Zweiten Weltkrieg einher, die als Erfolgsgeschichte bewertet wird. Diese bemisst sich an vier Kriterien: (1) der Repräsentation eines gemeinsamen Bewusstseins für einen personalen Selbstbestimmungsanspruch; (2) einer gemeinsamen Sprache der Anklage von Unterdrückung, Ohnmacht, Demütigung usw.; (3) einem Verständnis als Recht gegen Staaten bzw. einzelne Staatsorgane; (4) zunehmend

---

4 Mit Blick auf die auch als ‚päpstliche Menschenrechtscharta' bezeichnete Enzyklika außerdem: Heimbach-Steins (2014a).

5 Siehe dazu die rege interdisziplinäre Diskussion rund um die von dem Soziologen Hans Joas vorgelegte „Genealogie der Menschenrechte" (Joas 2011) entwickelt hat, u. a. dokumentiert in: Große Kracht (2014); Laux (2013).

6 Kritik an einem menschenrechtsethischen Ansatz ist nur vereinzelt zu vernehmen. So äußert z. B. Axel Bernd Kunze (2019) den Vorbehalt, die Menschenrechtsethik habe eine staatsethische Dimension vernachlässigt und beziehe sich einseitig auf die Gesellschaft als Ort und Adressat ethischer Reflexion.

auch der Verfolgung und Bestrafung von systematischen Menschenrechtsverletzungen (vgl. Hilpert 2016, 195)

Selbst bei einer etwas zurückhaltender ausfallenden Beurteilung der Menschenrechtsentwicklung wird anerkannt, dass die Menschenrechte eine fundamentale Kategorie politischen Handelns sind. Die Diskurse und Debatten über die Ressourcen und die Orientierung moralischen wie politischen Handelns oder Auseinandersetzungen um Institutionalisierungsprozesse in Politik und Zivilgesellschaft kommen ohne Bezugnahme auf die Menschenrechte nicht aus (vgl. Bogner 2014a, 17–18). Mehr noch: Mit den Menschenrechten verbindet sich – in systematischer Hinsicht – eine „Neubewertung des Politischen" (Bogner 2014a, 44), die auch Recht und Demokratie miteinbegreift und sich auf die *Temporalität*, die situative historische Gebundenheit politischen Handelns, sowie die *Subjektivität*, die Frage nach den Subjekten des Handelns und der legitimen Beanspruchung politischen Subjektseins, bezieht (vgl. Bogner 2014a, 44–45). Hier deutet sich in Abgrenzung zu der Erzählung der Erfolgsgeschichte der Menschenrechte eine kategoriale Differenz hinsichtlich der Bedeutung des Politischen an, das nicht nur ‚Anwendungsbereich' vorgedachter und in einer anderen Sphäre begründeter moralischer Prinzipien ist, sondern eine eigenständige Funktion und Dignität für die Menschenrechte als solche besitzt (vgl. Bogner 2014a, 53).

Und doch steckt auch ein Vorbehalt in der theologisch-ethischen Menschenrechtsrezeption,[7] wenn darauf hingewiesen wird, dass „Menschenrecht und Menschenwürde *zumindest nach wie vor* wichtigste philosophische und rechtliche Kategorien, um den Sinn moderner demokratischer Kultur deutlich zu machen" (Römelt 2006, 148; Hervorh. J. K.) sind. Mit einer knapp 2000 Jahre zählenden Institution im Hintergrund ist dem theologisch-ethischen Bewusstsein eingeschrieben, dass es eine Zeit vor den Menschenrechten gab – und möglicherweise auch wieder eine danach geben könnte. Unabhängig davon, wie der:die einzelne einem solchen Szenario gegenüberstünde, ist damit zumindest angezeigt, dass hinsichtlich des Stellenwerts der Menschenrechte in der theologischen Ethik[8] weiterer Erläuterungsbedarf besteht – jenseits feierlicher Bekenntnisse und der Einsicht, dass die „Menschenrechte (...) in der Gegenwart zu der schlechthin grundlegenden und weltweit gültigen

---

7   Einer vorbehaltlichen Anerkennung der Menschenrechte korrespondiert, dass bestimmte Menschenrechte in kirchlichen Kreisen immer noch – vorsichtig formuliert – hochkontrovers sind (vgl. Bielefeldt 2018, 21–23). Dabei sollte jedoch das Machtgefälle zwischen den Diskutand:innen nicht vernachlässigt werden; die ‚Skeptiker' sind in der Regel unter denjenigen zu finden, die kirchen*amtliche* Macht in Händen halten.

8   Da die Menschenrechtsforschung innerhalb der Theologie sowohl von Moraltheolog:innen als auch Sozialethiker:innen (vereinzelt auch systematischen Theolog:innen) betrieben wird, verwende ich hier den Oberbegriff der theologischen Ethik.

politischen Idee geworden [sind]" (Menke/Pollmann 2017, 9). Denn die Tatsache, dass die Menschenrechte für die Gegenwart eine so große Bedeutung besitzen, ist für sich genommen natürlich noch kein Kriterium dafür, theologische Ethik als Menschenrechtsethik zu entwerfen. Zudem bestehen innerhalb der theologischen Ethik – wie in der Philosophie der Menschenrechte im Allgemeinen – durchaus substantielle Unterschiede in Bezug auf die Grundlegung und Bestimmung der Menschenrechte.

Daher soll der Stellenwert der Menschenrechte im Folgenden anhand von drei Aspekten näher beleuchtet werden, wobei auch den unterschiedlichen Auffassungen an den entsprechenden Stellen Rechnung getragen werden soll. In einem ersten Schritt geht es um die Bestimmung von Begriff und Gehalt der Menschenrechte in der theologischen Ethik (Kap. 1.1.1). Darauf folgt eine Reflexion auf den bereits angedeuteten Umstand, dass die Anerkennung der Menschenrechte ein deutliches Zeichen der Veränderung im Verhältnis zur Moderne darstellt (Kap. 1.1.2). Und schließlich ist noch der aus der ‚verspäteten' Anerkennung der Menschenrechte erwachsenden Tatsache Rechnung zu tragen, dass die theologisch-ethische Rezeption eine bestimmte bzw. kritische Affirmation, also eben keine vorbehaltlose Zustimmung ist (Kap. 1.1.3).

1.1.1 *Begriff und Gehalt der Menschenrechte*

Die Klärung von Begriff und Gehalt der Menschenrechte ist eine zentrale Aufgabe der Philosophie der Menschenrechte (vgl. Menke/Pollmann 2017, 22), die sich somit auch einer theologisch-ethischen Auseinandersetzung stellt. Dabei ist zu berücksichtigen, dass die theologische Ethik kein monolithischer Block und daher mit einer gewissen Vielfalt der Perspektiven zu rechnen ist. Aus diesem Grund wird hier für die Darstellung eine systematische Vorgehensweise gewählt, die auf Knotenpunkte der Debatte Bezug nimmt und die Ansätze kriteriologisch ordnen will.

1.1.1.1   Begriffliche Differenzierung. Menschenrecht und Menschenrechte

Es ist üblich, den Menschenrechtsbegriff im Plural zu fassen, also vom *Begriff der Menschenrechte* zu sprechen. Demgegenüber findet sich in Teilen der theologischen Ethik die bevorzugte Verwendung des Singulars, die Rede vom Menschenrecht. Dahinter verbergen sich zwei unterschiedliche Logiken.

Der Gebrauch des Terminus ‚Menschenrecht' enthält eine fundamentale Abgrenzung zu anderen Arten des Rechts, dem ‚Gottesrecht' und dem ‚Naturrecht'[9]. Diese Systematik wiederum wurzelt in der klassischen scholastischen

---

[9] Das Naturrechtsverständnis, von dem in diesem Zusammenhang eine Abgrenzung vorgenommen wird, entstammt der klassisch-thomistischen Tradition. Zur Menschenrechtssemantik, die von einem Verständnis naturgegebener menschlicher Rechte ausgeht siehe

Lehre im Anschluss an Thomas von Aquin, der seinerseits auf antike Denkfiguren zurückgreift. Gleichwohl steht hier nicht der Aufweis einer (hierarchisch) geordneten Abhängigkeit zwischen Menschenrecht, Naturrecht und Gottesrecht im Fokus des Interesses. Vielmehr nimmt die Rede vom Menschenrecht für sich in Anspruch „Rechtsbegründung jenseits von Naturrecht und Positivismus" (Römelt 2006) zu sein und sich auf den gesellschaftlichen Übergang vom Naturrecht zum modernen Freiheitsrecht einzulassen (vgl. Römelt 2006, 10–15). Allerdings soll dieses Freiheitsrecht nun – gegen einen privatistischen Liberalismus wie auch gegen einen diskursethischen Formalismus und einen systemtheoretischen Funktionalismus – als Menschenrecht i. S. „objektive(r) Rechte der Person" (Römelt 2006, 116, Anm. 45) inhaltlich qualifiziert werden. Hier wird besonders ein nichtverhandelbarer Kern des menschlichen Wesens, verdichtet im Personbegriff, als besonders schutzwürdige Voraussetzung „des gelingenden Freiheitsvollzugs" (Römelt 2006, 129) postuliert. Die Verbindlichkeit drückt sich zum einen im Singular Menschenrecht aus, analog zur Rede vom objektiven Recht als Sammlung und Ordnung gesetzlicher Normen. Zum anderen wird eine Bestimmung der Personrechte als objektiv vorgenommen im Unterschied zum Konzept subjektiver Rechte, das viel öfter als Grundlage des modernen Freiheitsrechts angenommen wird. Damit wird für ein tatsächlich virulentes Problem sensibilisiert: Die tatsächliche Verbindlichkeit der Menschenrechte, d. h. ihre Durchsetzung, hängt davon ab, dass sie in einem Rahmen nach Art einer Ordnung objektiven Rechts verfasst sein müssen, was mit der Rede von dem Menschenrecht zum Ausdruck gebracht werden kann.[10] Diese kann jedoch nicht nur durch eine materiale Wertfundierung demokratischer Verfassungsstaaten hergestellt werden, sondern braucht eine inter- bzw. supranationale institutionelle Ordnung (vgl. Gabriel 2013, 239). Die vergangenen Jahrzehnte haben hier eine große Dynamik im Völkerrecht gezeigt, so dass mittlerweile von einem komplexen, wenn auch ausbaubedürftigen System weltweiten Menschenrechtsschutzes gesprochen wird.[11]

Wer dagegen den Begriff der Menschenrechte, also den Plural, als Bestimmungsmerkmal verwendet, greift auf ein Verständnis der Menschenrechte als subjektive Rechte zurück. Subjektive Rechte sind zunächst einmal Ansprüche,

---

unten Kap. 1.1.1.3. Zu einer Kritik eines solchen Menschenrechtsverständnisses siehe unten Kap. 3.1.2.2.3.

10   Dieses Problem wird in Kap. 3 wieder aufgegriffen, wenn der Debatte um das Theorem des „Rechts, Rechte zu haben" nachgegangen wird. Dort spielt auch ein am Singular orientierter, aber anders gelagerter Menschenrechtsbegriff eine Rolle.

11   Siehe dazu den knappen Überblick bei Peters/Askin (2020). Dazu mehr zudem in Kap. 1.2.3.

die jemand berechtigterweise hat. Zu deren Erfüllung sind andere verpflichtet oder bei deren Realisierung sind Eingriffe durch andere nicht oder nur aus schwerwiegenden Gründen zulässig (vgl. Witschen 2013, 17). Die Menschenrechte sind als eine besondere Form subjektiver Rechte zu verstehen, weil sie spezifische Merkmale aufweisen, von denen das Charakteristikum der Universalität eine hervorragende Stellung einnimmt (vgl. Witschen 2013, 17). Menschenrechte sind subjektive Ansprüche, die Menschen allein aufgrund ihres Menschseins haben und die auch kontrafaktisch Bestand haben (vgl. Witschen 2013, 8; Hilpert 2016, 33). Der Adressat ist primär die öffentliche Ordnung, die zu Respekt vor sowie Schutz und Erfüllung von menschenrechtlichen Ansprüchen verpflichtet ist. Das unterscheidet Menschenrechte von juridischen Rechten im engeren Sinne, deren Charakter als subjektive Ansprüche durch einen Gesetzesakt zustande kommt (vgl. Hilpert 2019, 39–40).

Dass die Menschenrechte also einen spezifischen, eigenen Charakter gegenüber der üblichen Rechtslogik beanspruchen, kann als Konsens innerhalb der theologisch-ethischen Menschenrechtsforschung gelten. Worin diese Eigenheit allerdings besteht, wird sprachlich unterschiedlich gefasst. So werden die Menschenrechte beispielsweise als „besondere Sorte von Rechten" (Hilpert 2019, 42) betrachtet, die sich durch die besonderen Aufgaben auszeichnen,

> „a) Kriterien gerechten Rechts und legitimer politischer Ordnung zu sein, b) normatives Leitbild für die Gestaltung der Politik zu sein, c) der Rechtfertigung von Krieg und Kriegsführung Schranken anzulegen und dadurch zu mehr Frieden in der Welt beizutragen, d) jenseits der rechtlichen und ethischen Vielfalt unter den Völkern und innerhalb der einzelnen Gesellschaften elementare Gemeinsamkeiten sichtbar zu machen bzw. zu stärken." (Hilpert 2019, 42)

Damit verlassen die Menschenrechte aber offenkundig das juridische Terrain, so dass zur Verdeutlichung dieser Überschreitung bzw. Überschneidung zu differenzierender Sphären von einem „*mixtum compositum* zwischen Recht, Moral und Politik" (Bogner 2019a, 132; Hervorh. i. Orig.) gesprochen wird. Eine solche Hermeneutik nimmt stärker darauf Rücksicht, dass in den Menschenrechten eine spannungsvolle Relation zwischen diesen drei Polen bzw. Dimensionen vorliegt,[12] die zunächst mit der „entdifferenzierenden Ganzheitlichkeitssemantik" (Bogner 2019a, 132) verdeckt zu werden scheint: Der Zusammenfall moralischer Geltungsansprüche, gesellschaftlicher wie politischer Prozesse und der Formulierung menschenrechtsadäquater rechtlicher Normen kommt unter dem Dach des Begriffs der Menschenrechte nicht in den Blick. Umgekehrt

---

12   Zu den drei Dimensionen der Menschenrechte siehe auch Pollmann (2012).

wird dieser Entdifferenzierung auch ein Potential zugesprochen, das u. a. darin liegt, in unterschiedliche Kontexte hineinsprechen bzw. von konkreten Erfahrungen ausgehen zu können und gleichzeitig Kontakt zu einem übergreifenden Diskurs zu halten (vgl. Bogner 2019a, 132–133). Auf diese Weise soll dem dynamischen, geschichtlichen, aber auch dem instabilen, ‚schwachen' Moment der Menschenrechte Rechnung getragen werden (Bogner 2014b, 189).[13]

Von dieser grundsätzlichen Bestimmung abgesehen verlangt die Verwendung des Plurals beim Blick auf die historisch komplexe Herausbildung eines menschenrechtlichen Kanons eine Systematisierung. Hierzu sind verschiedene Vorschläge gemacht worden: Ein Modell betont die zeitliche Komponente und spricht von Menschenrechten der ersten, zweiten und dritten Generation und stellt dabei auf den Zeitpunkt und den soziopolitischen Kontext ihrer Anerkennung als Menschenrechte ab. Relativ eng daran orientiert differenziert ein weiteres Konzept nach dem Inhalt und grenzt Freiheitsrechte, politische Teilnahmerechte und wirtschaftliche, soziale und kulturelle Rechte voneinander ab (Hilpert 2019, 25–36). Eine andere Variante systematisiert wiederum funktional und unterscheidet zwischen Abwehr-, Anspruchs- und Schutzfunktion (Tödt 1982, 23–25). Die Charakterisierung der Menschenrechte insgesamt als „Freiheitsrechte der Person" (Bielefeldt 2018, 25; Baumeister u. a. 2018b, 11) wiederum intendiert, die (oft unproduktive) Gegenüberstellung von Freiheits- und Sozialrechten zu unterlaufen und stattdessen die Zielperspektive aller Menschenrechte in einem personalen Freiheitsbegriff zu betonen.[14]

Wie auch im Hinblick auf *das* Menschenrecht wird auch dem Begriff der Menschenrechte eine gewisse Tendenz unterstellt, vor allem westlichen Vorstellungen vom Menschsein und dem, was an einem solchen unbedingt zu schützen ist, Vorschub zu leisten. Dies bezieht sich vor allem auf das Konzept subjektiver Rechte, das aus der Perspektive einiger Stimmen aus dem globalen Süden als zu individualistisch kritisiert wird. Die Arbeit mit dem Personbegriff kann hier inhaltlich zwar vermitteln, verbleibt terminologisch aber ebenso in der sog. abendländischen Tradition. Wenngleich die Genese des Begriffs und der Idee der Menschenrechte aus der abendländisch-europäischen (Geistes-)Geschichte kein Ausschlusskriterium für den menschenrechtlichen

---

13 Im Rahmen seines eigenen menschenrechtsethischen Ansatzes sucht Bogner dieses Moment als das „Recht des Politischen" zu plausibilisieren (Bogner 2014a). An dieser Stelle kann nicht ausführlicher darauf eingegangen werden.

14 Der Systematisierung der Menschenrechte als Freiheitsrechte der Person korrespondiert die Pflichtentrias *respect – protect – fulfill*, die den Staaten in Bezug auf die Menschenrechte zugeordnet wird.

Universalitätsanspruch ist, so muss sie doch als ein Warnhinweis vor möglichen kulturalisierenden Essentialismen gelesen werden (vgl. Heimbach-Steins 2020, 62).

Die begriffliche Differenzierung zwischen Menschenrecht und Menschenrechten als den die gesamte Menschenrechtshermeneutik bestimmenden Vorzeichen lässt sich in der analytischen Unterscheidung zwischen einem stabilisierenden und einem dynamischen Verständnis fassen, ohne dass ausgeschlossen wäre, dass Elemente des einen im jeweils anderen Begriff enthalten sind. Damit kann angezeigt werden, dass die Menschenrechte mit einem doppelten Interesse konfrontiert sind: Sie sollen einerseits fundamentale *Standards* festlegen, die für alle auch rechtssicher verbindlich sind. Andererseits schwingt in ihnen ein Versprechen, eine Forderung mit, die erst noch einzulösen ist und daher nach sozialer und politischer *Veränderung* verlangt.

1.1.1.2   Der *common sense* theologisch-ethischer Ansätze

Bei allen Unterschieden im Detail sind im Großen und Ganzen einige Punkte zu verzeichnen, die als *common sense* theologisch-ethischer Ansätze betrachtet werden können. Dabei ist mit common sense im Gegensatz zum alltagssprachlichen Verständnis keine stillschweigend vorausgesetzte Übereinkunft oder ein irgendwie angenommener gemeinsamer Nenner gemeint. In einem anspruchsvolleren Sinn werden darunter explizite Bezugnahmen gefasst, die als solche auch eine allen Ansätzen theologischer Ethik gemeinsame Richtung anzeigen.

Der erste Bestandteil ist die Bezugnahme auf die *AEMR*. Von ihr gehen die theologisch-ethischen Auseinandersetzungen aus und laufen – sofern sie historisch vorgehen – auf sie zu. Damit ist eine auf die Kodifikation von Menschenrechten als verfassungsmäßig garantierten Grundrechten fixierte Interpretation ausgeschlossen. Stattdessen ist auch auf die Entwicklung des internationalen Rechts sowie auf die institutionelle Etablierung der internationalen Gemeinschaft Rücksicht zu nehmen.[15]

Denn mit der AEMR als normativem Grundsatzdokument und den entsprechenden folgenden Pakten und Konventionen begibt man sich auf das Terrain des Völkerrechts bzw. internationalen Rechts.[16] Zugleich ist darin auch eine spezifische Menschenrechtshermeneutik angelegt, die sich besonders mit

---

15   Dies kann durchaus auch als Entkräftung der oben erwähnten Kritik, die Menschenrechtsethik sei einseitig gesellschaftsorientiert gelesen werden.
16   Die AEMR ist als solche kein völkerrechtlich bindendes Dokument, von Beginn an aber in einen Zusammenhang eingebunden, der auf rechtliche Kodifizierung auf überstaatlicher Ebene zielt, ohne die nationale Souveränität prinzipiell anzutasten.

den Merkmalen der *Universalität und Unteilbarkeit* sowie der *Begründungsoffenheit* für unterschiedliche weltanschauliche oder religiöse Entwürfe verknüpft. Zentral ist, dass die Menschenrechte allen Menschen gelten, also den Menschen als Menschen zum Rechtssubjekt erklären. Einzelne Menschenrechte oder Gruppen von Menschenrechten können auch nicht einfach suspendiert, für nachrangig erklärt oder negiert werden. Was in der AEMR die Anerkennung als Menschenrecht gefunden hat, beansprucht entsprechende Geltung: Es handelt sich nicht um einen Katalog, aus dem das jeweils Passende ausgewählt werden kann, sondern um ein Gefüge unteilbarer und universeller Ansprüche, der menschenrechtsimmanente Konflikte – mit entsprechenden Abwägungs- und Priorisierungsfragen – zwar nicht ausschließt, aber eben als menschenrechtsimmanent adressiert und der anstehenden Abwägung bestimmte Grenzen setzt. Wie die verschiedenen Weltanschauungen und Religionen zur Anerkennung der in der AEMR verbrieften Rechte gelangen, bleibt ihnen überlassen; auf starke anthropologische, sozial- und politiktheoretische Vorannahmen wird innerhalb der Logik der AEMR verzichtet. Der Grundduktus lässt sich so zusammenfassen: Das vorrangige Interesse sind Kooperation und Friedenssicherung im Sinne der Förderung der Menschenrechte angesichts einer Vielfalt von Interessen und Überzeugungen.

Damit diese Hermeneutik nicht zu einer harmonistischen Fiktion wird, gehört zum common sense der theologischen Menschenrechtsethik ein unterschiedlich deutlich explizierter, aber durchgehend vorhandener Rekurs auf den *herrschaftskritischen Charakter* der Menschenrechte. Dieser wird nicht nur aus der Geschichte der Menschenrechte, die eng mit dem Widerstand gegen ungerechte Herrschaft und dem Kampf um Emanzipation verbunden ist, oder aus der genuinen Menschenrechtslogik gleicher Freiheit abgeleitet. Er wird auch theologisch begründet, z. B. mit dem eschatologischen Vorbehalt, der jede Form menschlicher Herrschaft, gleichwohl auch die menschenrechtlich begründete und legitimierte, mit dem Vorzeichen einer Frist versieht: Das letzte Urteil, die umfängliche Gerechtigkeit, die Errichtung eines ewigen Friedensreiches werden in der Hoffnung auf das Kommen Gottes aufgehoben und bleiben diesem vorbehalten. In diesem Sinne wird auf ein potentiell fruchtbares Verhältnis zwischen christlichem Glauben und Menschenrechten gesetzt, das auch in wechselseitigen Korrekturen bestehen kann – und soll.

Schließlich kann noch darauf verwiesen werden, dass im Allgemeinen die Überzeugung geteilt wird, dass der theologisch-ethische Menschenrechtsbegriff sich nicht nur auf moralische Appelle und ethische Begründung konzentrieren kann, sondern den *Bedarf der verbindlichen Geltung in der Praxis* im Blick behalten muss. Hier wird zugleich das größte Defizit der gegenwärtigen

Lage der Menschenrechte gesehen; das Durchsetzungsproblem gerade für diejenigen, die der Menschenrechte am meisten bedürfen, ist nicht hinreichend gelöst. Die bevorzugte Strategie, mehr und bessere Verbindlichkeit herzustellen, ist ein Prozess fortlaufender Verrechtlichung auf internationaler und nationalstaatlicher Ebene.[17]

1.1.1.3 Menschenrechtssemantiken theologischer Ethik (und darüber hinaus)

Von diesem common sense aus können nun die Differenzen in den Blick genommen werden, die sich schematisch anhand unterschiedlicher Menschenrechtssemantiken darstellen lassen. Zugrunde gelegt wird dabei ein aus zwei wichtigen Achsen moderner Menschenrechtssemantik entwickeltes Schema.[18] Die eine bezieht sich auf die Spannung zwischen religiöser und säkularer Semantik; die andere auf die Spannung zwischen revolutionärer und begründender Semantik.

Die Abgrenzung zwischen religiöser und säkularer Semantik geht zurück auf eine analytische Unterscheidung Ágnes Hellers:[19] Der aufklärerische Universalismus, der auch für die Formulierung der Menschenrechtserklärungen im 18. Jahrhundert eine wichtige Rolle spielte, lässt sich ihr zufolge in eine religiöse und eine säkulare Richtung teilen. Für die religiöse Semantik spielten dabei die Schöpfungstheologie und ein aus dieser gespeister Gleichheitsgedanke eine wichtige Rolle. Die säkulare Semantik dagegen war stärker von (wissenschaftlich orientiertem) Fortschrittsdenken geprägt (vgl. Heller 1997, 75–76; Heller 2020, 35–42). Für den Zusammenhang dieser Arbeit wird diese Einteilung in verallgemeinernder Weise adaptiert.

Die Trennung von begründender und revolutionärer Semantik greift die verbreitete Differenzierung von geltungstheoretisch und genealogisch ausgerichteten Ansätzen auf, variiert diese aber dahingehend, dass der darin enthaltene Gegensatz zwischen normativer Begründung und geschichtlicher Entstehung abgeschwächt wird, so dass auch Geschichte einen systematischen Stellenwert erhalten und normative Begründung in ihrer

---

17 Siehe dazu auch: Kap. 1.2.3.
18 Diese schematische Systematik scheint mir produktiver als die Unterscheidung zwischen theologischen und nichttheologischen Begründungsmodellen (so z. B.: Schliesser 2019, 24–38), weil in sachlicher Hinsicht mehr Differenzierungsmöglichkeiten gegeben sind und nicht nach Konzepten gegliedert werden muss, die einzelnen Personen zugeschrieben werden.
19 Die Möglichkeit, dass auch die säkulare Semantik religiöse Züge annehmen kann, muss hier vorerst unberücksichtigt bleiben.

Historizität durchsichtig werden kann.[20] So lassen sich mit der Kombination der beiden Pole vier idealtypische Semantiken unterscheiden: (a) eine säkular-revolutionäre, (b) eine säkular-begründende, eine (c) religiös-begründende und (d) eine religiös-revolutionäre Semantik. Sie stehen repräsentativ für menschenrechtsphilosophische Modelle und sind daher nicht nur, aber eben auch in der theologischen Ethik anzutreffen.

Die *säkular-revolutionäre Menschenrechtssemantik* betont den historischen Zusammenhang von Menschenrechtserklärungen und Revolutionen, dem auch – und das ist der Clou – ein systematisches Gewicht zugeschrieben wird. In historischer Perspektive wird der Fokus besonders auf die Amerikanische und die Französische Revolution gelegt, wobei letztere in der zeitgenössischen Menschenrechtstheorie noch einmal stärkere Aufmerksamkeit gefunden hat. Der Revolutionsbegriff wird dabei weniger über die Vorstellung eines gewaltsamen Umsturzes als über das Bild der Ablösung einer alten durch eine neue Ordnung mittels kollektiver Praxis entwickelt.

Vor allem zwei Aspekte charakterisieren den Konnex zwischen Menschenrechten und Revolution in der säkularen Variante: Die Formulierung der Menschenrechte als „Prinzip einer anderen Politik", wie Menke/Raimondi (2017b, 9) es im Vorwort zu einer Textsammlung zur „Revolution der Menschenrechte" (Menke/Raimondi 2017a) ausdrücken, und das Prinzip der „gleichen Freiheit" (Bogner 2014a, 67) als inhaltlichem Kern der Menschenrechte, den v. a. der französische Philosoph Etienne Balibar in kritischer Auseinandersetzung mit der französischen Menschenrechtserklärung herausgearbeitet hat (vgl. Balibar 2017). Die gleiche Freiheit als Anspruch jedes Menschen soll dabei den häufig problematischen Gegensatz zwischen Gleichheit und Freiheit überwinden. Beide Prinzipien richten sich explizit gegen eine Vorstellung, die von einer stabilen, statischen Vorstellung von Menschenrechten ausgeht,[21] an denen sich politisches Handeln, Institutionen usw. auszurichten haben (vgl. Menke/Raimondi 2017b, 9–10; Bogner 2014a, 31). Ihnen ist dagegen am praktischen Moment gelegen, das in den Menschenrechten liegt – und durchaus auch gegen politische Ordnungen, die im Namen der Menschenrechte errichtet und eingerichtet werden, mobilisiert werden kann. Es geht allerdings nicht um die Verewigung der Revolution als Veränderung und Umsturz, die sie

---

20 Hier folge ich im Wesentlichen den Überlegungen Daniel Bogners (2014a, 17–38), allerdings ohne dessen Votum für Joas' Methode einer „affirmativen Genealogie" zu übernehmen. Mir geht es hier zunächst ausschließlich um die Flexibilisierung der Alternative von Geltung und Genese.

21 Es soll an dieser Stelle nicht unerwähnt bleiben, dass die Vorstellung der Revolutionäre sich gleichwohl durchaus darauf richtete, eine auf sicheren Fundamenten gegründete Ordnung – eben den Menschenrechten – zu etablieren (vgl. Menke 2017, 15–16).

immer auch ist, sondern um den ja durchaus ausgeprägten Impuls zur Gründung einer anderen Ordnung. Letztlich kommt es darauf an, der Möglichkeit dieser revolutionären Dynamik aus den Menschenrechten und im Namen der Menschenrechte theoretischen Ausdruck zu verleihen.

Angesichts dessen lässt sich noch ein weiterer Gesichtspunkt der säkular-revolutionären Menschenrechtssemantik anführen: Sie geht von Unterdrückungsverhältnissen aus. Menschen, die sich in politischen Verhältnissen befinden, die sie als eminent ungerecht empfinden, berufen sich in emanzipatorischer Weise auf die Menschenrechte, um diese Verhältnisse zu verändern (vgl. Heimbach-Steins 2020, 51; Bogner 2014a, 51). In Übereinstimmung damit wird auch die AEMR 1948 als ein revolutionäres Ereignis interpretiert (vgl. Haker 2020, 64–65), in der sich die Menschheit nach den Verheerungen zweier Weltkriege und dem unvergleichlichen Menschheitsverbrechen der Shoa als internationale Gemeinschaft konstituiert mit den Menschenrechten als „ethisch-rechtliche[m] Grundgerüst des globalen Zusammenlebens" (Heimbach-Steins 2020, 62).

In der säkular-revolutionären Semantik wird zudem die Perspektive der unterschiedlichen Kritiken und ihrer Überwindung durch eine menschenrechtlich inspirierte Praxis stark gemacht und ernst genommen. Die Menschenrechte sind historisch keineswegs eine vollumfängliche Absage an ungerechte Herrschaftsverhältnisse; erst durch feministische, antirassistische und die Kritik der Arbeiterbewegung werden – revolutionäre – Schritte auf dem Weg zur Universalisierung der Menschenrechte gemacht (vgl. Menke/Pollmann 2017, 85–86). Mit ihrer Proklamation in den bürgerlichen Revolutionen des 18. Jahrhunderts ist aber ein Subjekt der Menschenrechte etabliert, mit dem das Fundament für eine schrittweise verlaufende, umkämpfte Universalisierung gelegt ist.

Die *säkular-begründende Semantik* ist dagegen stärker an normativer Begründung nach den Standards philosophischer Argumentation interessiert. Dabei steht die Suche nach einer verlässlichen philosophischen Basis ebenso eine wichtige Rolle wie die Auslegung und Interpretation der grundlegenden Merkmale der Menschenrechte, z. B. Universalität, Unteilbarkeit, Unveräußerlichkeit etc. Die Begründung der Menschenrechte wird von unterschiedlichen Ausgangspunkten anvisiert, die zwischen den Protagonist:innen mitunter sehr kontrovers diskutiert werden. Ganz gleich, ob von einem interessens-, bedürfnis- oder vernunft- bzw. naturrechtstheoretischen Ansatz aus argumentiert wird, ist das allen gemeinsame Ziel, einen sinn- und gehaltvollen Menschenrechtsbegriff zu erarbeiten. Wichtige Konzepte sind der Begriff der Menschenwürde als letzter Geltungsgrund, die Idee natürlicher oder angeborener Rechte sowie die Erkenntnisfähigkeit mit den Mitteln praktischer

Vernunft. Auch theologisch-ethische Konzepte zeigen sich hier stark beeinflusst von der kantischen Transzendentalphilosophie oder von modernisierter Naturrechtsphilosophie (vgl. Hilpert 2016). Dabei wird zugestanden, dass das Menschenrechtsdenken – auch historisch – stark säkular geprägt ist und daher eine dezidiert theologische Grundlegung ein eigenständiger, oft noch nicht vollzogener Reflexionsschritt ist (vgl. Gabriel 2013, 229).

Wie sich anhand dieser Kategorien bereits andeutet, war eines der größten Probleme, mit denen sich die Menschenrechtsphilosophie konfrontiert sah, die Frage nach der Interkulturalität bzw. nach der Kulturrelativität der Menschenrechte. Gerade aus dem Globalen Süden (aber nicht nur von dort) wird immer wieder – besonders mit Verweis auf die Kolonialgeschichte und das Fortbestehen kolonialer Strukturen bis in die Gegenwart gerade auch im Recht (vgl. Varela/Mansouri 2020, 292–294; Varela/Dhawan 2020, 34–35) – darauf hingewiesen, dass die Menschenrechte ein westliches Konstrukt seien und mit ihrer Vorstellung vom Menschen (Stichwort Individualismus) nicht ohne Weiteres zu den überlieferten religiösen wie kulturellen Traditionen und Werten nichteuropäischer Völker passten. Dies ist kein triviales Problem; eine Antwort wird z. B. über die Entwicklung eines kontextsensiblen (in Abgrenzung zu einem abstrakten) Universalismus gegeben, der den universalen Anspruch der Menschenrechte nicht aufgibt und gleichzeitig für die jeweiligen Entdeckungszusammenhänge wie Implementierungsbedingungen sensibilisiert ist (vgl. Heimbach-Steins 2020, 49–52).

Die *religiös-begründende Menschenrechtssemantik* hat wiederum einige historische Vorbilder. Religiös eingebettete Menschenrechtssemantiken haben genügend Anknüpfungspunkte: erste Überlegungen in der spanischen Spätscholastik (Francisco de Vitoria; Bartholomé de las Casas)[22] im Rahmen des in diesem Kontext überhaupt erst Gestalt annehmenden Völkerrechts, die in Richtung der Formulierung von Menschenrechten gehen; die schöpfungstheologische Verankerung unveräußerlicher Rechte in der Amerikanischen Unabhängigkeitserklärung; die lehramtliche Anerkennung der Menschenrechte in der Enzyklika Pacem in terris. Stärker als in ihrem säkularen Pendant wird hier der Gedanke der Gottesbildlichkeit für die Begründung der Menschenwürde als Geltungsgrund von Menschenrechten hervorgehoben. Zudem findet das Prinzip der Personalität, wie es in der Katholischen Soziallehre vertreten wird, verstärkte Aufmerksamkeit – auch um eine individualistisch verkürzte Interpretation des ‚Menschseins' zu vermeiden. Die Menschenrechte als Personrechte würdigen in diesem Sinne konstitutiv die

---

22 Siehe dazu u. a. die Arbeiten Mariano Delgados (1991; 1994; 2011).

Sozialität menschlicher Existenz und zielen auf eine entsprechende Gesellschaft sowie eine institutionelle Ordnung.

Einige Rekonstruktionen zielen jedoch auf eine weiterreichende Deutung des Beitrags religiöser Traditionen zur Begründung der Menschenrechte. So wird z. B. versucht, Parallelen zwischen Dekalog und Menschenrechten als Grundcharta des Zusammenlebens jenseits aller speziellen Regelungen oder zwischen dem Bund JHWHs mit seinem Volk und neuzeitlichen Theorien des Gesellschaftsvertrags zu ziehen (vgl. Hilpert 2016, 27–31). Als ein Spezifikum religiöser Menschenrechtssemantik kann auch eine Parteilichkeit für besonders schutzbedürftige Personen gelten, die aus dem besonderen Interesse biblischen Rechts am Schutz der *personae miserae* entwickelt werden kann (vgl. Lohmann 2019, 78–79). Solche Ansätze haben jedoch zum Teil sehr hohe historische Hürden zu überwinden. Der Weg vom modernen Recht zum altorientalisch geprägten Recht der Bibel ist relativ weit (vgl. Bogner 2019b, 123–126). Zwischen Bundestheologie und Theorien des Gesellschaftsvertrags bestehen neben dem völlig unterschiedlichen ‚Sitz im Leben' und dem Bedarf des Nachweises von Rezeptionslinien auch in sachlicher Hinsicht kaum zu überbrückende Gräben. Gleichwohl wird hieran sichtbar, dass der Rekurs auf die zentralen Quellen christlichen Glaubens nicht einfach obsolet wird; allerdings scheint neben der Plausibilisierung der weiterhin vorhandenen Aktualität der Faktor der Fremdheit des biblischen Denkens zur Moderne von großer Bedeutung zu sein, wenn so angelegte Begründungsstrategien auch für die Gegenwart Überzeugungskraft entfalten sollen.

Schließlich ist noch auf die *religiös-revolutionäre Menschenrechtssemantik* zu verweisen. Diese Kombination wirkt vielleicht irritierend. Schließlich stand gerade die zunächst antiklerikale, dann antikirchliche Stoßrichtung der französischen Revolution einer produktiven Auseinandersetzung mit den Menschenrechten im kirchlichen Kontext lange im Weg. Allerdings lässt sich die oben schon erwähnte Betonung des herrschaftskritischen Charakters der Menschenrechte durchaus auch revolutionär deuten. Alle menschlichen Herrschaftsverhältnisse sind mit einer Frist versehen, stehen unter eschatologischem Vorbehalt – und lassen sich deshalb auch ändern. Die Menschenrechte können dabei als Richtungsanzeige zur Veränderung herangezogen werden. Gleichzeitig eignet sich die anthropologische Rückfrage der Theologie nach dem Menschen der Menschenrechte auch zur Kritik, die auf bisher verdeckte oder verschleierte Ausschlüsse und fortbestehende ungerechte Herrschaft aufmerksam macht und diese zu überwinden sucht (vgl. Heimbach-Steins 2020, 64–65). Auch aus naturrechtlicher Perspektive lässt sich ein Widerstandsrecht gegen solche Verhältnisse begründen (vgl. Gabriel 2013, 235). Zudem kann mit der „liberation of individuals and peoples towards justice"

(Haker 2020, 12) eine positive Zielperspektive in der Semantik der Menschenrechte eingespielt werden. Die Befreiung ist nicht nur auf die Freiheit von Unterdrückung, Not, Gewalt usw. gerichtet, sondern auf Gerechtigkeit – womit auch Fragen der gerechten Verteilung von Gütern, des Zugangs zu Ressourcen und der diskriminierungsfreien gesellschaftlichen Teilhabe aufgeworfen sind.

Die Systematisierung zeigt ein breit gefächertes Bild von Menschenrechtssemantiken auch in der theologischen Ethik. Das hier entfaltete Schema soll dabei helfen, im weiteren Verlauf der Arbeit, insbesondere in der Diskussion von Kritiken der Menschenrechte, differenziert vorgehen zu können. Auf diese Weise sollen Einwände und Vorwürfe daraufhin geprüft werden können, ob sie auf die Menschenrechte als ganze oder auf bestimmte Konzepte bzw. von spezifischen Semantiken geprägte Entwürfe zutreffen. Zugleich soll auch in der Entwicklung von Perspektiven darauf zurückgegriffen werden können, um ggf. in der Menschenrechtsdiskussion vorhandene Tendenzen stärker betonen bzw. andere relativieren zu können.

1.1.2 *Zeichen der Veränderung im Verhältnis zur Moderne*
Bis hierhin ist bereits deutlich geworden, dass der aktuelle Stellenwert der Menschenrechte im Selbstverständnis theologischer Ethik sich in einen umfassenderen Prozess einfügt, in dem Kirche, Theologie und mit ihr auch theologische Ethik zu einem veränderten Verhältnis zur Moderne gelangen.

In der systematischen Theologie findet seit den 1950er-Jahren eine breite Auseinandersetzung mit der Aufklärung, insbesondere der anthropologischen Wende zum Subjekt und der Transzendentalphilosophie Kants statt. Konzepte wie sittliche Autonomie, Freiheit und Subjektivität führen zu einer Erneuerung theologischen Denkens, die unterschiedliche Richtungen einschlägt: Die eine reformuliert unter den Voraussetzungen der Transzendentalphilosophie die zentralen Inhalte christlichen Glaubens und macht die katholische Theologie in der zeitgenössischen Philosophie in neuer Weise sprachfähig. Die andere betont stärker die gesellschaftlich-praktische Dimension im Prozess der Aufklärung und sieht darin nicht vorrangig ein antikirchliches Projekt, sondern die Wiederentdeckung einer bereits in biblischen Texten geschilderten Dynamik: der von Gott initiierten und gewollten Weltwerdung der Welt (vgl. JBMGS 1, 27–29). In Entsprechung zur philosophischen Reflexion der Konflikte und Widersprüche, die die Aufklärung selbst hervorbringt, entsteht auch in der Theologie eine Denkform, die sich der Moderne verpflichtet sieht, sie zugleich in ihren Abgründen zu ergründen sucht und dabei auch der Verantwortung nicht ausweicht, an der praktischen Überwindung dieser Abgründe mitzuarbeiten (vgl. Bogner 2014a, 25–26; JBMGS 3/2c, 125–128). In der theologischen Ethik ist seit den 1980er-Jahren eine verstärkte Auseinandersetzung mit den

Menschenrechten zu beobachten, bis sie als programmatischer Teil im Rahmen christlich-sozialethischer Entwürfe systematisch verankert wird (vgl. Furger 1989, 74–109). Im Rahmen der allgemeinen theologischen Konfrontation mit der Moderne kommt also auch eines der zentralen politischen Prinzipien der Moderne in der theologischen Ethik, besonders der Sozialethik, zur Geltung.

Aus der Retrospektive erweist sich diese Rezeption als ein erstaunlicher Zusammenfall von Geschichte und Gegenwart: Ist die Beschäftigung mit den Menschenrechten zunächst dem Nachholbedarf theologisch-ethischer Reflexion erwachsen, zeigt sie sich plötzlich nicht nur auf Augenhöhe, sondern in einem beinahe avantgardistischen Sinn geistesgegenwärtig. Zwar wird der Anfang der Moderne nicht selten mit der Französischen Revolution (vgl. Arendt 2016b, 318) oder präziser: mit den bürgerlichen Revolutionen des 18. Jahrhunderts und ihren Menschenrechtserklärungen (vgl. Menke 2018, 7), gesetzt. Und insofern ist die theologisch-ethische Reflexion nachvollziehbar zu einem gewichtigen Teil auch durch die Rekapitulation der historischen und gesellschaftlichen Vorgänge der vergangenen 200 Jahre bestimmt. Doch zu einem „Megathema" (Bogner 2014a, 17), zum „Siegeszug einer Rechtsidee" (Gabriel 2013, 239) werden die Menschenrechte erst im Zuge der friedlichen Revolutionen in zahlreichen sozialistischen Blockstaaten und der daraus entstehenden neuen weltpolitischen Situation, die mit dem (heute muss man wohl sagen: vorläufigen) Ende des Ost-West-Gegensatzes neu sortiert werden muss. Der Grundstein des Aufstiegs der Menschenrechte zu einer globalen Leitkategorie ist freilich die AEMR, mit der sich auch eine neue Menschenrechtspolitik verbindet (vgl. Menke/Pollmann 2017, 16–17). Bereits in den darauf folgenden vier Jahrzehnten steigt die politische Relevanz der Menschenrechte, gerade auch für Bürgerrechtsbewegungen (vgl. Menke/Pollmann 2017, 10–11). Doch die Entwicklungen seit 1989 verleihen der Dynamik der Menschenrechte eine neue Qualität: In den Befreiungskämpfen von Minderheiten, antikolonialen Bewegungen und der Bürgerrechtsaktivisten in den sozialistischen Staaten formiert sich mehr und mehr das Bewusstsein, dass Kämpfe um Emanzipation als Kämpfe für Menschenrechte zu führen und zu verstehen sind (vgl. Menke/Pollmann 2017, 11). Vor diesem Hintergrund werden die Menschenrechte also unverhofft auf eine neue Weise zu einem *Zeichen der Zeit*.[23]

Mit dieser Kategorie ist eine wichtige Einsicht verbunden. Die Menschenrechte sind in ihrer Berechtigung und Eigenständigkeit anzuerkennen und können nicht als einfaches Resultat, bloße Bestätigung oder säkularisierte

---

23 Zu dieser theologischen Kategorie und ihren Voraussetzungen siehe: Heimbach-Steins (2001a, 36–61, bes. 53–56).

Form religiösen Gedankenguts harmonisiert oder vereinnahmt werden (vgl. Bielefeldt 2018, 28; Heimbach-Steins 2020, 62). Entscheidend ist vielmehr, dass die Menschenrechte mit einer eigenen „Wirkungsweise" (Bogner 2014a, 10) in der Gegenwart vorgefunden werden. Diese ist allerdings zeitlich wesentlich durch ihre Zukunftsorientierung bestimmt: Die Menschenrechte „bringen uneingelöste Ansprüche auf den Punkt. Sie formulieren Zielvorgaben. Ihre beständige Antizipation – einer menschenwürdigen Existenz – setzt die historische Vergewisserung außer Stand, die Natur dieser Rechte zu erfassen." (Bogner 2014a, 10) Diese Wirkungsweise der Menschenrechte ist zunächst einmal unabhängig von Religion; sie schließt allerdings religiöse Beiträge auch nicht explizit aus.

Auftrieb hat ein selbstbewusster artikuliertes explizit religiöses Menschenrechtsdenken in den vergangenen zwei Jahrzehnten auch durch außertheologische Ermunterungen erhalten: Der Sozialphilosoph *Jürgen Habermas* gestand zu Beginn des 21. Jahrhunderts in seinen berühmt gewordenen Gesprächen mit dem damaligen Präfekten der Glaubenskongregation Joseph Ratzinger und späteren Papst Benedikt XVI. der (christlichen) Religion zu, in ihrer Überlieferung Gedanken in einer sprachlichen Gestalt aufzuheben, die sich nicht einfach in die Sprache der säkularen Vernunft übersetzen ließen, womit er konkret vor allem den Gedanken der Gottesbildlichkeit als Ausdruck für eine unantastbare und unverfügbare Würde menschlichen Lebens unabhängig von Leistungsfähigkeit, Vernunftvermögen oder Interessensartikulation meinte. Noch stärker mit dem Begriff der Menschenrechte sind die Überlegungen des Soziologen *Hans Joas* verknüpft, dessen Vorschlag den historischen Weg zu den Menschenrechten als Prozess einer kontinuierlichen Wertegeneralisierung – der „Sakralität der Person" (Joas 2011) – zu interpretieren, in der theologischen Ethik ein breites Echo ausgelöst hat. Dabei kommt theologisch-ethischen Entwürfen der Menschenrechtsethik – neben dem deutlich religiös konnotierten Vokabular des Grundgedankens – entgegen, dass der Einsicht Rechnung getragen wird, „dass die Konzeptionen der Menschenrechte nicht bloß eine moralische rationale Begründung verlangen, sondern historisch entstandene, institutionelle Stützen in den Bereichen des Rechts und der Politik erfordern und eben auch motivierende Wertüberzeugungen und Praxen, in denen sich bestimmte kulturelle Wertbindungen ausdrücken." (Lohmann 2014, 17)[24] Letztlich bewegt sich die theologische Menschenrechtsethik aber unverkennbar in einer Spannung zwischen dem Eigenstand der Menschenrechte und dem Potential, das religiöse und

---

24 Dass Lohmann einer religiösen Signatur der Menschenwürde als Grund der Menschenrechte eher ablehnend gegenübersteht, kann hier nicht weiter diskutiert werden.

theologische Ideen zu einem praktisch und lebensweltlich verankerten Begriff der Menschenrechte beitragen könnten. Sicher ist gleichwohl, dass in der Rezeption der Menschenrechte ein grundlegend verändertes Verhältnis zur Moderne zum Ausdruck kommt, hinter das kein theologisch-ethischer Ansatz und auch keine kirchliche Lehre mehr zurückfallen sollte.

1.1.3   Bestimmte bzw. kritische Affirmation

Aus der skizzierten Spannung ergibt sich die Notwendigkeit der hermeneutischen Aneignung der Menschenrechte durch die theologische Ethik, die sich als *bestimmte bzw. kritische Affirmation* bezeichnen lässt. Diese zeichnet sich dadurch aus, dass sie auf die kritische, i. S. von Differenzierungen und Unterscheidungen vornehmende Auseinandersetzung setzt. Dieses Verfahren lässt sich mit der politischen Philosophin Seyla Benhabib[25] plausibilisieren, die dem diskurstheoretischen Strang der Kritischen Theorie angehört und als eine zentrale Aufgabe kritischer Theoriebildung nicht nur die bestimmte Negation, sondern auch die – auf einer transparenten und wohlbegründeten normativen Basis – positive Beurteilung gesellschaftlicher und politischer Prozesse ansieht (vgl. Benhabib 2016, 276; Benhabib 2018, 26–29).[26]

Ein Vorzeichen der Rezeption ist gleichwohl mit der Bindung an den Menschenrechtsbegriff der AEMR bereits gesetzt. Deren Innovation gegenüber den älteren Menschenrechtserklärungen des 18. Jahrhunderts besteht darin, die Menschenrechte als Garantinnen des inneren und zwischenstaatlichen Friedens weltweit zu sehen und ihnen in diesem Interesse auch verstärkt rechtliche Möglichkeiten der Durchsetzung – von der verfassungs-, über die europa- bis zur völkerrechtlichen Ebene – zur Verfügung zu stellen (vgl. Hilpert 2016, 11–12). Die AEMR ist eine explizite Reaktion auf eine historische Zäsur und begreift die Menschenrechte selbst damit als eine geschichtliche und das heißt entwicklungsoffene wie -bedürftige Größe (Hilpert 2016, 149). Im Anschluss an den Menschenrechtsbegriff der AEMR ist also weniger die unbestritten vorhandene Kontinuität zu älteren Erklärungen zu betonen, sondern der Neuansatz, ja die „Neuformulierung der Menschenrechtsidee" (Menke/Pollmann 2017, 18) ernst zu nehmen.

Gleichzeitig enthält die bestimmte Affirmation der Menschenrechte aber auch ein reflexives Moment, das sich nicht nur dem moralisch-politischen Bruch in der Mitte des 20. Jahrhunderts, sondern der Auseinandersetzung mit kritischen Einwänden verdankt, die sich auf verschiedene – implizite

---

25   Eine eingehende Diskussion von Werk und Wirken Seyla Benhabibs für die Menschenrechtsphilosophie im Kontext globaler Migration erfolgt in Kap. 3.2.2.
26   Zum Verfahren von Kritik als Differenzierung siehe ferner: Hark/Villa (2017, 24–29).

oder sogar explizite – Partikularisierungen der Menschenrechtsidee richtet. So kann nur ein Menschenrechtsbegriff Bestand haben, der per se inklusiv ausgerichtet ist und sich selbst immer wieder auf mögliche real existierende Ausschlüsse überprüft. „Ein menschenrechtlicher Anspruch bemisst sich an Herrschaftskritik einerseits, Universalität und Unteilbarkeit andererseits." (Heimbach-Steins 2020, 65)

Ein kritisches Moment trägt die theologische Ethik selbst ein, indem sie aus theologischer Perspektive Vorbehalte formuliert (vgl. Gabriel 2013, 248–250). Dies versteht sich jedoch nicht als eine Relativierung des Geltungsanspruchs der Menschenrechte, sondern richtet sich gegen die Vereinnahmung der Menschenrechte für den Glauben an einen linearen Fortschrittsverlauf der Geschichte oder die sozialtechnologische Herstellbarkeit von Gerechtigkeit.[27] Generell stellt die bestimmte Affirmation nicht eine partielle Zustimmung zu einzelnen menschenrechtlichen Ansprüchen oder Funktionen dar, sondern steht für die – auch lehramtlich verbürgte – Anerkennung der Menschenrechte mit eigener Akzentsetzung, konkret als Personrechte mit einer engen Verknüpfung von Freiheits- und Sozialrechten sowie einer Betonung der mit den subjektiven Ansprüchen korrespondierenden Verpflichtungen – nicht nur der Staaten und der übrigen Mitglieder der Gesellschaft gegenüber den Menschenrechtssubjekten, sondern auch der einzelnen Menschenrechtsträger:innen selbst und zwar gegenüber dem die Menschenrechte garantierenden Gemeinwesen (vgl. Heimbach-Steins 2001b, 16–25).[28]

Fürs erste lässt sich damit festhalten: Die bestimmte Affirmation der theologischen Ethik mündet in einer *kategorischen, aber nicht vorbehaltlosen* Verpflichtung, die charakterisiert ist durch eine lebendige Spannung zwischen Menschenrechten und Theologie sowie eine dieser Spannung entsprechende spezifische hermeneutische Aneignung der Menschenrechte durch die theologische Ethik. Problematisch erscheint dabei weniger, ob diesen ein

---

27   Dass diese Gefahr stets vorhanden ist, zeigt z. B. die Interpretation der Menschenrechtsgeschichte als Erfolgsgeschichte, die zwar auch Rückschläge kennt, im Großen und Ganzen aber doch darauf hinausläuft, dass den Menschenrechten immer mehr und immer besser zum Durchbruch verholfen wird. Eine solche Perspektive deutet sich zum Beispiel bei Hilpert (2016, 149; 195) an.

28   Eine negative Seite dieser ‚Interpretationsfreiheit' ist die immer noch prekäre Anerkennung einzelner Menschenrechte innerhalb der katholischen Kirche, die als Problem der bloß partiellen Umsetzung der Menschenrechte in der Kirche die sozialethische Forschung immer noch sehr umtreibt. Eine noch stärkere Zuspitzung erfährt dieses Problem vor dem Hintergrund der menschenrechtlichen Axiome der Unteilbarkeit und Unveräußerlichkeit. Vor diesem Hintergrund muss bei der partiellen kirchlich-institutionellen Aneignung von systematischen Menschenrechtsverstößen gesprochen werden.

genealogisches oder ein geltungstheoretisches oder beide vermittelndes Verfahren am ehesten entspricht, sondern dass in einer bestimmten Affirmation der Vorbehalt weiter präsent ist. Dieser bietet ja nicht nur Gestaltungsmöglichkeiten und eine grundsätzliche Offenheit für Veränderungen zum Besseren, sondern auch zur Relativierung und Zurückweisung – mit dieser Unwägbarkeit, dieser konstitutiven Entsicherung in Theorie und Praxis der Menschenrechte muss die theologische Ethik als Menschenrechtsethik umgehen.[29] Das ist der Preis, der für einen geschichtlichen und gesellschaftlichen Entwurf und die damit einhergehende Infragestellung alter Gewissheiten zu zahlen ist.

1.2 Kategorien theologisch-ethischer Menschenrechtstheorie

Die bisherigen Ausführungen zu Begriff und Gehalt der Menschenrechte haben gezeigt, wie die theologische Ethik sich in der allgemeinen Menschenrechtsdiskussion positioniert. Bis hierhin ist deutlich geworden, dass die theologische Ethik den universalen Anspruch der Menschenrechte mit den Anforderungen besonderer Kontexte verbinden will und sich im größeren Zusammenhang der Menschenrechtsphilosophie durchaus um eine eigene, wiedererkennbare Stimme bemüht. Das spezifische Profil theologischer Menschenrechtsethik wurde allerdings mehr angedeutet als eingehend erläutert. Dies soll im nun folgenden Schritt geschehen. Die Aufmerksamkeit richtet sich also auf diejenigen Merkmale, die theologisch-ethische Beiträge von anderen Konzepten der Menschenrechtsethik abheben. Auch hier geht es aber nicht darum, einen exklusiven oder überlegenen Anspruch zu postulieren, sondern einige Schwerpunktsetzungen oder Akzentuierungen noch einmal genauer zu beleuchten und nachzuvollziehen, an welcher Stelle und aus welchen Gründen die theologische Ethik in der allgemeinen Debatte vorhandene Aspekte stärker betont und ihnen ein höheres Gewicht verleiht.

Drei Schwerpunkten ist dabei m. E. ein erhöhtes Augenmerk zu schenken. Der schöpfungstheologischen Grundlegung der Menschenwürde (Kap. 1.2.1), der Identifikation unentdeckter Subjekte der Menschenrechte als einer Entsprechung zur vorrangigen Option für die Armen (Kap. 1.2.2) sowie dem praktischen Geltungsvorrang vor der Notwendigkeit eines Konsenses in Begründungs- oder Weltanschauungsfragen (Kap. 1.2.3). Diese drei Momente

---

29   Mit diesem Umstand ist die theologische Ethik freilich nicht allein; er ist in gewisser Weise ein unvermeidlicher Bestandteil bei der Übersetzung in partikulare Kontexte. Gleichwohl hat er in der theologischen Ethik ein besonderes Gewicht, weil die *bestimmte* Affirmation ein konzeptueller Ansatz theologischer Menschenrechtsethik ist.

können im Allgemeinen als spezifische Charakteristika theologischer Menschenrechtsethik gelten, weisen im Detail jedoch durchaus unterschiedliche inhaltliche Konzeptualisierungen auf, denen im Rahmen der hier möglichen Darstellung Rechnung getragen werden soll.

1.2.1 Menschenwürde und das ‚Standbild Gottes'

Die Menschenwürde kann als *die* Kategorie zur Grundlegung der Menschenrechte schlechthin bezeichnet werden. Daran ändern auch verschiedene Einwände, z. B. aufgrund des unklaren Sinns oder des inflationären Gebrauchs des Begriffs, und Vorschläge, die Menschenwürde durch andere Grundlegungskategorien zu ersetzen, wenig (vgl. Birnbacher 2015, 29; 37). Zugleich ist der Menschenwürdebegriff ein zentrales Vermittlungsinstrument, weil in ihm eine große Nähe zwischen menschenrechtlicher und religiöser Terminologie greifbar wird (vgl. Bielefeldt 2018, 19–20). Diese Nähe hat für nichtreligiöse Philosoph:innen ein nicht geringes Irritationspotential, zumal der Verweis auf etwaige religiöse Wurzeln des Menschenwürdebegriffs bzw. des Gedankens, der zu dessen Formulierung geführt hat, zu Abwehrreaktionen reizt und einen Partikularismusverdacht nährt, der aus einer menschenrechtsphilosophischen Position schwer wiegt. So kann es zu Versuchen kommen, den Menschenwürdebegriff gegen religiöse Überformung zu schützen (vgl. exemplarisch: Lohmann 2014).

Diese Intuition ist nicht gänzlich unbegründet. Die Feststellung, „dass das rechtliche Bekenntnis zur Menschenwürde und zu den ihr zugeordneten Menschenrechten kulturelles Erbe einer über 2000-jährigen christlichen Tradition ist[.]" (Hilpert 2016, 90) kann tatsächlich apologetisch, beinahe revisionistisch wirken. Daran vermag auch die anschließende Erläuterung wenig zu ändern: „Nationales Recht und Staat, auch das internationale Recht wollen dieses Erbe fortsetzen und pflegen, können dies aber aus Gründen der Achtung der Glaubens- und Religionsfreiheit jedes Einzelnen als Ausfluss der Menschenwürde nicht mehr unter früheren Prämissen eines weitgehend selbstverständlichen und von allen geteilten Glaubens tun." (Hilpert 2016, 90) Vermutlich handelt es sich hier um einen etwas unglücklichen Versuch, auf die religiösen Voraussetzungen (in historischer Hinsicht) der säkularen Menschenrechtsidee hinzuweisen.[30] Er hat allerdings auch aus dieser Pers-

---

30 Dafür spricht, dass Hilpert an anderer Stelle erwähnt, dass der axiomatische Gebrauch der Menschenwürde in politischen und rechtlichen Kontexten gerade von einem Verzicht auf Begründung und einer damit verbundenen Festlegung auf einen bestimmten religiösen und kulturellen Zusammenhang lebt. Die Möglichkeit einer dezidiert christlichen Begründung des Menschenwürdeprinzips sieht er mit Blick darauf in der Begrenzung weltlicher Macht, der Begrenzung des menschlichen Strebens, Gerechtigkeit herzustellen

pektive den faden Beiklang christlicher Dominanzkultur: Denn faktisch hat es einen weitgehend selbstverständlichen und von allen geteilten Glauben auch nicht gegeben. Darin zeigt sich vielmehr ein verkürztes, allzu sehr auf die sog. ‚Mehrheitsgesellschaft' fixiertes Geschichtsverständnis, dass z. B. die jüdische Perspektive als einen eigenständigen, durch Erfahrungen von Unterdrückung, Ausgrenzung und Verfolgung, aber auch von Selbstbehauptung und Emanzipation geprägten kulturellen Speicher ausblendet – unabhängig von der Tatsache, dass die schöpfungstheologische Tradition und der Gedanke der Menschenwürde selbstverständlich in der jüdischen Tradition begründet sind.

Der theologischen Ethik kann es jedoch nicht darum gehen, anderen unterschwellig, wenn auch möglicherweise unabsichtlich eine religiöse Begründung aufzunötigen. Ohnehin ist zunächst Selbstkritik angebracht. Schließlich „wurde der Zuspruch der Würde lange Zeit nicht mit einem Anspruch auf Rechte in Verbindung gebracht" (Becka 2019a, 1604). Da sich diese von Becka kritisierte Haltung innerhalb der Kirche – zudem ekklesiologisch flankiert – immer noch hartnäckig hält (vgl. Wendel 2018, 145–146), legt sich eine selbstgewisse Verbindung von Würde und Rechten gerade nicht nahe (vgl. auch: Sandkühler 2014, 65–66).

Unter dieser Prämisse stellt sich jedoch umso mehr die Frage, wie sich der Gedanke der Menschenwürde und dessen Nexus mit der Idee der Menschenrechte theologisch-ethisch plausibilisieren lässt. Dabei spielt ein Konzept eine herausragende Rolle: das vor allem in den Schöpfungserzählungen überlieferte Motiv des „Standbild(s) Gottes" (Heimbach-Steins 2020, 61), verbreiteter in der Übersetzung der „Ebenbildlichkeit" (Hilpert 2016, 25) bzw. der „Gottebenbildlichkeit" (Becka 2019a, 1604). Die schöpfungstheologische Konzeption der Menschenwürde über die Metapher des Standbilds Gottes hat wenigstens drei Seiten – eine anthropologische, eine theologische und eine rechtlich-politische, die sich wechselseitig bedingen.[31]

---

sowie in einer Motivation und Stärkung des Einsatzes für die Menschenwürde über Generationen hinweg (vgl. Hilpert 2016, 73–74).

31 Die folgenden Überlegungen stehen ganz im Zeichen der Verknüpfung von Menschenwürde und Menschenrechten über einen schöpfungstheologischen Begründungspfad. Damit soll in keiner Weise die eigenständige und gewichtige Tradition sowie wechselvolle Geschichte der Reflexion auf den Zusammenhang von Gottesebenbildlichkeit und Menschenwürde in der christlichen Tradition in Abrede gestellt werden. Siehe dazu z. B. die ideengeschichtlichen Hinweise bei Hoye (2018, 23–26) und Sandkühler (2014, 58–66). Biblisch-theologische Annäherungen an den Nexus von Menschenwürde und Gottesebenbildlichkeit finden sich ausgehend von Ps 8 bei Frevel (2017, 277–303) sowie mit kritischen Vorbehalten unter Bezug auf neutestamentliche Schriften bei Rehfeld (2021, bes. 305–321).

Die *anthropologische* Seite betont die Gleichheit der Würde jedes Menschen, die damit nicht mit dem römisch-antiken Begriff der verliehenen Würde, mit der sich ein bestimmter sozialer Rang verbindet, zu vergleichen ist. Schon früh in der Geschichte des Christentums wird der Würdebegriff mit der Vorstellung, der Mensch sei Bild Gottes, verbunden (vgl. Hilpert 2016, 68–69). Die menschliche Würde besteht aber auch in einer Verantwortung i. S. der Zurechnung von Handlungen und deren Konsequenzen sowie Freiheit, die auch Abkehr, Scheitern und Verfehlung einbegreifen kann (vgl. Hilpert 2016, 25–26). Die schöpfungstheologisch rückgebundene Würde ist somit nicht nur eine unverlierbare und unveräußerliche Eigenschaft, sondern gibt den Menschen auch eine Aufgabe, Verantwortung zu übernehmen und verantwortlich zu handeln. Die Tradition hat aus der Gottesebenbildlichkeit jahrhundertelang abgeleitet, dabei handele es sich um eine „Nachahmung Gottes" (Hilpert 2016, 71). Ein weiterer Aspekt der anthropologischen Dimension ist der Verweis auf die Sozialität menschlicher Existenz (vgl. Hilpert 2016, 82–83). Diese Komponente ist jedoch anfällig für essentialistische Lesarten, wenn zum Beispiel die Geschlechterdifferenz und vor allem damit verbundene (historisch kontingente) soziale Positionen durch die vermeintliche Verankerung im Rückbezug auf das Schöpfungshandeln Gottes ontologisiert werden (vgl. Wendel 2018, 145–146). Eine philosophische Reformulierung bezieht sich daher stärker auf das Personsein, das als „Existenzweisen bewussten Lebens" (Wendel 2018, 147) verstanden wird. Die subjektphilosophische Grundlage dieses Personbegriffs ist die Fähigkeit, eine erstpersönliche Perspektive einnehmen zu können, d. h. ich zu sich selbst sagen zu können. Ergänzt wird diese Grundlage durch die politisch-philosophische Bezugnahme auf die menschliche Handlungsfreiheit als dem Vermögen, (gemeinsam mit anderen) einen neuen Anfang setzen zu können, und der darin enthaltenen Gleichheit der Menschen hinsichtlich ihrer Natalität und Mortalität, i. e. „in ihrer materialen Bedingtheit" (Wendel 2018, 148; vgl. auch: 147–148).

Daher ist auch wichtig, eigens zu betonen, dass „[d]as alttestamentliche Motiv der Gottebenbildlichkeit die Besonderheit jedes Menschen hervor[hebt]." (Becka 2019a, 1604) Und in Weiterführung dieses Motivs bedeutet auch der paulinische Gedanke der Einheit in Christus Jesus (Gal 3,28), dass nicht in kollektiver oder sozialer Zugehörigkeit oder Wesensmerkmalen, sondern „[i]n der jeweiligen Besonderheit und Einzigartigkeit alle einander gleich [sind]." (Becka 2019b, 815) Diese Formulierung entbehrt nicht einer gewissen Paradoxie: Menschen sollen sich darin gleichen, verschieden, also nicht gleich zu sein. Das Allgemeine, das durch die „Gottebenbildlichkeit" bzw. die „Einheit in Christus" am Menschen geschützt werden soll, ist die Besonderheit jedes Menschen.

Diese Problemlage wird noch zugespitzt durch die *theologische* Seite der Standbild Gottes-Metapher. Denn hier schließt sich die Frage an, welche Rückschlüsse sich aus der Vorstellung, Gott habe die Menschen nach dem Bild oder als ein Standbild geschaffen, für die Vorstellung von Gott bedeutet. Das alttestamentliche Gottesdenken steht bekanntlich unter dem Vorzeichen des Bilderverbots; auch im Offenbarungsgeschehen bleibt Gott ein Geheimnis, dem menschlichen Auge und Verstand entzogen. Mit Blick auf die Menschen als Standbilder Gottes heißt das:

> „Sie sind Darstellungen des Nichtdarstellbaren, Gottes Bild im Sinne einer negativen Darstellung Gottes. Gott kommt zur Erscheinung als Bild nicht im Sinne unmittelbarer Gegenwart, sondern als Markieren einer Leerstelle, einer Spur bleibender Abwesenheit noch in seiner Setzung als Bild. Gottbildlichkeit ist nicht gleichbedeutend mit der Präsenz göttlicher Seinsfülle bzw. der Partizipation an ihr und damit keine ontologische Kategorie etwa im Sinne einer *analogia entis*. Sie macht sich auch nicht an einem substanziellen, ewigen Wesenskern fest, in und durch den der Mensch an Gott teilhat, sondern an der einem jeglichen bewussten Leben, so auch demjenigen Gottes, eigenen Perspektive und Struktur, Singularität und Freiheit." (Wendel 2018, 149; Hervorh. i. Orig.)

Ohne die in diesem Zitat steckende Positionierung innerhalb der theologischen Tradition hier im Einzelnen nachvollziehen zu können, wird doch sehr deutlich, dass auch in der Rede von der „Gottebenbildlichkeit" an der kategorialen Differenz zwischen Gott und Mensch festzuhalten ist. Diese muss aber gerade gegen die Rezeptions- und Wirkungsgeschichte dieses Gedankens, v. a. im historischen Kontext des neuzeitlichen Europas, insbesondere in dessen Verbindung mit dem „sog. Herrschaftsauftrag" (Heimbach-Steins 2020, 61) in Erinnerung gerufen werden. Dass „der Mensch im Kontext der altorientalischen Königsideologie metaphorisch als ‚Standbild Gottes' (Gen 1,26) in der Schöpfung adressiert [wird]" (Heimbach-Steins 2020, 61), ist nicht zu jeder Zeit und an jedem Ort selbstverständlich als Botschaft der Würdegleichheit aller Menschen gelesen worden, sondern konnte v. a. in Form des „Herrschaftsauftrags" zur Legitimation eines „rücksichtslosen Anthropozentrismus und Kolonialismus" (Heimbach-Steins 2020, 61) benutzt werden. Die theologische Dimension macht also darauf aufmerksam, dass die in der Standbild Gottes-Metapher artikulierte Nähe Gottes zu den Menschen höchst verfänglich ist, weil sie der Gefahr Vorschub leistet, dass sich Menschen mit Gott verwechseln und sich über andere Menschen erheben. Insofern ist die Betonung der Besonderheit und der Singularität als Signatur der Gleichheit auch nicht dem Bedürfnis nach fröhlicher Buntheit, sondern eher dem Wissen um deren prekäre Existenz geschuldet.

Diese Einsicht führt schließlich zur *politisch-rechtlichen* Seite. Diese äußert sich im Postulat eines intrinsischen Zusammenhangs zwischen Menschenwürde und den ihr entsprechenden Menschenrechten, der sich allerdings nicht einfach folgerichtig aus der Standbild Gottes-Metapher ergibt, sondern den sich die theologische Ethik aktiv aneignen muss (vgl. Heimbach-Steins 2020, 61–62). Im Kontext der BRD ist das Grundgesetz ein wichtiger Referenzpunkt (vgl. Haker 2020, 136). Aus theologischer Perspektive ist, in Abgrenzung zum ontologischen, der funktionale Charakter der Gottebenbildlichkeit von Gewicht, damit die gleiche Würde aller Menschen auch in der Anerkennung gleicher Rechte Gestalt gewinnen kann (vgl. Wendel 2018, 149). Das Bild soll die Besonderheit jedes Menschen als Signatur der Gleichheit erläutern, nicht etwaige Statusunterschiede o. Ä. festschreiben. Ein Weg, die Menschenrechte als Ausfaltung der Menschenwürde zu begreifen, kann auch mit der klassischen sozialethischen Terminologie des Personalitätsprinzips in Ergänzung durch die Kategorie der Verwundbarkeit beschritten werden. So kann sowohl der Vorstellung vom Menschen als vernunftbegabtem Subjekt wie auch als verwundbarem Sozialwesen Rechnung getragen werden (vgl. Becka 2019b, 815–816). Dies impliziert auch das Gebot einer Veränderung oder Einrichtung der politischen und gesellschaftlichen Verhältnisse nach dem Maßstab von Menschenwürde und Menschenrechten, der vor allem als Universalitätsanspruch ein kritisches Profil erhält (vgl. Becka 2019b, 816–817). Einmal mehr wird hieran deutlich, dass die Menschenrechtstheorie in ihrem Begründen notwendig auf Praxis verwiesen ist (vgl. Becka 2019b, 814); auch die schöpfungstheologische Rückbindung des Menschenwürdebegriffs durch den Gedanken der Gottesbildlichkeit läuft letztlich auf die Frage nach einer entsprechenden Praxis, nach „Wirksamkeit" (Becka 2019b, 822) hinaus. Dies ist gleichwohl eine höchst brisante Frage: nicht so sehr aufgrund von expliziten Infragestellungen von Menschenwürde und Menschenrechten, sondern wegen einer durchaus ambivalenten Praxis selbst. Zwar mag der Gedanke der Gottebenbildlichkeit mit Hilfe einer menschenrechtlichen Relecture stärker dessen humanisierendes Potential zur Geltung bringen. Doch daraus lässt sich eben kein sakrosankter Status der Menschenrechte – in Theorie *und* Praxis – ableiten, sondern sollte vielmehr der Schluss gezogen werden, genau hinzusehen.

1.2.2 *Identifikation unentdeckter Subjekte der Menschenrechte*

Unter dem Anspruch eines solchen kritischen Blicks steht ein weiteres Theorem theologisch-ethischer Menschenrechtstheorie, das sich in Auseinandersetzung mit bestimmten Kategorien allgemeiner Menschenrechtsphilosophie entfalten und differenzieren lässt: die Identifikation „unentdeckte[r] Subjekte der Menschenrechte" (Heimbach-Steins 2020, 64). Sie gehört seit Beginn der bürgerlichen Menschenrechtserklärungen im 18. Jahrhundert ebenfalls zur Debatte um die Menschenrechte. Die frühfeministische Kritik *Olympe de Gouges* ist das beispielgebende Zeugnis, dem noch weitere aus antirassistischer, antiklassistischer und antiimperialistischer Perspektive folgen. In der theologischen Ethik lassen sich in systematischer Hinsicht einige Kategorien herausarbeiten, die für eine theologisch-ethische angeleitete Identifikation bisher unentdeckter Menschenrechtssubjekte eine hervorgehobene Rolle spielen: Vulnerabilität (1.2.2.1), Grundbedürfnisse (1.2.2.2), Erfahrungen von Leid, Unrecht und Unterdrückung (1.2.2.3) und Empowerment (1.2.2.4).

1.2.2.1 Vulnerabilität

Im Horizont der theologischen Menschenrechtsethik gerät Vulnerabilität als Charakterisierung bestimmter Personen oder Gruppen in den Blick, die in besonderer Weise des Schutzes der Menschenrechte bedürfen. Es handelt sich um „besonders verletzliche Gruppen, die keine Lobby haben und deren Interessen noch niemand verteidigt" (Heimbach-Steins 2020, 64). Die „Option für die besonders Verletzlichen" (Witschen 2013, 39) hat ihr theologisches Pendant in der vorrangigen Option für die Armen.[32]

Die Option für die Armen erwächst aus dem basisgemeindlichen Christentum, das in vielen lateinamerikanischen Ländern in verarmten Stadtteilen seit den 1950er-Jahren entsteht und sich zunächst aus Gruppen von *Armen* zusammensetzt, die gemeinsam biblische Texte lesen und auf ihre eigene Lebenssituation beziehen und so den Ausgangspunkt für eine neue Form der Bibelhermeneutik bilden (vgl. Heimbach-Steins 2004, 94–96). Bereits auf dem Zweiten Vatikanischen Konzil gibt es eine Gruppe von Bischöfen, die sich mit den Anliegen einer „Kirche der Armen" (Sobrino 2013) solidarisiert haben und dies mit dem Katakombenpakt auch öffentlich bekunden. Mit der „Theologie der Befreiung" (Gutiérrez 1992) entsteht eine eigene theologische Reflexionsform, zu deren wichtigsten Kategorien die Option für die Armen gehört. Diese hat ursprünglich eine offenbarungstheologische Grundaussage: Die biblischen Schriften bezeugen, dass Gott eine Tendenz zu den Armen, Schwachen, Kleinen, den Unterdrückten und Leidenden hat (vgl. Rottländer 1988, 73–74). Daraus folgen sowohl eine *analytische* Option, die Wirklichkeit ganz aus der

---

32 Für eine direkte Verbindung zwischen Option für die Armen und Vulnerabilität siehe Hilpert (2016, 156–157). Eine noch unmittelbarere Begründung der Menschenrechte aus dem biblischen Armenrecht bietet: Lohmann (2019, 82–83). Mir scheint allerdings wichtig, die Option für die Armen und Option für die besonders Vulnerablen nicht gleichzusetzen, da sie durchaus unterschiedliche Entstehungskontexte haben, die nicht einfach übersprungen werden können.

Perspektive der Armen zu betrachten und zu verstehen, einschließlich der Frage nach den Ursachen der Armut, als auch eine *politische* Option der Armen für ihre Befreiung aus der Unterdrückung – und aus beidem eine *kirchliche* Option der Kirche zu einer Umkehr zu den Armen, was bedeutet, dass sie lernt, die Welt aus Sicht der Armen zu analysieren und an deren Seite und mit ihnen für ihre Befreiung aus der Unterdrückung zu kämpfen (vgl. Rottländer 1988, 79–81). Die Option für die Armen hat es auch bis in die lehramtliche Verkündigung geschafft. Hier zeigt sie sich allerdings nicht als Option, die sich ganz aus dem Subjektsein der Armen ergibt und auf dieses bezieht, sondern eher als *pastorale* Option der Sorge für die Armen, die als primärer Adressat kirchlichen Handelns gesehen werden (vgl. Rottländer 1988, 71–72). Die Armen sind Objekt von Nothilfe und Fürsorge, sie *bedürfen* der Aufmerksamkeit und Liebe der Kirche.[33]

Diese Zweischneidigkeit zwischen Subjektkategorie und einer Tendenz paternalistischer Objektivierung ist auch in der Kategorie der Vulnerabilität enthalten. Die Menschenrechtsethik hat verschiedene Strategien entwickelt, um einen ungewollten Paternalismus zu vermeiden und gleichzeitig besondere Gefährdungslagen und Schutzbedürfnisse markieren zu können. Diese bestehen darin, (1) Vulnerabilität als ein allgemeines anthropologisches Merkmal auszuweisen und (2) auf die höchst ungleich verteilten Risiken, die aus der menschlichen Vulnerabilität erwachsen, hinzuweisen. In der Frage einer vulnerabilitätssensiblen Ethik und Politik der Menschenrechte sind wiederum zwei Formen zu unterscheiden, die sich zwar nicht ausschließen, aber verschiedene Momente betonen: Während die eine auf die sozialen und institutionellen Bedingungen des Schutzes rekurriert, lenkt die andere die Aufmerksamkeit auf die Handlungsfähigkeit vulnerabler Subjekte („vulnerable agency", Haker 2020, 135).

Vulnerabilität[34] in einem allgemeinen Sinne bedeutet, „dass Menschen, aber auch andere Lebewesen, der Gefahr ausgesetzt sind, angegriffen und in ihrer Integrität beschädigt zu werden und zwar so, dass sie sich selber weder aus entsprechenden Situationen des Angegriffenseins befreien noch sich grundsätzlich dieses Risikos entheben können." (Hilpert 2016, 150). Dies ist

---

33 Damit soll der Sinn und auch der Bedarf eines Dienstes am (bedürftigen, notleidenden) Nächsten nicht in Abrede gestellt werden. Aber dort, wo dieser sich bloß darauf beschränkt – ohne die analytischen und politischen Dimensionen dieses Handelns mitzureflektieren, ist korrektivische Kritik notwendig.

34 Im Folgenden werden die Begriffe Vulnerabilität, Verwundbarkeit und Verletzbarkeit synonym gebraucht (siehe auch: Hilpert 2016, 150). Die Darstellung konzentriert sich vor allem auf die politisch-ethische Diskussion. Zum Vulnerabilitätsbegriff in anderen fachlichen Zusammenhängen siehe: Hilpert (2016, 150–151).

die negative Seite der Vulnerabilität. Weniger wertend und grundsätzlicher besteht Vulnerabilität in dem Risiko „that affectability and openness entails." (Haker 2020, 139) Weil Menschen auf andere Menschen hin offen und sogar auf diese angewiesen sind, ihre Existenz also von Bedingungen jenseits ihrer eigenen Verfügung abhängig ist, sind sie auch verwundbar (vgl. Haker 2020, 139).[35] Die Kategorie der Vulnerabilität widersetzt sich damit der Vorstellung vom Menschen als einem „sovereign, atomistic agent" (Haker 2020, 138). Weil Vulnerabilität als Teil der Verfassung menschlichen Daseins gesehen wird, die sich aus dessen relationaler Konstitution ergibt, enthält sie in sich bereits eine ethische Komponente.[36] Denn menschlichen Beziehungen wohnt eine „radical ambiguity" (Haker 2020, 138) inne: „We do not ‚naturally' develop into agents: Rather, we are addressed and shaped by others *as* (potential, actual, or former) *agents*, in order to *see* ourselves *as* agents, beings who are able to act on one's own account." (Haker 2020, 138–139). Anderen ausgesetzt, von anderen in Anspruch genommen, gleichzeitig dadurch aber auch in die Lage versetzt zu werden, in Antwort darauf als eigenständige Person handeln zu können, ist also in gewisser Weise eine unausweichliche, weil anthropologisch unhintergehbare Situation (Haker 2020, 139).[37]

Dennoch sind de facto nicht alle Menschen in gleichem Maße verwundbar. Dies ist der Fall, wenn Vulnerabilität aus politischen oder gesellschaftlichen Strukturen entsteht, „die die Lebenslagen von Menschen aufgrund von Merkmalen bestimmen, die ihnen anhaften, ohne dass sie diese entscheidend beeinflussen könnten (…)." (Hilpert 2016, 152–153) Das heißt, Verwundbarkeit wirkt sich in Abhängigkeit von sozialen Strukturen unterschiedlich aus – und

---

35 Haker nennt das im Anschluss an Erin Gillson „ontological vulnerability" (Haker 2020, 139–140). Davon abzugrenzen ist „moral vulnerability as susceptibility to harm" (Haker 2020, 140), die sich auf die mögliche Schadenszufügung einer Person durch eine andere bezieht (vgl. Haker 2020, 140–144). Da es sich hierbei um höchst sensible Bereiche personaler Identität und Integrität handelt, sind solche Schädigungen besonders schwerwiegend. Konsequent bezeichnet Haker daher auch die Zufügung moralischer Schäden i. S. von Angriffen auf die moralische Identität von Personen als „destroying dignity" (Haker 2020, 144). Als konkreten Fall führt Haker „female genital cutting" (Haker 2020, 145) an (vgl. Haker 2020, 145–151).

36 Vulnerabilität auf diese Weise in die politische Philosophie und Ethik eingeführt hat der Philosoph Emmanuel Levinas, der diese versteht als „ohne Zutun des Willens auferlegte anthropologische Verfasstheit und zugleich Basisbedingung alle Ethik und (mittelbar) aller Politik." (Hilpert 2016, 151).

37 Haker fasst diesen Umstand etwas sperrig als „response-ability" (2020, 139), eine Verfremdung von „responsibility" (Verantwortung, Verantwortlichkeit), die sich in etwa mit „Antwort-Fähigkeit" übersetzen ließe. Theologische Ohren hören hier auch die Rahner'sche anthropologisch gewendete Transzendentaltheologie, für die allerdings die Gott-Mensch-Beziehung grundlegend ist.

bestimmte Faktoren erhöhen das Risiko, in negativer Weise betroffen zu sein. In den letzten Jahrzehnten hat sich in menschenrechtlicher Hinsicht etabliert, von ‚besonders vulnerablen Personen' zu sprechen. Dazu gehören zum Beispiel Minderjährige, Menschen mit schweren körperlichen oder psychischen Erkrankungen, Menschen mit Behinderung, ältere Menschen oder Schwangere. Wie schwer sich die besondere Vulnerabilität tatsächlich auswirkt, ist wie erwähnt auch abhängig von den gesellschaftlichen Strukturen und institutionellen Bedingungen. Der Gebrauch des Vulnerabilitätsbegriffs in diesem Zusammenhang ist somit Ausdruck einer menschenrechtlichen Spezialisierung (vgl. Hilpert 2016, 156). In Ausnahmesituationen ist mit Blick auf diese Gruppen in jedem Fall eine besondere Sensibilität, auch hinsichtlich des Schutzes ihrer Menschenrechte, erforderlich. Die asymmetrische Dimension der Vulnerabilität, die hier deutlich hervortritt, scheint verschiedene Folgerungen nach sich zu ziehen.

Eine Form des Umgangs fordert, Gesellschaft und Politik so einzurichten, dass zwischenmenschliche Beziehungen erlaubt und die Vielfalt der Menschen, die „einander gleich und doch zugleich jeweils einzigartig sind" (Hilpert 2016, 152), nicht unterdrückt wird. Vulnerabilität wird hier zum normativen Fundament einer erforderlichen Sicherung subjektiver Freiheit außerhalb des Subjekts, das zum Maßstab von Institutionen, Staaten und Gesetzen erhoben wird. Es verlangt aber auch von jedem Einzelnen, sich von jedem anderen in die Pflicht nehmen zu lassen, sich vor dem Anderen zu verantworten und von dessen Vulnerabilität betreffen zu lassen (vgl. Hilpert 2016, 152). Über diese allgemeine Orientierung an der Vulnerabilität hinaus gilt als Folgerung aus der Einsicht in die „strukturell bedingte Vulnerabilität (...) eine besondere Schutzbedürftigkeit." (Hilpert 2016, 153). Für die als besonders vulnerabel identifizierten Personen oder Gruppen muss also noch einmal verstärkt Sorge getragen werden. Diese Sichtweise trägt dem Risiko der Gefährdung durch den Staat, Institutionen oder auch die (nach welchen Kriterien auch immer definierte) Mehrheit Rechnung und zielt auf Bewusstseinsbildung über und den Abbau von problematischen Strukturen ab. Die Intention ist dabei die Inklusion und Teilhabe aller an den für alle geltenden Rechten (vgl. Hilpert 2016, 156–157). Allerdings hat es den Anschein, als sei dies ein Prozess, der sich mehr oder weniger selbstverständlich aus dem allgemeinen Begriff der Menschenrechte, sofern er in Bezug auf die Vulnerabilität sensibilisiert worden ist, ergeben müsste.

Dagegen formuliert die zweite Form des Umgangs mit der asymmetrischen Dimension der Vulnerabilität die Einsicht, dass „shared experiences, narratives, and public grievances are necessary steps to a social transformation (...)" (Haker 2020, 152). Sie arbeitet stärker heraus, dass die Gefährdung für

Vulnerabilitätsrisiken nicht nur in objektiven Faktoren, sondern auch in Machtverhältnissen begründet ist. Strukturen und Institutionen müssen sich nicht nur abstrakt an der Vulnerabilität orientieren – und dort, wo sie davon abweichen, angepasst werden. Die Frage ist, wie die Einsicht in Strukturbedingungen von Vulnerabilität überhaupt zustande kommt.

> „Excluded or marginalized groups are not only passive victims of injustice; that their voices are not heard does not mean that they do not have voices or agency but rather, that they are silenced by a code of honor that is embedded in social norms. Individuals or groups may be socially speechless and socially invisible, but every struggle for recognition rests upon the experience of being rendered inaudible and invisible." (Haker 2020, 152)

Ob und wie es gelingt, problematische Strukturen abzubauen, hängt also sehr stark davon ab, in welchem Maße es unterdrückten, ausgeschlossenen oder marginalisierten Personen und Gruppen gelingt, sich Gehör zu verschaffen. Deshalb ist auch der Kern der Menschenrechtsentwicklung in Bezug auf besonders vulnerable Personen nicht, dass diese dadurch geprägt ist, dass „Gruppen (...), die mit Erfolg Aufmerksamkeit auf sich gelenkt haben" (Hilpert 2016, 152) davon profitiert haben, während andere weiterhin abseits der menschenrechtlichen Aufmerksamkeit stehen. Der entscheidende Punkt ist vielmehr, dass eine vulnerabilitätssensible Ethik und Politik erst dann entstehen können, wenn ‚Gruppen besonders vulnerabler Personen' als politische Subjekte auf den Plan treten und sich gegen ihren Ausschluss aktiv zur Wehr setzen. Eine Kritik an möglicherweise willkürlich erscheinendem Zuspruch besonderer Vulnerabilität sollte sich also nicht primär auf die betreffenden Gruppen oder Personen beziehen, sondern auf die Strukturen, die eine solche Situation hervorbringen.

In der Zusammenschau ist festzuhalten, dass die Konzeptualisierung von Vulnerabilität als Subjektkategorie mit dem Problem einer Überwältigung des Subjekts konfrontiert bleibt, weil die asymmetrische Dimension der Vulnerabilität nicht einfach in eine symmetrische umgewandelt werden kann. Und das gilt nicht nur für als problematisch erkannte Unterdrückungsverhältnisse, sondern betrifft auch Formen vulnerabilitätssensibler Ethik und Politik, die einen Weg aus diesen Verhältnissen weisen sollen.

1.2.2.2   Grundbedürfnisse

Eng verbunden mit der anthropologischen und politisch-ethischen Reflexion von Vulnerabilität ist der Stellenwert, den Grundbedürfnisse im Zusammenhang mit der Identifikation unentdeckter Menschenrechtssubjekte besitzen. „Human beings are in need of some basic provisions; when they lack these, they cannot survive." (Haker 2020, 139) In Bezug auf die Beziehung von Grundbedürfnissen und Menschenrechten scheinen miteinander konkurrierende Lesarten zu bestehen.

Unter Grundbedürfnissen kann das verstanden werden, was zum Überleben schlechthin notwendig ist. „Der Mensch ist auf die Befriedigung elementarer Grundbedürfnisse angewiesen; er will nicht Hunger oder Durst leiden, möchte eine Wohnung haben, eine Ausbildung erhalten und arbeiten, was durch soziale Anspruchsrechte gewährleistet werden soll." (Witschen 2013, 65) An dieser Stelle wird bereits deutlich, dass mit einem solchen Verständnis von Grundbedürfnissen einhergeht, diesen eine bestimmte Gruppe von Menschenrechten – die sogenannten sozialen Menschenrechte – zuzuordnen. Sichtbar wird eine solche Verhältnisbestimmung auch in einer Übersicht über kirchliche Menschenrechtsarbeit, die einen Schwerpunkt „in konkreter Entwicklungsarbeit in den ärmsten Ländern Afrikas und Asiens: mit Projekten zur Förderung von sauberem Wasser und nachhaltigem Nahrungsanbau, zur Alphabetisierung und zum Aufbau von Schulen (...)" (Hilpert 2016, 13) habe. In diesem Sinne scheint dann innerhalb der Menschenrechte auch eine Priorisierung legitim zu sein: Wenn die Grundbedürfnisse i. S. der Existenzsicherung und der Bedingungen, die dabei für Eigenständigkeit nötig sind, wie Alphabetisierung, Ausbildung, Arbeit, von besonders hohem Gewicht sind, könnte den sog. sozialen Menschenrechten gegenüber den politischen Teilnahme- oder bürgerlichen Abwehrrechten ebenfalls Priorität zukommen.

Dagegen wird betont, dass die Menschenrechte als Menschenrechte „nicht subalterne Angelegenheiten [regeln], sondern die elementarsten Bedingungen eines gesellschaftlichen Zusammenlebens und Kooperierens in Sicherheit und Frieden." (Hilpert 2019, 88) Von einem solchen Begriff der Menschenrechte ausgehend, lassen sich dann Grundbedürfnisse als das verstehen, was durch die Menschenrechte geschützt wird. Bei den Menschenrechten geht es um das, was nötig ist, um eine menschenwürdige Existenz (wieder-)herzustellen (vgl. Bogner 2014a, 240). Dieses Verständnis legt zwar nicht explizit fest, dass alle Menschenrechte in gleicher Weise überlebensnotwendige Bedürfnisse darstellen, geht aber stärker von der Unteilbarkeit des Menschenrechtsgedankens aus. Abgegrenzt wird das Menschenrechtsverständnis aber eher gegenüber weiterreichenden utopischen Entwürfen: Im Angesicht einer Kriegssituation etwa „bedarf es keiner bunt kolorierten Visionen einer menschenwürdigen Gesellschaft. Nötig ist aus Sicht der Betroffenen nur eines: dass die Gewalt ende und die basale Selbstbestimmung über den eigenen Körper und das eigene Bewusstsein wiederhergestellt werde." (Bogner 2014a, 240) Letztlich geht es aber auch hier um die Abwehr einer konkreten Bedrohung von Leib und Leben, um die Erfüllung des grundlegenden Anspruchs der „Freiheit von

Not" (Hilpert 2019, 205). Die Menschenrechte und ihre Konkretisierung in positiven Rechtsnormen sollen zu einer „Existenz, in der die menschlichen Grundbedürfnisse abgedeckt sind" (Bogner 2016), führen.

Vor dem Hintergrund dieser Beobachtungen kann festgehalten werden, dass die theologisch-ethische Rede von Grundbedürfnissen das Interesse vorrangig auf Situationen lenkt, in denen die menschliche Existenz als solche zur Disposition steht, in denen also die Gewährleistung der Menschenrechte überhaupt infrage steht. Dabei ist anhand kirchlicher Praxis durchaus festzustellen, dass den Bedürfnissen, die unmittelbar der Überlebenssicherung dienen, eine Priorität zukommt, da diese als Bedingungen eines selbstbestimmten Lebens betrachtet werden. Die Erinnerung an die Unteilbarkeit hat vor allem dann Bedeutung, wenn diese Priorisierung dazu benutzt wird, um andere menschenrechtliche Ansprüche zu relativieren oder gar abzusprechen.[38]

1.2.2.3 Erfahrungen von Leid, Unrecht und Unterdrückung

Mit diesem vorrangigen Fokus auf menschenrechtliche Grenzsituationen korrespondiert eine ausgeprägte Erfahrungsorientierung. Am Anfang der Erklärung oder Einforderung von Menschenrechten stehen konkrete Erfahrungen, wobei die theologische Ethik zwischen drei Begriffen changiert, die diese Erfahrungen charakterisieren: Unrecht, Leid und Unterdrückung. Der Erfahrungsbegriff ist auf den ersten Blick ein überraschender Referenzpunkt. Denn eine Erfahrung ist vor allem darüber definiert, dass sie auf einem individuellen und in diesem Sinne singulären, v. a. aber partikularen Erleben beruht. Das Erleben selbst ist unzugänglich, aber sofern man es zu vermitteln versucht – für sich selbst oder für andere – wird es zur distinkten Erfahrung, der der- bzw. diejenige, die sie erfahren hat, eine Bedeutung verleiht und sie so aus dem Strom des Erlebens heraushebt. Doch das, was als Erfahrung erzählt wird, ist nicht mit der Erfahrung selbst identisch. In ihrem subjektiven Gehalt ist sie zudem unbezweifelbar; die Umstände ihres Zustandekommens – Ort, Zeit, Beteiligte usw. – mögen recherchiert, rekonstruiert und kritisch eingeordnet werden können. Die subjektive Qualität und Bedeutung betrifft das nicht. In diesem Sinne sind Erfahrungen Brücken zu den anderen, ohne dass diese die Möglichkeit hätten, an dem Erfahrenen vollständig zu partizipieren – und umgekehrt (vgl. Peters 2008, 12–14). Wenn also von Unrechts-, Leidens- und Unterdrückungserfahrungen gesprochen wird, dann sind sie bereits den Betroffenen nicht unmittelbar, sondern in einer vermittelten Form zugänglich.

---

38 Damit nicht gleichzusetzen ist die Notwendigkeit, im Falle eines Konflikts zwischen Menschenrechten eine Abwägung vorzunehmen (vgl. Witschen 2013, 41–42).

Doch gerade, wo von Unrecht, Leid und Unterdrückung gesprochen wird, ist es oft unsagbar schwierig, Worte, eine adäquate Sprache zu finden – genau dieser Anspruch wird aber mit den Menschenrechten verbunden (vgl. Hilpert 2016, 195).

Erfahrungen, zumal solche extremen, wie diejenigen, die am Anfang der Menschenrechte stehen, sind also alles andere als eine sichere und solide Basis. Dieser Befund lässt sich auch dadurch erhärten, dass unterschiedliche Versuche unternommen werden, die Erfahrungsgrundlage der Menschenrechte auf ein besseres Fundament zu stellen. So biete der Ausgang von Unrechtserfahrungen Menschen die Möglichkeit, dass sie „einen Kernbestand an gemeinsamen Überzeugungen darüber ausmachen können, was elementares Unrecht darstellt, wann fundamentale Voraussetzungen einer menschenwürdigen Existenz in einem Staat bzw. einer Gesellschaft nicht gewährleistet sind." (Witschen 2013, 79) Die Menschenrechte ließen sich dann als „Antworten auf historische Unrechtserfahrungen (…), die die Menschen in großer Zahl und immer wieder gemacht haben" (Hilpert 2019, 19) begreifen. Kriterien für eine erfahrungsbasierte Grundlegung der Menschenrechte sind Universalität, Quantität und Wiederholung. In der Formulierung, Forderung und Erklärung von Menschenrechten sollen diese Erfahrungen aber auch aufgehoben sein, gewissermaßen im menschenrechtlichen Gedächtnis gespeichert werden. Mit Blick auf die Zukunft sollen die Menschenrechte weiteres Unrecht verhindern bzw. nach Möglichkeit auch Bedingungen dafür schaffen, dass *dieses* Unrecht nicht mehr möglich ist. Die Rede von Unrecht kann als die klassische Variante angesehen werden, die Erfahrungen am Anfang der Menschenrechte zur Sprache zu bringen und bedient sich zur Bekräftigung historischer Vorbilder im Vorfeld der ersten Menschenrechtserklärungen im 18. Jahrhundert (vgl. Hilpert 2019, 82).

Der Fokus auf „reale Leidens- und Unterdrückungserfahrungen, die dazu führen, dass Menschen sich erheben und Unfreiheit überwinden wollen" (Bogner 2016), richtet die Aufmerksamkeit stärker auf soziale Bewegungen, die den Status quo der Menschenrechte kritisch in den Blick nehmen. Die zentralen Ausdrucksformen sind hier „Kampf und Empörung" (Bogner 2016). Auf diese Weise wird die potentielle Offenheit der Menschenrechte für Fortschreibung eingeholt – auch gegen ihre eigene, noch unvollkommene Realität, gegen die realen Ausschlüsse, die Menschenrechtsverständnisse zu bestimmten Zeiten noch fortbestehen lassen. Die Leidens- und Unterdrückungserfahrungen fungieren als Korrektiv der Menschenrechte selbst. Sie bilden aber auch die Basis und den Ausgangspunkt für das Streben nach Verstetigung und Verlässlichkeit in Form verbindlicher rechtlicher Ansprüche (vgl. Bogner 2016). Darin besteht der „präventive Charakter" (Bogner 2014a, 245) der Menschenrechte (vgl. Gabriel 2013, 241). Sie sollen schützen, was sie als Menschenrecht erklären (vgl. Hilpert 2019, 21), und gesellschaftlich bedingtes Leid verhindern bzw. abschaffen (vgl. Heimbach-Steins 2001b, 124).

Ein fundamentaler Unterschied zwischen Leidenserfahrung und Unrechts- sowie Unterdrückungserfahrung besteht darin, dass Unrecht und Unterdrückung aus menschenrechtlicher Perspektive kategorisch ausgeschlossen sind; sie sind unbedingt zu beseitigen und in jeder Form inakzeptabel. Leid, in Form von Krankheiten oder Schicksalsschlägen, ist hingegen bleibender Bestandteil menschlicher Erfahrungswirklichkeit; die menschenrechtliche Reaktion kann hier nicht nur in der Bekämpfung des Leidens bestehen, sondern erfordert manchmal auch die Anerkennung der Leidenden in ihrer besonderen Situation und die Förderung einer leidenssensiblen Kultur, in der die Menschenwürde und Menschenrechte der Leidenden gewahrt bleiben. Insbesondere den sozialen Menschenrechten wird hier ein Humanisierungspotential zugeschrieben (vgl. Heimbach-Steins 2001b, 142–145).

Der Bezug auf Erfahrungen von Unrecht, Leid und Unterdrückung hat aber einen gemeinsamen Fluchtpunkt in der AEMR. Die Entstehung des mit ihr verbundenen „Menschenrechtsethos" (Heimbach-Steins 2001b, 124), das sich auch in einer zuvor nie gekannten rechtlichen Kodifizierung jenseits nationalen Rechts niedergeschlagen hat, und das Gelingen ihrer feierlichen Verabschiedung werden sowohl auf die „Universalität der Leidenserfahrung" (Heimbach-Steins 2001b, 124) als auch auf „universale Unrechtserfahrungen" (Witschen 2013, 79) zurückgeführt. Bemerkenswert erscheint dabei v. a. aber der Charakter des Bruchs, der in diesen Erfahrungen liegt, und zu diesem für Moral, Recht und Politik bedeutenden Durchbruch geführt hat (vgl. Heimbach-Steins 2001b, 124; Menke/Pollmann 2017, 16–17).

Allen Versuchen zum Trotz, die Grundlegung der Menschenrechte durch Erfahrungsbezüge systematisch zu stärken, bleibt festzuhalten, dass der Ausgang von Erfahrungen stets fragil und ungewiss bleibt. Genau das macht die Kategorie der Erfahrung allerdings auch so attraktiv, weil sie verlangt, sich immer wieder neu auf die politischen und sozialen Verhältnisse und das „Wirksamwerden" (Bogner 2014a, 233) der Menschenrechte einzulassen sowie die Erfahrungen, die Menschen damit machen, als Korrektiv ernst zu nehmen und zum Ausgangspunkt neuer Anläufe der Theoriebildung zu nehmen (vgl. Bogner 2014a, 51–53). Für die Identifikation unentdeckter Subjekte kann die Orientierung an Unrechts-, Leidens- und Unterdrückungserfahrungen eine sinnvolle Heuristik darstellen, wenngleich die Probleme, die im Erfahrungsbegriff selbst liegen, dazu anraten, sehr genau hinzuschauen und zunächst einen analytischen Blick einzuüben. Die Blickrichtung jedoch ist der theologischen Ethik als Menschenrechtsethik vorgegeben.

1.2.2.4 Empowerment

Am Anfang der Menschenrechte stehen also bestimmte Erfahrungen und die Menschenrechte stellen eine Sprache zur Verfügung oder helfen eine Sprache zu entwickeln, in der diese Erfahrungen thematisiert werden können. Darin deutet sich an, was Bielefeldt als die entscheidende Funktion der Menschenrechte im Kontext moderner gesellschaftlicher Pluralisierungsprozesse ansieht: Empowerment (vgl. Bielefeldt 2018, 25). Damit ist gemeint, Menschen als „Subjekte von Verantwortung" (Bielefeldt 2018, 25) anzuerkennen[39] und sie in die Lage zu versetzen, dieser Subjektivität auch entsprechen zu können. Die menschenrechtliche Anerkennung gilt dabei primär den Menschen als Verantwortungssubjekten (Personen), gerade angesichts der Tatsache, dass sie in sachlicher Hinsicht zu völlig konträren Ansichten, Überzeugungen und Werturteilen gelangen können. Der Prozess der Menschenrechtsentwicklung ist gleichwohl kein linearer Verlauf sich stetig erweiternder Anerkennungsverhältnisse, in dem einer wachsenden bzw. gewordenen Vielfalt Rechnung getragen wird (vgl. Bielefeldt 2018, 25). „Erfahrungen von Ungerechtigkeit und Missachtung treiben bestimmte Akteursgruppen dazu, die Durchsetzung und Sicherung der eigenen Rechtssubjektivität einzufordern." (vgl. Heimbach-Steins 2020, 51)[40]

Von der Empowerment-Funktion der Menschenrechte ausgehend stellt sich immer auch die Frage, wem die Menschenrechte zur „Selbstmächtigkeit" (Hilpert 2016, 157) verhelfen und wie eine entsprechende Menschenrechtspraxis auszusehen hat. Die analytische Seite dieser Frage ist schon mehrfach angeklungen; sie zielt darauf, fortbestehende Ausschlüsse sichtbar und der kritischen Analyse zugänglich zu machen. Wenn in normativer Richtung gefragt wird, kann zusammengefasst werden, dass es diejenigen ohne Macht, die Ohnmächtigen oder „Machtlosen" (Becka 2009, 65) sind, denen zu ihrer Macht verholfen werden soll. Das Empowerment der Menschenrechte verweist auf eine eigene Machtdimension, die Sander als die „Macht dieser Ohnmacht,

---

39   Bei Bielefeldt hat dies eine Grundlage in der praktischen Philosophie Kants (siehe Bielefeldt 2018, 25).

40   Im Rechtsverhältnis ein *Anerkennungsverhältnis* zu sehen, dass die sachliche Dimension des moralischen Urteils durch Einräumung von Willkürfreiheit zugunsten der personalen (bzw. sozialen) Dimension suspendiert, legt auch Somek (vgl. 2018, 27) dar. Allerdings weist er zudem darauf hin, dass damit gleichzeitig eine *Entfremdung* einhergeht: Sobald ein Verhältnis über das Recht organisiert wird, erhält es eine Äußerlichkeit, die selbst in intime Nahbeziehungen eingetragen wird (vgl. Somek 2018, 29). Das scheint mir, sofern es sich bei den Menschenrechten tatsächlich um Rechte handelt, auch in der Frage nach dem Rechtsverhältnis der Menschenrechte nicht einfach zu überspringen zu sein.

sich gegen die Gewalt zu verwahren" (Sander 1999, 16) bezeichnet.[41] Mit den Menschenrechten tritt zutage, dass die Ohnmächtigen nicht ohne Macht sind – wie prekär diese Macht gegenüber den offiziellen Mächten und Gewalten auch sein mag (vgl. Becka 2009, 65).

Vom Empowerment-Gedanken her scheint sich demnach ein Verständnis anzubieten, dass die Menschenrechte als Primat einer anderen Politik begreift (vgl. Bogner 2014a, 39–40 im Anschluss an Menke/Raimondi). Freiheit und Gleichheit für alle sind dann ein beständiger, nicht zu fixierender Prozess, sofern die politische Dimension der Menschenrechte, die sich auch mit dem Empowerment-Gedanken zur Geltung bringen lässt, eine konstitutive Rolle spielt. Damit verbunden ist allerdings auch, dass sich die mit den Menschenrechten verknüpfte verändernde Kraft bzw. die Forderung zur Veränderung bestehender sozialer Verhältnisse nur innerhalb bestimmter sozialer und politischer Kontexte erfassen lässt (vgl. Bogner 2014a, 41–42). Im Umkehrschluss bedeutet das: Die Menschenrechte sind in ihrem konkreten Gehalt nicht den Kontexten, auf die sie treffen, *voraus-gesetzt* (vgl. Bogner 2014a, 43–44).

Schließlich wird das so konkretisierte Verständnis der Empowerment-Funktion der Menschenrechte zu einem Kriterium der theologisch-ethischen Menschenrechtstheoriebildung selbst. Dann scheint es folglich nicht mehr nur geboten, das Empowerment als Funktion der Menschenrechte im Allgemeinen anzuerkennen und zu begründen. Vielmehr verlangt es auch, in den theologisch-ethischen Analysen und Reflexionen selbst sichtbar und hörbar zu werden. Mit anderen Worten: Die Identifikation unentdeckter Subjekte der Menschenrechte kann sich nicht bloß aus einer adäquaten universalistischen Begründung ergeben, sondern muss dazu führen, dass die Stimmen derer, die durch die Menschenrechte empowert werden sollen, zu Wort kommen. Das bedeutet nicht, die Position, aus der die theologische Ethik spricht, einfach mit derjenigen der ‚unentdeckten Subjekte der Menschenrechte' zu identifizieren, sondern sich von der Sicht auf die Welt, wie sie sich dort zeigt, belehren und

---

41 An dieser Stelle nur ein Hinweis: Die linguistisch geprägte Sicht Sanders auf das Recht im Allgemeinen und die Menschenrechte im Besonderen, die Menschenrechte als „die Sprache derer, die sie einfordern" (Sander 1999, 44) scheint ihn dazu zu verführen, die Menschenrechte gegenüber ihrer politischen Realisierung zu immunisieren. „Sie sind so etwas wie die Transzendenz des Rechts und ein Vorgriff auf einen Zustand, in dem Rechte bedeutungslos geworden sein werden." (Sander 1999, 44) Das mag einem Bedürfnis geschuldet sein, den spezifischen Gehalt der Menschenrechte vor dem Zugriff der offiziellen Macht zu schützen. Zu Ende gedacht wäre das aber eine Aufgabe jeglichen Anspruchs auf Rechtsverbindlichkeit, weil die Menschenrechte sobald sie rechtlich kodifiziert werden, ihren Menschenrechtscharakter verlieren. Ob eine solche Position der Menschenrechte aber geeignet erscheint, das Bestehende zu kritisieren – das ist wohl Sanders Intention – scheint mir äußerst zweifelhaft.

ggf. korrigieren zu lassen. Bei Bogner heißt der Raum, in dem das geschehen kann, „das Politische" (Bogner 2014a, 53) und Haker hält fest: „Marginalized people and groups are indeed the normative axis (...) who must guide all moral actions; but they are never *only* the suffering, marginalized victims who are *only* vulnerable, as if they lacked agency." (Haker 2020, 302; Hervorh. i. Orig.)

1.2.3   Praktischer Geltungsvorrang

Die Parteinahme der theologischen Ethik für die Machtlosen, Vulnerablen, „am meisten Rechtlosen" (Hilpert 2016, 156) führt jedoch nicht zu einer abstrakt moralischen Einforderung der Menschenrechte, die im Grunde deren Machtlosigkeit eingestehen würde, sondern geht einher mit einem gleichwohl allgemeinen Postulat des „*praktischen Geltungsvorrang(s)*, der primär im Medium von Politik und Recht zu Buche schlägt, damit aber auch *von vornherein limitiert* ist." (Bielefeldt 2018, 28; Hervorh. i. Orig.) Dieser Vorrang gilt vor der Notwendigkeit eines starken Begründungskonsenses oder einer Übereinstimmung in weltanschaulicher, religiöser oder kultureller Hinsicht. Das, was den Rang eines Menschenrechts erlangt hat, soll praktisch, d. h. politisch und rechtlich vermittelt gelten. Insofern ein Konflikt vorliegt, z. B. bei bestimmten religiösen Inhalten, gilt das aus menschenrechtlicher Perspektive Verbindliche. Umgekehrt schreiben die Menschenrechte aber nicht vor, anstelle des Gottesglaubens einen „Kult des Menschen oder (...) der menschlichen Vernunft" (Bielefeldt 2018, 29) zu praktizieren. Gleiches gilt für kulturelle Vielfalt: Die Menschenrechte verlangen nicht, eine spezifische (als ‚westlich' verstandene) Kultur zu übernehmen. Das Konzept des Geltungsvorrangs positioniert sich demnach gegen den kulturrelativistischen Einwand gegen die Menschenrechte, sucht aber zugleich nach einem Kanon, der im Angesicht und nicht unter Absehung von gewordener Vielfalt universale Geltung beanspruchen und vor allem realisieren kann. Dabei gilt im Weltmaßstab, dass eine *Ordnung* die gleiche Freiheit aller etablieren soll (vgl. Bielefeldt 2018, 26–27).

Aus dem praktischen Geltungsvorrang ergibt sich unumgänglich die Frage nach der Durchsetzung (*enforcement*) der Menschenrechte. Sie wird auch als das größte menschenrechtstheoretische Problem betrachtet. Im Hintergrund steht die Einsicht in die Tatsache, dass es zum einen immer noch eine große Zahl an schweren Menschenrechtsverletzungen gibt, die nicht geahndet werden, und zum anderen strukturelle Hindernisse, wie ein kapitalistisches Weltwirtschaftssystem oder militärisch hochgerüstete politische Regime, bestehen, die die Durchsetzung der Menschenrechte erschweren (vgl. Hilpert 2016, 196–197). Die Prekarität der Menschenrechte ist demnach kein Problem der Begründung, auch nicht der formalen Anerkennung, sondern ihrer Durchsetzung. In der theologischen Ethik sind ein weites und ein enges Verständnis von Durchsetzung anzutreffen.

Das enge Durchsetzungsverständnis weist darauf hin, dass angesichts des weiterhin bestehenden „Durchsetzungsdefizit(s)" (Witschen 2013, 41), d. h. der immer größer werdenden Diskrepanz zwischen fortschreitend differenzierten internationalen Normen und deren Durchsetzungsmöglichkeiten, eine „Konzentration auf die Umsetzungsmöglichkeiten" (Witschen 2013, 41) besonders dringend sei. Diese Feststellung spitzt den praktischen Geltungsvorrang der Menschenrechte auf eine Priorisierungsforderung zu. Nicht immer differenziertere Rechtsregeln und ein entsprechendes Mehrebenensystem sollen den Menschenrechten zur Durchsetzung verhelfen, sondern die Bündelung der Kräfte in der Etablierung einer Ordnung, die in einem grundlegenden Sinne fähig ist, die Menschenrechte dort zu schützen, wo sie am stärksten gefährdet sind. Das heißt auch, dass in der Wahl der Mittel eine Priorität gewählt werden muss: Diese besteht dann in einem Fokus auf den Rechtsweg (vgl. Bogner 2014a, 311).[42]

Das weite Verständnis integriert verschiedene – schwächere wie stärkere – Instrumente der Verrechtlichung der Menschenrechte, die Förderung von Menschenrechtsbildung und die Adressierung jedes einzelnen, den Einsatz für die Menschenrechte in die eigene Verantwortung zu übernehmen.

Die rechtliche Grundlage für die Durchsetzung der Menschenrechte auf internationaler Ebene sind in der Regel internationale Verträge (vgl. Hilpert 2019, 229). Sie sind der Vermittlungsschritt zwischen der Erklärung von Menschenrechten und Maßnahmen zu ihrer Durchsetzung (vgl. Hilpert 2019, 54). Die auf diese Weise vorangetriebene Verrechtlichung der Menschenrechte hat seit der AEMR zu einem komplexen internationalen Regelwerk geführt, das verschiedene Instrumente vorsieht. Berichtspflichten von Staaten sowie regelmäßige Berichterstattung durch Beauftragte der Vereinten Nationen und Beschwerdemöglichkeiten sowohl von Staaten als auch von Individuen werden als eher schwache Instrumente erachtet (vgl. Hilpert 2019, 56–57). Seit der Einrichtung eines IGH im Jahr 1946, der zwischenstaatliche Streitigkeiten entscheidet, sofern sich die Parteien seiner Gerichtsbarkeit unterwerfen, sowie eines ISGH im Jahr 1998, in dessen Zuständigkeit die Tatbestände Völkermord, Verbrechen gegen die Menschlichkeit, Kriegsverbrechen und Verbrechen der Aggression fallen, gibt es auch die Möglichkeit gerichtlicher Verfolgung von

---

42 Im Rahmen seines Menschenrechtsbegriffs sieht Bogner in der Abstraktion des Rechts aber lediglich eine pragmatische Notwendigkeit, die keine grundsätzliche Aussagekraft über den Gehalt und die Geltung der Menschenrechte besitzt (vgl. Bogner 2014a, 311).

Tatbeständen und Urteile im Völkerrecht (vgl. Hilpert 2019, 57). Umstritten sind die seit den frühen 1990er-Jahren diskutierten und zur Rechtfertigung militärischer Einsätze zwecks Verhütung von Völkermord und Verbrechen gegen die Menschlichkeit herangezogenen humanitären Interventionen, weil sie die Frage aufwerfen, ob Krieg im Namen der Menschenrechte überhaupt gerechtfertigt werden kann (vgl. Hilpert 2019, 255–256) und mitunter die Beobachtung geäußert wird, dass damit auch eine konzeptuelle Veränderung der Menschenrechte einhergeht, die nicht mehr ein emanzipatorisches Interesse verfolgt (vgl. Raimondi 2014, 81).

Neben den internationalen Maßnahmen zur Durchsetzung sind die Menschenrechte immer noch in hohem Maße darauf angewiesen, dass die Einzelstaaten es sich zur Aufgabe machen, die Menschenrechte zu positivem Recht zu erklären bzw. das positive Recht den Menschenrechten anzupassen und die Menschenrechte in den einzelnen Politikfeldern zur Grundlage zu machen. Traditionell haben die Menschenrechte im staatlichen Kontext ihren Ort als Grundrechte in den Verfassungen. Dazu können sie in spezifischen Ressorts zur Richtlinie gemacht werden: Hier spielen sie z. B. in der Außenpolitik eine Rolle, wenn Prozesse zur Förderung der Menschenrechte ideell und diplomatisch unterstützt werden, oder haben Gewicht für die Entwicklungspolitik, wenn diese auf die Verbesserung der wirtschaftlichen und sozialen Infrastruktur abzielt, statt ausschließlich den eigenen (ökonomischen) Interessen zu dienen (vgl. Hilpert 2019, 59–61). Auch der zivilgesellschaftliche Einsatz – von Bildungsinitiativen über Protest bis hin zur Herstellung von Öffentlichkeit zur Erschwerung und Verhinderung menschenrechtswidriger Praktiken – kann in gewisser Weise als Beitrag zur Durchsetzung der Menschenrechte angesehen werden, wenn damit eine „Verbesserung der Akzeptanzbedingungen" (Hilpert 2019, 236) erreicht werden kann. Das weite Durchsetzungsverständnis trägt dem multidimensionalen Charakter der Menschenrechte sowie der Tatsache Rechnung, dass „in funktional ausdifferenzierten Lebenswelten" (Bogner 2019a, 133) entsprechend angepasste Maßnahmen erforderlich sind (vgl. Bogner 2019a, 133). Außerdem können die Menschenrechte nicht auf konkretere Verfahren zur Regelung und Schlichtung von menschenrechtsimmanenten Konflikten verzichten, die auftreten, wenn verschiedene menschenrechtliche Ansprüche kollidieren und gegeneinander abgewogen werden müssen (vgl. Heimbach-Steins 2001b, 53). Generell scheint es so zu sein, dass die Menschenrechte dort besonders gut geschützt werden können, wo sie mit durchsetzungsfähigen Institutionen einhergehen. Dafür ist offenbar ein entsprechend komplexes Gefüge internationaler und nationaler Rechtsnormen und Institutionen vonnöten und ein breiter Einsatz für die

Verbreitung des Menschenrechtsgedankens durch Bildung und öffentlichen zivilgesellschaftlichen Einsatz hilfreich ist.

Schlussendlich erscheint vom Begriff des praktischen Geltungsvorrangs ausgehend eine Kombination aus engem und weitem Durchsetzungsverständnis sinnvoll: In Bezug auf die Durchsetzungsfähigkeit, aber auch im Hinblick auf das, was normativ verbindlich *gilt*, hat das Recht gegenüber der Moral praktisch (oder auch pragmatisch) ein deutlich höheres Gewicht, was aus ethischer Perspektive durchaus ambivalent ist.[43] In diesem Bereich ist in den letzten Jahrzehnten aber ein vielschichtiges Geflecht internationalen, regionalen[44] und nationalen Rechts entstanden. Dem gilt es vor allem auch in analytischer Hinsicht Rechnung zu tragen. Gleichzeitig ist der in einem engen Durchsetzungsverständnis steckende Hinweis berechtigt, dass dieses komplexe Regelwerk immer noch nicht zu echter menschenrechtlicher Verlässlichkeit und Sicherheit geführt hat und sich die Frage stellt, ob eine Differenzierung *ad infinitum* tatsächlich zielführend ist. Diese Problemlage verschärft sich noch einmal vor dem Hintergrund, dass – paradoxer Weise parallel zum Aufstieg der Menschenrechte zur globalen Orientierungskategorie – eine Politik, die sich an nationalen Interessen (oder dem, was dafür gehalten wird) in den letzten Jahren deutlichen Auftrieb erhalten hat und sich dies bereits im Recht niederschlägt (vgl. Haker 2020, 39–42; Niesen/Ahlhaus 2019, 615–619). Der Prozess der Verrechtlichung der Menschenrechte ist also noch einmal grundsätzlich auf den Prüfstand zu stellen – das Durchsetzungsproblem bleibt weiterhin die zentrale menschenrechtstheoretische Frage.

1.2.4 *Menschenrechtsethik und Migration*

Ein Praxisfeld, in dem das besonders deutlich wird, ist die globale Migration. Vor allem die globale Lage der Flüchtlinge wird als eine besondere Bewährungsprobe für die Menschenrechte verstanden (vgl. Baumeister u. a. 2018b, 12; Hilpert 2019, 238). Damit sind globale Migration und die Flüchtlingssituation

---

43   M. E. lässt sich dieses Problem nicht durch eine Neubestimmung des Verhältnisses zwischen Recht und Moral kurieren, in dem entweder der Moral der Vorrang eingeräumt wird oder Moral und Recht sich in bestimmter Hinsicht überschneiden. Siehe dazu im menschenrechtsethischen Kontext: Hilpert (2019, 45–47).

44   Darunter wird in der Menschenrechtstheorie die Ebene verstanden, die sich zwischen internationalem Recht (Völkerrecht) und nationalem Recht etabliert hat, also zum Beispiel die EU mit der Europäischen Menschenrechtskonvention und Europäischem Gerichtshof für Menschenrechte. Pendants – mit unterschiedlich starken bzw. schwachen institutionellen Schutzmechanismen – gibt es auch für die Amerikas, den afrikanischen Kontinent oder Asien.

auch zentrale Themen der theologischen Ethik als Menschenrechtsethik. Zumal ganz grundsätzlich festzustellen ist, dass das Gros theologischer Ethik „hinsichtlich M[igration] einen menschenrechtsbasierten Ansatz [vertritt]." (Becka 2019a, 1604)[45]

Allgemein lässt sich die theologisch-ethische Reflexion des Gegenstands Migration anhand von drei Fragestellungen strukturieren: (1) der Frage nach einem Recht auf Migration als eines Rechts auf Freizügigkeit, das Aus- *und* Einwanderung, also zwischenstaatliche Migration, einschließt; (2) die Frage nach einem Recht auf politische Zugehörigkeit und (3) die Frage einer am globalen Gemeinwohl orientierten politischen Ordnung, einschließlich der Frage nach einer juridischen Weltautorität (dazu knapp: Štica 2018 und ausführlicher: Heimbach-Steins 2016b, 73–98). Die zweite Fragestellung ist an dieser Stelle von besonderem Interesse, weil sie eine doppelte Herausforderung darstellt: Auf einer ersten Ebene stellt sie die Menschenrechtsethik vor die Aufgabe ein solches Recht auf politische Zugehörigkeit als ein Menschenrecht zu entwerfen und zu verteidigen. Dabei sind bereits existierende, d. h. anerkannte Menschenrechte als Ausgangspunkte geeignet und in die Argumentation einzubeziehen: das Recht, Asyl als Schutz vor Verfolgung zu ersuchen und zu erhalten, unter dem Vorbehalt, dass die Verfolgung politisch motiviert ist und nicht durch Taten, die den Zielen und Idealen der UN zuwiderlaufen, ausgelöst werden darf (Art. 14 AEMR), und das Recht auf eine Staatsangehörigkeit, einschließlich des Schutzes vor deren willkürlichem Entzug (Art. 15 AEMR). Diese Ebene befindet sich innerhalb eines menschenrechtsethischen Rahmens. Auf einer zweiten Ebene wirft die Debatte um das Recht auf politische Zugehörigkeit aber die Frage nach dem Zugang zu und der Garantie von Menschenrechten überhaupt auf, wenn es als das allen anderen Menschenrechten vorausliegende Menschenrecht konzipiert wird, dem eine Instanz entsprechen muss, die in der Lage ist, die einzelnen Staaten im gegebenen Fall in die Schranken zu weisen und in diesem Punkt also ihre Souveränität prinzipiell zu beschränken. Dies ist bisher über das Konzept der *Zugehörigkeitsgerechtigkeit* im Anschluss an Seyla Benhabib in Angriff genommen worden (vgl. Heimbach-Steins 2016b, 88–92), erweitert um die Untersuchung der Bedeutung von Zugehörigkeit für die Ausbildung personaler *Identität* (vgl. Becka 2009)[46] und den Stellenwert von *citizenship* als aktivbürgerlichem, par-

---

45   Eine zweite wichtige Säule ist die Suche nach biblisch-theologischen ethischen Orientierungen: Heimbach-Steins (2016b, 60–73).
46   An anderer Stelle äußert sich Becka (2015, 172–174) kritisch zum Zugehörigkeitsbegriff, da er zu wenig deutlich mache, was mit der Zugehörigkeit grundlegend intendiert wird: die volle politische und soziale Teilhabe.

tizipatorischem Zugehörigkeitskonzept demokratischer Gemeinwesen, das zumindest offen für Erweiterungen ist (vgl. Lesch 1999). Die grundsätzliche Herausforderung der Menschenrechtsethik als solcher, die in der Frage nach dem Recht auf politische Zugehörigkeit steckt – ob und vor allem wie eine Menschenrechtsethik so entworfen werden kann, dass sie denen gerecht wird, die sich nur noch auf ihr Menschsein berufen können, bedarf jedoch noch stärker systematischer Bearbeitung.

Im Zusammenhang mit der Zugehörigkeitsfrage stellt sich diese Herausforderung nicht als allgemeiner moralischer Anspruch, sondern auf einer politischen Ebene: Damit muss sich der Blick aber eben auch auf ein mittlerweile recht komplexes Geflecht aus menschen- und positivrechtlichen Normen richten, die Zugehörigkeit regeln. Daraus folgt: Die Rede von Menschenrechten kann nicht von solchen rechtlichen Tatsachen getrennt werden – und verlangt von der Menschenrechtsethik, dass sie in die Reflexion, Analyse und Argumentation miteinbezogen werden. Oder anders formuliert: „(…) [E]s sind die historischen Fälle, in denen sich die Praxis – das Politische – der Menschenrechte zeigt." (Bogner 2014a, 32) Das Politische ist der Ort, an dem Ideal und Wirklichkeit, Theorie und Praxis der Menschenrechte miteinander vermittelt werden müssen. Und unter der Heuristik des fundamentalen Zusammenhangs von politischer Zugehörigkeit und der praktischen Geltung von Menschenrechten bedeutet dies eben: die konkreten, rechtlich und politisch geregelten Zugehörigkeitsverhältnisse haben konstitutive Bedeutung für die Menschenrechtstheorie und stellen sie zugleich vor fundamentale, schwerwiegende Herausforderungen, die sie nur bewältigen kann, wenn sie sich ihnen auf eben dieser grundlagentheoretischen Ebene stellt. Es ist also nicht nur schlechthin grundlegend eine menschenrechtsethisch adäquate Antwort auf die Zugehörigkeitsfrage zu geben, sondern mit der Zugehörigkeitsfrage zur grundlagentheoretischen Reflexion anzusetzen.

1.3 Zwischenfazit: Theologische Ethik als Menschenrechtsethik zwischen Konsolidierung und Problematisierung

Theologische Ethik als Menschenrechtsethik zu entwerfen heißt: kategorisch auf die Menschenrechte als Maßstab und grundlegende Kategorie der Urteilsbildung verpflichtet zu sein und sich gleichzeitig an einer differenzierten Theoriebildung im Feld der Menschenrechtstheorie und -philosophie zu beteiligen, die auch Kritik und Einwände gegen die Menschenrechte diskutiert (Kap. 1.1.1). Insofern sind die Menschenrechte gleichzeitig Voraussetzung und Gegenstand der theologischen Ethik als Menschenrechtsethik.

Ein genauerer Blick zeigt, dass die theologische Menschenrechtsethik kein monolithischer Block ist, sondern ein gewisses Spektrum an Entwürfen umfasst. Zwar lassen sich – neben einem Bestand an Inhalten, die als common sense gelten können (Kap. 1.1.1.2) – Übereinstimmungen in den diskutierten und angewandten Kategorien ausmachen. Hinsichtlich der inhaltlichen Ausgestaltung und dem spezifischen Verständnis bestehen jedoch auch substantielle Unterschiede (Kap. 1.1.1.3; Kap. 1.2.2.1; Kap. 1.2.2.2; Kap. 1.2.3). Dies zur Kenntnis zu nehmen, ist vor allem deshalb wichtig, weil allgemeinere oder übergreifende Kritiken und Problematisierungen auf diese Weise differenzierter aufgegriffen und diskutiert werden können. Zudem scheint die Spannung zwischen der Notwendigkeit der Geltung und der Zulässigkeit eines Dissenses in Begründungsfragen in der Sache der Menschenrechte selbst zu liegen. Gegenüber nichttheologischen Entwürfen strebt die theologische Menschenrechtsethik zum einen theoretische Sprach- und Satisfaktionsfähigkeit an, ist aber auch an einem erkennbaren Profil interessiert (Kap. 1.1.3; Kap. 1.2). So kommt es unter Anerkennung und Bekräftigung der Universalität und Unteilbarkeit der Menschenrechte zu einer hermeneutischen Aneignung mit eigener Akzentsetzung. Einige dieser Akzente sollen mit Blick auf den weiteren Fortgang der Arbeit noch einmal eigens aufgeführt werden.

Der universale Anspruch der Menschenrechte ist für die theologische Menschenrechtsethik kein Zentrismus, der in einem abstrakten Sinne ‚alle' oder ‚jeden Menschen' adressiert. Der moralische Anspruch, dass jeder Mensch die gleichen Menschenrechte hat, kann inzwischen auch unter Rekurs auf die schöpfungstheologische Grundlegung der Menschenwürde gut begründet werden (Kap. 1.2.1). Vielmehr beruht er auf einer Parteilichkeit, einer konkreten Option für diejenigen, deren Menschenrechte am stärksten gefährdet sind. Daher ist auch ein Fokus auf Grenzsituationen zu verzeichnen, in denen die Menschenrechte zu existientiellen, entscheidenden Kategorien werden (Kap. 1.2.2). Damit korrespondiert ein Plädoyer, Erfahrungen zur Grundlage menschenrechtlichen Denkens zu machen und dem „Wirksamwerden" (Daniel Bogner) der Menschenrechte in Geschichte und Gesellschaft erhöhte Aufmerksamkeit zu schenken und auch begründungstheoretisch konstitutive Bedeutung zuzusprechen. Es ist folglich nicht verwunderlich, dass das Praxisfeld globaler Migration besondere Aufmerksamkeit findet und auf vielfältige menschenrechtliche Herausforderungen hingewiesen sowie eine menschenrechtsadäquate Migrationspolitik eingefordert wird und Wege zu ihrer Begründung aufgezeigt werden. Bisher zu wenig berücksichtigt wurde aber, dass die Menschenrechte selbst im Kontext globaler Migration im Allgemeinen und der globalen Flüchtlingssituation im Besonderen, eine durchaus ambivalente Rolle spielen. Die theologische Menschenrechtsethik kann dieses Problem nicht einfach überspringen, sondern muss sich diesem als einer grundlegenden Herausforderung der Menschenrechte und damit auch einer Ethik, die sich den Menschenrechten verpflichtet, stellen (Kap. 2).

Ein anderer Akzent ist die Spannung zwischen notwendigen institutionellen Schutzgarantien und dem Bedarf gesellschaftlicher Veränderung in emanzipatorischem Interesse, zwischen Verlässlichkeit und Rechtssicherheit einerseits, Empowerment andererseits, begründender und revolutionärer Semantik, die die theologische Menschenrechtsethik durchzieht (Kap. 1.1.1; 1.1.2; 1.2.2.4). Beide repräsentieren zentrale Aspekte der Menschenrechte; es empfiehlt sich deshalb nicht, sie gegeneinander auszuspielen und die Spannung auf diese Weise zu entschärfen. Vielmehr zeigt sich, dass eine zu sehr auf einen Aspekt fokussierende Perspektive gewisse Vereinseitigungstendenzen hat: Die begründende Semantik droht in die Falle der Abstraktion und des Rückzugs auf einen transzendentalen Standpunkt zu gehen, was sich im Grunde nur durchhalten lässt, wenn die Argumentation von der Wirklichkeit entkoppelt wird bzw. durchgängig gegen eine abweichende Realität verteidigt werden muss. Die revolutionäre Semantik dagegen neigt dazu, den Bedarf einer garantierenden Funktion der Menschenrechte zu unterschätzen und in einem gewissen Optimismus darauf zu setzen, dass sich das Blatt schon zum Guten wenden werde. Das zukünftige Moment der Menschenrechte kann ebenfalls zu einer Art Entkopplung von den Realitäten führen und die Menschenrechte einer Möglichkeit der Kritik entziehen, indem sie prinzipiell auf eine noch zu errichtende Ordnung bezogen werden. Die Spannung zwischen Schutz und Emanzipation wird auch in der Begründung eines Rechts auf politische Zugehörigkeit im Anschluss an die berühmte, in der Regel Hannah Arendt zugeschriebene Formulierung des *Rechts, Rechte zu haben* greifbar. Es stellt fest, dass die Zugehörigkeit zu einer politischen Gemeinschaft eine fundamentale Bedingung für den effektiven Schutz und die Inanspruchnahme von Menschenrechten, kurz: deren Durchsetzung, ist. Diese politische Gemeinschaft ist aber gegen und durch die bestehenden Exklusionsverhältnisse erst noch zu errichten. Somit steht die theologische Ethik hier vor einem doppelten Problem: der Frage nach effektiven institutionellen Schutzgarantien und der Imagination emanzipatorischer Prozesse, die einen Weg dorthin bahnen könnten. Hinzu kommt aber, dass sich in der jüngeren Zeit eine Debatte um genau diese Formulierung entwickelt hat, die infrage stellt, dass das *Recht, Rechte zu haben* sich tatsächlich zur Begründung der Menschenrechte eignet bzw. problemlos mit dem Menschenrechtsbegriff nach der AEMR kompatibel ist. Vielmehr müsste es – zumindest einigen Stimmen in dieser Debatte zufolge – vor dem Hintergrund des nach wie vor virulenten Durchsetzungsproblems der Menschenrechte in einer kritischen Richtung aktualisiert werden. Darin steckt also wiederum eine grundlegende Herausforderung für die theologische Menschenrechtsethik (Kap. 3).

Tatsächlich ist die menschenrechtsethische Tragweite des Durchsetzungsproblems keinesfalls unbekannt noch wird sie in der theologisch-ethischen Diskussion unterschätzt. In Übereinstimmung mit der Entwicklung internationalen, regionalen und nationalen Menschenrechts (*human rights law*) wird die Verrechtlichung der Menschenrechte, d. h. ihre Kodifikation in Form positiven Rechts, als Weg der Erhöhung der Durchsetzbarkeit diskutiert, favorisiert und in seiner bisherigen Entwicklung zwar als ausbaubedürftig, aber insgesamt positiv beurteilt. Der praktische Geltungsvorrang der Menschenrechte wird vorrangig über das Medium des Rechts konzipiert (Kap. 1.2.3). Gleichwohl wird das Gundlegungsproblem der Menschenrechte durch diesen Vorrang der Menschenrechtspraxis nicht obsolet. Die Frage der Durchsetzung und der Grundlegung der Menschenrechte hängen untrennbar zusammen: Das Durchsetzungsproblem ist eine Frage von begründungstheoretischem Rang und umgekehrt ist das Grundlegungsproblem für die Durchsetzung der Menschenrechte elementar. Ohne einen klar umrissenen und nachvollziehbar begründeten Menschenrechtsbegriff und eine politische Grundlegung der Menschenrechte gibt es keine Durchsetzung der Menschenrechte. Wird das Durchsetzungsproblem in Grundlegungsfragen vernachlässigt, verlieren die Menschenrechte als ethische, politische und juridische Kategorie ihre Aussagekraft und jegliche praktische Relevanz.

Für beides ist auch das religiöse Element in (Teilen) der Menschenrechtssemantik von Bedeutung, bei dem sich aus theologisch-ethischer Sicht notwendig die Frage stellt, wie damit umzugehen ist. Einerseits kann es angesichts der schwierigen Beziehung zwischen Kirche und Menschenrechten nicht einfach für die kirchliche Seite veranschlagt werden. Auch eine umstandslos an religiöse oder theologische Begründungsfiguren anschließende Argumentation kann nicht auf ungeteilte Zustimmung stoßen. Andererseits wird auch die Behauptung einer ausschließlich säkularen Logik der Menschenrechte den historischen Prozessen und auch dem Gehalt der Menschenrechte nicht gerecht, wenngleich der entscheidende Anstoß zur Formulierung der Menschenrechte eben außerhalb oder gegen die Kirche zur Geltung kam (Kap. 1.1.1.3; 1.1.2; 1.1.3). Die theologische Ethik ist also mit dieser Spannung zwischen religiöser und säkularer Semantik konfrontiert. Gerade im Übergang von den Menschenrechten zum positiven Recht aber kann auch eine Gelegenheit für einen Neuansatz theologischer Ethik als Menschenrechtsethik bestehen, weil sie – aus eigener, durchaus schmerzlicher Lernerfahrung – sensibel für überhöhte Autoritätsansprüche sowie eine unzulässige Sakralisierung irdischer Verhältnisse geworden ist. Somit kann die theologische Ethik auch im Interesse einer grundlegenden Neuorientierung der Menschenrechte im Kontext globaler Migration einen Beitrag zu einem menschenrechtsethischen Neuentwurf leisten, der kritische Analyse und den normativen Sinn für Alternativen fruchtbar zusammenbringt (Kap. 4).

KAPITEL 2

Die globale Flüchtlingssituation – Profilierung einer menschenrechtsethischen Herausforderung

Globale Migration wird in der theologischen Menschenrechtsethik bereits seit geraumer Zeit als besonderes Bewährungsfeld für die Menschenrechte als normative Leitkategorie betrachtet und untersucht. Viele grundlegende Fragen und Probleme der Menschenrechte stellen sich hier ganz konkret: Wer ist das Subjekt der Menschenrechte? Wie werden die Menschenrechte wirksam? Und an welche politischen Voraussetzungen ist eine effektive Durchsetzung der Menschenrechte geknüpft? All diese Fragen werden im Kontext globaler Migration insbesondere anhand der globalen Flüchtlingssituation diskutiert. Die Zielperspektive der theologischen Menschenrechtsethik ist dabei stets, eine normativ-ethische Beurteilung der Situation mit dem Maßstab der Menschenrechte vorzunehmen und Argumente sowie Forderungen für eine Verbesserung in Richtung der Menschenrechte zu formulieren.

Das Verhältnis der Menschenrechte zur globalen Flüchtlingssituation stellt sich jedoch deutlich komplizierter dar, als es auf den ersten Blick scheint. Die Menschenrechte sind nicht einfach abwesend oder prekär, sondern spielen in gewisser Hinsicht eine zentrale Rolle für die Beständigkeit der globalen Flüchtlingssituation. Insofern lohnen zunächst ein genauerer Blick auf den Kontext globaler Migration im Allgemeinen und globaler Flüchtlingssituation im Besonderen als Beitrag zu einer problemorientierten und reflexiven Menschenrechtsethik. Insofern verfolgt dieser Teil ein doppeltes Anliegen: Er umreißt das Praxisfeld genauer, das den Horizont dieser Studie zur Möglichkeit theologischer Menschenrechtsethik heute bildet, und klärt im Gespräch mit profilierten Ansätzen der Migrations- und Fluchtforschung zentrale Begriffe in menschenrechtsethischem Interesse. Eine Schlüsselrolle kommt dabei der Feldforschung und Theoriebildung des französischen Anthropologen und Sozialwissenschaftlers Michel Agier zu, dessen Werk sich besonders für die kritische Beschreibung der globalen Flüchtlingssituation eignet.

2.1 Die globale Flüchtlingssituation zwischen Migration und Flucht

Stellen sich die Fragen nach Durchsetzung und Grundlegung der Menschenrechte im Zusammenhang von Migration oder Flucht? Die Unterscheidung zwischen Migration und Flucht treibt die Migrationsforschung seit geraumer

Zeit um. Ob und wie von Flucht und bzw. oder Migration gesprochen wird, ist eine Grundsatzentscheidung von enormer theoretischer wie praktischer Tragweite. Sie begründet sich aber seltener von der Sache als von politischen und gesellschaftlichen Verhältnissen her (vgl. Schwenken 2018, 43–45). Wer als ‚Flüchtling' bzw. ‚Migrant:in' und was als ‚Flucht' und was als ‚Migration' gilt, ist im wahrsten Sinne des Wortes umstritten und zugleich abhängig von den Interessen der jeweiligen Akteur:innen (vgl. Maffeis 2019a, 4; Anm. 2). Dies liegt nicht zuletzt darin begründet, dass mit den unterschiedlichen Status unterschiedlich weit reichende rechtliche Ansprüche geltend gemacht werden können.

Politisch scheint sich bis zur globalen Ebene die Unterscheidung zwischen Flucht als *forced displacement*[1] und ökonomisch motivierter Migration, für die weniger starke humanitäre Verpflichtungen angelegt sind, etabliert zu haben.[2] Im deutschen Recht spiegelt sich die Unterscheidung in der grundsätzlichen Differenzierung zwischen grundgesetzlich garantiertem Recht auf Asyl für politisch Verfolgte (Art. 16a GG) und dem „Ausländerrecht" (Langenfeld/Lehner 2019), das dem öffentlichen Recht zuzuordnen ist.[3] In der Philosophie lässt sich diese „klassische" Dichotomie, vor allem in der „Ethics of Migration"[4], ebenfalls entdecken. Dort finden sich jedoch ebenso Stimmen, die diese Unterscheidung grundsätzlich zurückweisen und einfach von ‚Migration' sprechen oder auf neue Begriffe – wie den von Balibar (vgl. 2018) vorgeschlagenen Terminus „errans" (franz. Umherirrende) – zurückgreifen (vgl. Maffeis 2019a, 3).

In der kritischen Migrationsforschung wird die Unterscheidung Flucht/Migration zwar problematisiert, aber unter Abwägung des Für und Wider diskutiert (vgl. Schwenken 2018, 43–54; Kleist 2015). So entwickelt J. Olaf Kleist

---

1 Der UNHCR interpretiert die Gruppe der Menschen, auf die sich sein Mandat erstreckt, weiter als die Flüchtlingsdefinition der GFK. So fallen neben Flüchtlingen im engen rechtlichen Sinn auch Binnenvertriebene (*internally displaced persons*) und Asylsuchende unter sein Mandat.

2 Dies legt zumindest die Erarbeitung zweier globaler Erklärungen zu „Flucht" und „Migration" nahe, wie die beiden Pakte zu Migration (vgl. GPM) und zu den Flüchtlingen (vgl. GPF) zeigen.

3 Wie inkonsequent die Unterscheidung im Recht tatsächlich durchgehalten wird, demonstrieren die jeweiligen einzelrechtlichen Regelungen, insbesondere das Aufenthaltsgesetz (AufenthG). Als Zweck dieses Gesetzes wird zunächst die Begrenzung und Steuerung der Zuwanderung nach Deutschland definiert. Sodann werden aber auch die sich aus der Asylentscheidung ergebenden Rechtsfolgen im Aufenthaltsgesetz geregelt, weil es ebenso der Erfüllung der humanitären Verpflichtungen der BRD verpflichtet wird (siehe dazu: Langenfeld/Lehner 2019).

4 Siehe dazu Kap. 3.2.1.1.

eine Definition des Flüchtlingsbegriffs in Abgrenzung zu anderen Formen der Migration über die Notwendigkeit der Wiederherstellung von Grundrechten. Flüchtlinge verließen ihren gewöhnlichen Aufenthaltsort „aufgrund ihres Verlusts von und auf der Suche nach grundlegenden Rechten und Schutz" (Kleist 2015, 153).[5] Diese Definition ist weiter gefasst als die der GFK. Der Verlust von Grundrechten und der Bedarf der Wiederherstellung kann z. B. auch durch (Bürger-)Krieg oder Umweltkatastrophen bedingt sein. Aus diesem besonderen Merkmal von Flüchtlingen begründet sich auch die Ausdifferenzierung eines eigenen Forschungszweigs, der Flüchtlings- bzw. Fluchtforschung gegenüber der Migrationsforschung. Dagegen macht Helen Schwenken darauf aufmerksam, dass die Zuordnung der Kategorien ‚Flucht' und ‚Migration' stark von den Bedingungen im Aufnahmeland abhängt. Sie illustriert das am Beispiel der Arbeitsmigration in die BRD zwischen den 1950er- und 1970er-Jahren. Für Oppositionelle aus den damaligen Militärdiktaturen Griechenland, Spanien oder Portugal sei es seinerzeit einfacher und aussichtsreicher gewesen, als ‚Gastarbeiter' und eben nicht als Asylsuchende nach Deutschland zu emigrieren (vgl. Schwenken 2018, 42–47). Ihr Bedarf an Wiederherstellung von Grundrechten wurde also gerade nicht durch ihr Erscheinen als ‚Flüchtlinge', sondern eben als ‚Migranten' gedeckt.[6]

Selbst wenn man den hier formulierten sozialkonstruktivistischen Vorbehalt gegenüber der dichotomischen Unterscheidung berücksichtigt, scheint sich das Problem mit Blick auf die eingangs gestellte Grundfrage tendenziell eher im Kontext von ‚Flucht' zu stellen. Denn die entsprechende wissenschaftliche Reflexion ist gegenüber der Migrationsforschung „mit einem spezifischen Augenmerk auf Flüchtlingspolitik, Grundrechte und humanitären Schutz" (vgl. Kleist 2015, 153) ausgestattet. Warum wird in dieser Arbeit trotzdem weiter von ‚globaler Migration' gesprochen? Dazu lohnt ein genauerer Blick auf einen bereits erwähnten Aspekt der Differenzierung von Flucht und Migration: den legitimatorischen Gebrauch dieser Vokabeln im Hinblick auf die *Dringlichkeit*, die Problematik zu bearbeiten, die *Forderung*, weiterreichende Verpflichtungen der internationalen Gemeinschaft zu formulieren, oder die *Zulässigkeit*, die nationalstaatliche Souveränität in der Gestaltung der Migrationspolitik einzuschränken.

---

5   Kleist schließt mit seiner Definition an Andrew Shacknoves Überlegungen zur Frage „Who is a Refugee?" (1985) an.
6   Zugleich wird daran deutlich, dass das Problem der Benennung besonders dort Relevanz hat, wo es um konkrete rechtliche (und daraus folgende materielle Ansprüche) geht (vgl. Schwenken 2018, 47).

Ein Beispiel dieses Duktus findet sich bei Betts/Collier (2017). Sie unterlaufen vordergründig zunächst die Dichotomie, indem sie den Begriff „Überlebensmigration"[7] (Betts/Collier 2017, 68) einführen. Überlebensmigration ist Betts/Collier zufolge keine Flucht aus Angst vor politischer Verfolgung, aber auch keine rein ökonomisch motivierte Migration zwecks Arbeitsaufnahme. Das prägende Merkmal der Überlebensmigration sei Vertreibung (engl. *displacement*), die durch die Zunahme instabiler bzw. gescheiterter Staaten und damit verbundene Probleme wie eine ungesicherte Versorgung mit Lebensmitteln, die Abwesenheit von Schutz vor Gewalt, Bürgerkriege oder bürgerkriegsähnliche Zustände oder aber auch die Handlungsunfähigkeit in Katastrophenfällen bedingt sei (vgl. Betts/Collier 2017, 68). Flucht, definiert als Überlebensmigration infolge von Vertreibung, wird scharf abgegrenzt von Migration.

Zwar ist das Interesse davon ausgehend, einer größeren Zahl von Menschen den Flüchtlingsstatus zugänglich zu machen, als dies über die GFK, UNHCR-Programme oder einzelstaatliche (oder vergleichbare) asylrechtliche Regelungen möglich ist (vgl. Betts/Collier 2017, 57–62). „Der Flüchtlingsstatus ist ethisch durch Vertreibung definiert: Flüchtlinge sind Menschen, die ihre Heimat verlassen müssen, weil sie dort wegen eines Konflikts nicht mehr sicher sind." (Betts/Collier 2017, 171).[8] Der Clou ist allerdings, dass Flucht bereits dann endet, wenn sich die Betroffenen der akuten Gefahrensituation entzogen haben (vgl. Betts/Collier 2017, 13). Die Fluchtbewegung kann sich streng genommen nur auf das nächstgelegene sichere Territorium beziehen. Alle weiteren Bewegungen sind dann nicht mehr als Flucht zu klassifizieren. Somit soll der Personenkreis, dem ein internationales Flüchtlingsregime Schutz bietet, zwar erweitert, der Raum, auf den sich dieses erstreckt, aber stark begrenzt bzw. streng lokalisiert werden.[9]

---

7   Die theoretische Grundlage dafür findet sich bereits bei Betts (vgl. 2013): Der ursprüngliche englische Begriff lautet „survival migration".
8   Der Vorzug von „Vertreibung" gegenüber „Verfolgung" als Grund für die Anerkennung als Flüchtling liegt für Betts/Collier darin, dass er weniger in den historischen und politischen Umständen liegt, sondern eine universale Kategorie darstellt. In welchem Verfahren die Vertreibung dann aber festgestellt werden soll, bleibt offen. Jedenfalls erhält die spezifische Situation des:der einzelnen deutlich weniger Gewicht.
9   Längere Reisen sollen die Ausnahme darstellen, etwa, wenn es gar keine andere Möglichkeit gibt, einen Asylantrag zu stellen, oder wenn es von der Flucht unabhängige Gründe gibt, weiterzureisen (vgl. Betts/Collier 2017, 273–274). Mit dem Zeitpunkt der Ankunft auf sicherem Territorium gilt also das Regime der Migrationskontrolle. Spiegelbildlich dazu verhält sich die Zurückweisung eines allgemeinen Rechts auf globale Bewegungsfreiheit bzw. Einwanderung (vgl. Betts/Collier 2017, 154–162), wie es in der liberalen politischen Philosophie

Mit den Überlegungen zu einer Revision des Fluchtbegriffs korrespondieren bei Betts/Collier Vorschläge zu einer umfassenden Neugestaltung des „moderne(n) globale(n) Flüchtlingsregime(s)" (Betts/Collier 2017, 83). Diese stellen nicht die Forderung, „dass die Genfer Flüchtlingskonvention oder der UNHCR abgeschafft werden sollten. Doch die wichtigsten Fragen der heutigen Zeit – ‚Wen soll man schützen?', ‚Wie soll man schützen?' und ‚Wo soll man schützen?' – werden von der Konvention nicht adäquat beantwortet." (Betts/Collier 2017, 99).

Das vorrangige Kriterium eines reformierten globalen Flüchtlingsregimes ist die Funktionalität (Betts/Collier 2017, 282). Die normativen Prinzipien – Rettung und Autonomie – werden aus der Satzung des UNHCR herausgearbeitet (Betts/Collier 2017, 270). Aus diesen Prinzipien ergeben sich fünf Zielformulierungen: (1) „Nachhaltigkeit in großem Maßstab" (Betts/Collier 2017, 270); (2) „Schutz für die Dauer des Risikos" (Betts/Collier 2017, 271); (3) „Bereitstellung von Entwicklungsgebieten" (Betts/Collier 2017, 272); (4) „Weg aus dem Schwebezustand" (Betts/Collier 2017, 273); (5) Management der weiteren Migration (vgl. Betts/Collier 2017, 273). Diese Ziele sollen durch eine faire Lastenteilung anstelle einer Gleichverteilung und die Schaffung eines relativen Vorteils statt der Androhung von Sanktionen erreicht werden (vgl. Betts/Collier 2017, 282). Als geeignetes Mittel erscheint den beiden britischen Wissenschaftlern dabei der Abschluss multilateraler Verträge und regionaler Abkommen (vgl. Betts/Collier 2017, 278–280).

Schließlich sollen mit der Reform des Flüchtlingsregimes drei falsche Annahmen überwunden werden (vgl. Betts/Collier 2017, 283–290). „Jenseits des Staates" setzen Betts/Collier (2017, 283) auf Unternehmen und Zivilgesellschaften, wobei die Aufgabe des internationalen Rechts bleibe, „Anreize zum Handeln zu schaffen, ethische Standards vorzugeben, vom Markt offen gelassene Lücken zu schließen, Kohärenz zu gewährleisten, Verantwortlichkeiten festzulegen und den alles umfassenden regulatorischen Rahmen zu liefern." (Betts/Collier 2017, 286). „Jenseits des Multilateralismus" (Betts/Collier 2017, 286) müssten stärker Public-Private-Partnerships oder „kleine ‚Koalitionen der Willigen'" (Betts/Collier 2017, 288) gebildet werden. „Jenseits humanitärer Fragen" (Betts/Collier 2017, 289) sei ein entwicklungsorientierter Ansatz im Sinne größerer Autonomie[10] für die Flüchtlinge zu realisieren.

---

angloamerikanischer Prägung kontrovers diskutiert und von der Mehrzahl der Vertreter abgelehnt wird (vgl. dazu Cassee 2016).

10   Der Autonomiebegriff ist geradezu reduktionistisch auf wirtschaftliche Autonomie bezogen. Im Wesentlichen besteht diese in der Gewährung einer Arbeitserlaubnis im Aufenthaltsland und die Schaffung von Beschäftigungsmöglichkeiten durch die Einrichtung von Sonderwirtschaftszonen in der Umgebung von Flüchtlingslagern (vgl. Betts/

Demgegenüber soll mit dem Begriff ‚globale Migration' ausgedrückt werden, dass die Gefährdungen und Probleme auch in einem weiteren Zusammenhang auftreten können, d. h. nicht im engeren Sinne an die ‚Flucht' (im Sinne von Überlebensmigration infolge von Vertreibung) gebunden sind (vgl. Agier 2019). Was bedeutet diese Entscheidung nun für den Flüchtlingsbegriff, der ja durch den Bezug auf die globale Flüchtlingssituation als menschenrechtsethische Herausforderung mehr als prominent adressiert ist. Entgegen der naheliegenden Erwartung mit dem Verzicht auf die Rede von ‚Flucht' auch den ‚Flüchtling' aus dem Vokabular dieser Arbeit zu streichen, wird an diesem Begriff festgehalten. Zum einen soll damit sichtbar bleiben, dass es vorrangig um elementare Fragen des Zugangs zu Institutionen des Schutzes, insbesondere über die Gewährleistung rechtlicher Ansprüche, geht. Zum anderen soll gerade den Tendenzen einer Entpolitisierung des Flüchtlingsbegriffs, wie sie sich etwa bei Betts/Collier andeutet, widersprochen werden: Es geht nicht nur um Schutz, sondern um Handlungsfähigkeit, die Möglichkeit ein politisches Subjekt zu sein (vgl. Kleist 2015, 151). Dieser Aspekt ist in der Tradition des Flüchtlingsbegriffs nach dem Zweiten Weltkrieg als eines juridisch-politischen Terminus immer enthalten und potenziell mobilisierbar gewesen, auch wenn dies stets prekär war.

An diesem Punkt ist also vorerst festzuhalten: Am Flüchtlingsbegriff wird aufgrund seiner politischen Dimension festgehalten, während die Wendung globale Migration bevorzugt wird, um kenntlich zu machen, dass sich das Problem der globalen Flüchtlingssituation, zusammengefasst im Durchsetzungs- und Grundlegungsproblem der Menschenrechte, nicht nur auf die Migrationsform Flucht bezieht, sondern sich eben insgesamt im Horizont globaler Migration ereignen kann (wohlgemerkt: nicht muss).

Diese Entscheidung gilt es nun noch weiter zu plausibilisieren, was zum einen mit einem erfahrungsorientierten, zum anderen mit einem institutionentheoretischen Zugang geschehen soll. Damit soll nicht nur die Wortwahl verteidigt werden; darin spiegelt sich auch der Zugang über das menschenrechtliche Durchsetzungs- und Grundlegungsproblem, deren Diskussion ebenso zentral auf Erfahrungen bezogen ist, wie sie institutionelle Arrangements berührt. In beidem wird im Speziellen auf Arbeiten des französischen Anthropologen *Michel Agier*[11] zurückgegriffen, der sich mit der Spannung

---

Collier 2017, 211–242). Insgesamt fällt die starke Prägung des Modells durch neoliberales Gedankengut auf: eine starke Deregulierung, eine große Marktgläubigkeit oder auch das Leitbild des ‚unternehmerischen Selbst'.

11 Agier lehrt Anthropologie an der Ecole des Hautes Etudes en Sciences Sociales. Seine Forschungen haben ihn nach u. a. nach Kolumbien, Kenia, aber auch nach Calais geführt.

zwischen spezifischen Erfahrungen und institutionellen Arrangements in einer Reihe von Feldstudien eingehend beschäftigt hat (vgl. Agier 2008; Agier 2011; Agier 2016; Agier 2019; Agier u. a. 2019) und daher besonders geeignet ist, als Ausgangspunkt für die nachfolgenden Überlegungen zu dienen. Die Unterscheidung zwischen erfahrungsorientiertem und institutionentheoretischem Blick ist weitgehend analytisch und in der Realität bedingt sich beides wechselseitig. Erfahrungen sind somit nicht ein sekundäres Phänomen zu den Institutionen und die Institutionen können nicht ohne die Erfahrungsseite, zumal die der Flüchtlinge, verstanden werden. Bewusst wird auf einen bereits theoretisch reflektierten Ansatz zurückgegriffen[12], da die Einzelerfahrungen in einer theoretischen Arbeit nicht adäquat dargestellt werden können und die persönliche Erzählung im unmittelbaren Gespräch durch nichts zu ersetzen ist.

2.2 Ein erfahrungsorientierter Blick auf die globale Flüchtlingssituation

Dem Interesse dieser Studie entsprechend wird der Fokus im Folgenden nicht auf die Erfolgsgeschichten von Migration gelegt. Von gelungenen Neuanfängen, wechselseitiger Bereicherung, sozialen Aufstiegsgeschichten zu sprechen, Migration als etwas zu würdigen, das Menschen immer schon getan haben und auch in Zukunft tun werden, oder sie in Zeiten der Globalisierung als eine – wenn auch gefährdete, prekäre – Normalität, einen selbstverständlichen Bestandteil des Alltags anzusehen, ist richtig und wichtig (vgl. dazu: Heimbach-Steins 2010, 18–21; Heimbach-Steins 2016b, 21–38). Dennoch ist an dieser Stelle eine grundlegende Problemorientierung notwendig, die das Augenmerk auf jene Erfahrungen richtet, die gerade in ihrem außerordentlichen Charakter die Aufmerksamkeit der Forschung erregen sollten.

Seine Schriften stehen bis jetzt aber – abgesehen von der Monographie „Der Dschungel" (Agier u. a. 2020) – nicht in deutscher Sprache zur Verfügung.

12 Der reflexive Zugang schließt bei Agier nicht aus, dass auch erzählerische Elemente einfließen und persönliche Schicksale geschildert werden. Für den Zusammenhang dieser Arbeit stehen aber eher systematische Aspekte im Vordergrund. Erfahrungsbezüge werden daher in maximaler Verdichtung formuliert; sie verdienten jeweils für sich sehr viel mehr Aufmerksamkeit, Darstellung von Hintergründen und Sensibilität für die jeweiligen Einzelfälle. Im Rahmen dieser – auch dem Interesse von Allgemeinheit folgenden – Arbeit ist diesem Anspruch nicht gerecht zu werden; der Mangel soll dennoch zumindest sichtbar gemacht werden.

Agier macht sich auf die Suche nach ebendieser spezifischen „refugee experience today" (Agier 2008), wobei er das *Heute* Anfang der 1990er-Jahre mit den Kriegen im Gebiet des ehemaligen Jugoslawiens sowie den Bürgerkriegen in Ruanda, dem Kongo, Somalia, Sierra Leone und in Kolumbien beginnen lässt (vgl. Agier 2008, 7–18). Sofort ins Auge sticht auch die Formulierung im Singular: Dem französischen Anthropologen geht es um das Gemeinsame, Verbindende in allen besonderen Einzelerfahrungen von Flüchtlingen. Er macht dabei drei Elemente aus, die die Flüchtlingserfahrung kennzeichnen – (1) Zerstörung, (2) Einengung und (3) Handeln (vgl. Agier 2008, 3–6; 74), die konstitutiv für eine eigene Welt, „the world of refugees" (Agier 2008, 74), sind. Agier formuliert diese Elemente zunächst im Kontext der Erfahrung von Kriegsflüchtlingen (vgl. Agier 2008, 23–24); sie können jedoch in Auseinandersetzung mit der komplexen und oft unübersichtlichen Lage im Kontext globaler Migration zwischen humanitärer Behandlung und obrigkeitlicher Kontrolle weiter differenziert werden (vgl. Agier 2011, 33).

2.2.1 *Zerstörung*

Zur Flüchtlingserfahrung gehört die Zerstörung – von Häusern, Dörfern und Städten, aber auch von Lebensentwürfen –, die bleibende moralische, psychische und mitunter physische Verwundungen hinterlässt. Daher muss auch von der *Gewalt* gesprochen werden, die Flüchtlingen widerfährt. Krieg, Vertreibung und Verfolgung, die für Agier zunächst eine zentrale Rolle bei der Beschreibung der Gewalterfahrung von Flüchtlingen spielen (vgl. Agier 2008, 7–18), sind ein Teil. Gewalt in vielerlei Gestalt ist eine Ursache und Motivation, den Heimatort oder das Herkunftsland zu verlassen; sie begleitet jedoch auch häufig den gesamten Weg der Flüchtlinge – bis in die Zentren des Globalen Nordens hinein.

Die prekäre Position als unerwünschte und ortlose Figuren auf dem Spielfeld globaler Machtpolitik (vgl. Agier 2008, 28) macht sie besonders anfällig für Ausbeutung, z. B. als billige Arbeitskräfte in den Transitländern auf dem Weg nach Europa (wie Libyen). Sie veranlasst die Wandernden auch dazu, sich auf lebensgefährliche Routen zu begeben, bei denen sie Wüsten durchqueren, auf nicht seetüchtigen Booten die Überfahrt über das Mittelmeer wagen, zusammengepfercht in LKWs versuchen, unentdeckt die Grenzen der Europäischen Union zu überqueren, oder zu Fuß an diesen Grenzen auf sog. Grenzschutzorganisationen (FRONTEX) bzw. staatliche Einheiten der exekutiven Gewalt (Polizei, Militär) treffen. Wenn die Flüchtlinge es nach Europa geschafft haben, begegnet ihnen nicht selten eine über Skepsis gegenüber oder Furcht vor Fremden weit hinausgehende Abneigung, die sich in Hasspropaganda und Hetze in der digitalen wie analogen Welt, in Brandanschlägen auf Unterkünfte oder Attentaten und mörderischen Angriffen äußert.[13] Aus genderanalytischer Perspektive ist sexualisierte Gewalt vor allem für Frauen eine Gefahr, sei es in Form von Menschenhandel in die Zwangsprostitution oder durch Missbrauch und Vergewaltigungen an den Aufenthaltsorten.

Denn nicht nur die weitgehende Schutzlosigkeit im Migrationsverlauf begünstigt Gewalt gegen Flüchtlinge. Sie findet sich auch an den Orten, die der Intention nach die ersten Umgebungen rudimentären Schutzes sein sollen: den Camps, die von den Vereinten Nationen mithilfe internationaler NGOs unterhalten werden. So schildert Agier etwa das „Big Men"-Phänomen in solchen Camps, mit dem die Macht sog. ‚starker Männer' bezeichnet wird, die sich aus einer Mischung aus Traditionen, physischer Überlegenheit und Zugang zu bestimmten Institutionen (z. B. der örtlichen Polizei) begründe. In diesem Kontext kommt es zu physischer, psychischer und sexualisierter Gewalt (vgl. Agier 2008, 65–72).[14] Ähnliches ist auch in informellen, selbstorganisierten Camps zu beobachten, die im Innern aufgrund der Abwesenheit staatlicher Ordnungsmacht Orte mit geringer Sicherheit sind, in denen insbesondere Frauen sich nicht sicher fühlen (vgl. Agier u. a. 2019, 81; 89). Diese Camps sind zusätzlich durch die gewaltsame Auflösung von Seiten der lokalen bzw. staatlichen Ordnungsbehörden bedroht (vgl. Agier u. a. 2019, 120–121; 130).

Eine weitere Dimension der Zerstörung ist der Verlust (vgl. Agier 2008, 24–25), der in verschiedenen ‚Losigkeiten' zum Ausdruck kommt. Agier erwähnt verschiedene Formen des Verlusts, von denen Flüchtlinge betroffen sind.

Die Ortlosigkeit deutet auf den Verlust nicht nur eines eigenen Zuhauses im Sinne eines privaten Rückzugsortes, sondern eines anerkannten und akzeptierten Ortes innerhalb der vormals gemeinsam bewohnten Welt (vgl. Agier 2008, 29). In engem Zusammenhang damit steht das Unerwünschtsein, das nicht nur Auslöser für Fluchtbewegungen ist, sondern ebenso zum

---

13   An dieser Stelle müsste einiges zu den Ursachen dieser aus den europäischen Gesellschaften erwachsenden Gewalt gesagt werden. In Bezug auf den Kontext der deutschen Gesellschaft, in dem diese Arbeit entsteht, ist ein beunruhigendes Maß an Kontinuität von rassistischer Gewalt gegen alle(s), was als „fremd" identifiziert wird, zu verzeichnen. Allein für das wiedervereinigte Deutschland ist auf die Anschläge auf Asylsuchenden- bzw. „Gastarbeiter"-Unterkünfte in Mölln, Rostock-Lichtenhagen und Solingen Anfang der 1990er-Jahre, den Terror des nationalsozialistischen Untergrunds zwischen 1996 und 2011 oder den bis heute nicht aufgeklärten, mutmaßlich absichtlich herbeigeführten Tod des Asylsuchenden Oury Jalloh in einer Gefängniszelle auf dem Dessauer Polizeirevier zu verweisen. Seit 2015 scheint sich die Situation nochmals verschärft zu haben.

14   Darauf wird mitunter mit einer separaten Unterbringung von besonders vulnerablen Personen, u. a. Kinder, Jugendliche und Frauen, in eigenen Bereichen bzw. eigenen Camps, reagiert (vgl. Agier u. a. 2019, 103).

Repertoire von Aufnahmestaaten zählt, die „more or less obliged to let refugees arrive on their soil, refuse to give them a national status as refugees, and try to negotiate their departure with international organizations." (Agier 2008, 28) Der Einsatz von Flüchtlingen als Verhandlungsmasse und Druckmittel ist zum Beispiel an den EU-Türkei-Beziehungen zu beobachten: Seit dem 18. März 2016 gilt ein Abkommen zwischen der EU und der Türkei, in dem die Türkei sich verpflichtet, hauptsächlich syrische Bürgerkriegsflüchtlinge davon abzuhalten, in die EU weiterzureisen. Im Gegenzug leistet die EU Zahlungen in Milliardenhöhe für Unterbringung, Versorgung etc. und erklärt sich bereit, Perspektiven über den Ausbau der Zollunion und des EU-Beitritts der Türkei weiterzuentwickeln bzw. wiederaufzugreifen. Ende Februar 2020 erklärte die Regierung Erdogan, sie werde Flüchtlinge die in Richtung EU weiterzögen, nicht daran hindern, die Grenzen zu überqueren. Anlass dieses ‚Signals' war die erneute Eskalation der Gewalt im Bürgerkriegsland Syrien in der nordsyrischen Region Idlib, aus der Hunderttausende Menschen in Richtung Türkei geflüchtet waren. Als Meldungen die Runde machten, dass Zehntausende bereits auf dem Weg in Richtung Griechenland seien,[15] brachten sich Polizei und Militär an den Grenzen in Stellung; auch die EU-Grenzschutzeinheit machte sich einsatzbereit. So wurde ein Niemandsland erzeugt, dass die Grenze zur Kampfzone erklärte und den Flüchtlingen noch einmal vorführte, dass sie in dieser Welt jeglichen Ort verloren haben. Dies vermittelten auch die in Reaktion auf die Vorgänge verfassten Tweets auf dem Twitter-Kanal der EU-Kommissionspräsidentin Ursula von der Leyen:

> „The @EU_Commission and @EUCouncil have been following closely and with concern the situation at the EU external borders with turkey. @eucopresident Charles Michel and myself have been in permanent contact with PM Mitsotakis and PM Borissov. (1/2) Our top priority at this stage is to ensure that Greece and Bulgaria have our full support. We stand ready to provide additional support including through *#Frontex on the land border*. (2/2)" (von der Leyen 2020; Hervorh. J. K.)

Die explizite Erwähnung von Frontex unter den Maßnahmen zusätzlicher Unterstützungsmaßnahmen vonseiten der EU kann durchaus als Drohung eingestuft werden. Offensichtlich geht es nicht um eine Vorgehensweise, die sowohl eine weitere Überforderung der EU-Staaten an den Außengrenzen vermeidet als auch den Interessen und Bedürfnissen der Flüchtenden gerecht wird: Frontex heißt Grenzschutz, also Verhinderung der Einreise. Auch wenn

---

15   Laut einer Meldung der IOM befanden sich mehr als 13.000 ‚Migranten' entlang der griechisch-türkischen Grenze (vgl. IOM 2020).

diese Machtdemonstration vermutlich eher dem EU-Vertragspartner Türkei galt, traf sie doch in erster Linie die Menschen an den Grenzen, denen es in diesem Konflikt an effektiver politischer, d. h. mehr als symbolischer Repräsentation fehlte.

Dies macht einen weiteren Verlust sichtbar, der die Flüchtlingserfahrung kennzeichnet: den Verlust eines Staates bzw. Gemeinwesens, der/das im Konfliktfall die Rechte seiner Bürger:innen innerhalb wie außerhalb seiner Grenzen verbürgt (vgl. Agier 2011, 149). Michel Agier folgt hier in der Terminologie unumwunden Hannah Arendt, der gemeinhin zugeschrieben wird, als erste dieses Problem umfangreich beschrieben und analysiert zu haben, und spricht von Staatenlosigkeit und Rechtlosigkeit, die das Flüchtlingsdasein kennzeichneten (vgl. Agier 2011, 17–18; Agier u. a. 2019, 137–138).[16] Unmittelbar einsichtig wird das am Beispiel der durch Krieg und bewaffnete Konflikte Vertriebenen (*displaced persons*) (vgl. Agier 2008, 29), die diesen Verlust am eigenen Leibe erfahren. Gleichwohl modifiziert Agier seinen Rekurs auf Staatenlosigkeit und Rechtlosigkeit, indem er beides als Bestandteile der Signatur der Existenz *als* Flüchtling erachtet, die sich vor allem auch unter einem ‚humanitären Regime' entfaltet (vgl. Agier 2011, 149). Damit können Staatenlosigkeit und Rechtlosigkeit sich auch jenseits einer spezifischen und konkreten Verlustererfahrung verstetigen. An dieser Stelle ist darauf hinzuweisen, dass es weniger um eine *de jure*-Staatenlosigkeit, sondern eher um *de facto*-Staatenlosigkeit geht, d. h. dass Menschen zwar formal eine Staatsangehörigkeit besitzen, von diesem Staat jedoch – aus unterschiedlichen Gründen – keinen Schutz oder Vertretung erwarten können. Und mehr noch: Das Problem an *de facto*-Staatenlosigkeit ist, dass dies auch keine andere Institution zu leisten vermag. In der Gegenwart äußert sich dies in der Erfindung immer neuer Kategorien und Bezeichnungen, die jeweils zwar bestimmte partielle Ansprüche gewährleisten, gleichzeitig aber den Zugang zum – mit einer weitgehenden rechtlichen Gleichstellung mit Staatsbürger:innen verbundenen (vgl. Schmalz 2015; Schmalz 2017) – Status des Flüchtlings verhindern bzw. erschweren und zudem verschleiern, dass die Politik der Anerkennungs- und Schutzquoten von anderen als rein rechtlichen Faktoren abhängt (vgl. Agier 2011, 34). Von einem anderen Blickwinkel aus betrachtet machen die verschiedenen Kategorien – „Refugees, displaced, disaster victims, evacuees, migrants, asylum seekers, rejected, expelled, repatriated, returned ..." (Agier 2011, 22) – aber auch sichtbar, dass viele Menschen in der Warteschleife auf dem Weg zur Anerkennung als ‚Flüchtling' stranden,

---

16   Zur Kritik an diesem unmittelbaren Rückgriff auf Arendts Wortwahl siehe Schulze Wessel (2017); im weiteren Verlauf der Arbeit wird noch darauf zurückzukommen sein (siehe Kap. 3.1.2.2.3).

in den zunächst immer als Provisorien angelegten UNHCR-Camps oder den ‚Aufnahmezentren' an den EU-Außengrenzen[17] ihr Dasein fristen (vgl. Agier 2019) und so in einem staaten- und rechtlosen Zustand verharren.

Das bedeutet aber gerade nicht, dass sich ihres Schicksals keiner annimmt. In den und um die Camps finden sich verschiedene Initiativen der Unterstützung und der Nothilfe; selbst in den illegal errichteten, selbst organisierten Camps sind NGOs und Initiativen zur Unterstützung präsent (vgl. Agier u. a. 2019, 103). Vielmehr tritt hier der Verlust oder die Abwesenheit von Macht, die mit dem Status der Staaten- und Rechtlosigkeit eng verknüpft ist, zutage. Bei Agier wird das vor allem in der Beschreibung der Räumung der Calais-Camps deutlich, die sehr obrigkeitsstaatlich durchgeführt wird und sich gleichzeitig die Kooperation der Bewohner:innen sichert, indem diese mit Zusagen für einen schnelleren Transport von Minderjährigen in das Vereinigte Königreich ‚erkauft' wird (vgl. Agier u. a. 2019, 120–121). Die spezifische Machtlosigkeit der Flüchtlinge zeigt sich auch darin, dass alle Eingaben und offenen Briefe, alle Demonstrationen und Proteste bis hin zu drastischen Maßnahmen wie Hungerstreik und *Lip-sewing*, mit dem Ziel bei den staatlichen Behörden wie auch bei Vertreter:innen der UN-Institutionen Gehör zu finden, zwar eine Politisierung der Flüchtlinge zur Folge haben, ansonsten aber weitgehend ins Leere laufen (vgl. Agier u. a. 2019, 141). Möglicherweise bedingen Machtlosigkeit und „own politics" (Agier u. a. 2019, 141) der Camp-Bewohner:innen, „based on their own experiences, experiences of the countries from which they come and of the world of migration in which they have found themselves for months or years" (Agier u. a. 2019, 141) sogar einander, weil sie ,Einheimischen' wie Behörden vor Augen führen, dass Flüchtlinge nicht nur bedürftige, sondern auch politische Lebewesen sind (vgl. La Rosa/Frank 2017, 55–67).

2.2.2 *Einengung*

Doch die Politisierung wird immer wieder konterkariert vom zweiten bestimmenden Element der Flüchtlingserfahrung: der Einengung (*confinement*). Diese betrifft die Unterbringungsformen, Zukunftsaussichten und Entfaltungsmöglichkeiten, aber auch die Festlegung auf bestimmte, dominante Rollen.

Die schon mehrfach erwähnten Camps – ob offizielle, geduldete oder illegale – spielen beim Element der Einengung eine zentrale Rolle. Agier beschreibt die Unterbringung in Camps als Gefangenschaft, verkörpert zum Beispiel durch die Separierung von der einheimischen Bevölkerung, die Sicherheitsdienste gewährleisteten (vgl. Agier 2008, 29; Agier 2011, 185–186). Auf

---

17   Viele von ihnen sind mittlerweile als Ortsnamen im kollektiven Bewusstsein verankert: Lampedusa und Moria in Europa; Dadaab in Kenia.

diese Weise würden die Flüchtlinge „outside the *nomos*, outside the ordinary human law" (Agier 2008, 29; Hervorh. i. Orig.) platziert. Einen Eindruck davon vermitteln einerseits die krasse Unterversorgung bzw. Überbelegung auch und gerade auf europäischem Boden, andererseits die zunehmende Abriegelung mit Stacheldraht und befestigten Mauern. Die Übergänge zwischen humanitärer Hilfe und Inhaftierung sind fließend. Domestizierung und Einhegung – häufig unter Einsatz physischer Gewalt – erfahren Flüchtlinge jedoch nicht nur in den Lagern und an den Grenzen der Staaten, in die sie sich begeben (vgl. Agier u. a. 2019, 138), sondern auch in Gestalt verschiedener rechtlicher Instrumente, zum Beispiel durch die Vorschrift, dort einen Asylantrag zu stellen, wo zuerst EU-Territorium betreten wurde, oder die in Deutschland geltende Residenzpflicht für Asylsuchende und Geduldete, die die Bewegungsfreiheit auf einen von der zuständigen Behörde festgelegten Bereich beschränkt. Die Einengung hat demnach eine sehr körperliche Komponente; Flüchtlinge bekommen sie buchstäblich am eigenen Leibe zu spüren.

Die Einengung hat auch einen zeitlichen und biographischen Aspekt. Agier spricht in Bezug darauf von „a separate and lasting non-development" (Agier 2008, 59), womit er zunächst die Situation der Flüchtlinge selbst meint. Deren Status einer provisorischen, vorübergehenden Existenz ist zunehmend auf Dauer gestellt, so dass sich Perspektiven und Entfaltungsmöglichkeiten immer mehr auf den jeweiligen Aufenthaltsort richten (müssen). In einem Umfeld aus humanitären Hilfsleistungen, örtlichen Behörden und (mehr oder weniger) illegaler Erwerbstätigkeit entsteht ein Alltagsleben, das eine eigentümliche städtische Wirklichkeit erzeugt, die gekennzeichnet ist von eingefrorener Zeit auf der einen, Abgeschnittensein auf der anderen Seite (vgl. Agier 2008, 59). Perspektiven und Entfaltungsmöglichkeiten sind allerdings nicht nur vom Aufenthalts*ort*, sondern auch vom (zu erwartenden) Aufenthalts*status* abhängig. Dies kann am Beispiel des Zugangs zu Sprach- und Integrationskursen in Deutschland deutlich gemacht werden. Die finanzielle Förderung bzw. Unterstützung der Teilnahme ist nämlich geknüpft an eine hohe Bleibewahrscheinlichkeit (> 50%-Schutzquote), die wiederum eine Re-Ethnisierung der Bleibeperspektiven bedeutet. Gambier:innen oder Tunesier:innen etwa haben eine geringe Bleibewahrscheinlichkeit und müssen das Manko ihrer Herkunft durch die eigenen sozioökonomischen Ressourcen (finanzielles Kapital, Bildungsgrad usw.) ausgleichen. Für die einen bedeutet das größere, für die anderen kleinere oder gar keine Entfaltungsmöglichkeiten, zumal das Risiko, abgeschoben zu werden, bei einer geringen Bleibewahrscheinlichkeit immer im Raum steht. Ohnehin erweist sich die Beziehung von Flüchtlingen zum Recht und zum Staat als „fragile and uncertain" (Agier 2008, 11); obgleich sie wohl kein „life without nomos" (Agier 2008, 30), also ein Leben außerhalb jeglichen Rechts, führen, so doch eines „with no stable law to integrate their fate into that of humanity in general" (Agier 2008, 30).

Dies wiederum wird nochmals an der Einengung durch die Festlegung auf bestimmte Rollen deutlich. Agier hat zwei dominante Muster der Charakterisierung ausgemacht: Opfer und Kriminelle, die besonders in den Medien aufgerufen würden (vgl. Agier u. a. 2019, 141). Gleichwohl können diese Zuschreibungen auch als übergreifende ‚Idealtypen' interpretiert werden, die nicht nur die Berichterstattung, sondern auch das globale politische Handeln prägen. In ihnen spiegeln sich Agier zufolge „two combined forces – humanitarian and police" (Agier 2011, 33); die eine sei die fürsorgende, die andere die züchtigende Seite, wie Agier in Anlehnung an überkommene Erziehungsmethoden illustriert (vgl. Agier 2011, 5). Entsprechende Maßnahmen beziehen sich aber nicht auf per se zu unterscheidende Personenkreise, sondern bringen diese erst hervor. ‚Opfer' und ‚Krimineller' bzw. ‚Illegaler' sind folglich in gewisser Weise konstruierte Realitäten. Während ersterem Passivität, Vulnerabilität, Leid und Hilfebedürftigkeit zugeschrieben werden und das Paradigma des „being kept alive" (Agier 2011, 148) gilt, ist letzterer ein Regelverletzer, ergo kein ordentliches Mitglied der Gesellschaft, und muss Verfolgung und Kontrolle unterzogen werden. Meist besteht die erste Straftat schon im irregulären Grenzübertritt, so dass bereits der bloße Aufenthalt kriminalisiert und in die Illegalität gedrängt wird. Gleichwohl zeugt beides von einem problematischen Verhältnis zum Recht, in das die Flüchtlinge versetzt werden. Denn diese Dichotomie lässt den Flüchtlingen kaum Handlungsspielräume (vgl. Agier 2011, 149).

2.2.3 Handeln

Angesichts der bisher beschriebenen Elemente der Flüchtlingserfahrung scheint es kaum Möglichkeiten für Flüchtlinge zu geben, als politische Lebewesen (in der Tradition griechischer Philosophie immerhin eine andere Bezeichnung für Mensch) wahr- und ernstgenommen zu werden. Dennoch betont Agier im Besonderen den Aspekt des Handelns als wesentlichen Bestandteil dieser spezifischen Erfahrung. Umgekehrt sagt die Tatsache, dass gerade das Handlungselement – „the active refugee" (Agier 2011, 149), „their own politics" (Agier u. a. 2019, 141) – im Kontext der Illegalität anzutreffen ist, viel über die globale Architektur der Asyl- und Flüchtlingspolitik. Mehr als deutlich hat der hier angesprochene Handlungsbegriff eine politische Konnotation. Agier knüpft hier explizit an das Politikverständnis Hannah Arendts an, das er als „[p]olitics (understood as speech and speaking out in a precise context of subjectification)" (Agier 2011, 194) referiert. Dieser politische

Handlungsbegriff hat verschiedene Dimensionen und beschränkt sich nicht – wie häufige Rezeptionen Arendts lauten – auf das öffentliche Handeln in der Polis.[18] Zunächst bestimmt Agier dieses Handeln inhaltlich als „action for a right to life" (Agier 2008, 74; Agier 2011, 149), wobei Leben aber eben etwas anderes bedeutet als Überleben („survival") oder am Leben bleiben („being kept alive"). Dieses Handeln für ein Recht auf Leben ist auf verschiedenen Ebenen angesiedelt.

Die erste Handlungsdimension findet sich im Alltagsleben der Flüchtlinge, die Agier als „little reinventions of everyday life" (Agier 2008, 52) beschreibt, in Kontexten, die sonst eher die Gestalt eines „regime of exceptionalism – in camps, on islands, in port zones" (Agier 2008, 72) annehmen. Teils an der offiziellen Infrastruktur vorbei, teils unter Nutzung der Möglichkeiten, die diese bereitstellt (z. B. bezahlte Hilfstätigkeiten in Camps), werden eigene Aktivitäten in Angriff genommen, die die Abhängigkeit von Hilfsleistungen und das Bild des Opfers durchbrechen (vgl. Agier 2008, 52–56). Eine andere Form sind kleine Aktionen des Widerstands gegen die Einsperrung, indem Zustände der Unordnung (*disorder*) genutzt werden, um die Bewegungsfreiheit zu vergrößern. Agier führt für diese Zustände etwa Arrangements mit Camp-Angestellten, das Schmuggeln von Registrierungskarten oder die Bestechung der Polizei an (vgl. Agier 2011, 185–186).

Der Aspekt der Selbstorganisation, der hier angedeutet ist, kann gleichzeitig als eigenes Handlungsmoment betrachtet werden. Bei Agier geschieht das vor allem in Auseinandersetzung mit der Entstehung des sog. ‚Dschungels' in Calais, einem zwischen April 2015 und Oktober 2016 illegal errichteten Camp in der nordfranzösischen Hafenstadt Calais. Zwar siedelten sich dort Hilfsorganisationen und aktivistische Initiativen an, in großen Teilen war das Camp aber auch selbstorganisiert. In Ermangelung staatlicher Ordnungsmacht übernahm die Religion wichtige Aufgaben, die sonst dem Staat zugeordnet werden. Dazu gehörten u. a. überhaupt die Gewährleistung von so etwas wie Ordnung, die Schlichtung bzw. Mediation in Konflikten oder – besonders bei religiösen Minderheiten, wie äthiopisch-orthodoxen Christen oder schiitischen Muslimen – die Förderung von Zusammenhalt (vgl. Agier u. a. 2019, 89). Darüber hinaus war in dem Camp auch eine Art Gemeinschaftsbildung zu beobachten, wenn auch nicht frei von Konflikten und Zwangsmomenten: „Coexistence between communities was not established without clashes, but

---

18 Agier allerdings formuliert das griechische Polis-Ideal als Utopie „(…) of a space of politics as one of freedom of speech and among equals" (Agier 2011, 194), das auch für die Flüchtlingsexistenz Geltung besitze.

it made possible, none the less, the formation of a kind of experimental society made up of heterogeneous groups, forced to live together in the same space (...)." (Agier u. a. 2019, 93) Bemerkenswert erscheint, dass das Zusammenleben im Camp zumindest zeitweise um Gruppen von Aktivist:innen ergänzt wurde, die sich dort ansiedelten (vgl. Agier u. a. 2019, 101–102). Dieser Umstand führte zu einer ersten politischen Artikulation, da sich Konflikte in Bezug auf das Verhalten der aktivistischen Bewohner:innen (Alkoholkonsum, laute Musik bis spät abends) entwickelten und die Flüchtlinge, die das Camp bewohnten, einen ‚Code of Conduct' entwickelten, der eine Grundlage für das Zusammenleben sein sollte (vgl. Agier u. a. 2019, 102).

Diese Episode lenkt die Aufmerksamkeit auf die ambivalente Dimension solidarischen Handelns. Denn die Solidarität, die implizit im beschriebenen selbstorganisierten Zusammenleben des ‚Dschungels' aufschien, lässt sich in Solidaritäten aufschlüsseln, die in vertrauter sozialethischer Terminologie als Typen von con- und pro-Solidarität bezeichnet werden können. Speziell Formen von pro-Solidarität hatten die Tendenz, reine Hilfs- und Fürsorgestrukturen zu reproduzieren und die Handlungspotentiale der Flüchtlinge zu übergehen. Doch auch auf den ersten Blick als con-Solidarität erscheinende Formen waren nicht frei von Bevormundung, etwa dass die angesiedelten Aktivist*innen in den Camps auch Anwälte ihrer eigenen politischen Agenda (*No borders*-Movement) waren, die sich zwar solidarisch mit den Flüchtlingen erklärte, aber nicht unbedingt mit ihnen zusammen formuliert wurde (vgl. Agier u. a. 2019, 103).

Schließlich ist somit erneut auf die Politisierungserfahrung von Flüchtlingen zurückzukommen, die sich massiv in Konflikten mit den staatlichen oder administrativen Autoritäten formt. Sie reicht von Kritik unter Inanspruchnahme von Menschenrechtsterminologie über Demonstrationen, Eingaben und Kämpfe um Repräsentation jenseits des Opfers und des Kriminellen bzw. Illegalen bis hin zu Hungerstreiks, dem Zunähen von Lippen oder Selbstanzündungen als besonders drastischen und besonders verzweifelten Formen des Versuchs, Öffentlichkeit zu erzeugen (vgl. Agier u. a. 2019, 141; La Rosa/Frank 2017, 63–67). Agier hebt zudem hervor, dass das politische Handeln der Flüchtlinge als Flüchtlinge auch deshalb ernstgenommen werden muss. Damit soll zum einen einem (wiewohl selbstwidersprüchlichen) „excluding universalism" (Agier u. a. 2019, 135), der mit Verweis auf humanitäre Pflichten die ‚guten' Flüchtlinge den ‚schlechten' Migranten vorziehe, entgegengewirkt werden. Zum anderen soll Einspruch gegen die schlichte Vorstellung einer „identitarian humanity" (Agier 2011, 195) erhoben werden, die vorgeblich Grundlage des humanitären Regimes der internationalen Gemeinschaft sei.

2.2.4 Flüchtlingserfahrung und globale Migration

Die bisherigen Reflexionen haben immer wieder auf die Erfahrungswelt von Flüchtlingen und Vertriebenen Bezug genommen. Auch Agiers Feldforschungen sind zuerst dort situiert. Im Hinblick auf die – in sich schon vielfältigen – Erfahrungen und Hintergründe von Flüchtlingen schreibt er zur Begründung, warum er dennoch an dieser Verallgemeinerung festhält, Flüchtlinge seien „a single population, but not a homogeneous one" (Agier 2008, 10). Gemeinsame Merkmale seien (1) „individual trajectories of wandering and humiliation" (Agier 2008, 10), (2) „long stays in marginal zones and transit camps" (Agier 2008, 10) und (3) „experience of a fragile and uncertain relationship to the law and to states" (Agier 2008, 11). Allerdings stellt er schnell fest, dass diese Charakteristika nicht nur auf Flüchtlinge und Vertriebene im engeren Sinne zutreffen, so dass terminologische Suchbewegungen zu Begriffen wie „undesirables" (Agier 2011, 17; bereits Agier 2008, 72) oder „persons in displacement" (Agier 2016, viii) führen und schließlich in der Einsicht münden, dass diese Menschen sich – einmal abgesehen von den akuten Gründen oder Ursachen der Migration bzw. Flucht – in Distanz zu ihrem Herkunftsland mit dem Ziel begeben, sich an einem Platz niederlassen zu können, an dem sie Schutz genießen und Zukunftsperspektiven haben (vgl. Agier u. a. 2019, 6). Dabei machen sie aber eben vielfach die Erfahrung, die oben skizziert worden ist. Die komplexe Verflechtung führt Agier noch einmal in einer Skizze eines idealtypischen Weges vor Augen:

> „Die offiziellen Kategorien zur Identifikation sind wie Masken, die den Schutzsuchenden vorübergehend übers Gesicht gelegt werden. So wurde beispielsweise aus einem *Binnenvertriebenen* in Liberia, der 2002/2003, also auf dem Höhepunkt des Bürgerkriegs, in einem Lager am Stadtrand der Hauptstadt Monrovia lebte, ein *Flüchtling*, nachdem er jenseits der Grenze in der Region Waldguinea in ein UNHCR-Lager gekommen war und registriert wurde. Kaum hatte er jedoch das Lager verlassen, um sich in Guineas Hauptstadt einen Job zu suchen, galten er und seine Landsleute im Liberierviertel von Conakry als *Illegale*. Von dort aus wird er vielleicht versucht haben, über das Meer oder quer durch den Kontinent auf den Transsahara-Routen nach Europa zu gelangen." (Agier 2019, 128; Hervorh. J. K.)

Das ist der Teil des Weges auf dem afrikanischen Kontinent. In Europa erwartet diese Person eine weitere Tour durch behördliche Prozeduren.

> „Nehmen wir an, er schafft es bis nach Frankreich und landet dort in einer der 100 Wartezonen für *Personen ohne Aufenthaltstitel*, die in den Häfen oder Flughäfen eingerichtet wurden. Dann ist er erst mal nichts anderes als ein *Häftling*, solange er sich nicht als *Asylbewerber* registrieren lassen kann, wobei die Wahrscheinlichkeit groß ist, dass sein Antrag abgelehnt wird. Bis alle Formalitäten

für seine Ausweisung erledigt sind, befindet er sich in Abschiebehaft. Wenn er nicht offiziell ausgewiesen werden kann, wird er ‚freigelassen' und taucht vielleicht irgendwann in Calais oder am Stadtrand von Rom wieder auf – als *illegaler Migrant*, der in einem Zeltlager oder in einem von afrikanischen Migranten besetzten Haus Unterschlupf gefunden hat." (Agier 2019, 128; Hervorh. J. K.)

Nicht alle der hier aufgeführten ‚offiziellen' Kategorien sind rechtlicher Art, sondern befinden sich in einem Graubereich zwischen Recht, Verwaltungen, Politik und Gesellschaft. Was Agier also griffig mit dem Terminus ‚Flüchtlingserfahrung' zu bezeichnen versucht, ist eine Erfahrung, die im Kontext globaler Migration alle Migrierenden treffen kann (wenn auch keinesfalls treffen muss); in jedem Fall ist sie aber keine auf die Migrationsform Flucht als Überlebensmigration infolge von Vertreibung beschränkte Erfahrung. Um dieses Phänomen besser verstehen zu können, ist ein Blick auf die ‚Kehrseite' der Erfahrung nötig: das institutionelle Gefüge, in dem diese gemacht wird.

2.3 Institutionentheoretischer Blick auf die globale Flüchtlingssituation

Der institutionentheoretische Blick beginnt wiederum mit dem globalen Flüchtlingsregime und einer niederschmetternden Diagnose: „Die Institutionen, die zum Schutz der Flüchtlinge dieser Welt geschaffen wurden, versagen." (Betts/Collier 2017, 267) Die beiden Oxforder Wissenschaftler machen dies vor allem daran fest, dass die Zahl der Flüchtlinge einen Höchststand seit Gründung des UNHCR erreicht habe und zugleich die Verantwortungsteilung ein diametral entgegengesetzt niedriges Niveau aufweise (vgl. Betts/Collier 2017, 267). Die Ursache dafür sehen sie darin, dass das Flüchtlingsregime und seine rechtliche Grundlage für einen völlig anderen historischen und politischen Kontext geschaffen worden seien. Gehe es heute um Vertreibung, hätten damals Menschen Schutz vor politischer Verfolgung (insbes. mit Blick auf den realsozialistischen Block) suchen müssen. Ähnlich äußert sich auch Michel Agier: „The exodus of the refugees today is no longer that of the political exiles of the 1930s, 1940s, and 1950s, from Spain, Poland or Hungary, who carried with them a powerful ideological message and a sense of personal honour." (Agier 2008, 24).[19] Betts/Collier kommen jedenfalls zu dem Schluss, dass die

---

19   Ich halte diese Gegenüberstellung zwischen der gegenwärtigen Situation und dem politischen Exil für falsch. Erstens verkennt dies, dass die Flucht europäischer Juden aus Nazi-Deutschland eindeutig auf politische Verfolgung zurückzuführen war, obwohl das Judentum per se keine besonders starke politische Überzeugung darstellte; aber es

Bilanz des globalen Flüchtlingsregimes „verheerend" (Betts/Collier 2017, 267) sei – sowohl in Bezug auf Hilfe in akuten Notsituationen als auch hinsichtlich längerfristiger Perspektiven.

Im Folgenden werden jedoch nicht nur diejenigen Institutionen in den Blick genommen, die genuin dem Schutz der Flüchtlinge dienen sollen. Vielmehr soll eine Skizze entworfen werden, die das institutionelle Gefüge, auf das Flüchtlinge treffen und in dem sie sich bewegen (müssen), nachzeichnet und ein etwas komplexeres Bild des Versagens des globalen Flüchtlingsregimes jenseits kurzschlüssiger historisierender Erklärungen zeigt. Die hier dargestellten Institutionen existieren demnach auch unabhängig von globaler Migration, haben aber in diesem Kontext eine besondere Bedeutung. Als Institutionen gelten dabei dauerhafte, zweckgebundene gesellschaftliche oder öffentliche Einrichtungen, die – allgemein formuliert – Willkür einschränken und Verlässlichkeit herstellen sollen und auf diese Weise maßgeblich menschliches Handeln mitbestimmen.

2.3.1 *Übergreifende Tendenzen: Globalisierung und Humanitarismus*

Im Hinblick auf die Auseinandersetzung mit den für den Zusammenhang dieser Arbeit wichtigen Institutionen sind übergreifende Tendenzen der letzten Jahrzehnte hervorzuheben, die mit den Begriffen Globalisierung und Humanitarismus erfasst werden können.[20]

Migration ist Teil, Ausdruck und Bedingung von Globalisierung (vgl. Karakayali 2011, 249). Dennoch wird allgemein in der Regel zunächst von den zunehmenden Verflechtungen und Intensivierungen ökonomischer, finanzieller, kommunikativer und medialer, in wachsendem Ausmaß auch politischer Tätigkeiten gesprochen, wenn von Globalisierung die Rede ist. Agier folgt dabei dem Vorschlag Saskia Sassens, Globalisierung als teilweise Entnationalisierung zu verstehen (vgl. Agier 2016, 42). Damit ist vor allem

---

ging eben nicht nur um Vertreibung politischer Gegner oder Feinde aus Deutschland, sondern darum das Judentum endgültig von der Erde zu entfernen. Zweitens fällt Verfolgung aus ethnischen und rassistischen Gründen von staatlicher Seite nach GFK, aber auch nach Art. 16 GG unter den Tatbestand der politischen Verfolgung. Drittens steckt in der Absicht, die heutigen Fluchtbewegungen unter diesem Gesichtspunkt abzugrenzen die Tendenz einer ‚Entpolitisierung' des Flüchtlingsbegriffs, was vor allem hinsichtlich möglicher Lösungsvorschläge für die Lage der Flüchtlinge problematisch wird. Agier ist gleichwohl bemüht, genau die politische Dimension zu reaktivieren (siehe die obigen Überlegungen zum Handlungsbegriff).

20 Selbstredend kann die hier notwendig knappe Darstellung nicht annähernd den Diskurs um ‚Globalisierung' und ‚Humanitarismus' abbilden. Dennoch ist wichtig, die Überlegungen in diesem Kontext zu verorten und zu zeigen, in welcher Konstellation sich die institutionentheoretische Rede von globaler Migration und Flüchtlingen befindet.

das – mehr oder weniger kontrollierte – Abnehmen nationalstaatlicher Souveränität in den oben genannten Bereichen gemeint, ohne das Prinzip der Nationalstaatlichkeit aufzugeben. Diese Gemengelage bringt eine Welt hervor, die sich zunehmend als ‚global' versteht (vgl. Agier 2016, 42). Wesentliches Merkmal der Globalisierung ist in Agiers Augen die Akzeleration (Tempoerhöhung), die sich auch im „speed of mass displacement (by road, train or plane)" (Agier 2016, 29; vgl. auch Knoll u. a. 2011, 127) spiegelt. Darin ist auch schon ausgedrückt, dass die Mobilität von Waren, Gütern, Geld und Menschen über Grenzen hinweg keineswegs neu ist, sich aber offenbar in den letzten Jahrzehnten deutlich und beobachtbar intensiviert hat. Mittlerweile ist es nicht unüblich, Globalisierung als Kennzeichen der Gegenwart nach dem Ende des Kalten Krieges zu begreifen, wobei diese Charakterisierung selbst einen Bewusstwerdungsprozess abbildet (vgl. Zimmerer 2012, 10). Dem Historiker Jürgen Zimmerer zufolge ist der Beginn der Globalisierung mit einem bestimmten Ereignis verknüpft: der Ankunft der arg dezimierten Expedition Magellans am 6. September 1522 in Sevilla, die dort drei Jahre zuvor mit dem Ziel der Weltumrundung gestartet war. Damit war der Beweis erbracht, dass die Erde kugelförmig ist (vgl. Zimmerer 2012, 10).[21]

In Bezug auf gegenwärtige Globalisierungsprozesse gilt: „Globalisierung eröffnet Zugänge und bringt in manchen Fällen Bevölkerungsgruppen einander näher. Zugleich verstärkt sie aber auch sozioökonomische und politische Ungleichheiten aller Art und reale Grenzen, die diese Ungleichheiten absichern (...). Ungleiche Machtverteilung zeigt sich hier auf ebenso vielen Ebenen wie die kulturell kreativen Antworten darauf." (Taylor 2011, 132) Die Globalisierung ist also ein hochgradig ambivalentes Phänomen. Das trifft ebenso auf den Humanitarismus zu. In der globalisierten Welt kommt diesem die Rolle der Besetzung und Verwaltung von Räumen zwischen und außerhalb von Nationalstaaten zu. Das Mittel der Wahl sind Camps und „spaces of humanitarian intervention" (Agier 2016, 53). Die humanitäre Bewegung trat mit dem Anliegen an, dass eine geeinte Menschheit denjenigen Beistand leisten solle, die aus dem Raster der globalen politischen Organisation herausgefallen sind (vgl. Agier 2011, 195). Ihre Anfänge liegen Agier zufolge im Umfeld der Konsum- und Kapitalismuskritik sowie der Suche nach alternativen Lebensformen in den 1970er-Jahren. Zu Beginn der 1990er-Jahre sei es

---

21 In Bezug auf die nunmehr 500 Jahre umfassende Zeitspanne wird historisch von Phasen der Globalisierung gesprochen, wobei der Kolonialismus (vgl. Knoll u. a. 2011, 126) bzw. das mit dem Kolonialimperialismus vertiefte und bis heute strukturell vorhandene Nord-Süd-Gefälle die Orientierungspunkte sind (vgl. Eißel 2003, 431–436). In allen Globalisierungsphasen spielt Migration von (Zwangs-)Arbeitskräften, ‚Entdeckern', politisch oder religiös Verfolgten, Armen oder Missionaren eine wichtige Rolle.

dann zu einer Internationalisierung und Professionalisierung der humanitären Bewegung mit einer hohen Konvergenz des Einsatzes von UN und NGOs, wie den *Medecins sans Frontières*, in Krisengebieten gekommen. Nach dem 11. September 2001 habe sich auch das Engagement humanitärer Hilfe verändert, die nun als Begleiterscheinung militärischer Operationen im ‚Krieg gegen den Terror' in Erscheinung getreten sei (vgl. Agier 2011, 206). Seit einigen Jahren sei infolge dessen eine „formation of a humanitarian government" (Agier 2011, 206) zu beobachten. Deren zentrale Kategorien seien Vulnerabilität (vgl. Agier 2011, 147), der Status der Betroffenen als Opfer (vgl. Agier 2008, 24–25; Agier 2011, 195–196) und die humanitäre Nothilfe (vgl. Agier 2011, 5), wobei polizeiliches und militärisches Eingreifen mit dieser Hand in Hand gingen und der Humanitarismus dadurch eine hohe Ambiguität aufweise (vgl. Agier 2011, 5). Damit hat das humanitäre Engagement auch massive Auswirkungen auf globale Migration: „Humanitarian action thus increasingly finds itself, if not systematically ‚trapped', at least included a priori in the control strategies of migratory flows of all kinds." (Agier 2011, 33)

Das humanitäre Handeln in Migrationsfragen geschieht längst nicht mehr ausschließlich auf der normativen Grundlage der GFK sowie der AEMR und mit dem UNHCR als ‚Exekutive'. Vielmehr handelt es sich um ein „globales Flüchtlingsregime" (Betts/Collier 2017, 83) mit verschiedenen Akteuren (Staaten, Polizei/Militär, NGOs, UN, private Agenturen) (vgl. Agier 2011, 208). Doch auch wenn es formal auf die Achtung, Einhaltung und den Schutz der Menschenrechte abzielt und demnach nicht einfach als Permanenz des Ausnahmezustands bezeichnet werden kann (vgl. Agier 2011, 211–214), so hat es laut Agier eine eigene Form der Gewalt entwickelt, „creating the hybrid context of social life that is lastingly encamped, localized in border spaces marked physically by barriers, checkpoints, fences or walls that surrounded camps of all kinds (…)." (Agier 2016, 53)

Dieser Form der Gewalt, die wiederum nicht vollkommen und lückenlos ist, gilt es entlang der zentralen Institutionen nachzugehen, mit denen Flüchtlinge im globalen humanitären Flüchtlingsregime konfrontiert sind.

2.3.2 *Grenzen*

Die erste relevante Institution sind Grenzen.[22] Vorab ist wichtig festzustellen, dass Grenzen als solche eine Praxis sind, die zum menschlichen Leben dazu gehört und ohne die die Ausbildung eines Selbst und einer Beziehung zu

---

22 In anderen Sprachen gibt es in Bezug auf den Grenzbegriff eine größere terminologische Vielfalt. Im Englischen z. B. *border, boundary, frontier, limit* mit jeweils eigenen semantischen Konnotationen. Bei Agier werden die Begriffe weitgehend synonym verwendet,

anderen nicht möglich wäre (vgl. Heimbach-Steins 2016b, 39–49). Sie sind allerdings keine natürliche Tatsache, sondern eine menschliche Einrichtung (Agier 2016, 18). Daraus folgt, dass für Grenzen „uncertainty" (Agier 2016, 23) konstitutiv ist und daher der Akt ihrer Instituierung beständig wiederholt werden muss (vgl. Agier 2016, 23).

Gegenüber dieser sozialanthropologischen Grundaussage fällt auf, dass national-staatliche Grenzen gegenwärtig eine zunehmende, inhärente Gewaltförmigkeit aufweisen (vgl. Agier 2016, 46–53; Agier u. a. 2019, 138), die sich materiell in der wachsenden Neigung zeigt, Mauern zu errichten oder einen Mauerbau zu versprechen und damit Wahlen zu gewinnen (dazu grundlegend: Brown 2018). Die Funktion von Mauern ist aber nicht die effektive Abwehr von unerwünschten Einwanderer:innen; dafür gäbe es weitaus fungiblere Maßnahmen mittels moderner Überwachungstechnologien. Vielmehr dienen sie „dramatischen Inszenierungen" (Brown 2018, 10) von Souveränität, deren Abnehmen sie aber faktisch beschleunigen (vgl. Brown 2018, 10–12). Agier gibt diesen Inszenierungen einen drastischen Titel: „war of walls against migrants" (Agier 2016, 40).

Im Schatten der Aufführung des Spektakels des Mauerbaus etablieren sich andere Techniken der Grenzkontrolle, wie etwa die Individualisierung der Grenzen durch Ausweisung und die entsprechenden begleitenden rechtlichen und sozialen Verfahren, „case-by-case verification, relations with police or social workers charged with drawing up dossiers of regularization, or derogation obtained thanks to support" (Agier 2016, 52). Grenzen sind demnach nicht einfach eine territoriale Linie, die für alle in gleichem Maße passierbar oder nicht passierbar ist, sondern ein Ensemble aus polizeilichen und humanitären Maßnahmen, welche die Grenze für jede:n zu einer individuellen Form mit einer gewissen Ortlosigkeit und gleichzeitigen Omnipräsenz macht. Eine weitere Strategie ist die De-Identifikation durch „loss or removal from those places, ties and goods that made up their (scil. der Flüchtlinge) identity" (Agier 2016, 58). In diesem Sinne hat diese Grenzpraxis auf eine zynische Weise einen egalisierenden Effekt: Herkunft, sozialer Status, Bildungsgrad haben für ein Leben ‚in' der Grenze kaum eine Bedeutung (vgl. Agier 2016, 39–40). Das macht ein Leben in nicht-prekären Verhältnissen unmöglich: „All persons who find themselves there are caught in the border trap, unable to cross it completely and find a place, a status, a recognition, a full ‚citizenship' in the place or destination." (Agier 2016, 58) Wer also in der Schleife eines dauerhaften Grenzzustands landet, erhält keinen Zutritt zu Gesellschaft und

---

wobei border – am ehesten mit dem deutschen Verständnis staatlich-territorialer Grenzen verwandt – am häufigsten verwendet wird.

politischer Gemeinschaft. Vielmehr tritt das politische System an der Grenze nur als Exekutive, als ausführende Gewalt in Gestalt von Polizei, Militär und Grenzschutzagenturen entgegen (vgl. Agier 2016, 5), wobei den Flüchtlingen unklar bleibt, auf welcher Grundlage dieses Handeln geschieht – rechtsstaatlicher Legitimation oder Ausnahmezustand oder Krieg? Das ist vor allem vor dem Hintergrund problematisch, dass Grenzen in zeitlicher und räumlicher Hinsicht expandieren. Immer mehr Menschen verbringen immer mehr Zeit an Grenzen und sind den entsprechenden Praktiken weitgehend ohne Möglichkeit regulärer politischer Einflussnahme ausgesetzt (vgl. Agier 2016, 40).

2.3.3 *Camps*

Eng verwoben mit der Institution der Grenze, aber doch nicht identisch mit ihr sind Camps. Sie sind häufig an nationalstaatlichen Grenzen, in Grenzgebieten, angesiedelt und leisten einen Beitrag dazu, dass aus einer Linie, die zwei Gebiete voneinander trennt, ein eigener Raum wird. Der Intention nach und dem Prinzip humanitärer Hilfe gemäß werden sie meist als Provisorien eingerichtet und im Laufe der Zeit zu dauerhaften Einrichtungen. In gewisser Weise stehen sie auch paradigmatisch für die Institutionalisierung des Humanitarismus (vgl. Agier 2019).[23]

Für Agier sind die Camps ein besonderes Beispiel für Einengung (vgl. Agier 2011, 195–196), Quarantäne (vgl. Agier 2008, 61) und Kontrolle, die mit der Ausweitung der Notlage, die humanitäre Nothilfe überhaupt erst notwendig macht, zu einem Dauerzustand einhergeht. Die Camps seien exemplarische Institutionen von Biomacht[24]. Dennoch seien Kontrolle und Einengung nicht lückenlos und vollkommen; vielmehr sei gleichzeitig immer auch Unordnung das Merkmal von Camps. Diese sei einerseits Voraussetzung dafür, dass Flüchtlinge die Kontrolle akzeptierten, z. B. zur Bewahrung vor körperlicher oder sexualisierter Gewalt, andererseits könnten Flüchtlinge sich Unordnung auch zunutze machen (vgl. Agier 2011, 185–186; siehe auch: Kap. 2.2.2).

Dennoch sind Camps in der Regel nicht auf Empowerment und Subjektivität von Flüchtlingen ausgelegt, sondern bringen – wie Agier in Anlehnung an Hannah Arendt formuliert – ‚überflüssige' Bevölkerungen hervor (vgl. Agier u. a. 2019, 137–138). Die Camp-Bewohner:innen haben in der globalisierten Welt keine Existenzberechtigung, weil sie aufgrund fehlender Arbeitserlaubnisse und Auflagen, die Camps nicht zu verlassen, nicht einmal als billige, ausbeutbare Arbeitskräfte infrage kommen.

---

23 Diese Einsicht hat sich offenbar mittlerweile auch im UN-Kontext durchgesetzt (vgl. Abschn. A., Abs. 1 GPF).

24 Dieser Begriff geht auf Michel Foucault zurück (siehe dazu: Folkers/Rödel 2015).

Zwar können prinzipiell illegal errichtete Camps von offiziellen Einrichtungen des UNHCR oder der Regierungen von Ländern, die an Krisenregionen grenzen, unterschieden werden. Dennoch sind Camps besonders mit dem Humanitarismus verbunden (vgl. Agier 2016, 53). Denn nahezu immer, d. h. auch in informellen oder illegalen Camps, sind UNHCR und NGOs (humanitäre Hilfsorganisationen, aktivistische Gruppen) präsent. Demnach bestehen zwischen illegalen und offiziellen Camps viele Gemeinsamkeiten, z. B. in Bezug auf die prekäre Existenz eines Lebens im Camp, die ‚Überflüssigkeit' der Bewohner:innen. Ein markanter Unterschied lässt sich dennoch benennen: Illegale Einrichtungen sind deutlich anfälliger für die gewalttätige Räumung durch die Ordnungsbehörden (vgl. Agier u. a. 2019, 130). Wie an Grenzen im Allgemeinen, tritt auch in den Camps im Besonderen die staatliche Obrigkeit als ausführende *Gewalt* auf, für die politische Aushandlungsprozesse keine Rolle mehr spielen, selbst wenn sie von den Betroffenen aktiv eingefordert werden (siehe auch Kap. 2.2.3).

2.3.4   *Exekutiven und Administrationen*
An dieser Stelle ist auf die Reaktion von Staaten auf die immer weiter fortschreitende Globalisierung und deren Effekte, z. B. immer stärkere Abnahme nationalstaatlicher Souveränität, Zunahme von Ungewissheiten auf globaler Ebene, eine wachsende Zahl von Menschen, die sich einer ‚globalen' Welt zugehörig fühlen, hinzuweisen. „In Europe, particularly since the late 1990s, the governments of those nation-states most ‚de-nationalized' in the management of flows of goods, images or labour have seemed to place their whole foundation of legitimacy in the ideological and political opposition to human globalization." (Agier 2016, 48) Dies jedoch in einer paradoxen Einmütigkeit (zumindest bis Mitte der 2010er-Jahre) aus Liberalisierung der Einwanderungs- und Grenzkontrollbestimmungen für EU-Bürger:innen und der Verschärfung der Maßnahmen gegenüber ‚illegalen' Einwanderer:innen, Asylsuchenden und sonstigen ‚Unerwünschten'. Die – noch vor den offensiven Agenten des Protektionismus einer erstarkenden globalen Rechten – ergriffenen Maßnahmen der Regierungen waren gegen die schwächsten Glieder der globalisierten Welt gerichtet: „the bodies of the least protected migrants (economically and legally) and of refugees, or again their descendants, considered increasingly as ‚foreigners' even in national boundaries." (Agier 2016, 48)

Weder nationalstaatliche noch globale Institutionen scheinen demokratische Politik zu forcieren, sondern immer stärker auf Governance-Lösungen zu setzen. Deren Charakteristikum ist zum einen, der Teilung in voneinander abgeschirmte Welten gegenüber „the disorderly practise of politics" (Agier 2016, 7) den Vorzug zu geben. Dies äußert sich vor allem in der Fragmentierung und

Zuweisung von ‚Identität' als Identifikationsinstrument (nicht als Entwurf und Interpretation eines Selbst) – „essential and ‚true' – whether this is national, racial, ethnic or religious" (Agier 2016, 7). Damit gehen zum anderen eine Abdichtung gegen äußere Einflüsse, Kontrolle und Gehorsam gegenüber dem System einher (vgl. Agier 2016, 7). Staaten, insbesondere in Gestalt von Exekutiven und Administrationen, sind immer noch die zentrale Instanz bei der Vergabe und Gewährung von Mitgliedschaftsrechten und citizenship (Agier 2011, 149). Gleichzeitig sind sie oft untätig oder nur sehr widerwillig bereit, sich der Lage von Flüchtlingen anzunehmen und zu einem koordinierten Handeln zu gelangen (Agier 2008, 28). Dies läuft in Summe darauf hinaus, dass citizenship in weiten Teilen vorenthalten wird und Flüchtlinge zudem keine Gelegenheit haben, einen neuen politischen Ort zu erhalten. Für Agier leistet auch „combined police and humanitarian treatment" (Agier 2011, 147) einen Beitrag dazu, Flüchtlinge zu ortlosen Individuen zu machen, die sich diesem System gehorsam fügen (müssen), um am Leben bleiben zu können (vgl. Agier 2011, 147–148). Als Gegenkonzept zu der humanitären Bühne („humanitarian stage"), auf der manches Handeln der Flüchtlinge möglicherweise unangemessen und skandalös erscheinen mag, weil es nicht dem systemimmanenten Bild entspricht, möchte Agier die Betrachtung auf der demokratischen Bühne („democratic stage") etablieren, die dem Handeln der Flüchtlinge Legitimität verschaffen kann. Dann geht es nämlich um Repräsentation und Teilhabe (vgl. Agier 2011, 149).

2.3.5 Recht und Rechte

Kämpfe um politische Repräsentation und demokratische Teilhabe sind in der politischen Moderne Kämpfe ums Recht. Dieses hat wiederum für Flüchtlinge, die auf unterschiedlichen Ebenen mit dem Recht in Kontakt kommen, einen höchst widersprüchlichen Charakter.

Die rechtliche Grundlage des „internationalen Flüchtlingsschutzsystem[s]" (Abschn. B., Abs. 5 GPF) sind die GFK und deren Protokoll von 1967, die internationalen Übereinkünfte über die Menschenrechte, incl. der AEMR, das humanitäre Völkerrecht und andere internationale Übereinkünfte, etwa Zusatzprotokolle gegen Menschenhandel und das Schleuserwesen unter Voraussetzung ihrer Anwendbarkeit sowie Vereinbarungen zum Schutz von Staatenlosen (vgl. Abschn. B., Abs. 5 GPF, incl. Anm. 5–7). Für das globale Flüchtlingsregime spielen des Weiteren das oft in Verfassungen formulierte Grundrecht auf Asyl sowie ‚regionale' Menschenrechtskonventionen und Grundrechteformulierungen (z. B. die Europäische Menschenrechtskonvention und die Grundrechte-Charta der Europäischen Union) eine bedeutende Rolle. Auf der Ebene des positiven Rechts finden sich zahlreiche gesetzliche Bestimmungen und Rechtsbereiche auf europäischer und einzelstaatlicher Ebene, wie etwa die Dublin-Regelungen der EU oder Aufenthaltsgesetz, Asylgesetz, Staatsangehörigkeitsrecht und Ausländerrecht der BRD, die für Flüchtlinge eine erhebliche Bedeutung haben. Allein diese kursorische Aufzählung zeigt: Recht und Rechte prägen globale Migration und Flüchtlinge und unser Verständnis davon maßgeblich.

Dabei ist jedoch auch zu beobachten, dass das Recht für Flüchtlinge Merkmale wie Ungewissheit (vgl. Agier 2008, 11), Exklusion (vgl. Agier 2008, 29; Agier 2011, 149) oder schlicht Abwesenheit (vgl. Agier 2008, 30) aufweist. Das Recht weist ihnen einen Platz in der Illegalität (vgl. Agier 2008, 97; 103; Agier 2011, 33; 148–149) oder an den Grenzen der Legalität (vgl. Agier u. a. 2019, 138) zu. Diese eher schillernden als exakten Charakterisierungen machen darauf aufmerksam, dass die Beziehung der Flüchtlinge zum Recht – trotz eines komplexen Gefüges aus internationalen, supranationalen und nationalen gesetzlichen, grundrechtlichen und menschenrechtlichen Bestimmungen – keinesfalls eindeutig ist. Agier stellt lapidar fest: „Under the humanitarian regime, human rights and civic duties are dissociated and even become incompatible." (Agier 2011, 149) Trotz oder wegen der Vielzahl an rechtlichen Bestimmungen stellt sich weiterhin die Frage „of what universal human rights people effectively have access to if they lose the use of their national citizenship?" (Agier 2011, 149) Hier fällt besonders die Offenheit des Menschenrechtsbegriffs („what universal human rights") ins Auge.

Genau diese gilt es zu erforschen, was in zwei Richtungen denkbar ist: (1) Auf einer analytischen Ebene ist zu fragen, welche Menschenrechte und vor allem welches Menschenrechtsverständnis in Flüchtlingsfragen Anwendung findet. Hier bietet Agier mit seiner Analyse des humanitären Regimes eine kritische Perspektive an. Flüchtlinge fänden in Verbindung mit den Menschenrechten das Role Model des „silent victim" (Agier 2008, 103) vor, dem Abhilfe in Bezug auf seine größte existentielle Not geschaffen werde, dem aber keine politischen Rechte gewährt würden (vgl. Agier 2008, 103). Flüchtlinge überlebten, es sei aber nicht vorgesehen, dass sie ein Leben führten. „Save for rare exceptions, refugees see themselves refused any local or political integration: the only alternative offered them can be summed up as either passive submission to humanitarian assistance or the quest for illegal solutions and channels." (Agier 2011, 149)

(2) In einer kritischen Richtung ist zu untersuchen, was – angesichts des Misslingens des gegenwärtigen globalen Flüchtlingsregimes – ‚universal human rights' überhaupt sein und bedeuten könnten. Dies bleibt bei Agier undeutlich, weil er einerseits in Bezug auf Lösungen die Rede von Handeln und Politik (im Anschluss an Hannah Arendt) bevorzugt, andererseits aber auch die

Menschenrechte als eine Art universale Möglichkeit, Ungerechtigkeiten zur Sprache zu bringen in Betracht zieht (siehe dazu Kap. 2.2.3). Insbesondere die zweite Perspektive drängt sich in einer Zeit auf, in der in Bezug auf Grenzen und Camps immer öfter von ‚rechtsfreien Räumen' die Rede ist, die sich nicht mehr auf die Flüchtlinge, sondern zunehmend auch auf diejenigen erstreckten, die sich aus anderen Gründen dort aufhielten (z. B. Journalist:innen, die Bericht erstatten wollen oder Helfer:innen, die bei der Versorgung unterstützen) (vgl. Grillmeier 2020, 35; Lehnert 2020). Wie ist das in einer Welt, die ja nicht nur aus National-, sondern auch aus Verfassungsstaaten und kodifizierten Menschenrechten besteht, möglich? Und welches Recht könnte im Umkehrschluss das Entstehen dieser rechtsfreien Räume in einer durchgängig rechtlich geordneten Welt verhindern (vgl. Gündogdu 2015)? Diese Fragen sollen also im weiteren Verlauf untersucht werden – insbesondere vor dem Hintergrund, dass Flüchtlinge ja – gewissermaßen gegen die eigenen Erfahrungen mit dem Recht – immer wieder und mit großer Vehemenz das Recht anrufen oder sich auf ihre Rechte berufen.

2.4 Zusammenfassung: Globale Migration und Flüchtlinge

Die Entscheidung von ‚globaler Migration' und ‚Flüchtlingen' zu sprechen, stellt den Versuch dar, mit dem Benennungsproblem reflexiv umzugehen. Mit der hier vorgeschlagenen Terminologie soll sichtbar gemacht werden, dass eine scharfe kategoriale Trennung schwierig ist. Stattdessen ist eine Sensibilität für die fließenden Übergänge ebenso wie für die spezifische Erfahrung und institutionelle Arrangements nötig, die das Durchsetzungs- und Grundlegungsproblem der Menschenrechte so dringlich machen. Unter Rückgriff auf die Arbeiten des französischen Anthropologen wurde die Flüchtlingserfahrung mit den Merkmalen Zerstörung, Einengung und Handeln näher bestimmt; als Institutionen kamen Grenzen, Camps, Exekutiven und Administrationen sowie schließlich – und mit besonderem Fokus auf den Gegenstand dieser Arbeit – das Recht und die Rechte in den Blick. Dabei stellte sich heraus, dass die Flüchtlingserfahrung nicht zwingend von der Migrationsform ‚Flucht' abhängt, sondern sich eben in einem sehr komplexen Zusammenspiel mit entsprechenden Institutionen bildet. In diesem Sinne ist zumindest verallgemeinerbar, dass ein Migrations- und Flüchtlingsbegriff immer ein erfahrungsbezogenes und ein institutionentheoretisches Element enthalten muss (wenn auch der spezifische Fokus jeweils variieren mag). Alles zusammen ergibt ein komplexes Bild der globalen Flüchtlingssituation.

Das Problem des Rechts erweist sich dabei als besonders herausfordernd, weil die – erfahrungsorientiert und institutionentheoretisch reflektierte – Beziehung der Flüchtlinge zum Recht uneindeutig und widersprüchlich ist. Jedenfalls lässt sie sich in unterschiedlichen Termini und aus verschiedenen Sprechpositionen zum Ausdruck bringen. Daher stehen die nun folgenden Untersuchungen im Zeichen der Problematik (menschen-)rechtlicher Normativität, die sich einerseits immanent aus der Erarbeitung eines Migrations- und Flüchtlingsbegriffs ergibt, andererseits ein Feld philosophischer und sozialwissenschaftlicher Reflexion darstellt, das in den letzten Jahren – auch angesichts des kriseninduzierenden politischen Umgangs mit globaler Migration, insbesondere im globalen Norden – neue Kontur und stärkere Aufmerksamkeit erhalten hat.

KAPITEL 3

Das *Recht, Rechte zu haben* im Kontext globaler Migration – Debatten zwischen Rechtsbegründung und Rechtskritik

Der vorangehende Teil hat gezeigt, dass die Menschenrechte im Kontext globaler Migration, speziell durch die globale Flüchtlingssituation, vor fundamentalen Herausforderungen stehen. Vor allem die Durchsetzung der Menschenrechte stellt nach wie vor ein fundamentales Problem dar. Dieses spitzt sich im Angesicht der Tatsache zu, dass das Rechtsverhältnis schlechthin grundlegend und im Wortsinn existenziell dafür ist, dass Flüchtlinge überhaupt noch in einem sozialen Zusammenhang stehen können. Alle anderen sozialen Beziehungen werden im Zweifelsfall durch das Rechtsverhältnis überschrieben. Im Folgenden steht deshalb eine Strategie der Lösung zur Debatte, die genau hierin das Problem der Begründung der Menschenrechte sieht und die Frage stellt, auf welcher normativen Grundlage durchsetzungsfähige Menschenrechte beruhen können. Diese kann nicht allein auf einem allgemein anerkannten, wenn auch minimalistischen Menschenbild oder der Vorstellung von einem natürlich gegebenen Recht bestehen. Sie verweist direkt auf den Bereich des Politischen (vgl. Maffeis 2019a, 23).[1]

Auf die im vorangegangenen Teil beschriebene Herausforderung hat die Menschenrechtstheorie in vielfältiger Hinsicht reagiert. Daher wird angesichts des weiten und umfassenden Zusammenhangs von globaler Migration und Menschenrechten im Folgenden eine Fokussierung vorgenommen. Gerade auch im Zusammenhang theologischer Ethik hat die Idee des *Rechts, Rechte zu haben* besondere Aufmerksamkeit gefunden. Diese in der Regel im Anschluss an Hannah Arendt rezipierte und diskutierte Formulierung[2]

---

1 Aus diesem Grunde spielen Menschenrechtstheorien, die *ausschließlich* den vorpositiven und vorpolitischen Charakter der Menschenrechte als universelle moralische Ansprüche zu begründen versuchen, nur insofern eine Rolle, als sie Gegenstand der hier zur Debatte stehenden Ansätze werden. Zur Kritik solcher Ansätze siehe: Martinsen (2019, 36–37).
2 Andrew Buchwalter hat gezeigt, dass die Formulierung des *Rechts, Rechte zu haben* bereits bei Hegel in Nachschriften zu seiner Rechtsphilosophie zu finden ist. Allerdings ist diese bei ihm eher als interner Maßstab politischer Gemeinschaften ihren Mitgliedern gegenüber gedacht. Im Hinblick auf das Elend der Armen und ihre Nichtteilhabe an zentralen Gütern wie Gesundheit, Wohlstand usw. – das wird bei Hegel Rechtlosigkeit genannt – wird an politische

macht eine Spannung innerhalb der Menschenrechte sichtbar: zwischen dem Anspruch eines jeden Menschen, aufgrund seines Menschseins bestimmte Rechte zu haben und der Notwendigkeit der Zugehörigkeit zu einem politischen Gemeinwesen, das sich dem Respekt, dem Schutz und der Erfüllung der Menschenrechte verpflichtet sieht. Mit dem *Recht, Rechte zu haben* verbindet sich die Absicht, den Raum zwischen Menschenrechten qua Menschsein und Zugehörigkeit zu einem den Menschenrechten verpflichteten Gemeinwesen – grundlagen-, aber auch institutionentheoretisch – zu überbrücken. Allerdings wird in jüngerer Zeit zunehmend darüber gestritten, wie und auf welcher Grundlage Menschenrechte und Politik ins Verhältnis gesetzt werden können. Positionen, die einer moralisch rückgebundenen Menschenrechtspolitik argumentativ den Weg bahnen, stehen Ansätze gegenüber, die den Bedarf einer Erneuerung der Kritik der Menschenrechte im Horizont ihrer gegenwärtigen Verwirklichung und unter verstärkter Einbeziehung der Perspektive der bisher Ausgeschlossenen anmahnen – nicht ausschließlich, aber besonders im Kontext globaler Migration. So wird aus einem der Intention nach problemlösenden Instrument innerhalb der Menschenrechtstheorie eine weitere Herausforderung der Menschenrechtsethik.

Vor diesem Hintergrund erscheint das Begründungsproblem in einem neuen Licht. Es wird in gewisser Weise relativiert, in ein anderes Verhältnis gesetzt und aus einer neuen Perspektive betrachtet. Daher ist den Debatten um das *Recht, Rechte zu haben* im Kontext globaler Migration im Modus kritischer Rekonstruktion nachzugehen. Dies geschieht in zwei Schritten: Zunächst wird die migrationsethische Rezeption des *Rechts, Rechte zu haben* näher beleuchtet (Kap. 3.2). Darauf folgt die Auseinandersetzung mit Ansätzen, die sich um eine Erschließung neuer Horizonte diesseits der Rechtsbegründung bemühen (Kap. 3.3).[3] Zuvor ist jedoch eine Vergewisserung über die relevan-

---

Gemeinschaften der Anspruch formuliert, dass jedem Mitglied das *Recht, Rechte zu haben* gewährt werden müsse (vgl. Buchwalter 2014, 179–180). M. E. zeigt sich damit allerdings nur noch deutlicher, dass dem Denken des 19. Jahrhunderts der Zustand der Rechtlosigkeit, den Arendt im Hinblick auf die Situation der Staatenlosigkeit erblickt, noch gänzlich unbekannt ist.

3 Dieser Aufteilung liegt im Großen und Ganzen eine Kategorisierung zugrunde, die die Philosophin Stefania Maffeis vorgeschlagen hat. In den Debatten um das *Recht, Rechte zu haben* sind drei Positionen besonders relevant: eine normativistische (v. a. die angloamerikanische liberale Theorie), eine normative (besonders die Diskurstheorie) und eine agonistische (inspiriert vom Poststrukturalismus) (vgl. Maffeis 2019b, 457–458). Während die beiden erstgenannten bei der migrationsethischen Rezeption des *Rechts, Rechte zu haben* im Fokus stehen, nimmt die Suche nach postmigrationsethischen Perspektiven ihren Ausgang in der Konfrontation zwischen normativen und agonistischen Positionen. Eine ähnliche Sortierung

ten Quellen in Bezug auf das *Recht, Rechte zu haben* nötig (Kap. 3.1). Dabei ist einerseits den Varianten Beachtung zu schenken, die in zunächst unbedeutend erscheinenden Details voneinander abweichen. Andererseits geschieht die Annäherung bereits mit einem Blick auf die Rezeptionsgeschichte, der auch im Hinblick auf die Quellen bestimmte Aspekte besonders hervorhebt. Zum Schluss werden noch einmal die Erkenntnisse im Hinblick auf die Fragestellung dieser Arbeit systematisch gebündelt (Kap. 3.4).

3.1 Das *Recht, Rechte zu haben*. Eine kritische Erschließung

Die seit mehr als 20 Jahren in unterschiedlicher Intensität geführte Debatte um das *Recht, Rechte zu haben* ist zunächst von zwei politischen Problemstellungen motiviert. Ende der 1990er-Jahre entbrennen um die NATO-Militärinterventionen in den postjugoslawischen Kriegen, die als sog. ‚humanitäre Interventionen' zur Durchsetzung der Menschenrechte verteidigt werden, aufs Neue Debatten um den Begriff und die Idee der Menschenrechte. In diesem Zusammenhang erhält auch die Idee des *Rechts, Rechte zu haben* neue Aufmerksamkeit. Zum einen stellt sich die Frage, „welche normative Grundlage – wenn nicht das Naturrecht – die Idee des Rechtes auf Rechte haben könnte" (Maffeis 2019b, 450). Zum anderen wird die Aussagekraft und aktuelle Relevanz „angesichts weltweiter Migrationsbewegungen und einer globalen neoliberalen Wirtschaftspolitik" (Maffeis 2019b, 451) diskutiert (vgl. Maffeis 2019b, 450–451).

Ihren zentralen Referenzpunkt hat die Debatte in Überlegungen der politischen Theoretikerin Hannah Arendt (1906–1975) (vgl. Maffeis 2019b, 449–463; DeGooyer u. a. 2018, 22; Schmalz 2021, 35).[4] Zwischen 1949 und 1955 brachte sie dieses Theorem – jedoch ohne größeren Widerhall (vgl. DeGooyer u. a. 2018, 18–19) – in die öffentlichen Debatten sowohl des englisch- als auch des deutschsprachigen Raums ein: An vier Stellen in Arendts Werk ist das *Recht,*

---

mit etwas anderer Terminologie und teils anderen konkreten Entwürfen als Gegenstand der Diskussion findet sich auch schon bei James Ingram (2008, 401–402).

4 Eine wichtige Rolle für die prominente Bezugnahme auf Arendt spielte dabei eine Tagung anlässlich ihres 100. Geburtstags mit dem Titel „Hannah Arendt – verborgene Tradition, unzeitgemäße Aktualität" (Rosenmüller/Grunenberg 2007). Die Kritik der Menschenrechte und die Wendung des *Rechts, Rechte zu haben* hatte dabei in mehreren Beiträgen eine recht prominente Rolle (vgl. Gosepath 2007; Heuer 2007; Balibar 2007; Birmingham 2007).

Rechte zu haben zu finden.[5] Zuerst erscheint die Formulierung in einem Aufsatz in der Zeitschrift Modern Review mit dem Titel „The Rights of Man: What Are They?" (Arendt 1949) im Januar 1949 und dann in der deutschsprachigen Fassung dieses Textes, die den Titel „Es gibt nur ein einziges Menschenrecht" (Arendt 2017b) erhält und in der von Karl Jaspers und Dolf Sternberger herausgegebenen Zeitschrift „Die Wandlung" veröffentlicht wird. Die Publikation dieser Aufsätze ist im Kontext der Allgemeinen Erklärung der Menschenrechte am 10. Dezember 1948 zu sehen (vgl. Haker 2020, 46–47). Gleichzeitig handelt es sich bei diesen Texten um Passagen, die Teil des – wohl bereits im Laufe des Jahres 1949 vollständig vorliegenden und fertiggestellten – Textkorpus von Arendts großangelegter Studie über das Neue der Herrschaftsform ist, der sie den behelfsmäßigen Namen „Totalitarianism" bzw. „totale Herrschaft" verleiht. So taucht das *Recht, Rechte zu haben* nochmals im Kontext dieser Analyse auf. Arendts Studie erscheint 1951 in den USA unter dem Titel „Origins of Totalitarianism" (Arendt 2017c) und in Großbritannien als „The Burden of Our Time" (Arendt 1951); 1955 dann wird sie mit dem Titel „Elemente und Ursprünge der totalen Herrschaft" in Deutschland publiziert (Arendt 2017a).

3.1.1 Synopse der Belegstellen des *Rechts, Rechte zu haben*

Gemessen am Textumfang und an der relativ unscheinbaren Platzierung des *Rechts, Rechte zu haben* in Arendts Werk ist recht erstaunlich, dass es mittlerweile nicht nur zu einer ihrer meistrezipierten Ideen zählt, sondern sogar vorrangig mit Arendts Namen in Verbindung gebracht wird. Dieses Erstaunen verstärkt sich noch angesichts der Tatsache, dass sich sowohl auf der Textebene als auch mit Blick auf den unmittelbaren Kontext der Formulierung einige Abweichungen feststellen lassen, die zunächst unscheinbar wirken, aber durchaus einer näheren Betrachtung wert sind.[6]

---

5 Eine erste Version des Aufsatzes hat offenbar schon 1946 vorgelegen, wie eine entsprechende Erwähnung gegenüber ihrem Freund, dem Schriftsteller Hermann Broch, nahelegt (vgl. Harrington 2008, 81–82; bes. Anm. 5). Außerdem liegt noch eine Vortragsskizze in englischer Sprache aus dem Jahr 1955 vor, in der Arendt auf das *Recht, Rechte zu haben* Bezug nimmt (vgl. DeGooyer u. a. 2018, 12; 18).

6 Im Folgenden liegt das Hauptaugenmerk auf den deutschsprachigen Belegstellen; die englischsprachigen werden ergänzend zu Rate gezogen, wo sie erhebliche Differenzen zum deutschen Text nahelegen.

Tabelle 1   *Synopse der Belegstellen des* Rechts, Rechte zu haben

	Es gibt nur ein einziges Menschenrecht (1949)	*Origins of Totalitarianism (1951)*	*Elemente und Ursprünge totaler Herrschaft (1955)*
a.	Daß es so etwas gibt wie ein Recht, Rechte zu haben	We became aware of the existence of a right to have rights	Daß es so etwas gibt wie ein Recht, Rechte zu haben
b.	(und das heißt: in einem Beziehungssystem zu leben, wo man nach seinen Handlungen und Meinungen beurteilt wird),	(and that means to live in a framework where one is jugded by one's actions and opinions[7])	– und dies ist gleichbedeutend damit, in einem Beziehungssystem zu leben, in dem man aufgrund von Handlungen und Meinungen beurteilt wird –,
c.	oder ein Recht, einer politisch organisierten Gemeinschaft zuzugehören –	and a right to belong to some kind of organized community,	
d.	das wissen wir erst, seitdem Millionen von Menschen auftauchten, die solche Rechte verloren hatten und sie zufolge der neuen globalen politischen Situation nicht wiedergewinnen konnten.	only when millions of people emerged who had lost and could not regain these rights because of the new global political situation.[8]	wissen wir erst, seitdem Millionen von Menschen aufgetaucht sind, die dieses Recht verloren haben, und zufolge der neuen globalen Organisation der Welt nicht imstande sind, es wiederzugewinnen.

Die konkrete Formulierung des *Rechts, Rechte zu haben* lässt sich in vier bzw. drei Elemente untergliedern. Der deutschsprachige Text beginnt identisch mit

---

7   Der Modern Review-Aufsatz überliefert an dieser Stelle: „according to actions and opinions" (S. 30).
8   Der letzte Teil der Formulierung im Modern Review-Aufsatz von 1949 lautet: „when there suddenly emerged millions of people who had lost and could not regain these rights because of the new global political situation." (S. 30) – Es handelt sich bei den englischsprachigen Formulierungen also lediglich um minimale Veränderungen.

der Einführung des *Rechts, Rechte zu haben* als einem Suchbegriff. Im Vergleich dazu wirkt das englischsprachige Pendant deutlich bestimmter. Hier wird nicht von „so etwas ... wie", sondern von der „existence of a right to have rights" gesprochen. Daran schließt sich eine Erläuterung dessen an, was mit dem *Recht, Rechte zu haben* gemeint ist. Hier fällt auf, dass diese in der späteren, in „Elemente und Ursprünge totaler Herrschaft" publizierten Version deutlich an Bedeutung gewinnt: Statt Klammern steht die Erläuterung nun in Gedankenstrichen; sie wird nun nicht mehr lapidar mit „und das heißt", sondern entschiedener mit „und dies ist gleichbedeutend" eingeleitet. Zudem erhält die nähere Beschreibung des Systems etwas mehr Profil. An die Stelle des etwas laxen „wo man nach seinen Handlungen und Meinungen beurteilt wird" tritt die abgewogene Formulierung „in dem man aufgrund von Handlungen und Meinungen beurteilt wird". Meinungen und Handlungen sind also Kriterien der Beurteilung innerhalb eines Systems, das auf diese Weise „so etwas wie" ein *Recht, Rechte zu haben* garantiert. Die größte Differenz besteht in dem dritten Element der Variante aus dem Aufsatz von 1949, das im englischsprachigen Text leicht variiert ebenfalls vorhanden ist, in der späteren deutschsprachigen Version des Buchkapitels jedoch fehlt. Vom „Recht einer politisch organisierten Gemeinschaft zuzugehören" ist also nur in der frühen Formulierung die Rede.[9] In der Synopse mit der englischsprachigen Variante fällt einerseits das ergänzende „and" anstelle des variierenden „oder", andererseits die inhaltlich deutlich weniger anspruchsvolle Charakterisierung der Gemeinschaft als „some kind of organized" (und eben nicht: *politisch* organisiert) ins Auge.

Ohnehin scheint das *Recht, Rechte zu haben* nicht mit dem Recht, einer politisch organisierten Gemeinschaft zuzugehören, identisch zu sein. Zumindest legt dies das letzte Element der Formulierung nahe. In der Variante von 1949 wird von „solchen Rechten" gesprochen, die Millionen von Menschen verloren haben und nicht imstande sind, sie wiederzuerlangen, während im Text von 1955, da ja der Einschub des Rechts, einer politisch organisierten Gemeinschaft zuzugehören fehlt, konsequenter Weise nur „dieses Recht" erwähnt wird. Diesen Verlust und die Unmöglichkeit der Wiedergewinnung begreift Arendt im Übrigen als den Faktor, der die Existenz eines *Rechts, Rechte zu haben* überhaupt erst ins Bewusstsein bringt. Zwei weitere Abweichungen im letzten Element verdienen Berücksichtigung. 1949 beschreibt Arendt den Verlust von Recht(en) und die Unmöglichkeit der Wiedergewinnung als Folge der „neuen globalen politischen Situation". Sechs Jahre später heißt es dagegen, dies sei Effekt der „neuen globalen Organisation". Und schließlich wird noch ein

---

9 Aus diesem Grund wird im Folgenden auch nur noch vom *Recht, Rechte zu haben* gesprochen.

Tempuswechsel vorgenommen. Statt in Vergangenheitsformen wird im Buchkapitel im Präsens gesprochen.

3.1.2 Der unmittelbare Kontext der Formulierung des Rechts, Rechte zu haben

Um einen Eindruck von der Bedeutung zu erhalten, die diesen feinen Unterschieden zuzuschreiben ist, lohnt sich ein Blick auf den unmittelbaren Kontext der Formulierungen.[10] Dies beginnt bereits bei den unterschiedlichen Überschriften, unter denen die Texte stehen, die das *Recht, Rechte zu haben* thematisieren. Sie haben eine starke leserlenkende Wirkung, wie im unmittelbaren Vergleich deutlich wird. Der Aufsatz von 1949 trägt einen programmatischen Titel: *Es gibt nur ein einziges Menschenrecht*. Das klingt mehr nach einem Postulat als nach dem Ergebnis einer eingehenden Untersuchung, die der Text insgesamt auch ist. Jedenfalls wird dies in der Überschrift des ebenfalls 1949 erschienenen englischsprachigen Pendants deutlicher, die eine analytische Frage stellt: *The Rights of Man – What Are They?* Vor allem aber gibt der deutschsprachige Titel des Aufsatzes der Rezeption eine bestimmte Richtung. Denn wie oben beschrieben geht aus der Formulierung selbst nicht ganz eindeutig hervor, dass es sich beim *Recht, Rechte zu haben* und dem Recht, einer politisch organisierten Gemeinschaft zuzugehören, um ein einziges (Menschen-)Recht handelt.

Einen anderen Akzent wiederum setzen die (Zwischen-)Überschriften des Buchkapitels. Als Teil der Untersuchung und Darstellung des Imperialismus im Rahmen von Arendts Auseinandersetzung mit dem neuartigen Herrschaftstypus, den sie in Nationalsozialismus und Stalinismus verkörpert sah, ist das Kapitel „Der Niedergang des Nationalstaats und das Ende der Menschenrechte" in einen größeren Zusammenhang eingebettet. Arendts Imperialismusanalyse ist eine Mischung aus philosophischer Begriffsarbeit, politischer Strukturanalyse und narrativ eingefärbter Geschichtsschreibung. Ihr geht es dabei darum, den Imperialismus als eigenständige historische Epoche einerseits,

---

10 An dieser Stelle ist ein ‚redaktioneller' Hinweis nötig: Den Aufsatz und das Buchkapitel vom *Recht, Rechte zu haben* ausgehend zu interpretieren, entspricht nicht der Logik der Texte, sondern ist bereits durch das Interesse geleitet, vor dem Hintergrund der aufs Neue entzündeten Debatte eine produktive Lesart mit Aktualitätsbezug zu erarbeiten. Es handelt sich in diesem Sinne um einen gewissen Eingriff in die Texte und ihre Architektur. Ein solches Verfahren könnte auch noch weiter ausgreifen und intertextuelle Bezüge im Arendt'schen Werk aufgreifen, was hier aus Gründen des Umfangs nicht erfolgen kann. Vereinzelt wird jedoch in der Diskussion von zeitgenössischen Rezeptionslinien darauf zurückzukommen sein. Diese Vorgehensweise kann sich jedoch durchaus auf Arendts eigenes Verfahren berufen. Siehe dazu: Goldstein (2012, 11–57).

als politisches Gefüge von eigener Qualität andererseits zu reflektieren. Darüber hinaus will sie zu einer Erinnerung Zugang erlangen, die auch für ihre Gegenwart, i. e. die Mitte des 20. Jahrhunderts, erhellend ist (vgl. Arendt 2017a, 282–283). Den Abschluss dieser Analyse bildet nun das Kapitel, in dem der „Wandlungs"-Aufsatz sowie zwei weitere Aufsätze aufgehen (vgl. Maffeis 2019b, 124). Es besteht aus zwei Teilen, die jeweils durch Zwischenüberschriften kenntlich gemacht werden. Im zweiten reflektiert Arendt „[d]ie Aporien der Menschenrechte" (Arendt 2017a, 600); dort findet sich auch die Formulierung des *Rechts, Rechte zu haben*. Sowohl die Haupt- als auch die Zwischenüberschrift lassen eine stärkere Problemorientierung erkennen. Einerseits wird auf die historische Dimension, das konkrete *Ende* der Menschenrechte in einer bestimmten historischen und gesellschaftlichen Situation, andererseits auf die systematische Dimension, eben die *Aporien* der Menschenrechte, die sich aus deren Begriff und Idee selbst ergeben, aufmerksam gemacht.

Die Spannung, die sich in den Überschriften abzeichnet, besteht in dem programmatisch-konzeptionellen (oder auch: *konstruktiven*) und dem analytisch-problemorientierten (oder auch: *kritischen*) Charakter der Formulierung. Für beide Aspekte gibt es einige Anhaltspunkte im unmittelbaren Kontext, wobei im Hinblick darauf festgestellt werden muss, dass es sich um Andeutungen, Fragmente, Suchbewegungen und Orientierungsversuche handelt, nicht um schlüssig und konsistent ausgearbeitete Konzepte.

3.1.2.1   „Daß es so etwas gibt, wie ein Recht, Rechte zu haben ..." – Konstruktive Elemente des *Rechts, Rechte zu haben*

Im Bemühen um eine Sichtung der konstruktiven Elemente des *Rechts, Rechte zu haben* ist es sinnvoll, vom ersten Teil der Formulierung auszugehen: „Daß es so etwas gibt, wie ein Recht, Rechte zu haben – und das ist gleichbedeutend damit, in einem System zu leben, in dem man aufgrund von Meinungen und Handlungen beurteilt wird – (...)". Dort finden sich einige Hinweise, die eine kontextbezogene Lektüre anleiten können.

Die bedeutendste Gemeinsamkeit der konstruktiven Elemente für den Zusammenhang dieser Studie ist ihre eher rechtstheoretische Ausrichtung.[11] So wird in Aussicht gestellt, dass „der Begriff der Menschenrechte aufs neue sinnvoll werden [kann], wenn er im Lichte gegenwärtiger Erfahrungen formuliert wird" (Arendt 2017b, 406). Dies bedeutet vor allem, dass es sich beim Menschenrechtsbegriff um einen gegenüber Rechten, die jemand aufgrund

---

11   In der Literatur werden die konstruktiven Elemente häufig in der Charakterisierung zusammengefasst, das *Recht, Rechte zu haben* sei eine „Forderung" (Anlauf 2007, 300; siehe auch: 303–304; außerdem unten: Kap. 3.2).

einer Staatsbürgerschaft hat, eigenständigen Rechtsbegriff handelt. Zwischen dem Begriff der Staatsbürgerrechte und dem Menschenrechtsbegriff muss eine klare konzeptionelle Trennung bestehen. Konkret bedeutet dies, dass nur ein Recht als Menschenrecht qualifiziert wird: „ein Recht, das nicht ‚aus der Nation' entspringt und das einer anderen Garantie bedarf als der nationalen, nämlich das Recht jedes Menschen auf Mitgliedschaft in einem politischen Gemeinwesen." (Arendt 2017b, 406). Als Garantin dieses Rechts käme laut Arendt nur die Menschheit selbst infrage – weil sie nicht mehr wie noch im 18. Jahrhundert „eine regulative Idee" (Arendt 2017a, 617), sondern im 20. Jahrhundert „zu einer unausweichlichen Tatsache geworden" (Arendt 2017a, 617) ist. Im Grundsatz formuliert Arendt hier die Vision einer nicht mehr nur technisch-ökonomisch, sondern auch politisch organisierten, also handlungs- und entscheidungsfähigen Menschheit. Daher hält sie in dem Buchkapitel noch einmal deutlicher fest, dass unter dem *Recht, Rechte zu haben*[12] „das Recht jedes Menschen, zur Menschheit zu gehören" (Arendt 2017a, 617) zu verstehen ist.

Damit erhält die Formulierung jedoch zwei Ebenen: Die politisch organisierte Menschheit sieht Arendt in dem Aufsatz von 1949 mit der Formulierung des neuen Tatbestands des ‚crime against humanity' im Entstehen begriffen. Diese Formulierung greift sie aus dem Urteil von Richter Robert Jackson auf (vgl. Arendt 2017b, 408). Deren Grundlage ist die sog. ‚London-Charta' für die Nürnberger Prozesse die unter ‚crimes against humanity' folgende fasst:

> „murder, extermination, enslavement, deportation, and other inhumane acts committed against any civilian population, before or during the war; or persecutions on political, racial, or religious grounds in execution of or in connection with any crime in the jurisdiction of the Tribunal, whether or not in violation of the domestic law of the country were perpetrated." (Art. 6, Charter of the International Military Tribunal; zit. nach: International Military Tribunal 1945)

Arendt knüpft an die Wendung nun auf spezifische Weise an, um ihren Punkt deutlich zu machen. Gegen die schon zu ihrer Zeit übliche Übersetzung mit ‚Verbrechen gegen die Menschlichkeit' versteht sie ‚humanity' als Menschheit. Damit soll klar werden, dass es sich nicht um Verstöße gegen ein allgemeinmenschliches moralisches Empfinden handelt, sondern „einer politischen Einheit" (Arendt 2017b, 408) argumentativ und praktisch der Weg bereitet wird. Dabei ist sich Arendt bewusst, dass dies über die zu diesem Zeitpunkt gängigen Sphären internationalen Rechts weit hinausgeht, das sich auf den Verkehr zwischen Staaten beschränkt, aber kein Individualrecht kennt. Zugleich fordert

---

12 An der zitierten Stelle wird es das „Recht auf Rechte" (Arendt 2017a, 617). In der englischen Version bleibt es beim „right to have rights" (Arendt 2017c, 390).

sie, dass also die Prozessführung aufgrund des Tatbestands des Verbrechens gegen die Menschheit als „neue Art von Gesetzgebung" (Arendt 2017b, 408) begriffen werden muss (vgl. Arendt 2017b, 408). Diese soll beschränkt werden auf das Problem des Entzugs der Menschenrechte durch Ausschließung aus der Gemeinschaft, welche Rechte und den Schutz durch Gesetze überhaupt erst garantiert. Als konkretes Beispiel für die Erfüllung eines solchen Tatbestands führt sie dazu die Konzentrationslager totalitärer Staaten an (vgl. Arendt 2017b, 408–409). Letztlich nimmt Arendt so eine Reduktion des Tatbestands vor: „Dem *einen* Verbrechen gegen die Menschheit steht das *eine* Menschenrecht gegenüber." (Arendt 2017b, 409)

Gleichzeitig erhält erst hier die programmatische Forderung nach dem einzigen Menschenrecht ihr Profil und verweist auf die angesprochene zweite Ebene. Inhaltlich wird es an dieser Stelle als „das Recht, niemals seiner Staatsbürgerschaft beraubt zu werden, das Recht niemals ausgeschlossen zu werden von den Rechten, die sein Gemeinwesen garantiert" (Arendt 2017b, 409) bezeichnet.[13] Dies allerdings ist eine deutlich formalere Akzentuierung als die zunächst eingeführte, das *Recht, Rechte zu haben* als Leben in einem System zu verstehen, in dem Meinungen und Handlungen Grundlage der Beurteilung durch die Mitbürger:innen sind. Darin klingen nämlich nicht nur der Schutz- und Garantiecharakter dieses einen Menschenrechts, sondern besonders auch ein partizipatorischer Anspruch und ein Anerkennungsgedanke an. Im Buchkapitel kommt er dadurch zum Ausdruck, dass Arendt die aristotelische Rede von Fähigkeiten wiederaufgreift (vgl. Arendt 2017a, 614–615).

Vor diesem Hintergrund wirft also der konstruktive Charakter des *Rechts, Rechte zu haben* nicht nur Fragen auf, weil er sich auf Andeutungen und bestenfalls Skizzen beschränkt, sondern weil der Vorschlag selbst eigenartig unbestimmt und uneindeutig erscheint. Ob es sich nun um ein Recht auf Zugehörigkeit zur Menschheit, auf Mitgliedschaft in einem politischen Gemeinwesen, auf (Nicht-Entzug der) Staatsbürgerschaft oder auf politische Teilhabe handelt – und wie sich diese inhaltlichen Bestimmungen zueinander verhalten, wird nicht herausgearbeitet.

---

13   Weiter unten im Text heißt es dann noch einmal das „Recht der Menschen auf Staatsbürgerschaft" (Arendt 2017b, 410).

3.1.2.2 „... wissen wir erst, seitdem Millionen von Menschen aufgetaucht sind, die dieses Recht verloren haben ..." – Kritische Elemente des *Rechts, Rechte zu haben*

Ein Ansatz, diese konzeptionelle Unklarheit zu erklären, ist der Blick auf den Zusammenhang einer kritischen Analyse der Situation fundamentaler Rechtlosigkeit, die besonders durch die Millionen Staatenlosen repräsentiert wird, die auch nach dem zweiten Weltkrieg überall auf der Welt existieren.[14] Die kritischen Elemente des *Rechts, Rechte zu haben* beziehen sich dabei auf den zweiten Teil der Formulierung: „... wissen wir erst, seitdem Millionen von Menschen aufgetaucht sind, die dieses Recht verloren haben und zufolge der neuen globalen Organisation der Welt nicht imstande sind, es wiederzugewinnen."

Dafür, dass es sich nicht um ein feststehendes Konzept handelt, spricht aber auch, dass bereits im Schlusskapitel der Imperialismusanalyse einige Bestandteile der konstruktiven Vorschläge fehlen. Statt der möglichen Perspektiven im Anschluss an eine neue Art inter- bzw. supranationaler Rechtsprechung und Gesetzgebung heißt es mit Blick auf ein Recht auf Rechte, das von der Menschheit garantiert werden soll:

> „Und ob dies möglich ist, ist durchaus nicht ausgemacht. Denn entgegen allen gutwilligen humanitären Versuchen, neue Erklärungen der Menschenrechte von internationalen Körperschaften zu erlangen, muß man begreifen, daß das internationale Recht mit diesem Gedanken seine gegenwärtige Sphäre überschreitet, nämlich die Sphäre, die über den Nationen stünde, gibt es vorläufig nicht." (Arendt 2017a, 617–618)

Die hier deutlich erkennbare Zurückhaltung gegenüber allzu optimistischen Erwartungen hinsichtlich der Entstehung einer politisch organisierten Menschheit ist allerdings kein plötzlicher Sinneswandel. Sie verdeutlicht vielmehr, dass in der Formulierung des *Rechts, Rechte zu haben* kritische Elemente verdichtet sind, die sich in einer kontextbezogenen Auseinandersetzung deutlicher herausarbeiten lassen.[15]

---

14 Dies legt beispielsweise Christoph Menke nahe (2014, 333).
15 Werner Hamacher deutet das Fehlen der konstruktiven Elemente nicht nur als Zurückhaltung, sondern als grundsätzliche Infragestellung eines Menschenrechtsbegriffs, der sich auf eine Garantieinstanz oberhalb der nationalstaatlichen Ebene beschränkt. Arendt habe im Zuge einer völligen Überarbeitung ihres Menschenrechtsverständnisses von dem Vorschlag einer supranationalen Garantieinstanz wieder Abstand genommen. Zur Unterstützung seiner These zitiert er einen Brief Arendts an Hermann Broch aus dem Sommer 1949, in dem sie zu Protokoll gibt, sie habe ihren Aufsatz über die Menschenrechte („Es gibt nur ein einziges Menschenrecht") noch einmal komplett überarbeitet (vgl. Hamacher 2014, 185–186).

3.1.2.2.1 *Die Temporalität des* Rechts, Rechte zu haben

Das *Recht, Rechte zu haben* hat einen deutlichen temporalen Charakter. Das Wissen um die Existenz dieses Rechts ergibt sich aus der Reflexion einer bestimmten historischen Situation, deren Spanne sich vom Beginn des ersten Weltkriegs bis ins Jahr 1955 erstreckt. Das Schlüsselereignis ist zweifellos der erste Weltkrieg, der in Arendts Sicht den Ausgangspunkt für das Verständnis des mit diesem Krieg zu Ende gehenden 19. Jahrhunderts und der nachfolgenden Entwicklungen darstellt. Allerdings will sie dies nicht als eine Erklärung nach dem Prinzip von Ursache und Wirkung verstanden wissen, sondern vergleicht den ersten Weltkrieg mit einer „Explosion" (Arendt 2017a, 559), deren „Schlaglicht" (Arendt 2017a, 559) einerseits immer noch blendet, andererseits aber „nicht nur sich selbst, sondern seine eigene Vergangenheit und seine unmittelbare Zukunft" (Arendt 2017a, 559) erhellt. Im direkten Kontext der Formulierung des *Rechts, Rechte zu haben* spielt nur das Geschehen nach dem ersten Weltkrieg eine Rolle, das Arendt wie eine durch die Explosion des Weltkriegs ausgelöste „Kettenreaktion" (Arendt 2017a, 559) erscheint. Die weiteren Ereignisse – konkret werden die Inflation der 1920er-Jahre, Arbeits- und Erwerbslosigkeit Ende der 1920er- und zu Beginn der 1930er-Jahre, die europäischen Bürgerkriege zwischen den beiden Weltkriegen und daraus resultierende Völkerwanderungen genannt – nehmen allesamt selbst ein katastrophisches Ausmaß an und bleiben nie nur auf bestimmte gesellschaftliche Bereiche, auf bestimmte Klassen oder Nationen beschränkt. Sie führen vielmehr dazu, „daß mehr und mehr Menschen in Situationen gerieten, die weder von dem politischen noch von dem gesellschaftlich herrschenden System vorhergesehen waren." (Arendt 2017a, 560) Das Problem, mit dem sich Arendt dann im Folgenden eingehend beschäftigt, ist gekennzeichnet durch den Umstand, dass die Zeitgenossen als „Ausnahmesituation" bzw. „Anomalien" (Arendt 2017a, 560) zu begreifen versuchen, was das System selbst hervorbringt: das Auftauchen von Millionen von Menschen, die durch den Verlust und die Unmöglichkeit der Wiederherstellung des *Rechts, Rechte zu haben* charakterisiert sind – paradigmatisch repräsentiert durch die Staatenlosen und die Minderheiten als deren ‚Verwandte' und Vorläufer (vgl. Arendt 2017a, 562).[16]

Die relevanten Ereignisse, die Arendt in diesem Zusammenhang oft ohne größerer Erläuterung anführt, werden zum Teil als allgemein bekannt vorausgesetzt und lediglich „mit wenigen Strichen" (Rebentisch 2022, 53) gezeichnet.

---

16   Ihre Zahl beziffert Arendt auf 25–30 Millionen Angehörige von offiziell anerkannten Minderheiten in Europa nach dem ersten Weltkrieg (vgl. Arendt 2017a, 572) sowie 1 Million anerkannte und 10 Millionen de facto und eine hohe Dunkelziffer von potentiellen Staatenlosen im Jahr 1955 (vgl. Arendt 2017a, 579).

Auf diese Weise entsteht eine sehr dichte, mitunter stenographische Erzählung. Zugleich gibt sie dadurch aber die Atmosphäre wieder, die in Arendts Augen für die Phase des Entstehens der Situation fundamentaler Rechtlosigkeit besonders prägend ist. Eine Katastrophe folgt auf die andere – und so etwas wie einen Normalzustand gibt es im Grunde nicht mehr, auch wenn die Zeitgenossen diese Sichtweise weiterhin aufrechterhalten und als Leitlinie politischen Handelns beibehalten.[17] Diese Atmosphäre ist zwar in ganz Europa greifbar, zeigt sich aber in den besiegten stärker als in den siegreichen Staaten – und entfaltet ihre volle Wirkung vor allem in den Staaten, die nach der Auflösung Österreich-Ungarns sowie dem Sturz des russischen Zarenreiches in Ost- und Südosteuropa gegründet werden (vgl. Arendt 2017a, 560–561). Der Schauplatz von Arendts Reflexion ist also Europa, wobei der Schwerpunkt in Bezug auf das Minderheitenproblem auf Ost- und Südosteuropa liegt und sich hinsichtlich des Staatenlosenproblems dann auch auf Mittel- und Westeuropa erstreckt (vgl. Arendt 2017a, 561–562; 576).

3.1.2.2.2 Das Minderheiten- und Staatenlosigkeitsregime

Um das Auftauchen von Millionen von rechtlosen Menschen begreifen zu können, widmet sich Arendt einem Gefüge, das in der Terminologie heutiger Sozialwissenschaften[18] als *Minderheiten- und Staatenlosigkeitsregime* bezeichnet werden könnte. Das heißt, sie konzentriert sich vor allem auf das Verfahren mit und die ‚Governance'[19] von Minderheiten und Staatenlosigkeit vom Ende des ersten Weltkriegs bis in ihre Gegenwart. Sie rekonstruiert deren Grundpfeiler und fragt nach Ursachen und Gründen, die zu diesem Umgang mit dem Minderheiten- und Staatenlosenproblem führen. Der gemeinsame Kern von Minderheiten- und Staatenlosenproblem ist, dass „sie die sogenannten Menschenrechte verloren" (Arendt 2017a, 562)[20] haben und ergibt sich daraus, dass sowohl Minderheiten als auch Staatenlose von keiner Regierung und keinem Staat offiziell vertreten und geschützt werden (vgl. Arendt 2017a, 562). Der Ausschluss aus der „alten Dreieinigkeit von Volk, Staat und Territorium" (Arendt 2017a, 560) erhöht das Risiko dafür. Dieser Verlust zeigt sich jedoch auf unterschiedliche Weise: Während die Minderheiten unter einem

---

17 Zu dieser Problematik siehe auch: Rebentisch (2022, 53–56).
18 Siehe zum Regimebegriff: Pott (u. a. 2018).
19 Der in diesem Zusammenhang diachrone Terminus ist durchaus doppeldeutig, weil darin sowohl das Regiertwerden als auch die – wenn man so will – Selbstregierung der Minderheiten und Staatenlosen aufgehoben ist.
20 Hier ist lediglich angedeutet, was sich im Laufe von Arendts Analyse noch herauskristallisieren wird: Der Verlust der Menschenrechte besteht in Wirklichkeit in dem Verlust des *Rechts, Rechte zu haben*.

Ausnahmegesetz[21] leben, das durch internationale Gegenseitigkeitsabkommen geschaffen wird, befinden sich die Staatenlosen tatsächlich in einer Situation absoluter Gesetzlosigkeit[22] (vgl. Arendt 2017a, 562). Auch die Umgangsweisen auf nationaler wie internationaler Ebene unterscheiden sich voneinander. Dies ist vor allem darin begründet, dass das Minderheitenproblem auf der Ebene internationaler Politik verhandelt, diskutiert und zugleich verschärft wird. Das Staatenlosenproblem dagegen wird auf internationalen Konferenzen bis in die 1930er-Jahre nahezu vollständig ignoriert und bleibt bis in die Gegenwart politisch vollkommen ungelöst. Deshalb nimmt Arendt in der Darstellung zunächst eine Zweiteilung zwischen Minderheiten- (vgl. Arendt 2017a, 564–577) und Staatenlosigkeitsregime (vgl. Arendt 2017a, 577–600) vor, wenngleich das Schema der Ebenen und Akteure – internationale Politik, Nationalstaat (als Hauptakteur) und Minderheiten/Staatenlose – übereinstimmt.

Grundlage für die Entstehung des Minderheitenregimes sind die Friedensverträge von 1919/1920, mit denen das Nationalstaatsprinzip, also das Prinzip nationaler Selbstbestimmung sowie Emanzipation, auf den gesamten europäischen Kontinent und alle dort siedelnden Völker angewendet werden soll (vgl. Arendt 2017a, 564–565). Gerade auf den ehemaligen Gebieten der Vielvölkerstaaten Österreich-Ungarn und des russischen Zarenreiches besteht jedoch eine Siedlungs- und Bevölkerungsstruktur, die mit dem Konzept eines Nationalstaats mit der Einheit aus Volk, Staat und Territorium inkompatibel ist. Im Zuge des erwachten Nationalbewusstseins der unterschiedlichen Gruppen soll die Situation durch einen Kompromiss zwischen den neu gegründeten Nationalstaaten und den auf ihrem Gebiet lebenden Völkern, die nicht zum Staatsvolk geworden sind, befriedet werden. Dieser Kompromiss sind die Minderheitenverträge, wenngleich diese von Beginn an mit dem Makel behaftet sind, von allen neu gegründeten Staaten, die allein auf dieses System verpflichtet werden, von der Tschechoslowakei abgesehen nur unter Protest unterzeichnet worden zu sein (vgl. Arendt 2017a, 562).

Mit ihnen wird erstmals das Konzept der Minderheit als einer dauerhaften Institution eingerichtet, d. h. innerhalb eines Nationalstaats sollen Gruppen existieren, die sich nicht mit der staatstragenden Nation identifizieren, zugleich aber Teil dieses Gemeinwesens sein sollen (vgl. Arendt 2017a, 567–568). Da jedoch mit einer Anerkennung der betreffenden Gruppen als Nation auch ein Anspruch auf nationale Selbstbestimmung einherginge, entwerfen die Minderheitenverträge das Konstrukt der kulturellen, religiösen,

---

21 Die englische Formulierung lautet: „law of exception" (Arendt 2017c, 351).
22 Im englischen Text heißt es: „conditions of absolute lawlessness" (Arendt 2017c, 351).

sprachlichen oder ethnischen Minderheiten[23]. Gleichwohl unterscheiden sie sich faktisch (a) nicht von den Volksgruppen, die zu Staatsvölkern erklärt werden, und bilden (b) in vielen Fällen auf anderen Territorien das Staatsvolk, sprich: die Nation (vgl. Arendt 2017a, 567). Entsprechend sind die durch die Minderheitenverträge geschützten Rechte kultureller Art – das Recht auf eine eigene Sprache, auf den Unterhalt eigener Schulen usw.; politische und soziale Rechte sind über die Staatsangehörigkeit abgedeckt.

Auch wenn sich herausgestellt hat, dass die europäische Nachkriegsordnung mit neu gegründeten Nationalstaaten und einem Minderheitensystem von vornherein zum Scheitern verurteilt war,[24] skizziert Arendt die Motive der Architekten dieses Systems, die zumindest im Moment seiner Erschaffung nicht primär von der notwendigen Schließung des Machtvakuums im ost- und südosteuropäischen Raum und auch nicht ausschließlich von nationalen Eigeninteressen geleitet sind. Vielmehr müssen sie auf den Umstand reagieren, dass fortan nicht mehr Millionen von Europäern das nationale Selbstbestimmungsrecht vorenthalten werden soll und es gleichzeitig nicht allen – wenigstens nicht an dem Ort, den sie als ihre Heimat, in der sie geboren und aufgewachsen sind, zu betrachten gewohnt sind – gewährt werden kann. All dies führt erst zum letztlich gescheiterten Versuch einer „Garantie von Rechten durch eine internationale Körperschaft, den Völkerbund" (Arendt 2017a, 574). Das Minderheitenregime basiert aus Arendts Perspektive also zumindest auf der Intuition, dass ein System ausgeweiteter – und in Europa damit quasi lückenloser – Nationalstaatlichkeit für einen Großteil der in Europa lebenden Menschen keinen ausreichenden Schutz ihrer Rechte bieten kann.

Seine größte Schwäche ist aber, dass nicht wirklich eine überstaatliche Ebene geschaffen wird und die Nationalstaaten die maßgeblichen Akteure bleiben. Dabei ist der Nationalstaat *historisch* zunächst die Staatsform, die auch eine auf Verfassungen und Gleichheit vor dem Gesetz gegründete Regierung etabliert. Gefährdet ist er aber durch die ebenso historische Entwicklung der „Eroberung des Staates durch die Nation" (Arendt 2017a, 575). Sie zeigt sich Arendt zufolge in dessen Umgang mit den Minderheiten wie auch den Staatenlosen und Flüchtlingen und schlägt sich vor allem in einer

---

23 Die Attribute scheinen weitgehend austauschbar zu sein; wichtig ist nur, dass die Bezeichnung „national" vermieden wird (vgl. Arendt 2017a, 567). Arendt vertritt in Bezug auf das Konzept der Minderheiten die Auffassung, im Grunde sei es nach dem Modell der Juden, der einzigen Gruppe, die zumindest in großen Teilen auch wirklich bereit gewesen sei, dauerhaft als Minderheit zu existieren, entwickelt (vgl. Arendt 2017a, 565–566).

24 Das zeigt sich für Arendt vor allem in den gewalttätigen Konsolidierungsprozessen, namentlich in der Tschechoslowakei, in Jugoslawien, Ungarn oder Polen (vgl. Arendt 2017a, 567).

Transformation des Rechtsverständnisses nieder (vgl. Arendt 2017a, 574–576). Die Minderheitenpolitik der Nationalstaaten läuft nämlich faktisch nicht auf eine Anerkennung der Minderheiten gemäß den entsprechenden Verträgen hinaus, sondern – orientiert am auch rechtlich verankerten Interesse des Nationalstaates an uneingeschränkter Souveränität – auf Assimilierung oder Liquidation der Minderheiten (vgl. Arendt 2017a, 570–571).[25] Dem Völkerbund fehlt nicht nur die Handhabe, auf die Einhaltung der Verträge hinzuwirken bzw. diese durchzusetzen. Letztlich wird auch auf der Ebene internationaler Politik darauf gesetzt, dass das Minderheitenregime auf eine Auflösung der Minderheiten ausgerichtet ist. Denn die Minderheitenverträge bestätigen – gewissermaßen als Ausnahme der Regel – ausdrücklich die untrennbare Verknüpfung von Staatsbürgerschaft und nationaler Zugehörigkeit als Grundlage für die Funktionsweise des Nationalstaats. Denn für diejenigen, die bevorzugen, auf ihrer ursprünglichen Zugehörigkeit – oder anders formuliert: wichtigen Teilen ihrer Identität, wie Muttersprache, kulturellen oder religiösen Traditionen und Überlieferungen – zu bestehen, gilt in aller Konsequenz nicht die Gleichheit vor dem Gesetz. Stattdessen werden Sonderrechte geschaffen, in denen sich aber nicht verlässlicher Schutz, sondern nur noch einmal die prinzipielle Unverträglichkeit von Nationalstaat und Nicht-Identität, sprich: pluraler Zusammensetzung, seiner Bevölkerung manifestiert. So jedenfalls versteht Arendt die Interpretationen der Minderheitenverträge auf internationalen Konferenzen (vgl. Arendt 2017a, 574–575). In diesem Sinne ist der Status der Minderheiten stets gefährdet und sichert in keiner Weise eine Existenz, in der wenigstens grundlegende Rechte dauerhaft geschützt sind.

Das Minderheitenregime ist allerdings auch durch eine mangelnde Akzeptanz des auf den Minderheitenverträgen fußenden Systems durch die Minderheiten selbst gekennzeichnet. Damit ist der letzte Faktor des Minderheitenregimes an der Reihe: die Minderheiten selbst. Sie beginnen sich ab Mitte der 1920er-Jahre in einem Kongress selbst zu organisieren. Anfangs erscheint dieser wie die endgültige Akzeptanz des Minderheitenstatus in einer Welt aus Nationalstaaten. Gleichzeitig führt er noch einmal die inneren Widersprüche eines Nationalstaatensystems vor Augen, das internationale Politik benötigt, um nationale Selbstbestimmung durchsetzen zu können. Schon die Selbstbezeichnung als ‚Kongress der organisierten nationalen Gruppen in den Staaten Europas' gibt Auskunft darüber, dass die Minderheiten sich als Angehörige einer Nation verstehen und als solche anerkannt werden wollen. Aber gleichzeitig formulieren sie – als Angehörige ihrer jeweiligen Nation,

---

25   Dies kommt relativ unverblümt auch auf der internationalen Ebene bei Konferenzen des Völkerbunds zum Ausdruck. Siehe die Zitate bei: Arendt (vgl. 2017a, 571, Anm. 11).

die sich in ihrem Herkunftsstaat in einer Minderheitenposition befindet, gemeinsame Interessen.[26] Ein echtes gemeinsames politisches Bewusstsein stellt sich jedoch nicht ein; es bleibt bei einer Politik, deren Solidarität nur so lange wirksam ist, wie ein Bündel an gemeinsamen Interessen vorhanden ist. Folgerichtig schafft sie sich selbst ab, als die Vertreter der deutschen Minderheit, bis dahin eng mit den jüdischen Vertretern im Kongress verbunden, sich weigern, die Politik des Deutschen Reiches gegen die Juden ab 1933 mit einer gemeinsamen Resolution zu kritisieren (vgl. Arendt 2017a, 572–574). Das stärkere Band ist also die nationale Zugehörigkeit, nicht eine gemeinsame prekäre Lage, aus der sich solidarisch, etwa im Namen der Menschenrechte oder auf ein menschen*rechtliches*, d. h. inter- oder supranationales Rechtssystem hin, zu befreien wäre. Daher rührt auch das Misstrauen der Minderheiten gegenüber dem Minderheitensystem und dessen – ohnehin bloß scheinbaren – internationalen Schutzbestimmungen. Sie wissen, dass voller Gesetzesschutz und das, was gemeinhin unter Menschenrechten verstanden wird, in einem Nationalstaatensystem nur durch einen Nationalstaat als Inbegriff ausgeübter Souveränität des Volkes gewährleistet wird (vgl. Arendt 2017a, 569–570). Vor diesem Hintergrund erscheint das Minderheitenregime von allseitiger Nichtakzeptanz geprägt und mit lediglich einem handlungsfähigen Akteur ausgestattet zu sein – sowohl faktisch als auch ideell: dem Nationalstaat.

Im Hinblick auf das Minderheitenproblem gibt es zumindest rudimentäre Bemühungen der Beteiligten, die Minderheiten auf eine rechtliche Basis zu stellen, womit auch das Minderheitenregime eine – wenn auch hochgradig dysfunktionale – juridische Form hat. Dagegen kreist das Staatenlosigkeitsregime um eine Gruppe von Menschen, die sich in einer Situation außerhalb jeglichen Rechts und Gesetzes befinden. Staatenlosigkeit ist ein historisch neues Phänomen, das vor dem ersten Weltkrieg bloß in Einzelfällen zu beobachten ist, wenn die USA zugewanderten Menschen, die die US-amerikanische Staatsbürgerschaft erworben haben, diese wieder entziehen, weil sie ihren Wohnsitz wieder in ein anderes Land verlegt haben. Sie werden denaturalisiert (engl. „denationalized"). Während des ersten Weltkriegs eignen sich auch zahlreiche europäische Staaten diese Technik an, um naturalisierte Staatsbürger zu denaturalisieren, wenn es sich dabei um „ehemalige Bürger der Feindländer" (Arendt 2017a, 580) handelt. In diesem Verfahren deuten sich

---

26 Arendt spricht von einer „Nation der Minderheiten" (Arendt 2017a, 572), deren Parlament der „Minderheitenkongreß" ist. Das ist eine originelle Lesart, weil sie impliziert, dass die Minderheiten ihre gemeinsame Problemlage als Minderheiten hätten erkennen müssen. Es wirkt wie die retrospektive Benennung eines Potentials, das sich nicht entfaltet hat. Gängig ist die Bezeichnung „Nationalitätenkongress" (siehe: Bamberger-Stemmann 2020).

grundlegende Probleme der Staatenlosigkeit und ihrer Governance bereits an, doch bleibt sie vorerst ein Symptom (vgl. Arendt 2017a, 580).

Zu einem hochrangigen politischen Problem wird Staatenlosigkeit erst mit den europäischen Revolutionen und Bürgerkriegen nach dem ersten Weltkrieg.[27] Jedes dieser Ereignisse, von der russischen Revolution bis zum spanischen Bürgerkrieg, lässt die Zahl der Staatenlosen ansteigen (vgl. Arendt 2017a, 582). Eine neue Stufe ist erreicht, als das nationalsozialistische Deutschland die Herstellung von Staatenlosigkeit als Bedingung von Rechtlosigkeit und damit verbundener vollkommener Verfügungsgewalt über die Betroffenen zu einem politischen Prinzip macht (vgl. Arendt 2017a, 598–599). Doch auch nach dem zweiten Weltkrieg hat sich die Perspektive des Staatenlosenproblems nicht geändert: „Kein anderes Problem kehrt mit gleicher Beharrlichkeit und mit gleicher Aussichtslosigkeit auf befriedigende Lösung auf allen Konferenzen der letzten fünfundzwanzig Jahre wieder." (Arendt 2017a, 578) Die bis in die Gegenwart andauernde Staatenlosigkeit erkennt Arendt vor allem in den sog. ‚displaced persons': Personen, die keinem Staat mehr angehören, weil dieser nicht mehr existiert oder weil ihnen die Staatsangehörigkeit von diesem entzogen worden ist. Und in der Terminologie sieht sie nochmals bestätigt, dass das Staatenlosenproblem auch auf Sicht nicht gelöst werden wird; denn mit dem Begriff displaced person wird suggeriert, es gebe einen Ort, eine ‚Heimat', an den die betreffende Person zurückgebracht werden könnte (vgl. Arendt 2017a, 578–579). Damit wird aber strategisch bloß fortgesetzt, was zuvor schon das Staatenlosigkeitsregime von staatlicher und internationaler Seite kennzeichnete.

Dazu gehört eine grundlegende Verkennung der spezifischen Lage der Staatenlosen, die in einer lückenlos nationalstaatlichen Welt außerhalb jeglicher Ordnung stehen, weil sie keinem Gemeinwesen mehr angehören, dessen Ordnung sie unterstehen bzw. in die sie integriert sind. Ein wesentlicher Teil des Staatenlosigkeitsregimes besteht demnach darin, sich der Problemstellung zu verweigern und diese in einer Terminologie aufzulösen, durch die das Staatenlosenproblem wegdefiniert wird. So ist auffällig, dass es ein großes Bemühen um begriffliche Differenzierungen und Abgrenzungen gibt. Zeitweise wird zwischen Staatenlosen, die keine Nationalität hätten, und Flüchtlingen, bei denen es um den Verlust diplomatischen Schutzes gehe, unterschieden; eine andere Distinktion wird zwischen *de jure* Staatenlosen und *de facto* Staatenlosen vorgenommen: Bei ersteren ist die Staatenlosigkeit offiziell anerkannt. Letztere besitzen formell möglicherweise noch eine

---

27 Genau genommen beginnt das Problem schon während des ersten Weltkriegs, denn die russische Revolution ereignet sich ja bereits 1917.

Staatsangehörigkeit, haben aber von diesem Staat keinen Schutz zu erwarten und können in diesem auch nicht als gleichberechtigte Mitglieder existieren. Für anerkannte Staatenlose werden zeitweise sogar internationale Maßnahmen bereitgestellt, z. B. Papiere des *Nansen-Office* des Völkerbunds, so dass diese Gruppe von Staatenlosen zumindest mit Reise- und Identitätsausweisen ausgestattet ist (vgl. Arendt 2017a, 582). Insgesamt dienen die terminologischen und definitorischen Differenzierungen aber dem Zweck, das Problem zahlenmäßig möglichst klein zu halten.

Die Dynamik, die diesen Aspekt des Staatenlosigkeitsregimes kennzeichnet, lässt sich auf nationalstaatlicher Ebene beobachten. Auch die Nationalstaaten[28] haben ein Interesse daran, möglichst wenige Staatenlose auf ihrem Territorium zu haben, weil sich keine Institution findet, die sich der Betroffenen annehmen will. Daher werden „administrative Kategorien" (Arendt 2017a, 588) erfunden, um die Zahl der Staatenlosen zu reduzieren. Die Reaktion der Staatenlosen darauf ist das Bestreben, „in einem unentwirrbaren Chaos von Flüchtlingen, Staatenlosen, ‚Wirtschaftsemigranten' und ‚Touristen' zu verschwinden." (Arendt 2017a, 588) Hieran lässt sich ablesen, dass es zu bestimmten Zeiten und an bestimmten Orten nicht unbedingt von Nachteil ist, staatenlos zu sein. So kann die Nichtfeststellbarkeit einer eindeutigen Nationalität bedeuten, nicht deportiert werden und einstweilen am aktuellen Aufenthaltsort bleiben zu können (vgl. Arendt 2017a, 581).

Diese unübersichtliche Gemengelage ergibt sich aber nicht nur aus der administrativen Diversifizierung im Umgang mit dem Staatenlosenproblem, sondern hat ihre Ursachen auch in der komplexen Situation, die immer dann entsteht, wenn staatenlose Flüchtlinge sich auf fremdes Territorium begeben und dies nicht einzelne, sondern eine große Zahl von Menschen betrifft (vgl. Arendt 2017a, 582). In Abwesenheit internationaler Ansätze zur Verbesserung der Lage hätte der Nationalstaat prinzipiell drei Strategien zur Verfügung: Asylgewährung, Naturalisierung oder Repatriierung.

Das Asylrecht ist ein schon seit der Antike bekanntes Institut, um Menschen Aufnahme zu gewähren, die mit den in ihrem Herkunftsland geltenden Gesetzen in Konflikt geraten und deshalb geflohen sind. Voraussetzung für die Asylgewährung ist in der Regel nur, dass der Tatbestand, der die Verfolgung auslöst, im Aufnahmeland „nicht außerhalb des Gesetzes" (vgl. Arendt 2017a,

---

28 Arendt scheint – teils aus biographischer Erfahrung, teils aus Sachgründen – vor allem Frankreich vor Augen zu haben, wenn sie den nationalstaatlichen Umgang mit Staatenlosigkeit schildert. Zumindest greift sie meist auf Beispiele aus Frankreich oder auf Frankreich als Beispiel zurück, um ihre allgemeineren Überlegungen zu illustrieren (vgl. Arendt 2017a, 586–588).

608) steht. Seit jeher verhindert so das Asylrecht, dass Menschen sich dauerhaft außerhalb jeglicher Ordnung und Gemeinschaft wiederfinden und aufhalten müssen. Und auch wenn sich dessen Bedingungen mit den Verfassungsrevolutionen und der Gründung von Nationalstaaten im 18. und 19. Jahrhundert entscheidend verändern, weil es in der Regel nicht zu den verfassungsmäßig garantierten Rechten zählt und gewissermaßen nur noch als überliefertes, aber ungeschriebenes Gesetz im Sinne einer Tradition oder einer Sitte gilt, bleibt es bis ins 20. Jahrhundert intakt. Doch mit dem Auftreten des Phänomens der Staatenlosigkeit bricht es postwendend zusammen. Denn mit der Ankunft einer großen Zahl von Menschen, die de jure oder de facto keine Staatsangehörigkeit besitzen, tritt zutage, dass die Nationalstaaten nicht bereit sind, ihre Souveränität auch nur ein Stück weit einschränken zu lassen.

Wo spätestens jetzt auch rechtlicher Regelungsbedarf bestünde, wird zuerst nur der Zerfall überkommener Institute sichtbar. Mit dem Nationalstaatssystem hat sich mittlerweile etabliert, dass die Rechtsordnung, der eine Person untersteht, diese in Form ihrer Staatsangehörigkeit überall hin begleitet, was die Flucht aus dieser nun nicht mehr territorial beschränkten Ordnung erheblich erschwert (vgl. Arendt 2017a, 584–585). Begünstigt wird der Zusammenbruch des Asylsystems aber auch dadurch, dass die staatenlosen Flüchtlinge die entscheidende Voraussetzung – etwas getan zu haben, das die Verfolgung auslöst, aufgrund derer sie fliehen – nicht erfüllen; denn sie fliehen aufgrund von Eigenschaften, die sie einfach haben bzw. die ihnen zugeschrieben und auferlegt werden (vgl. Arendt 2017a, 608). So kommt es zu einer verheerenden Verbindung von Unfähigkeit, mangelndem Willen und fehlendem Bewusstsein der Entscheidungsträger, um diese neue Situation angemessen bewältigen zu können.

Während das Asylrecht aus nationalstaatlicher Perspektive bereits ein irreguläres Instrument darstellt, so müssen Naturalisierung und Repatriierung als diejenigen Verfahren angesehen werden, die sich aus der Logik des Nationalstaats selbst ergeben. Die Naturalisierung bedeutet nichts anderes als den Erhalt der Staatsbürgerschaft und aller Rechte und Pflichten, die damit einhergehen. De facto ist dies die einzige Möglichkeit für Staatenlose wieder Teil eines Gemeinwesens zu werden und damit Anteil an einer gemeinsamen Welt zu nehmen (vgl. Arendt 2017a, 585). Obgleich nicht die bevorzugte Option der Nationalstaaten erhalten bis zur Entwicklung von Staatenlosigkeit zu einem Massenphänomen ‚Fremde' – ob nun Immigrant:innen, Flüchtlinge oder Staatenlose – die Möglichkeit, zu Bürger:innen zu werden. Die Option der Repatriierung bezieht sich auf die Annahme, dass in einer Welt aus Nationalstaaten immer eine Nationalität und mit ihr ein entsprechender Staat vorhanden sein sollte, der zur Rücknahme seiner Mitglieder verpflichtet ist. Sie suggeriert zudem, dass es sich bei dem Aufenthalt auf fremdem Territorium um ein Provisorium handelt, das alsbald möglich durch die Rückkehr zum Normalzustand abgelöst wird. Das autoritäre Potential ist in der Repatriierung unmittelbar greifbar, enthält es doch das Signal, dass die Nichtzugehörigkeit zur Nation prinzipiell unvereinbar mit einem dauerhaft sicheren Aufenthalt auf dem nationalstaatlichen Territorium ist. Die Naturalisierung hingegen verdeckt dieses vorerst durch den Anspruch ungeteilter Souveränität als einem Vorrecht des Nationalstaats, das besonders in Migrations- und Staatsbürgerschaftsfragen exerziert wird (vgl. Arendt 2017a, 585).

Auch die sich aus nationalstaatlicher Logik nahelegenden Optionen im Umgang mit Staatenlosigkeit verkehren sich im Angesicht massenhafter Staatenlosigkeit in ihr Gegenteil. Statt einer Erleichterung des Zugangs zum Erhalt der Staatsbürgerschaft angesichts neuer Gegebenheiten, mit dem Zweck der Verhinderung von Staatenlosigkeit, werden diese nicht bloß erschwert. Vielmehr werden im Laufe der Jahrzehnte zunehmend einer großen Zahl von naturalisierten Bürgern die Staatsbürgerschaften entzogen. Dem geht ein Prozess der „De-Assimilierung" (Arendt 2017a, 587) voraus, die ihren Anfang in der Verantwortungsübernahme für Neuankömmlinge gleicher nationaler Zugehörigkeit nimmt, was im Grunde eine subsidiäre Übernahme staatlicher Aufgaben, hinsichtlich Versorgung, Unterbringung usw. ist (vgl. Arendt 2017a, 587). Aus Franzosen werden – im Zuge von Akten der Solidarität und Fürsorge mit armenischen oder italienischen Neuankömmlingen – also beispielsweise wieder Armenier oder Italiener[29], gleichwohl zunächst informell. Dabei bleibt es aber nicht. Es ist vielmehr der erste Schritt zur Denaturalisierung (vgl. Arendt 2017a, 587). Kurz gesagt: Das „System der Naturalisierung" (Arendt 2017a, 586) wird zu einem System der „Massendenaturalisationen" (Arendt 2017a, 585). Ähnliches lässt sich im Bereich der Repatriierung beobachten. Weil die Realität eine völlig andere als die zur nationalstaatlichen Erwartung und zum darauf aufbauenden System passende ist, sind reguläre Repatriierungen nahezu unmöglich. Folgerichtig bemühen sich die Nationalstaaten darum, „mit allen Mitteln, potentielle Staatenlose davon abzuhalten, sich durch Emigration in wirkliche Flüchtlinge zu verwandeln." (Arendt 2017a, 591) Dazu gehört auch, „Abschreckungsmaßnahmen" (Arendt 2017a, 591) zu veranlassen, deren Durchführung vor allem in die Hände der Polizei gelegt wird.

So befördert das Versagen der regulären nationalstaatlichen Verfahrensweisen die Entstehung eines Staatenlosigkeitsregimes, zu dessen Hauptakteur die Polizei wird, die erstmals „nicht mehr das Vollstreckungsinstrument des Gesetzessystems und andere[r] Regierungsinstanzen" (Arendt 2017a, 598) war.

---

29   Das sind die Beispiele, die Arendt selbst anführt (vgl. Arendt 2017a, 587).

Sie wird selbst zu einer Regierungsmacht mit weitreichenden Befugnissen und von gesetzlicher Kontrolle unabhängigen Handlungsmöglichkeiten (vgl. Arendt 2017a, 597–598). International agiert das polizeiliche Staatenlosigkeitsregime durch „Illegalitäten" (Arendt 2017a, 594). Diese haben vornehmlich die Gestalt von Abschiebungen, die als nächtliche Maßnahmen Ausländer:innen ohne Genehmigung des jeweiligen Staates auf dessen Territorium bringen, die betreffende Person also zu einem illegalen Aufenthalt zwingen. Mitunter werden Menschen dabei von den Polizeien wie Frachtgüter hin- und hergeschoben (vgl. Arendt 2017a, 592–594). Nach innen herrscht die Polizei aber, indem sie sich die bestehende Gesetzlosigkeit zunutze macht und mit den Staatenlosen ganz nach ihrem Belieben verfährt. Als dauerhafte Lösung erweist sich in diesem Falle die Internierung in entsprechenden Lagern, ohne dass dafür eine rechtliche Grundlage, eine gerichtliche Anordnung oder auch nur ein zu Last gelegtes Vergehen vorläge (vgl. Arendt 2017a, 595–596). In diesem Zusammenhang wird die Gesetzlosigkeit, die den Staatenlosen zuvor als Bedingung ihrer Existenz gegolten hat, mit der sie mehr oder weniger gut zu leben gelernt haben, zur existentiellen Bedrohung (vgl. Arendt 2017a, 591–592). An diesem Punkt, an dem die Rechtlosigkeit vollends offenkundig geworden ist, bieten sich – wie Arendt bitter-ironisch und zugleich freimütig bemerkt – den Staatenlosen im Staatenlosigkeitsregime nur noch die Möglichkeiten, (Klein-)Kriminelle oder Genies zu werden, um dem „willkürlichen Polizeireglement" (Arendt 2017a, 595) zu entgehen. Das Begehen einer kleineren Straftat, z. B. Diebstahl, stellt zumindest in Bezug auf diesen Gesetzesverstoß Gleichheit vor dem Gesetz wieder her – als Angeklagter in einem Strafprozess gibt es einen Anspruch auf Rechtsbeistand, die Möglichkeit, sich über die Verteidigung zu beschweren, und überhaupt auf die Durchführung eines ordentlichen Prozesses. Als Straftäter, der Ausnahme, die im Rechtssystem vorgesehen ist und mit der es rechnet, haben die Staatenlosen wieder Anteil an eben diesem. Die Entsprechung auf gesellschaftlicher Ebene ist die Inszenierung als Genie (oder unter Bedingung der modernen Unterhaltungsindustrie: als Star), dem allein die bürgerliche Gesellschaft eine Ausnahmestellung – und eine Existenz außerhalb der Norm – zugesteht, ja sie geradezu verlangt. Dies ist also die Form, in der die Staatenlosen unter den herrschenden Bedingungen einigermaßen regulär existieren könnten (vgl. Arendt 2017a, 596–597). Zum Abschluss ihrer Rekonstruktion des Staatenlosigkeitsregimes beschreibt Arendt, wie nahe dies der totalen Herrschaft bereits gekommen ist: Die Machtfülle der Polizei, die Lager als dauerhafte Institutionen und die Erzeugung von Rechtlosigkeit als Voraussetzung für die absolute Verfügungsgewalt über Menschen zeichnen sich im Umgang der Nationalstaaten, auch der demokratisch regierten, bereits deutlich ab (vgl. Arendt 2017a, 598–600).

In der Rekonstruktion von Minderheiten- und Staatenlosigkeitsregime manifestiert sich die Unbrauchbarkeit und Selbstdiskreditierung des Nationalstaats und einer Welt, die das Prinzip der Nationalstaatlichkeit zur unhintergehbaren Grundlage im Umgang mit Staatenlosigkeit macht, einem Problem, das innerhalb eines solchen Systems überhaupt erst eine solche Tragweite erreicht. Eine problematische Rolle spielen auch die Menschenrechte, deren Status Arendt in diesem Regime mit scharfen Worten als „Inbegriff eines heuchlerischen oder schwachsinnigen Idealismus" (Arendt 2017a, 564) markiert. Dieses Verdikt bezieht sich zum einen auf die

> „Diskrepanz zwischen den Bemühungen wohlmeinender Idealisten, welche beharrlich Rechte als unabdingbare Menschenrechte hinstellen, deren sich nur die Bürger der blühendsten und zivilisiertesten Länder erfreuen, und [der] Situation der Entrechteten selbst, die sich ebenso beharrlich verschlechtert hat, bis das Internierungslager, welches vor dem Zweiten Weltkrieg doch nur eine ausnahmsweise realisierte Drohung für den Staatenlosen war, zur Routinelösung des Aufenthaltsproblems der ‚displaced persons' geworden ist." (Arendt 2017a, 578)

Angesichts des weiter akuten Problems der Staatenlosigkeit steht Arendt einer Politik neuer Menschenrechts*erklärungen*, zumal in Form von Sammlungen sehr umfassender sozialer Ansprüche wie „Arbeitslosenversicherung oder Altersunterstützung" (Arendt 2017a, 607), recht verständnislos gegenüber (vgl. Arendt 2017a, 607). Zum anderen betont sie – wiederum mit wenig schmeichelhaften Worten –, dass ein Problem der Menschenrechte darin besteht, dass ihre Verteidiger oft kein politisches Selbstverständnis, sondern ein humanitäres oder wohltätiges Anliegen verträten und daher auch in keiner Weise mit der Entscheidungs- und Handlungsmacht von Nationalstaaten ausgestattet seien (vgl. Arendt 2017a, 584, Anm. 22; 602–603). Mehr noch, die Menschenrechte sind bisher – wenn sie überhaupt in einer durchsetzungsfähigen Form vorliegen – nicht als ein Gegenüber oder wirkungsvolles Korrektiv des Nationalstaats, sondern in einer „Verquickung" (Arendt 2017a, 605) bzw. „Gleichsetzung" (Arendt 2017a, 570) mit der Volkssouveränität aufgetreten.[30] Insofern ist die Krise der Nation als Leitprinzip des Staates auch eine Krise der Menschenrechte. Die faktische politische Bedeutungslosigkeit der Menschenrechte ist symptomatisch ausgedrückt in dem Beharren der Minderheiten und Staatenlosen auf ihrer jeweiligen Nationalität (vgl. Arendt 2017a, 606–607). Sie hat auch damit zu tun, dass sich in den im Minderheits- und

---

30 Das Verdikt trifft vor allem die französische Menschenrechtserklärung, deren dritter Artikel als Quelle politischer Souveränität die Nation festschreibt.

Staatenlosigkeitsregime etablierten und weiterhin fortbestehenden Verhältnissen, die immer weiter verschärfen, was Menschen in die „Situation absoluter Rechtlosigkeit" (vgl. Arendt 2017a, 607) bringt, grundlegende Probleme der Menschenrechte selbst offenbaren – und diese also in ihrer überlieferten Form keine Antwort auf diese Verhältnisse darstellen.

3.1.2.2.3 Analyse der legalen Lage der Rechtlosen und politische Menschenrechtskritik[31]

Zu dieser Ansicht gelangt Arendt auch aufgrund einer Analyse der „legale(n) Lage der Rechtlosen" (Arendt 2017a, 607). Vor dem Hintergrund ihrer eingehenden Auseinandersetzung mit dem polizeilichen Staatenlosigkeitsregime, das sie als gesetzlos kennzeichnet, sowie ihrer Bemerkung, dass die Lage der Staatenlosen besonders auch dadurch geprägt sei, dass für sie „überhaupt kein Gesetz vorgesehen" (Arendt 2017a, 594) sei, wirkt diese Formulierung etwas widersprüchlich. Im Gegenzug führt Arendt aber immer wieder Gesetze und Verordnungen an (vgl. Arendt 2017a, 585–586; 591; 598), die Schritte zur Rechtlosigkeit darstellen. Daher muss davon ausgegangen werden, dass Gesetzlosigkeit nicht einfach das Nichtvorhandensein von Gesetzen bedeutet, sondern einen Zustand, in dem ein Mensch nicht mehr auf Grundlage von Gesetzen Rechte geltend machen kann. Für diese Gruppe von Menschen gibt es keine regelbasierte Ordnung, keine Gleichheit vor dem Gesetz mehr.[32]

Insofern bildet die Analyse der legalen Lage der Rechtlosen ein weiteres kritisches Element des *Rechts, Rechte zu haben* – und zwar im Modus einer Untersuchung der Verluste, die den Weg in die Rechtlosigkeit gebahnt haben. Arendt wählt diese Vorgehensweise um der (offenbar verbreiteten, aber wenig profilierten) Rede vom „Verlust der Menschenrechte" (Arendt 2017a, 613) Kontur zu verleihen. Gleichzeitig will sie so genauer benennen können, worin denn ein Menschenrecht, das sich substantiell von Staatsbürgerrechten unterscheidet, bestehen könnte (vgl. Arendt 2017a, 607). Dazu identifiziert sie drei entscheidende Verluste, die zwar auch eine formaljuristische Seite haben; doch vor allem reflektieren sie Erfahrungen, in denen das Recht eine herausgehobene Rolle spielt: den Verlust der Heimat, den Verlust des Schutzes der eigenen Regierung und den Verlust der Menschenrechte im engeren Sinne. Diese drei Verlusterfahrungen charakterisieren die Lage der Rechtlosigkeit, die

---

31   Dieses Element ist auch im Aufsatz von 1949 vollständig ausgeführt (vgl. Arendt 2017b, 396–406).
32   Diesen Punkt macht auch Hamacher in einer einschlägigen Auseinandersetzung mit dem *Recht, Rechte zu haben* stark (vgl. Hamacher 2014, 181–182).

sich somit als kontinuierliche Abwesenheit von Heimat, Schutz einer Regierung und Menschenrechten darstellt.

Unter dem Verlust der Heimat ist der Verlust der vertrauten Umgebung und des Standorts in der Welt zu verstehen. Die Betroffenen verlieren also den Bezugsrahmen, in dem sie mehr oder weniger selbstverständlich agieren sowie einen Platz haben und innerhalb dessen ihre Meinungen Gewicht und ihre Handlungen Bedeutung haben. Das muss nicht notwendiger Weise durch einen dauerhaften Wechsel des Aufenthaltsorts, sprich: Migration, geschehen. Doch ist der Verlust der Heimat in diesem Kontext explizit auf Migration, von einzelnen wie auch ganzen Völkern, bezogen (vgl. Arendt 2017a, 607–608). Das zeigt sich daran, dass der Zustand, der aus dem Verlust der Heimat resultiert, nicht vorübergehend, sondern von Dauer ist. Heimatlosigkeit bedeutet demnach nicht nur, die Heimat zu verlieren, sondern die „Unmöglichkeit, eine neue zu finden" (Arendt 2017a, 608). Für eine heimatlos gewordene Person findet sich also nirgendwo ein Ort, an dem sie ein gesichertes Aufenthaltsrecht im Sinne eines Standorts in der Welt hat (vgl. Arendt 2017a, 608).

Dabei handelt es sich um ein systemisches Problem, wie sich auch am Verlust des Schutzes der eigenen Regierung zeigt, der historisch – wie im Übrigen auch der Verlust der Heimat – nicht neu, sondern im Grunde so alt ist wie Politik und Staatlichkeit selbst. Zur Illustration rekurriert Arendt hier noch einmal auf die Institution des Asyls und deren Implosion im Rahmen des Staatenlosigkeitsregimes sowie die Konsequenzen für den Flüchtlingsbegriff, die politisch und juridisch nur unzureichend reflektiert werden (vgl. Arendt 2017a, 608–610; s. o.). „Wo immer Auslieferungsverträge nicht anwendbar sind, stellt sich jedenfalls heraus, daß, wer nicht mehr in das Netz internationaler Gegenseitigkeitsverträge gehört, weil für ihn keine Regierung und kein nationales Gesetz zuständig ist, aus dem Rahmen der Legalität überhaupt herausgeschleudert ist und aufgehört hat, eine juristische Person zu sein." (Arendt 2017a, 609) In diesem Zitat ist noch einmal das ganze Drama zusammengefasst, das seinen Lauf nimmt, wenn eine Person den „Schutz ihrer Regierung" (Arendt 2017a, 608) verliert. Statt sich in ein anderes Gebiet zu begeben und einer anderen Regierung zu unterstellen, mündet der Verlust des Regierungsschutzes im Ende als juristische Person. Als besonders verheerend erweist sich, dass völlige Unschuld nicht vor diesem Verlust bewahrt, sondern eine besonders günstige Bedingung dafür ist, jemanden „seiner juristischen Person zu berauben" (Arendt 2017a, 610). Der denkbar schärfsten Strafe, dem „Entzug der Menschenrechte" (Arendt 2017a, 595), entspricht keine vergleichbar schwere Straftat, sondern das Vergehen, überhaupt nichts getan zu haben, was eine solche Bestrafung auch nur annähernd nachvollziehbar machen könnte (vgl. Arendt 2017a, 610–611).

So gelangt Arendt zu dem Verlust, der auch als Verlust der Menschenrechte im engeren Sinne bezeichnet werden kann und darin besteht, die Zugehörigkeit zu einer politisch organisierten Gemeinschaft verloren zu haben. Zur Plausibilisierung ihrer These beginnt sie mit einer Ausführung, was *nicht* unter dem Verlust der Menschenrechte zu verstehen ist. Diese Diagnose bezieht sich demnach nicht auf eine Situation, in der temporär oder dauerhaft einzelne Rechte, die in der Regel als Menschenrecht aufgefasst werden, z. B. das Recht auf freie Meinungsäußerung, auf Bewegungsfreiheit (innerhalb der Grenzen des eigenen Staates) oder auf Leben, entzogen oder verloren werden. Zur Veranschaulichung werden verschiedene Personenstatus – des Soldaten, der zeitweise sein Recht auf Leben verliere, des verurteilten Straftäters, der seine Bewegungsfreiheit für die Dauer der Haft einbüße, oder eines Menschen, der unter einer diktatorischen Regierung lebt und u. a. seine Meinung nicht frei äußern könne, mit dem des Rechtlosen gegenüber gestellt. In keinem dieser Fälle kann Arendt zufolge von einem Verlust *der* Menschenrechte gesprochen werden (vgl. Arendt 2017a, 612). Der Unterschied zwischen einem Soldaten, einem verurteilten Straftäter oder einem Menschen in einer Diktatur und einem Rechtlosen ist darin zu sehen, dass diese weiterhin Teil wenigstens irgendeiner Gemeinschaft bleiben – und sei es einer Diktatur, gegen die die Betroffenen freilich unter hohem persönlichen Risiko – aufbegehren können. „Die Rechtlosigkeit hingegen entspringt einzig der Tatsache, daß der von ihr Befallene zu keiner irgendwie gearteten Gemeinschaft gehört." (Arendt 2017a, 612) Daran ändert auch nichts, wenn Rechtlose humanitäre Hilfe erfahren und so die unmittelbare Bedrohung ihres Lebens aufgehoben wird, sich, sofern sie nicht zum Aufenthalt in einem Lager gezwungen sind, frei bewegen können oder als Insassen eines solchen Lagers immerhin ihre Meinung noch frei äußern können. Denn diese „partikularen Rechte" (Arendt 2017a, 612) stellen für Arendt nicht den Zustand wieder her, in dem ein Mensch „überhaupt Rechte haben kann und der die Bedingung dafür bildet, daß seine Meinungen Gewicht haben und seine Handlungen von Belang sind." (Arendt 2017a, 613)

So präzisiert sie also ihren Befund vom Verlust der Menschenrechte als Verlust der Zugehörigkeit zu einer Gemeinschaft, in der Meinungen und Handlungen Bedeutung und Relevanz zukommt, diese also das Potential haben, etwas zu verändern.[33] Das Beispiel für das Ausmaß dieses Verlusts zeigt die

---

33 An dieser Stelle ist noch einmal an die Spannung zwischen der Zugehörigkeit zu einer „irgendwie gearteten Gemeinschaft" und einem „System, in dem man nach seinen Meinungen und Handlungen beurteilt wird" zu erinnern. Das Beispiel des Lebens in einer Diktatur für den Verlust partikularer Rechte, aber nicht der Menschenrechte ist nur sinnvoll, wenn das *Recht, Rechte zu haben* i. S. der Zugehörigkeit zu irgendeiner Gemeinschaft gedeutet wird. Die anspruchsvollere zweite Bestimmung lässt hingegen schon den

Entrechtung der Juden im nationalsozialistischen Deutschland, die als *Menschen* nirgendwo auf der Welt wenigstens elementare Rechte zugesprochen bekommen und ausüben können. Im Gegenteil wird ihnen mit der Staatsbürgerschaft gleichzeitig *politisch* die Fähigkeit entzogen, Überzeugungen zu haben und zu handeln (vgl. Arendt 2017a, 613–614). Zugehörigkeit ist – so lässt sich der Befund im Umkehrschluss formulieren – die Voraussetzung dafür, überhaupt von Recht im Plural zu sprechen und dies gilt eben auch für die Rede von Menschenrechten. Die Diagnose vom Verlust der Menschenrechte im engeren Sinne hat somit verschiedene Funktionen: Zum einen legt sie offen, dass die Menschenrechte selbst von umfassenderen Voraussetzungen abhängen als bloß vom Menschsein; zum anderen arbeitet sie aber auch heraus, was der Verlust der Menschenrechte wirklich bedeutet, nämlich den Verlust eines Rechts – des *Rechts, Rechte zu haben* und damit in einem System zu leben, in dem man aufgrund von Meinungen und Handlungen beurteilt wird (vgl. Arendt 2017a, 614).

Arendts Analyse der legalen Lage der Rechtlosen in Form einer Darstellung der Verluste ist eingebettet in eine umfassendere politische Kritik der Menschenrechte, die eine Historisierung der Menschenrechtsidee mit einer problemorientierten Begriffsanalyse verknüpft.[34] Zwischen beiden besteht insofern ein intrinsischer Zusammenhang, als sowohl Historisierung wie auch Begriffsanalyse ein klares Bewusstsein von der verstörenden und radikalen Kontingenz der Menschenrechte dokumentieren.

Parallel zum ersten Weltkrieg als Schlüsselereignis für die Interpretation des 19. und frühen 20. Jahrhunderts führt Arendt die Erklärung der Menschenrechte durch die Amerikanische und Französische Revolution im späten 18. Jahrhundert als politische Zeitenwende ein (vgl. Arendt 2017a, 601). Sie nimmt diesen Wendepunkt in dem Sinne ernst, dass sie nicht von einer Entdeckung bereits zuvor existenter, aber nicht erkannter Rechte ausgeht, die Menschen aufgrund ihres Menschseins haben. In deren Formulierung und

---

Schluss zu, dass eine diktatorische Herrschaft den Verlust der Menschenrechte bedeutet. Der Widerspruch lässt sich m. E. an dieser Stelle nicht zufriedenstellend auflösen.

34 Schulze vertritt dagegen die Auffassung, dass Arendts Menschenrechtskritik in ihrer „Kritik an der philosophischen Tradition insgesamt" (Schulze 2015, 5) wurzelt und daher weniger politisch als erkenntnistheoretisch motiviert ist. Trotz einiger erhellender Nachweise, dass die Terminologie der Menschenrechtskritik bereits in Arendts Dissertation zu Augustinus sowie ihrer Beschäftigung mit Martin Heidegger zu finden ist, kann Schulzes These nicht überzeugen. Im Grunde räumt sie selbst auf diese Weise der Philosophie einen Vorrang gegenüber der Politik ein, weil sie mit dem Nachweis ihrer philosophischen Natur der Menschenrechtskritik einen fundamentaleren Charakter zuschreiben will. Diese Sichtweise verfehlt aber den theoretischen Rang des Politischen und der Geschichte für Arendt.

Erklärung liegt vielmehr ein Ereignis eigener politischer und historischer Qualität. Die Menschenrechte sind also eine echte Innovation. Das wird u. a. deutlich an der Ablösung der überkommenen Garanten des Rechts – göttlicher Gebote und historisch begründeter Privilegien – durch den Gedanken eines Rechts, dessen Quelle allein der Mensch – Arendt spricht von der Vorstellung von „einem Menschen überhaupt" (Arendt 2017a, 602) – sein soll (vgl. Arendt 2017a, 601–602). Sprachlich konkretisiert wird dieser Gedanke durch bestimmte Merkmale dieser Rechte – ihre Unveräußerlichkeit, Unabdingbarkeit, ihr Angeborensein – und insgesamt durch das Konzept natürlicher Rechte,[35] mit dem die Unverfügbarkeit und Stabilität jenseits menschlicher Eingriffe noch einmal abgesichert werden soll (vgl. Arendt 2017a, 602).[36] Zugleich kommt den Menschenrechten als genuin moderner Formulierung des Rechts die Aufgabe zu, Menschen, die in einer sich von Religion und Stand als tragenden Säulen der sozialen Ordnung emanzipierenden Gesellschaft Halt und Stabilität verloren haben, ebendiese zu garantieren. Erstmalig in der Geschichte muss so das Gemeinwesen selbst gewährleisten, was vorher von vorpolitischen Größen – Gott und Tradition bzw. Geschichte – übernommen worden ist (vgl. Arendt 2017a, 602). Allerdings zeigt sich bei näherem Hinsehen, dass diese vorpolitische Garantie nicht im Menschsein an sich liegt, sondern als Mitgliedschaft in einem politischen Körper, der Nation, gedacht wird.

Zur Verwirklichung der Menschenrechte braucht es eines Bewusstseins als Nation, die sich zur kollektiven Selbstbestimmung emanzipieren will. Die Menschenrechte setzen ein solches Bewusstsein also voraus. Im Duktus der Französischen Revolution wird „die Menschheit als eine Familie von Nationen" (Arendt 2017a, 605) verstanden und wenn in einer dieser Nationen die Menschenrechte noch nicht verwirklicht sind, dann hat sie sich durch Revolution von Despotie und Tyrannei zu befreien (vgl. Arendt 2017a, 603). So kommt es zu der bereits erwähnten historisch bedingten Verknüpfung von Menschenrechten und nationaler Souveränität (vgl. Arendt 2017a, 603–605). Teil der Historisierung der Menschenrechte ist auch die polemische Spitze gegen

---

35 Franziska Martinsen sieht in Arendts Menschenrechtskritik aber auch Konzeptionen inbegriffen, die Menschenrechte vorrangig als moralische Rechte begreifen (vgl. Martinsen 2019, 20). Bei Christoph Menke bezieht sich die Kritik auf die moderne Form subjektiver Rechte, insofern es sich bei natürlichen Rechten (im Unterschied zu juridischen Recht) auch nur um nicht-verliehene Rechte handelt (vgl. Menke 2008, 145–146).

36 Damit arbeitet sich Arendt an einem Begriff von Menschenrechten ab, der im Rahmen der oben erarbeiteten Menschenrechtssemantik (Kap. 1.1.1.3) in das Spektrum religiös- und säkular-begründender Entwürfe einzuordnen ist. Wichtig ist hier in jedem Fall die Garantiefunktion, die Menschenrechten als natürlichen Rechten zukommen soll.

Menschenrechtsverteidiger:innen, die den Plural der Menschenrechte mit einem Korpus von Rechten gleichsetzen, die de facto nur für Bürger wirtschaftlich prosperierender liberaldemokratischer Verfassungsstaaten gelten (vgl. Arendt 2017a, 607). Insgesamt dient die Historisierung aber nicht dazu, die Idee der Menschenrechte als prinzipiell sinnlos zu entlarven, sondern als Teil eines historischen Geschehens zu dechiffrieren, das unbedingt zur Kenntnis nehmen muss, wer sich einen Begriff von den Menschenrechten machen will.

Gleiches gilt für die problemorientierte Begriffsanalyse, die sich vor allem auf Aporien konzentriert. Dabei ist zwischen Aporien zu unterscheiden, die die Menschenrechte nicht überwinden oder sogar zuspitzen, und solchen, die den Menschenrechten selbst immanent sind. Zur ersten Kategorie zählt das Problem, dass das menschliche Zusammenleben sich letztlich an bestimmten Maßstäben orientieren muss, die sich nicht aus ihm selbst, auch nicht aus einer demokratischen Organisation der Menschheit ergeben. Oder wie Arendt mit einem Platon-Zitat formuliert: „Nicht der Mensch, sondern ein Gott muß das Maß aller Dinge sein." (vgl. Arendt 2017a, 619) Eine weitere Aporie der ersten Kategorie ist die Tatsache, dass im Zustand der Rechtlosigkeit als fundamentaler politischer Nichtzugehörigkeit eine völlige Entkopplung von Tun und Ergehen gegeben ist, auf völlige Unschuld also härteste Strafen wie der Entzug des Status einer juristischen Person stehen (vgl. Arendt 2017a, 610–611).[37] Diese Aporien bestehen jedoch nicht aufgrund der Menschenrechte, sondern sind zum Teil erheblich älter (wie das erste Beispiel) oder haben eine andere Ursache (wie das zweite Beispiel, das im Nationalstaatssystem der politischen Moderne wurzelt).

Als menschenrechtsimmanente Aporie betrachtet Arendt dagegen die Konstruktion des Menschen als eines abstrakten, beziehungslosen Individuums, das die Quelle allen Rechts sein soll, obwohl menschliches Leben sich bei allen Unterschieden in der Organisation nur in Gemeinschaft vollzieht (vgl. Arendt 2017a, 604).[38] Diese Kritik bezieht sich konkret auf den Gedanken unveräußerlicher Menschenrechte (vgl. Arendt 2017a, 604), schließt gleichwohl auch das Konzept von Menschenrechten als natürlichen Rechten insgesamt ein. Denn der Naturbegriff tritt nicht nur hinsichtlich der Begründungsfunktion an die Stelle von Gott oder Geschichte als vorpolitischer Garantie der Ordnung, sondern erweist sich auch als ebenso ungeeignet, die im

---

37　In etwas abgewandelter Form führen diese Aporie auch Menke/Pollmann (vgl. 2017, 19) an, die sie so auf den Begriff bringen: Der Staat, der eigentlich dazu eingerichtet ist, die Menschenrechte zu schützen, wird zu ihrer größten Bedrohung.

38　Zur rassistischen Konnotation, die dieser Hinweis auf die Sozialität menschlicher Existenz bereits bei Arendt selbst hat, siehe unten den Abschnitt 3.1.2.2.4 Existenzphilosophische Zivilisationskritik.

18. Jahrhundert als entfremdet durchschauten Verhältnisse einer auf Gott gegründeten (absolutistischen) bzw. auf Geschichte und Abstammung basierenden (aristokratisch-feudalistischen) Ordnung aufzuheben (vgl. Arendt 2017a, 616–617). Vielmehr ist das Naturverhältnis – hinsichtlich der Annahme eines allen Menschen gemeinsamen Wesens wie auch der Natur als der menschlichen Verfügungsgewalt entzogenes Gegenüber – selbst entfremdet, was gleichwohl endgültig erst im 20. Jahrhundert zutage tritt: Die totale Herrschaft hat vor Augen geführt, das Menschen keine natürlichen Neigungen zeigen, auch unter extremen Bedingungen und massiven Unrechtsverhältnissen ihresgleichen ein letztes Minimum an Würde zuzusprechen und Respekt zu erweisen. Und mit der Erfindung der Atombombe ist auch die Möglichkeit durch menschlichen Eingriff jegliches Leben auf der Erde auszulöschen zu einer realistischen Option geworden, worin gleichwohl nur endgültig sichtbar wird, dass „der Mensch sie (scil. die Natur, J. K.) (...) in seine Gewalt bekommen hat" (Arendt 2017a, 617). Die Natur ist also kein Ort garantierter, unveräußerlicher Menschenrechte, sondern ein Zustand der Rechtlosigkeit und der Auslieferung an die menschliche Verfügungsgewalt.[39]

Daher stimmt Arendt dem konservativen britischen Philosophen und Politiker Edmund Burke, der schon im 18. Jahrhundert als Reaktion auf die Proklamation der Menschenrechte das Konzept nationaler Rechte verteidigt, die wie Vermögen oder Besitz an die nachfolgenden Generationen weitergegeben würden, in der Hinsicht zu, dass die Erfahrungen des 20. Jahrhunderts[40] noch einmal deutlich vorgeführt haben, dass Rechte verlässlich nur innerhalb der Nation als der üblichen politischen Organisationsform der Moderne garantiert werden können (Arendt 2017a, 619). Doch noch über die Zustimmung vermittelt sich das Unbehagen Arendts angesichts einer Situation, in der nach dem Zusammenbruch aller anderen Garantien – Gott, Geschichte, Natur – nur noch die Nation übrigbleibt. Denn ihr korrespondiert ein normatives Nichts, das die Menschen, die sich darin befinden, von denen trennt, die an einer gemeinsam errichteten und gestalteten Welt (mit allen möglichen Problemen, die darin enthalten sind) partizipieren. In diesem Raum des Nichts gilt lediglich, was an Fakten geschaffen wird. Und das ist der Beweggrund für Arendts

---

39 Stärker auf die menschenrechtskritische Stoßrichtung hin formuliert Martinsen dagegen, universelle Menschenrechte zu haben, versetze Menschen in den Zustand der Rechtlosigkeit (vgl. Martinsen 2019, 120; 149).

40 Arendt erwähnt dabei nicht nur die katastrophische Bedeutung des Verlusts aller Rechte durch den Entzug der Staatsbürgerschaft, sondern auch das aus ihrer Sicht einzige gelungene Beispiel der Wiederherstellung von Rechten durch die Gründung eines Nationalstaates, des Staates Israel (vgl. Arendt 2017a, 619–620).

Burke-Referenz, die nur noch einmal illustriert, dass die Menschenrechte keineswegs eine Richtschnur nationalstaatlichen Handelns darstellen. Die Berufung auf die Menschenrechte ist vielmehr ein Alarmsignal, das darauf hinweist, dass Menschen sich in einem Zustand befinden, in dem sie auf „die abstrakte Nacktheit ihres Nichts-als-Menschseins" (Arendt 2017a, 620) zurückgeworfen sind.

Im Hintergrund dieser Diagnose eines abstrakten und nackten Menschseins, das keinerlei Respekt noch Ehrfurcht abnötigt, steht noch eine andere problembezogene Beobachtung in Bezug auf den Gedanken der Menschenrechte. Denn, „was wir heute als ein ‚Recht' zu betrachten gelernt haben, [wurde] eher als ein allgemeines Kennzeichen des Menschseins angesehen, und die Rechte, die hier verlorengehen, als menschliche Fähigkeiten." (Arendt 2017a, 614–615) Arendt macht hier noch einmal auf die Kontingenz der menschenrechtlichen *Terminologie* aufmerksam und kontrastiert diese mit der Sprache der abendländischen Tradition, insbesondere der aristotelischen Philosophie (vgl. Arendt 2017a, 615). Anstelle von Rechten, denen ein institutionelles Gefüge entsprechen muss, das sie zu schützen vermag, ist also in der Tradition von Fähigkeiten die Rede, die jeder Mensch erwerben (oder auch verfehlen) kann, die aber im Begriff des Menschen selbst festgehalten sind. Dieser Begriff ist seinerseits höchst voraussetzungsreich, weil es nicht um das Leben als solches, sprich: das Überleben, sondern die menschliche Lebensform geht, die sich dadurch, dass Leben Zusammenleben bedeutet, politisch vollzieht. Die zentralen Fähigkeiten sind in diesem Zusammenhang die *Sprache* als „die Fähigkeit im Zusammenleben durch Sprechen, und nicht durch Gewalt, die Angelegenheiten des menschlichen und vor allem des öffentlichen Lebens zu regeln" (Arendt 2017a, 615) sowie die „Fähigkeit zum *Politischen*" (Arendt 2017a, 615; Hervorh. J. K.), das als Inbegriff „der öffentlich gesicherten Gemeinschaft überhaupt" (Arendt 2017a, 615) definiert wird, die sich durch die aktive Teilnahme der Menschen konstituiert. Diese partizipatorische Dimension des Menschseins, die sich durch den Begriff der Fähigkeiten ausdrückt, wird aus Arendts Perspektive verschüttet. Der Sprachwandel zur Rede von Menschenrechten versetzt das Menschsein letztlich in einen Naturzustand bloßen Lebens. Dieses Abhandenkommen trägt daher seinen Teil dazu bei, dass auf Basis (des überlieferten und gegenwärtigen Status) der Menschenrechte kein Entkommen aus der Rechtlosigkeit möglich ist.

3.1.2.2.4 *Existenzphilosophische Zivilisationskritik*
Im letzten Punkt deutet sich schon der Übergang zum letzten kritischen Element des *Rechts, Rechte zu haben* an, das als existenzphilosophische

Zivilisationskritik verschiedene Aspekte bündelt, die vom letzten Teil der Formulierung ausgehen: „... und infolge der neuen globalen Organisation der Welt nicht imstande sind, es wiederzugewinnen." Diese neue globale Organisation der Welt wird näher bestimmt durch die Tatsache, dass „es keinen unzivilisierten Flecken Erde mehr gibt" (Arendt 2017a, 614).[41] Rechtlosigkeit wurzelt demnach nicht in einem der aus der Geschichte bekannten Missstände wie Unterdrückung, Tyrannei oder Barbarei, sondern der Zivilisation selbst, die sich politisch in Form des Nationalstaats auf dem ganzen Erdkreis ausgebreitet hat (vgl. Arendt 2017a, 614). Zugleich kommt damit aber auch noch einmal zum Ausdruck, dass eine einfache Restauration der abendländischen Tradition im Sinne einer Rückverwandlung der Menschenrechte in allgemeine Kennzeichen des Menschseins sowie menschliche Fähigkeiten unmöglich ist.

Das Existenzphilosophische[42] an Arendts Zivilisationskritik ist die Aktualisierung des eigentlich sehr alten Gedankens der Pluralität, wenngleich dies mehr angedeutet als ausgeführt wird.[43] Damit wird einerseits der Tatsache Rechnung getragen, dass Menschen nur im Plural existieren; andererseits kommt es aber auch darauf an, sie politisch wie persönlich angemessen zu realisieren. Auf dieser Grundlage wechselt sie von einer historisch-politischen auf eine fundamentalphilosophische Ebene und reflektiert einige grundsätzliche Probleme der Zivilisation. So kommt sie nur kurz auf das naheliegende Problem der Sklaverei zu sprechen, die in der griechischen Polis nicht nur selbstverständlich ist, sondern auch gerechtfertigt wird (vgl. Arendt 2017a, 615). Menschen, denen politisch die Fähigkeit zu sprechen und zu handeln fehlt und die keine Möglichkeit haben, sie zu erlangen, sind in Person der Sklaven demnach hinlänglich bekannt. Doch Arendt will auf etwas anderes hinaus: In ihren Augen besteht das Problem der Sklaverei vor allem darin, ein System darzustellen, in dem Freiheit für etwas Naturgegebenes gehalten wird, das

---

41 Laut Hamacher kommt diesem Element im Zuge der von Arendt vorgenommenen Überarbeitung im Buchkapitel eine entscheidende Bedeutung für die stärker ausgeprägte Skepsis gegenüber den Menschenrechten zu (vgl. Hamacher 2014, 186).

42 Arendt hält den Begriff der Existenzphilosophie für tautologisch; er bezeichnet im Grunde, was die moderne Philosophie als solche umtreibt (vgl. Arendt 2019c, 41). In Ermangelung eines besseren Terminus verwendet sie ihn jedoch weiter, so dass er auch hier angewandt wird. Im Zentrum der Existenzphilosophie steht die Frage nach Bedeutung und Bedingungen menschlicher Existenz. Protagonisten sind Arendt zufolge: Schelling, Kierkegaard, Jaspers und Heidegger. Mehr dazu in Arendts Aufsatz „Was ist Existenz-Philosophie?" (Arendt 2019c).

43 An anderen Stellen der Totalitarismusstudie sowie in ihrer philosophischen Arbeit zum „tätigen Leben" (Arendt 2016b) und einer kleinen Vorlesung zu Sokrates (vgl. Arendt 2016a) kommt sie darauf zurück und arbeitet etwas ausführlicher aus, was sie sowohl negativ als auch positiv unter Pluralität versteht.

die einen haben (die freien Bürger) und die anderen nicht (die Sklaven) und so der Kampf um Freiheit verunmöglicht wird. Nur bleiben die Sklaven noch insofern in das soziale Gefüge der Polis eingebunden, als ihre Arbeit gebraucht und ausgebeutet wird und sie zumindest noch in dieser – entfremdeten und pervertierten – Weise Teil einer gemeinsamen Welt bleiben (vgl. Arendt 2017a, 615–616). Es handelt sich also um ein Unterdrückungsverhältnis im Wortsinn, das als solches erkannt werden muss, dann aber auch überwunden werden kann.

Die moderne Rechtlosigkeit dagegen lässt sich Arendt zufolge besser über den „Gegensatz und die Feindschaft zwischen Zivilisation und Barbarei" (Arendt 2017a, 621) begreifen. Als Zivilisation bezeichnet sie einen Zustand, in dem die von Menschen technisch (und politisch) geschaffene und gestaltete Welt beinahe vollständig zur Heimat geworden ist. Ihre Bewohner:innen haben sich also derart in ihr eingerichtet, dass sie als selbstverständlich betrachtet wird (vgl. Arendt 2017a, 621–622).[44] Damit bezieht sie sich nicht nur auf technologischen Fortschritt, sondern auch auf das moderne Konzept der Staatsbürgerschaft, das Menschen in dieser Hinsicht zu Gleichen macht (vgl. Arendt 2017a, 622). Daran anschließend stellt sie einen Zusammenhang her zwischen dem zivilisatorischen Stadium und der Empfindlichkeit gegenüber allen Dingen und Zuständen, die sich der menschlichen Kunstfertigkeit und Verfügung entziehen (vgl. Arendt 2017a, 622). Eine voll ausgebaute Zivilisation hat große Probleme mit dem, was einfach gegeben ist und verdrängt dies in die Sphäre des Privaten oder in ein Außen, dorthin, wo die Barbarei beginnt. Dazu gehört auch die Sichtbarkeit von Verschiedenheit. Deshalb unterstellt Arendt „hochentwickelte(n) Gemeinwesen" (Arendt 2017a, 622) eine allgemeine „Tendenz zur Fremdenfeindlichkeit" (Arendt 2017a, 623): Fremde lassen Verschiedenheit in der Öffentlichkeit – durch ihre Sprache, ihre Kleidung, ihr Auftreten usw. – sicht- und hörbar werden (vgl. Arendt 2017a, 622–623).

Der Unterschied der Gegenwart zu einer Welt, in der die Zivilisation eine partikulare Erscheinung bleibt, ist nun, dass die ‚neue globale Organisation der Welt' Barbaren selbst hervorbringt, diese also nicht mehr – wie in der klassischen zivilisatorischen Selbstbeschreibung – als Angreifer von außen eindringen. Wer aus dem Netz der Nationen als politischer Grundform der modernen Zivilisation ausgeschlossen wird, wird in eine dauerhafte Situation versetzt, die laut Arendt in ihrer Naturverhaftung und ihrer Unfähigkeit der Teilhabe an oder der Errichtung einer gemeinsamen Welt den Lebensumständen von Barbaren oder Wilden gleicht (vgl. Arendt 2017a, 623–625). Arendt

---

44 Dieser Begriff von Zivilisation erinnert stark an den Hegelschen Gedanken der Gesellschaft als zweiter Natur.

gebraucht hier einen Analogieschluss: Die moderne Rechtlosigkeit lässt sich verstehen in Entsprechung zur Barbarei oder dem Leben „wilder Volksstämme" (Arendt 2017a, 625) – mit dem Unterschied, dass diese nicht außerhalb der Zivilisation, sondern in deren Zentrum entsteht und es deshalb aus ihr auch kein Entkommen gibt, wenn die Zivilisation nicht selbst einen Weg findet, Rechtlosigkeit wirksam zu bekämpfen. Dabei betont sie, dass der dauerhafte Zustand von Rechtlosigkeit einer großen Zahl von Menschen nicht nur für die Betroffenen eine persönliche Katastrophe bedeutet. Nochmals eine Analogie bemühend stellt sie fest:

> „Ferner bedroht ihre ständig wachsende Zahl unsere Zivilisation und politische Welt in ähnlicher und vielleicht noch unheimlicherer Weise wie einst barbarische Völker oder Naturkatastrophen, nur daß diesmal nicht diese oder jene Zivilisation auf dem Spiele steht, sondern die Zivilisation der gesamten Menschheit." (Arendt 2017a, 624–625)

Das Eintreten der gesamten Menschheit in einen zivilisierten Zustand durch die Ausbreitung des Nationalstaatsprinzips birgt also die Gefahr der völligen Selbstzerstörung. Diese hellsichtige Intuition wird allerdings deutlich belastet durch die rassistische Konnotation der impliziten Lösungsperspektive. Arendt überwindet den eurozentrischen, überlegenen Blick der ‚Zivilisation' auf die ‚barbarischen' und ‚wilden' Völker eben nicht; sie hält ein Leben außerhalb der global gewordenen Zivilisation nicht nur für faktisch unmöglich,[45] sondern auch für nicht wünschenswert. Denn die ‚Barbaren' und ‚Wilden' leben in Rechtlosigkeit. Abgesehen davon, dass diese Annahme in solcher Allgemeinheit unzutreffend ist und sehr viel mehr über die überzogene Maßgeblichkeit der europäischen Zivilisation aussagt, diskreditiert Arendt damit auch die analytische Stoßrichtung ihrer Beobachtung schwer:[46] die Kritik einer global gewordenen Zivilisation, die nicht in der Lage ist, der menschlichen Pluralität angemessen Rechnung zu tragen, und für das Problem, das die Zivilisation selbst darstellt, eine notorische Blindheit an den Tag legt.

---

45 Den kolonial-imperialistischen Wurzeln dieser globalen Ausbreitung widmet Arendt sich ausführlich in den vorausgehenden Kapiteln des zweiten Teils von „Elemente und Ursprünge totaler Herrschaft". Im hier gegebenen Rahmen kann darauf nicht ausführlich eingegangen werden. Zu den schwerwiegenden Problemen in Arendts deutlich rassistisch konnotierter Beschäftigung mit der Entstehung des modernen Rassismus siehe die Diskussion mit weiteren Literaturhinweisen bei Rebentisch (vgl. 2022, 121–141).

46 Etwas vorsichtiger, aber in der Intention ähnlich formuliert diesen Vorbehalt auch Krause (vgl. 2008, 336–337).

3.1.3 Vorläufiges Ergebnis

Der Ausgangspunkt der Überlegungen war, dass das *Recht, Rechte zu haben* im Kontext einer kritischen Beobachtung begegnet: Das Problem der Durchsetzung der Menschenrechte offenbart auch ein systematisches philosophisches Problem. Die Menschenrechte sollen per Definition allen Menschen zukommen (Universalität), bedürfen aber einer speziellen Instanz, die ihre Durchsetzung garantiert und historisch vor allem mit dem Prinzip des Nationalstaats verknüpft ist (Partikularität). Das *Recht, Rechte zu haben* ist die Form, in der Hannah Arendt das Problem der Durchsetzung und der normativen Grundlage der Menschenrechte miteinander verknüpft hat.

Im Rahmen einer kritischen Hinführung ist allerdings deutlich geworden, dass das *Recht, Rechte zu haben* in einigen Varianten vorliegt, die nahelegen, dass es sich nicht um eine feststehende Idee handelt, mit der Arendt eine solide Grundlage der Menschenrechte schafft oder die den Ausgangspunkt für detaillierte Überlegungen zu einer tragfähigen politischen Garantieinstanz darstellt. Mit der Formulierung, die im Gesamtwerk Hannah Arendts ohnehin eher unscheinbar wirkt, lässt sich aber ihr unmittelbarer Kontext aufschlüsseln. Dann zeigt sich, dass neben relativ spärlichen konstruktiven Elementen – rechtstheoretisch motivierte Überlegungen im Anschluss an den Tatbestand des Verbrechens gegen die Menschheit, Gedanken zu einer politischen Organisation der Menschheit sowie Andeutungen zu einem partizipatorischen (Menschen-)Rechtsbegriff – vor allem kritische Elemente das *Recht, Rechte zu haben* prägen. Diese wiederum haben einen eminent historischen und politischen Grundzug. Die Untersuchungen, in denen das *Recht, Rechte zu haben* auftaucht, beziehen sich auf den Zeitraum nach dem ersten Weltkrieg bis in die Mitte der 1950er-Jahre und haben zu großen Teilen das entstehende Minderheiten- und Staatenlosigkeitsregime zum Gegenstand. Zentrale Bestandteile der Analyse bilden die Rekonstruktion der legalen Lage der Rechtlosen, eine grundlegende politische Kritik der Menschenrechte sowie eine existenzphilosophische Zivilisationskritik. Arendt formuliert demnach die Verknüpfung von Durchsetzungs- und Grundlagenproblem der Menschenrechte, belässt es aber bei der Problemdiagnose und zeigt sich äußerst skeptisch hinsichtlich einer Lösung.

Das *Recht, Rechte zu haben* ist weder eine klare politische Forderung noch ein konsistenter Vorschlag, den Menschenrechten eine solide normative Grundlage zu geben, sondern das Resultat einer historisch-politischen Analyse, die weitreichendes Ausmaß für die Menschenrechtsethik zeitigt. Das historische *Ende* und die systematischen *Aporien* der Menschenrechte müssen zusammengedacht und können nicht einfach voneinander getrennt betrachtet werden.[47] Das wirft allerdings unmittelbar weiterführende Fragen auf, die vor allem eine mögliche Fortschreibung, Kritik oder Aktualisierung betreffen: Wie lässt sich das *Recht, Rechte zu haben* heute theoretisch fruchtbar machen? Welchen Stellenwert haben dabei historische und biographische Aspekte? Haben sie heuristisches Potential oder stehen sie einer Aktualisierung eher im Weg? Und wie stellt sich deren Verhältnis zu zeitgenössischen systematischen Fragestellungen dar?

Das *Recht, Rechte zu haben* ist daher nicht ohne seine Rezeption zu denken. Die Rezeption von Konzepten, Begriffen, Theoremen usw. hat nie nur ein historisches Interesse, sondern fragt immer auch nach der Aktualität und Relevanz für zeitgenössische Fragestellungen. Daher und aufgrund der Tatsache, dass das *Recht, Rechte zu haben* den Lesenden von sich aus eine intensive Rezeptionsleistung abverlangt, sollen im Folgenden einige Vorbemerkungen zu besonders wichtigen Aspekten gemacht werden. Denn das *Recht, Rechte zu haben* ist ein offenes Konzept, das überhaupt erst verständlich wird, wenn es aktiv angeeignet, also rezipiert wird.

3.1.4 *Rezeptionsgeschichtliche Vorbemerkungen*

Im Fokus stehen dabei einerseits biographische und historische Aspekte, andererseits systematische Fragen. Erstgenannte richten sich stärker auf die Frage der Aktualität und einen möglicherweise gegebenen Aktualisierungsbedarf; letztere loten die Relevanz mit Blick auf gegenwärtige Diskussionen aus, bemühen sich um die Herstellung von Anschlussfähigkeit, suchen nach möglicherweise Unabgegoltenem und gegebenenfalls eine Bearbeitung neuer oder die Klärung offen gebliebener Fragen im Anschluss an die Formulierung. Wiederum ist zu beachten, dass sich beides wechselseitig eher bedingt als ausschließt; doch Schwerpunktsetzungen sind im Allgemeinen immer erkennbar. Ziel dieser Vorbemerkungen ist eine erste Sondierung von möglichen Perspektiven der Rezeption, die sich beim *Recht, Rechte zu haben* nahelegen. Dadurch soll auch eine Brücke zwischen kritischer Annäherung und Diskussion von bestimmten Rezeptionslinien gebaut werden.

3.1.4.1   Historische und biographische Aspekte
Es drängt sich geradezu auf, hinsichtlich des *Rechts, Rechte zu haben* auf historische Aspekte seiner Formulierung näher einzugehen. Die historischen Bezüge – die Temporalität – des *Rechts, Rechte zu haben* sind deutlich zu

---

47   Schmalz fasst diesen Befund so zusammen, dass es „[d]abei nicht lediglich um einen Mangel an Durchsetzbarkeit, sondern um einen inhärenten Widerspruch [geht]" (Schmalz 2021, 36).

greifen: der explizit abgegrenzte Zeitraum zwischen 1914 und 1955 mit dem Fokus auf die europäische Situation nach dem Zweiten Weltkrieg, die historisierende Perspektive auf die Menschenrechtserklärungen und die Distanz zwischen Erfahrungen des 18. und 20. Jahrhunderts sind augenfällige Beispiele. Gerade im Anschluss an den letztgenannten Punkt ergibt sich von selbst die Frage, mit welchen Erfahrungen der zweiten Hälfte des 20., vor allem aber des 21. Jahrhunderts das politische Denken befasst sein muss und welche Bedeutung dem *Recht, Rechte zu haben* dabei zukommt. Darüber hinaus ist zu beachten, dass Arendts Überlegungen inzwischen selbst historisch sind. Nicht nur der Gegenstand, sondern auch die Umstände, in denen sie ihre Gedanken formulierte und veröffentlichte sind andere, als diejenigen, mit denen Menschen heute konfrontiert sind.

In werkhistorischer Perspektive steht die Rezeption hierbei vor einer interessanten Problemstellung: Arendt hat immer wieder Gedankengänge und Argumente den jeweiligen Verhältnissen angepasst und sie aktualisiert, wenn sie der Ansicht war, dass sich Entscheidendes verändert hat oder bestimmte Sachverhalte ihr nun aufgrund eines Ereignisses, einer Diskussion oder einer Begegnung in einem neuen Licht erscheinen. So hat sie zum Beispiel zur Neuauflage der „Elemente und Ursprünge totaler Herrschaft" von 1967 zum Imperialismusteil ein neues Vorwort hinzugefügt, in dem sie bestimmte Aspekte angesichts der aktuellen Entwicklungen des Kalten Krieges neu gewichtet und den sich abzeichnenden neuen Imperialismus der Großmächte USA und UdSSR in ein Verhältnis zum Imperialismus der von ihr eingehend untersuchten Hochphase (1885–1914) setzt. Es lassen sich markante Unterschiede feststellen, z. B. im Hinblick auf die Sprache – von der unverhohlen rassistischen ‚white man's burden' zur humanitär-liberalen Rhetorik der USA sowie der revolutionär-emanzipatorischen Rhetorik der UdSSR – oder den noch größer gewordenen Abstand zwischen Kolonialmächten und kolonisierten Völkern in ökonomischer und technologischer Hinsicht. Doch Arendt erkennt auch eine bedeutende Gemeinsamkeit: Das Streben nach Expansion um der Expansion willen und Akkumulation von Macht und Einfluss ohne weitergehendes Interesse an den beherrschten Gebieten und Menschen ist auch Movens des Agierens der Großmächte im Kalten Krieg. Darüber hinaus sieht sie darin den endgültigen Zusammenbruch des Nationalstaatensystems, das in dieser Dynamik zur bloßen Makulatur wird, noch einmal vor Augen geführt. Der ursprüngliche Gedanke der Nation, kollektive Selbstbestimmung verstanden als nationale Souveränität, steht der „wirtschaftliche(n) und industrielle(n) Entwicklung" (Arendt 2017a, 275) zwar schon in der Hochphase des Kolonialimperialismus völlig machtlos gegenüber. Doch die neueren Entwicklungen bestätigen diesen Befund noch einmal mehr als deutlich.

Der Kalte Krieg erscheint wie eine Neuauflage des den alten Imperialismus antreibenden ‚Great Game', das einer Prognose des britischen Schriftstellers Rudyard Kipling, für Arendt einer der zentralen Referenzpunkte zum Verständnis der imperialistischen Mentalität, erst mit der kollektiven Auslöschung der Menschheit enden wird. Dass es bisher nicht so weit gekommen ist, liegt Arendt zufolge allein in den Grenzen, die die Verfassungen den Nationalstaaten auferlegen, und der atomaren Hochrüstung der Großmächte, die die Gefahr auf beängstigende Weise ausbalanciert (vgl. Arendt 2017a, 275–282). Perspektiven, wie diese Situation überwunden werden könnte, bleibt Arendt schuldig, abgesehen von dem Hinweis, dass eine offene und aufrichtige Konfrontation mit dem imperialistischen Zeitalter auch ein besseres Verständnis der Gegenwart liefern könnte (vgl. Arendt 2017a, 282–283).

An diesem Vorwort lassen sich einige wichtige Erkenntnisse festmachen: Die Annäherung an die Geschichte erfolgt bei Arendt vom Standpunkt der Gegenwart aus. So erhofft sie sich, dass die Gegenwart durch den historischen Rückgriff in einem anderen Licht erscheint und auf diese Weise erhellt, also einem besseren Verständnis der Situation zugänglich gemacht werden kann. Dabei hat sie vor allem die problematischen Strukturen im Blick und weist auf die akuten Gefährdungen hin, die die ganze Menschheit betreffen. Die normativen Konzepte, die ihr – gewissermaßen als Kehrseite der dominierenden Entwicklungen – als Orientierung dienen, sind höchstens implizit zu fassen und bleiben im Verborgenen. Das *Recht, Rechte zu haben* spielt explizit jedenfalls keine Rolle.

Doch nicht nur historische Aspekte in Bezug auf den Gegenstand wie auf die Umstände und den spezifischen Blick Arendts auf Geschichte sind für die Rezeption des *Rechts, Rechte zu haben* zu berücksichtigen. Auch Arendts Biographie[48] hat eine erhebliche Bedeutung: Arendt ist zwischen 1933 und 1951 selbst ein staatenloser Flüchtling. Als Jüdin ist sie im nationalsozialistischen Deutschland von Verfolgung bedroht. Diese Gefahr hat sie bereits vor der Machtübertragung an die Nationalsozialisten im Januar 1933 erkannt. Für wenige Monate bleibt Arendt aber noch in Deutschland und stellt ihre Wohnung als Unterschlupf für Kommunisten und Sozialdemokraten zur Verfügung, die sich außer Landes begeben wollen. Als sie im Zuge dessen im April 1933 kurzzeitig in polizeilichen Gewahrsam genommen wird und mit einer Mischung aus Gunst der Stunde und dem Wohlwollen des zuständigen Polizisten nach einer Woche wieder freikommt, ergreift auch sie die Flucht. Über

---

48 Im Hinblick auf biographische Arbeiten zu Arendt ist immer noch das Werk von Elisabeth Young-Bruehl „Hannah Arendt. Leben, Werk und Zeit" (Young-Bruehl 2016) maßgeblich. Wertvolle Hinweise finden sich auch bei Wild (2006).

Prag gelangt sie nach Paris, wo sie bis 1940, der Besatzung Frankreichs durch die Deutschen, lebt. Im Gepäck hat sie auch ein fast fertiges Buch über Rahel Varnhagen, eine bekannte Salongastgeberin in Berlin zur Zeit der Romantik, das ursprünglich wohl als Habilitation gedacht war. Die studierte Philosophin, 1929 bei Karl Jaspers mit einer Arbeit über den Liebesbegriff bei Augustin promoviert, arbeitet trotz eines sich in den 1920er-Jahren durch die Bekanntschaft und Freundschaft mit dem Zionisten Kurt Blumfeld ausprägenden politischen Bewusstseins bis 1933 auf eine akademische Laufbahn hin. In Frankreich arbeitet sie nun für verschiedene jüdische Organisationen, die Jugendliche auf die Auswanderung nach Palästina vorbereiten. Damit bewegt sie sich in einem Tätigkeitsfeld, das ihr auch aus Berlin nicht unvertraut ist. Im Auftrag Kurt Blumfelds hat sie seit den späten 1920er-Jahren antisemitische Veröffentlichungen und Äußerungen gesammelt, um den wachsenden Antisemitismus in Deutschland zu dokumentieren – später eine wichtige Quelle für den ersten Teil der „Elemente und Ursprünge totaler Herrschaft". Neben der Arbeit pflegt sie Freundschaften, u. a. zu Walter Benjamin, Erich Cohn-Bendit und Ernst Fraenkel, die ebenfalls aus Deutschland geflohen sind.

Ein weiterer Einschnitt erfolgt 1940 mit der deutschen Besatzung in Frankreich. Als Reaktion darauf interniert die französische Regierung Exilant:innen aus Deutschland als ‚feindliche Ausländer' in Internierungslagern – unabhängig davon, ob diese möglicherweise selbst vom nationalsozialistischen Regime Verfolgte sind. Arendt wird für knapp vier Wochen im Lager Gurs festgehalten, bis ihr in den Wirren um die Installation des mit den Nationalsozialisten kollaborierenden Vichy-Regimes die Flucht gelingt. Über Südfrankreich und die Pyrenäen kommt sie nach Spanien und von dort nach Lissabon. Nachdem sie in der Zwischenzeit ihren zweiten Mann Heinrich Blücher wiedergefunden hat und es ihr gelungen ist, ihre Mutter Martha nach Lissabon zu holen, tritt sie mit Hilfe eines von ihrem ersten Ehemann Günter Stern (bekannt unter seinem Pseudonym Günter Anders) besorgten Notvisums die Überfahrt in die USA an, wo die Familie 1941 landet. Arendt bemüht sich um schnelle Integration, lernt die englische Sprache und sucht nach einträglichen Stellen. Sie nimmt ihre schriftstellerische Tätigkeit wieder auf, arbeitet als Kolumnistin für den *Aufbau*, eine Zeitschrift der deutsch-jüdischen Emigrantencommunity, und publiziert ab 1943 auch auf Englisch. Ihr erster englischsprachiger Aufsatz ist ein Essay über die Lage der Flüchtlinge mit dem Titel „We Refugees", der im Menorah Journal erscheint. Ihre 1951 publizierte Studie zu den „Origins of Totalitarianism" bedeutet für sie den Durchbruch als Autorin und öffentliche Intellektuelle. Das Jahr 1951 ist aber noch aus einem anderen Grund ein Wendepunkt für Arendt: Sie wird US-amerikanische Staatsbürgerin, wodurch eine 18 Jahre dauernde Staatenlosigkeit beendet wird. In den Jahren bis zu ihrem Tod ist sie einerseits eine geschätzte akademische Lehrerin an der *New School of Social Research* und beteiligt sich andererseits an zahlreichen öffentlichen Debatten, wobei sie einige Male im Zentrum von Kontroversen steht, von denen die berühmteste der Streit um ihr 1963 erscheinendes Eichmann-Buch ist.

Schon diese knappen Ausschnitte aus Arendts vielschichtiger Biographie verdeutlichen, wie sehr die Formulierung des *Rechts, Rechte zu haben* und dessen unmittelbarer Kontext – die historisch-politische Analyse von Staaten- und Rechtlosigkeit zwischen 1914 und 1955 sowie die politische Menschenrechtskritik – beeinflusst sind von ihren eigenen Erfahrungen. Arendt kennt den Gegenstand ihrer Untersuchung aus nächster Nähe und unmittelbarer Anschauung. Auch der Rückgriff auf Frankreich als prominentes Beispiel hat einen Grund darin, dass Arendt dort gut sieben Jahre gelebt hat. Gleichwohl ist darauf hinzuweisen, dass es sich bei ihren Arbeiten nicht um die rein subjektive Darstellung eines Flüchtlingslebens, eher um eine biographisch motivierte und erfahrungsgesättigte Arbeit an historischem Material und politischen Situationsanalysen handelt, die durchaus repräsentativen Charakter hat und Anspruch auf Gültigkeit über den spezifischen Einzelfall hinaus erhebt.

Dennoch ist angesichts der deutlich greifbaren (und von Arendt selbst transparent gemachten) zeitgeschichtlichen und biographischen Bezüge auch klar, dass die von Arendt an ihrem spezifischen Material und Gegenstand formulierten Einsichten, insbesondere mit Blick auf das *Recht, Rechte zu haben*, nicht umstandslos auf heutige Verhältnisse übertragen werden können. Obgleich weder die Minderheitenfrage noch das Problem der Staatenlosigkeit heute gelöst sind, wie etwa die Lage der muslimischen Minderheiten der Uiguren in China oder der Rohingya in Myanmar zeigen, und auch der Nationalstaat völkerrechtlich wie politisch immer noch maßgeblich ist, haben sich die gesellschaftlichen und politischen Bedingungen in den vergangenen 70 Jahren doch erheblich verändert. Die Etablierung eines belastbaren völkerrechtlich fundierten, globalen politischen Systems seit den 1960er-Jahren, das Ende des Kalten Krieges mit dem Fall des sog. Eisernen Vorhangs 1989 und dem Zerfall der UdSSR 1991, die in den 1990er-Jahren forcierte neoliberale Globalisierung, die Balkankriege zwischen 1992 und 1999, die Terroranschläge auf das World Trade Center am 11. September 2001 und der darauf folgende „War on Terror" sowie die sich seit Ende der 2000er-Jahre zuspitzenden Krisen des auf Ausbeutung von menschlichen und natürlichen Ressourcen basierenden Kapitalismus sind hier zu nennen. Vor diesem Hintergrund entscheidet sich die Aktualität des *Rechts, Rechte zu haben* vor allem auch an einer adäquaten Aktualisierung.

3.1.4.2 Systematische Fragen

Wenn das *Recht, Rechte zu haben* nicht nur von (geistes-)geschichtlichem Interesse sein soll, muss es hinsichtlich systematischer Fragen zeitgenössisch anschlussfähig sein. In diesem Zusammenhang bieten sich grundsätzlich zwei Wege an: Entweder ergeben sich aus der Formulierung selbst solche Fragen, die dann weiter bearbeitet werden können, oder die Formulierung verspricht, einen Beitrag zur Bearbeitung und Klärung von systematischen Fragen zu leisten, die in aktuellen Diskussionen aufgeworfen werden. Generell gibt ein systematisches Vorgehen größere Freiheit in der Auslegung und Adaption, weil damit auch eine gewisse Abstraktion vom spezifischen Gegenstand und vom unmittelbaren Kontext, von biographischen und historischen Partikularitäten möglich wird. So kann die Formulierung in einen anderen Gesprächszusammenhang eingebracht werden, in dem sie eine Perspektive unter mehreren ist und auf ein spezifisches Problem in einer umfassenderen fachlichen Diskussion aufmerksam macht. Umgekehrt kann eine zu große Entfernung vom ursprünglichen Zusammenhang auch eine Verfremdung bedeuten und möglicherweise zu einem Verlust der Aussagekraft, der Pointe führen, die sich insbesondere in diesem originären Kontext erschließt.

Schon vom *Recht, Rechte zu haben* ausgehend stellen sich zahlreiche Anschlussfragen: Welche institutionellen Garantien entsprächen dem *Recht, Rechte zu haben*? Wie muss man sich das Subjekt dieses Rechts vorstellen? Wie kann die Notwendigkeit einer grundlegenden politischen Zugehörigkeit mit den Bedürfnissen und der Faktizität des Bedürfnisses nach Halt und Identität, ,dichteren' Formen der Zugehörigkeit, die auch politisch Wirksamkeit entfalten, vermittelt werden? Wie sieht eine politische Gemeinschaft aus, durch die und in der das *Recht, Rechte zu haben* garantiert wird, und wie verhält sich diese zum Prinzip der Nationalstaatlichkeit? Lassen sich die Aporien der Menschenrechte auflösen und wenn ja, wie? Ist die Verwirklichung der Menschenrechte für alle prinzipiell eine Utopie oder gar eine Illusion? Und welchen Beitrag leistet der Begriff der Rechtlosigkeit zur kritischen Analyse politischer Verhältnisse heute?

Mit Blick auf zeitgenössische fachliche Debatten bieten sich vor allem Fragestellungen um die normativen Grundlagen der Menschenrechte, die auch das *Recht, Rechte zu haben* (vielleicht bewusst) nicht löst, oder das sog. demokratische Paradox der Gleichursprünglichkeit der kollektiven Selbstbestimmung partikularer Gemeinwesen und der universalen Verpflichtung der Menschenrechte durch eine Verfassung an.

Der Stellenwert und die Aktualität des *Rechts, Rechte zu haben* bemisst sich an seinem Beitrag zu einer neuen Perspektive oder einer eigenständigen

Antwort auf generelle politisch-philosophische Fragestellungen – was zugleich eine Verallgemeinerung der Formulierung selbst zur Folge hat. Wie mit dem Situativen, Partikularen, das dem *Recht, Rechte zu haben* eingeschrieben ist, sinnvoll umgegangen werden kann, ist wiederum eine der Fragen, mit denen sich die folgenden Ausführungen befassen.

3.2 Die migrationsethische Rezeption des *Rechts, Rechte zu haben*

Der kritischen Annäherung an das *Recht, Rechte zu haben* durch eine Synopse der Belegstellen und eine Erschließung in ihrem unmittelbaren Kontext folgt nun die Auseinandersetzung mit relevanten Rezeptionslinien. Deren Relevanz bemisst sich nach ihrem Beitrag zu einer kritischen Diskussion im Horizont einer theologischen Menschenrechtsethik, die sich im Kontext globaler Migration durch die globale Flüchtlingssituation besonders herausgefordert sieht. Auf die identifizierten Probleme der Durchsetzung und der Grundlegung der Menschenrechte soll das *Recht, Rechte zu haben* eine Antwort darstellen. Die erste der zu diskutierenden Lesarten ist die migrationsethische Rezeption des *Rechts, Rechte zu haben*, die auch für die christlich-sozialethische Auseinandersetzung von besonderer Bedeutung ist (vgl. Reuter 1996, 199–201; Heimbach-Steins 2001b, 54ff.; Schnabl 2006; Becka 2010b, 88–98; Möhring-Hesse 2010, 120; Anm. 24; Babo 2010, 140; Heimbach-Steins 2016b, 83–85; Haker 2020, 39ff.).

Was unter einer migrationsethischen Rezeption zu verstehen ist, erweist sich bei genauerem Hinsehen allerdings als klärungsbedürftig. Genau genommen muss von zwei Paradigmen der Migrationsethik gesprochen werden, wobei das erste im englischsprachigen Raum das Label Migrationsethik (engl. *Ethics of Migration/ Immigration*) für sich beansprucht, während das zweite im deutschsprachigen Raum – zumindest bis vor wenigen Jahren – vorrangig als Migrationsethik wahrgenommen wurde. Dieser ‚Begriffsverwirrung' gilt es in einem ersten Schritt nachzugehen (Kap. 3.2.1), weil so auch ein besseres Verständnis der Rolle möglich wird, die das *Recht, Rechte zu haben* in diesem Zusammenhang spielt. Diese wird anhand der von Seyla Benhabib entwickelten Lesart dargestellt und diskutiert (Kap. 3.2.2). Dabei wird sich herausstellen, dass dem *Recht, Rechte zu haben* das Potential zugesprochen wird, migrationsethische Paradigmen kommunikativ zu vermitteln. Doch muss – so lautet das Fazit der Rekonstruktion dieser Debatte – das Scheitern der migrationsethischen Rezeption konstatiert werden (Kap. 3.2.3).

3.2.1 *"Ethics of Migration" und Ethik im Kontext globaler Migration*

Im ersten Schritt geht es um eine genauere Bestimmung dessen, was unter einer migrationsethischen Rezeption im Allgemeinen zu verstehen ist. Wie bereits angedeutet, sind zwei Paradigmen von Ethik im Spiel, die den Begriff Migrationsethik bzw. Ethics of Migration für sich in Anspruch nehmen und diesem ein Profil verleihen.[49] Im Interesse einer möglichst anschaulichen Abgrenzung wird ein Verfahren verwendet, das in Analogie zur digitalen Bildbearbeitung als eine Scharfzeichnung der Konturen bezeichnet werden könnte. Es geht also darum, möglichst stark hervortreten zu lassen, wo die Differenzen zwischen den beiden Paradigmen liegen. Damit soll aber nicht behauptet werden, dass sie völlig isoliert voneinander existieren oder nicht auch gleiche bzw. ähnliche Intuitionen teilen. Für die Rekonstruktion einer migrationsethischen Rezeption des *Rechts, Rechte zu haben* ist diese Technik aber am besten geeignet, da die Unterschiede eine wichtige Rolle spielen. Deshalb steht im Folgenden nicht ein Theorienvergleich an; mit Hilfe der Scharfzeichnung sollen die jeweiligen Besonderheiten besser sichtbar werden und bestimmte Aspekte, die sonst möglicherweise unberücksichtigt blieben, in ihrer Bedeutsamkeit herausgearbeitet werden. Zugleich hat die Gegenüberstellung den Charakter einer theoriegeschichtlichen Zwischenbilanz, die auch deswegen ansteht, weil die Politik global, regional und national an einem entscheidenden Punkt steht.

3.2.1.1 Migrationsethik als „Ethics of Migration" (Migrationsethik Typ I). Struktur und Modell

Dem Wortsinn nach ist Ethics of Migration die moralphilosophische Reflexion des Gegenstands Migration oder präziser: das Nachdenken über die der

---

[49] Eine ähnlich gelagerte Rekonstruktion hat auch der Philosoph Andreas Niederberger vorgenommen. Er systematisiert allerdings – motiviert durch das Interesse an einer Aufrechterhaltung der Einheit der philosophischen Migrationsethik – nach drei Fragestellungen: (1) der Frage nach grundlegenden Rechten und Pflichten im Rahmen eines legitimatorischen Individualismus; (2) die Frage nach dem Selbstverständnis von Zuwanderungsgesellschaften ausgehend von einem stärker an existierenden Normen und Urteilen ausgerichteten Begründungsansatz; (3) der Frage nach besonderen Pflichten gegenüber Flüchtlingen (vgl. Niederberger 2021, 101–113). Was im Anschluss an die Darstellung als „neuer Ansatz der Migrationsethik" (Niederberger 2021, 120) bezeichnet wird, deckt sich aber in vielem mit der zeitgenössischen Migrationsethik Typ II, ist also nur aus dem Blickwinkel von Migrationsethik Typ I betrachtet neu. Eine unbefangenere Diskussion mit dem Fokus auf die moralphilosphische Signifikanz von Grenzen aus theologisch-ethischer Sicht liefert Schmitt (vgl. 2022). Zu meinem eigenen Versuch, Ethics of Migration über die Sichtweise auf Grenzen zu systematisieren siehe Becker (vgl. 2020, bes. 73–75).

Migration eigene Moralität (vgl. Wellman/Cole 2011, 1–2). Dazu werden u. a. die gerechte Regelung territorialen Zugangs oder die Rechte und Pflichten von Migrant:innen gegenüber den Aufnahmestaaten gezählt (vgl. Cassee 2016, 213), aber auch die ethischen Kriterien, an denen sich Migration und ihre politische Gestaltung orientieren sollten (vgl. Wellman/Cole 2011, 1–9). Bei näherer Betrachtung stellt sich allerdings heraus, dass Migrationsethik als Ethics of Migration nicht durch eingehende Auseinandersetzung mit ihrem Gegenstand, sondern auf Grundlage eines bestimmten Theoriehintergrunds zu ihren Problemstellungen gelangt.

Dieser ist in der anglophonen philosophischen Tradition zu verorten und geht zurück auf die Wiederbelebung der politischen Philosophie durch John Rawls und seine 1971 erstmals erschienene *Theorie der Gerechtigkeit* (vgl. Sager 2016a, 5; Dietrich 2017b, 16–17). So betrachtet, stellt sich die Migrationsethik Typ I als ein Spezialdiskurs im Horizont des maßgeblich von Rawls beeinflussten liberalen Denkens dar, in dem insbesondere auch Fragen verhandelt werden, die sich in kritischer Auseinandersetzung mit diesem Entwurf eines gerechten Gemeinwesens stellen.[50] Rawls erarbeitet bekanntlich mittels eines Gedankenexperiments Gerechtigkeitsprinzipien, die für alle Mitglieder eines Gemeinwesens gelten sollen. Die Mitglieder stehen fest, bilden demnach eine geschlossene Gruppe innerhalb stabiler (territorialer wie politischer) Grenzen (vgl. Sager 2016a, 5). Migration wird in den Debatten, die sich im Anschluss an Rawls' Theorie entzünden, zur Chiffre für Problemstellungen, die im Aufeinandertreffen von Gemeinwesen und Außenstehenden auftreten. Joseph Carens, ein kanadischer Moralphilosoph, fasst die Migrationsethik Typ I in zwei systematischen Kernfragen zusammen: „Who belongs?" (Carens 2013, 17) (sog. *membership question*) und „Who should get in?" (Carens 2013, 172) (sog. *first admission question*). Assoziativer und kleinteiliger formuliert der britische Philosoph David Miller:

> „Sollten wir Immigranten dazu ermuntern, in unsere Gesellschaften zu kommen, oder versuchen, sie fernzuhalten? Wenn wir einige von ihnen aufnehmen, andere aber abweisen, wie sollten wir dann darüber entscheiden, welche von ihnen wir aufnehmen? Oder hat ohnehin jeder prinzipiell ein Menschenrecht darauf, ins Land zu kommen? Was dürfen wir von den Immigranten verlangen, wenn sie einmal da sind? Sollte man von ihnen erwarten, dass sie sich

---

50 Die Mischform der Migrationsethik Typ I spiegeln auch die Varianten der Benennung: Neben „Ethics and Politics of Immigration" (Sager 2016b) sind noch „Politische Philosophie der Einwanderung" (Miller 2017), „Ethics of Immigration" (Carens 2013) oder „Ethics of Movement and Membership" (Fine/Ypi 2016b) anzutreffen.

assimilieren, oder dürfen sie mit Recht verlangen, dass wir Raum für die anderen Kulturen schaffen, die sie mit sich bringen? Und so weiter." (Miller 2017, 9)

Im Kern folgt aber auch er, wenngleich in umgekehrter Reihenfolge, der Zweiteilung in die Frage der Mitgliedschaft und die Frage der Einreiseerlaubnis. Zugleich bringt er noch zwei weitere Aspekte in die Debatte: die Frage kultureller Zugehörigkeit und der Folgen, die kulturelle Vielfalt für das aufnehmende Gemeinwesen bedeutet, sowie die Frage der gerechtfertigten normativen Ansprüche von Migrant:innen und von Staaten. Sie haben für die Migrationsethik Typ I eine große Bedeutung und spiegeln zudem wichtige Phasen der Entstehung dieses Typs migrationsethischen Denkens.

Die erste Phase beginnt Anfang der 1980er-Jahre im Fahrwasser der Liberalismus-Kommunitarismus-Kontroverse. Zu einem wirkmächtigen Gegenpol zu Rawls' verfahrensrechtlichem Liberalismus, der den Anspruch erhebt, bei der Geltung der Gerechtigkeitsprinzipien von persönlichen Eigenschaften und Identitätsmerkmalen wie Geschlecht, Religion, Kultur, weltanschaulichen Überzeugungen Abstand zu nehmen, entwickelt sich der Kommunitarismus. Dieser tritt zunächst als Infragestellung bzw. Zurückweisung der ontologischen Prämissen – v. a. des eigenschaftslosen Individuums –, zunehmend aber auch als eigenes Konzept politischer Philosophie auf. Dieses ist in sich zwar durchaus divergent. Insgesamt eignet kommunitaristischen Ansätzen aber eine Hochschätzung sozialer Bindungen und des Gedankens eines allgemeinen Wohls, zu dem jedes einzelne Mitglied einen Beitrag leisten soll (vgl. Honneth 1993, 10–16; Forst 1993, 197–203). In dieser Gemengelage richtet sich die Aufmerksamkeit einiger Beteiligter auf die Frage der Migration als Gerechtigkeitsproblem.

Gemeinhin gilt Michael Walzer als Urheber eines solchen Zugangs zur Migrationsfrage. In seiner 1983 veröffentlichten Gerechtigkeitstheorie entwickelt er verschiedene Sphären der Gerechtigkeit, in denen bestimmte Güter nach jeweils kontextbezogenen Maßstäben verteilt werden. Eine dieser Sphären ist die der Mitgliedschaft, die Walzer zufolge, das erste und wichtigste Gut ist, das ein Gemeinwesen zu verteilen hat (vgl. Walzer 1983, 31). Im Unterschied zu Rawls geht Walzer also explizit davon aus, dass Mitgliedschaft nicht einfach als Prämisse der Gerechtigkeitstheorie vorausgesetzt werden kann, sondern selbst eine elementare Gerechtigkeitsfrage ist. Das wird etwa daran illustriert, dass Nichtmitgliedschaft in hohem Ausmaß von Schutzlosigkeit im freien Spiel des ökonomischen Wettbewerbs gekennzeichnet ist (vgl. Walzer 1983, 31–34). Die konkrete Verteilung des Gutes Mitgliedschaft obliegt aber weitgehend dem kollektiven Selbstbestimmungsrecht der Gemeinschaft, die in diesem Fall der

Nationalstaat ist. Eingeschränkt wird es nur durch das externe Prinzip der Hilfe in Notsituationen sowie die Empfehlung, dass auf nationalstaatlichem Territorium nicht dauerhaft Nichtzugehörige existieren sollen: Wem also Einlass gewährt worden ist, dem muss auch der Weg in die ordentliche Mitgliedschaft offenstehen (vgl. Walzer 1983, 42–63). Umso bedeutsamer ist aber die vorhergehende Auswahl; schließlich geht es dabei immer auch um den Erhalt und die Bewahrung des spezifischen Charakters der Gemeinschaft (vgl. Walzer 1983, 300; 314). Mehr noch: Unterscheidbare Gemeinschaften gibt es nur auf Grundlage klarer Grenzziehung (vgl. Walzer 1983, 319). Die Mitgliedschaftsfrage wird also durch die Ablehnung eines Rechts auf Einwanderung[51] und damit das Plädoyer für geschlossene Grenzen bzw. souveräne Grenzkontrollen beantwortet.

Einen Kontrapunkt dazu setzt Joseph Carens, der 1987 in einem Aufsatz ein Argument für offene Grenzen vorträgt, das er seither immer weiter verfeinert hat.[52] Sein Ausgangspunkt ist die liberale Philosophie angloamerikanischer Provenienz (vgl. Carens 2013, 226). Das Recht auf Einwanderung oder globale Bewegungsfreiheit ist für ihn ein individuelles Recht, das Staaten nicht verwehren dürften. Es lässt sich als konsequente Erweiterung des bereits anerkannten Menschenrechts auf Emigration[53] verstehen und ist überdies ein Mittel, mehr Chancengleichheit (engl. *equality of opportunities*) herzustellen (vgl. Carens 2013, 227–228; 238–250). Letzteres verweist auf die globale Ungerechtigkeit, dass mit der Staatsangehörigkeit eine große Ungleichheit hinsichtlich der Chancen, ein selbstbestimmtes Leben zu führen, einhergeht (vgl. Carens 2013, 233–235). Carens vergleicht dies mit dem Feudalsystem: Was seinerzeit die Privilegien des Adels gegenüber dem niederen Volk dargestellt hätten, repräsentiere im globalen Maßstab nun die Staatsangehörigkeit von Staaten der nördlichen Hemisphäre gegenüber der Staatsangehörigkeit von Staaten des globalen Südens (vgl. Carens 2013, 226).

Dieser scharfe Kontrast in den Pionierarbeiten für die Migrationsethik Typ I hat möglicherweise einen Teil dazu beigetragen, dass sich bis in die Gegenwart hartnäckig das Missverständnis hält, der liberale Standpunkt sei vor allem durch ein Votum für offene Grenzen charakterisiert. Tatsächlich reagiert das Gros der angelsächsischen liberalen Philosophie auf die kommunitaristische Kritik mit einer geradezu „kontextualistische(n) Wendung" (Honneth 1993,

---

51 Unter einem Recht auf Einwanderung wird bei Walzer demnach die Gewährung des Zugangs auf das Territorium eines Staates, dessen Mitglied man nicht ist, verstanden.

52 Im Folgenden wird auf die Version aus der „Ethics of Immigration" (vgl. Carens 2013, 226–254) zurückgegriffen.

53 Dieses Menschenrecht findet sich in Art. 13 Abs. 2 AEMR: „Jeder Mensch hat das Recht, jedes Land, einschließlich seines eigenen, zu verlassen und in sein Land zurückzukehren."

12) und der Zustimmung zu der These, liberale Staaten seien angewiesen auf spezifische Werte und Überzeugungen, ohne die sie nicht bestehen könnten. Das ist paradigmatisch ausgedrückt in John Rawls' Bekenntnis, in seiner Theorie gehe er selbstverständlich von freien Bürgern demokratischer Staaten aus, deren negatives Pendant nicht Fremde, sondern Sklaven seien (vgl. Rawls 1993, 57).[54] Als Standardposition in Bezug auf Migration bildet sich daher ein Recht auf Exklusion heraus, das in der Folge aber nicht nur durch voraussetzungsreiche Argumente wie die kulturellen Voraussetzungen liberaler oder nationaler Gemeinwesen gerechtfertigt wird, sondern sich verstärkt auf klassische liberale Argumentationstypen wie Eigentumsrechte oder Assoziationsfreiheit bezieht. Grundsätzlich ist aber deutlich erkennbar, dass sich eine starke Trennung zwischen liberalen (National-)Staaten und Migration sowie eine Grundoption für ein staatliches Ausschlussrecht etabliert (vgl. Cassee 2016, 21–36).

Nach einer Phase der Pionierarbeiten und der Konsolidierung im Umfeld der Liberalismus-Kommunitarismus-Kontroverse steht eine Phase der Differenzierung in den 1990er- und frühen 2000er-Jahren stärker unter dem Einfluss der Debatten um globale Gerechtigkeit und kulturelle Vielfalt, wobei die zuvor geprägte Struktur weiterhin Bestand hat. Damit rücken einerseits stärker ökonomische Fragen, insbesondere weltweiter Armut und ihrer Überwindung, andererseits demokratietheoretische Problemstellungen, etwa die Begründung stärkerer Pflichten gegenüber Landsleuten oder die Folgen von Zuwanderung für die Konstitution eines definierten *demos*, ins Blickfeld. Das Plädoyer für ein Recht auf Einwanderung wird weiter profiliert durch das Argument, damit könne angesichts massiver globaler sozialer Ungleichheit ein Beitrag zu mehr Gleichheit in materieller und sozialer Hinsicht geleistet werden und ergebe sich somit aus der Forderung nach globaler Gerechtigkeit (vgl. Carens 2013, 232–234). Migration wird also als Nachteilsausgleich gedacht. Dagegen wird eingewendet, globale Gerechtigkeit fordere nicht notwendig die Ermöglichung von Migration, sondern ziele vielmehr auf die Unterstützung der Armutsbekämpfung vor Ort, z. B. durch Bereitstellung finanzieller Mittel oder durch direkte Investitionen zur Schaffung von Arbeitsplätzen. Zudem seien es nicht die Ärmsten, die migrierten, so dass Migration nicht automatisch als Beitrag zur Armutsbekämpfung gesehen werden könne (vgl. Miller 2017, 58–63; Wellman 2011, 114–115).

---

54   Siehe auch die detaillierte Kritik von Seyla Benhabib anhand von Rawls' Schlüsselwerken zur Frage internationaler Gerechtigkeit „Das Recht der Völker" und „Politischer Liberalismus" (vgl. Benhabib 2008c, 78–96; bes. 83–85).

Darüber hinaus wird auf die sozialen und ökonomischen Kosten für die Aufnahmestaaten verwiesen, so dass Migration aus Perspektive globaler Gerechtigkeit sogar für einen umgekehrten Effekt sorgen könne und letztlich zu Ungerechtigkeiten gegenüber den (armen) Bevölkerungsteilen der Aufnahmestaaten führe. Kombiniert wird diese Warnung mit den kulturellen und politischen Folgen für die Zusammensetzung des Volkes, das eine Demokratie schließlich konstituiere. Diese lebe zu einem hohen Maß auch vom Vertrauen der Mitglieder ineinander – insbesondere dann, wenn es sich um Wohlfahrtsstaaten mit umfassenden sozialrechtlichen Ansprüchen handle – und dieses Vertrauen wurzele auch in einer gemeinsamen nationalen Kultur und Zugehörigkeit (vgl. Miller 2017, 47–51). Darauf wiederum findet sich die Antwort, dass in den Traditionen und Werten liberaler Demokratien, sprich: ihrer Kultur, bestimmte Überzeugungen enthalten seien, die ein wohlwollendes Verhältnis zu Migration vorgäben. Auf der Grundlage des liberalen Wertes der Symmetrie, i. e. „moral equality of humanity" (Cole 2000, 2), sei die bestehende fundamentale Asymmetrie zwischen Insidern und Outsidern, die alle den herrschenden Gesetzen unterworfen seien, ohne dass alle gleichermaßen Autoren dieser Gesetze seien, inakzeptabel. Ebenso verhalte es sich mit der Asymmetrie zwischen dem Recht auf Emigration, das ein liberaler Staat nach allgemeiner Überzeugung nicht kontrollieren dürfe, und dem Recht auf Immigration, das souveräner staatlicher Kontrolle incl. des Rechts auf Ausschluss und Ausweisung unterliege (vgl. Cole 2000, 43–48). Es zeigt sich also, dass sich Fragestellungen und Argumente weiter differenzieren sowie konkretisieren und die Ausgangsposition liberaler Nationalstaaten unter einem stärkeren Rechtfertigungsanspruch steht (vgl. Bader 2005, 352). Die Formatierung der Migrationsethik Typ I ist damit mehr oder weniger abgeschlossen.

In eine neue Phase tritt sie ein, als sie sich als ein eigenständiger philosophischer Diskurs zu verstehen und zu beschreiben beginnt. Der Amsterdamer Soziologe und Philosoph Veit Bader konstatiert 2005 noch, dass die philosophische Auseinandersetzung mit Migration immer noch nicht durch „any comprehensive and systematic treatment" (Bader 2005, 331) gekennzeichnet sei. Das hat sich inzwischen geändert; in den letzten 10 Jahren sind einige Monographien erschienen (vgl. Carens 2013; Miller 2017), die als systematische Abhandlungen gelten können. Außerdem zeichnet sich so etwas wie eine reflexive Wende der Migrationsethik Typ I ab, die zum einen eine historische und gesellschaftliche Ortsbestimmung vornimmt, zum anderen die bisher mehr oder weniger unangefochtenen Prämissen infrage stellt und im Austausch mit Außenperspektiven – z. B. der feministischen Theorie, der *Critical Race Theory* und der sozialwissenschaftlichen Migrationsforschung – blinde Flecken der bisherigen migrationsethischen Reflexion ausmacht. Dazu gehört beispielsweise der Einbezug der Umsetzung von Migrationspolitiken wie der souveränen Einwanderungskontrolle, die durch migrationsethische Argumente gerechtfertigt erscheinen (vgl. Mendoza 2015), oder eine stärkere Hinwendung zu empirischen Arbeiten, die Migrationsrealitäten beschreiben (siehe die Beiträge in Pt. 2 bei: Fine/Ypi 2016a). Und erst hier wird der Tatsache Rechnung getragen, dass die Migrationsethik Typ I eine *Variante* philosophischer Auseinandersetzung mit Migration ist und sich also auch zu einer (wenn auch nicht besonders umfangreichen oder differenzierten) Philosophiegeschichte verhalten muss (vgl. Sager 2016a, 3–4; Daniels 2017, 689–690).

Insofern kann zumindest für die jüngere Vergangenheit ein wachsendes Problembewusstsein in Bezug auf die Basisannahmen und die Struktur konstatiert werden, ohne dass diese vollständig abgelöst würden (vgl. exemplarisch: Sager 2016a). Wie nachhaltig sich diese zumindest angebahnte reflexive Wende auf die gesamte Migrationsethik des ersten Typs auswirkt und für tiefergreifende Veränderungen sorgt, lässt sich aktuell noch nicht absehen. Zeitgenössische Aneignungsprozesse, etwa im deutschsprachigen Raum seit 2015,[55] lassen eher Zurückhaltung angeraten erscheinen. Denn diese lassen die neueren Ansätze meist vollständig beiseite und bleiben bei etablierten Basisannahmen und Struktur der Migrationsethik Typ I. Was sich in der knappen philosophiehistorischen Rekonstruktion bereits angedeutet hat, ist nun noch einmal systematisch etwas ausführlicher zu entfalten.[56]

Eine wichtige Basisannahme ist die Perspektive eines ansässigen Kollektivs, das mit einer nennenswerten Zahl an Nichtansässigen konfrontiert ist. Diese Perspektive begegnet in einem unterschiedlichen Grad an Abstraktionsleistungen, der von einem schlicht identifizierenden „Wir" (Miller 2017, 9) über den Blickwinkel von „sesshaften Gesellschaften" (Miller 2017, 34) und Nationalstaaten zu legitimen Staaten reicht. Für letztere werden Kriterien angegeben, so dass darunter hauptsächlich liberaldemokratische Verfassungsstaaten fallen (vgl. Wellman 2011, 15–18). Letztlich bezeichnen aber alle Stichwörter das gleiche: eine Gruppe von Menschen, die sich qualitativ vor allem dadurch auszeichnet, nicht-migrantisch oder durch stabile, lang andauernde Zugehörigkeiten definiert zu sein (vgl. Miller 2017, 34–35). Von dieser Basisannahme her leitet sich das Migrationsverständnis ab. Unter Migration wird

---

55   Siehe dazu zum Beispiel die Sammelbände „Ethik der Migration" (Dietrich 2017a) sowie „Welche und wie viele Flüchtlinge sollen wir aufnehmen?" (Grundmann/Stephan 2016) und die Monographie „Über Grenzen denken" (Nida-Rümelin 2017).

56   Da nicht alle Basisannahmen dargestellt werden können, muss eine Auswahl getroffen werden, die nach dem Kriterium der Relevanz für den Zusammenhang dieser Arbeit erfolgt.

weit überwiegend ökonomisch motivierte Migration aus dem globalen Süden in den globalen Norden verstanden. Migrationswissenschaftlich ausgedrückt heißt das: Der Schwerpunkt des Interesses liegt auf internationaler Süd-Nord-Migration, die nicht durch formalrechtliche Definition als Flucht unter besondere internationale Schutzgarantien fällt. Selten wird diese Migrationsform als Emigration thematisiert; hier beschränkt sich die Beschäftigung meist auf das sog. *Brain-Drain*-Problem (vgl. Brock 2017; Blake 2017). Die Mehrzahl der Beiträge adressiert die internationale Süd-Nord-Migration als Immigration – wie die Grundfragen der Migrationsethik Typ I anschaulich belegen.

Die Verankerung des sesshaften Kollektivs im migrationsethischen Denken dieses Typs liegt allerdings noch tiefer; die Annahme einer stabilen Gesellschaft, der man durch Geburt beitritt und die man mit dem Tod verlässt, ist Teil der Idealbedingungen unter denen Gerechtigkeitsprinzipien erarbeitet werden – ob sie nun durch einen ‚Urzustand' abstrahiert oder offensiv durch kommunitaristische Prämissen zum Paradigma erhoben wird. In jedem Fall ist Migration eine Ausnahme von der Regel, eine Abweichung von der Norm, eine Realität, die unter nicht-idealen Bedingungen anzutreffen, aber für die normativen Prinzipien, nach denen politische Ordnungen und Verhältnisse ausgerichtet werden sollen, irrelevant ist. „[P]olitical philosophy has often operated under the assumption of stasis in which migration is ignored or treated as pathological and exceptional.", hält Sager (2016a, 3) fest. Dieses Verständnis von praktischer Vernunft als statischer Vernunft kommt auch in den Ansichten zum Ausdruck, die als Standard der Migrationsethik Typ I gelten können: der Legitimität von nationalstaatlicher Souveränität in der Migrationskontrolle und -regulierung sowie von rechtlichen Ungleichbehandlungen von Bürger:innen und Nichtbürger:innen (vgl. Fine/Ypi 2016b, 2).

Diese Legitimität wird häufig in der sprachlichen Form von moralischen Rechten artikuliert und diskutiert. Zur Debatte steht nicht das faktische, positive Recht, sondern der moralische Anspruch, für dessen Rechtfertigung dann eben Prinzipien der Gerechtigkeit usw. herangezogen werden. Dabei legen die Beteiligten Wert darauf, diese Debatte als pluralistisch, ausgewogen und sachlich zu inszenieren und auf diese Weise auch ein Modell für die gesellschaftlichen, also öffentlichen Migrationsdebatten zu geben (vgl. Cole 2011, 162–164).

Das geschieht zunächst wiederum durch die binäre Zuordnung von Staaten auf der einen und Immigrant:innen auf der anderen Seite, wobei im ersten Fall das moralische Recht von Staaten auf territorialen und bzw. oder politischen Ausschluss, im zweiten das Recht auf Einwanderung der Legitimation bedürfen. Gleichwohl wird bereits an dieser Stelle deutlich, dass diese Parallelisierung nicht ganz aufgeht: Denn das Recht auf Einwanderung lässt sich sinnvoll als ein Menschenrecht – und das bedeutet in der Regel ein subjektives

Individualrecht – konzipieren, während das Recht auf Ausschluss sich auf ein Kollektiv bezieht, das zudem signifikant mit wirkungsvolleren (Gewalt-)Mitteln ausgestattet ist, dieses Recht durchzusetzen. Dass Staaten dies auch faktisch ausüben, macht darüber hinaus einen qualitativen Unterschied für die philosophische Begründung. Es ist eben nicht dasselbe, einen bereits bestehenden sanktionsfähigen Rechtsanspruch mit philosophischen Mitteln zu verteidigen oder ein weder anerkanntes noch einklagbares Recht zu begründen.

Die Struktur, die in einschlägigen Lexikonartikeln zum Ausdruck kommt, legt dagegen ein Gleichgewicht dieser Rechtsbegründungen nahe, das auch dadurch unterstützt wird, dass die Argumente ausgewogen verteilt zu sein scheinen, sich Positionen für geschlossene oder offene Grenzen, für ein Recht auf Ausschluss oder ein Recht auf Einwanderung die Waage halten. Dass sowohl die politischen als auch die argumentativen Verhältnisse höchst ungleich verteilt sind, bleibt dagegen unerwähnt (exemplarisch: Wellman 2019; Seglow 2013). Ein ähnliches Bild vermitteln die polar angeordneten Debatten zwischen Philosophen, die jeweils für eine Seite Partei ergreifen und im Zusammenspiel einen Beitrag dazu leisten wollen, dass den interessierten Lesenden ein eigenes Urteil ermöglicht wird (vgl. Wellman/Cole 2011). Insofern versteht sich Migrationsethik Typ I gleichzeitig als ein anspruchsvolles und elaboriertes Programm ethischer Begründung und als Förderung demokratischer Meinungsbildungsprozesse, die möglichst vielfältig und ausgewogen sein sollen.

Doch was hat es mit dem Recht auf Ausschluss als „Standardansicht" (Cassee 2016, 21) und „liberal orthodoxy" (Cole 2000, 43) eigentlich genau auf sich? Erstaunlicherweise sind nähere Bestimmungen, die über die Charakterisierung als ein moralisches Recht hinausgehen, selten anzutreffen. Einen Ansatz liefert Andreas Cassee, der als rechtstheoretischen Rahmen die liberale Rechtstheorie Leif Weinars wählt. Diese unterscheidet zwischen vier grundlegenden Rechtstypen: *claims* (Ansprüchen), *privileges* (Privilegien), *powers* (Kompetenzen), *immunities* (Immunitäten) (vgl. Cassee 2016, 21–22). Das Recht auf Ausschluss ist eine Kompetenz, das heißt die Befähigung „zur Veränderung von Rechten" (Cassee 2016, 22). In diesem Fall geht es darum, „die Rechte von Nichtbürgern zu verändern" (Cassee 2016, 23). Genau genommen stellt das Recht auf Ausschluss also keine moralische, sondern eine juridische Kompetenz dar, die aus drei Komponenten besteht: der „These über die nationalstaatliche Entscheidungskompetenz" (Cassee 2016, 24), der „Negation eines Rechts auf Einwanderung" (Cassee 2016, 26) sowie der „These über die gerechtfertigte Parteilichkeit" (Cassee 2016, 27) gegenüber Staatsbürger:innen. Die philosophische Aufgabe besteht darin, diese juridische Kompetenz moralisch zu rechtfertigen, weil unter liberalen Prämissen staatliches Handeln, insbesondere die Ausübung staatlichen Zwangs, der Rechtfertigung bedarf (Cassee 2016, 30). Zusammengefasst: Im migrationsethischen Fokus steht das moralische Recht eines Staates auf Ausübung der juridischen Kompetenz zur Exklusion von Menschen aus einer politischen Gemeinschaft oder einem Territorium (vgl. Cassee/Goppel 2012, 9–10).

Ein zentraler Punkt der Rechtfertigung ist, dass es sich – bis auf wenige Ausnahmen wie Christopher Heath Wellman (vgl. 2008) – um ein bedingtes Recht handelt; es unterliegt also gewissen Beschränkungen. Walzer führt das externe Prinzip der Hilfeleistung in Notsituationen an, das vor allem auf Flüchtlinge bezogen wird, und votiert für die Perspektive zeitnaher Einbürgerung für die bereits auf dem staatlichen Territorium anwesenden Ausländer (vgl. Walzer 1983, 62). David Miller knüpft es an die Bedingung, dass Menschen unbedingt gewährt werden muss, ihre Grundbedürfnisse befriedigen zu können. Von diesen leitet er den Menschenrechtsbegriff her; Menschenrechte sind also die Rechte, die gewährleistet sein müssen, um die Grundbedürfnisse befriedigen zu können. Dabei sieht er wiederum zunächst die einzelnen Staaten in der Verantwortung zur Gewährleistung dieser Rechte (vgl. Miller 2017, 53–60). Doch zur Konzeption des Rechts auf Ausschluss gehört auch, dass es keine unbedingte Geltung beanspruchen soll.

Dennoch wird erheblicher intellektueller Aufwand betrieben, dieses Recht zu verteidigen. Besonders auffällig ist, dass die Migrationsethik Typ I in der Konstruktion ihrer Argumente immer wieder auf Beispiele und Analogien zurückgreift, die vor allem einer bürgerlichen Vorstellungswelt entstammen und nur in dieser wirklich plausibilisiert werden können. Die Migrationsethik ersten Typs reflektiert die herrschenden Verhältnisse nicht nur, sondern unterstützt sie auch performativ. Die Sprache der Rechte als primärer Form der normativen Rechtfertigung sowie die Bezugnahme auf den Nationalstaat als Ideal politischer Gemeinschaft sind bereits dargestellt worden. Ein weiteres wichtiges Feld sind Analogien aus dem Bereich des Privatrechts wie zum Beispiel die Nutzungsrechte von Privateigentümern (vgl. Steiner 2017, 48–59), die freiwillige Assoziation nach dem Vorbild einer zivilrechtlichen Ehe (vgl. Wellman 2011, 29–32), die Mitgliedschaftsregelungen von privaten Clubs (vgl. Walzer 1983) oder die elterlichen Fürsorgepflichten (vgl. Wellman 2011, 25), die angeführt werden, um den Vollzug nationalstaatlicher Souveränität in Einwanderungsfragen plausibel zu machen. Sie werden als Artikulationsform praktischer Rationalität inszeniert und leisten dadurch dem, was ohnehin der Fall ist, sprich: der Normativität des Faktischen, argumentativ Vorschub. Die Normativität des Faktischen ist dabei nicht so sehr die konsequente Durchsetzung des nationalstaatlichen Rechts auf Ausschluss, sondern die über

Distinktions- und Exklusionsstrategien vermittelte bürgerliche Herrschaft. Denn auf diese Weise wird auch auf theoretischer Ebene vorgeführt, welche Erfahrungen und Sichtweisen von Bedeutung sind – und welche nicht. Es ist jedenfalls mehr als augenscheinlich, dass die bürgerliche Welt der Privateigentümer, Clubs und Familien, für die Sesshaftigkeit der Regelfall ist, den Maßstab für die Migrationsethik Typ I abgibt.

3.2.1.2 Migrationsethik als Ethik im Kontext globaler Migration (Migrationsethik Typ II). Ortsbestimmung und Horizonterweiterung

Etwa zeitgleich mit der Migrationsethik Typ I hebt ein anderes Projekt ethischer Reflexion von Fragen der Migration an und reagiert auf das gleiche intellektuelle Desiderat der Beschäftigung mit der sozialen Realität der Migration (vgl. Delgado 1991, 248–252). Dieses Unterfangen, das mit dem Titel *Ethik im Kontext globaler Migration* (künftig: Migrationsethik Typ II) überschrieben werden kann, entsteht allerdings vor einem anderen gesellschaftlichen und geistesgeschichtlichen Hintergrund und folgt eigenen wissenschaftlichen Pfaden, was sich auch in Kriterien und Grundoptionen spiegelt. Als ein Beispiel, an dem allgemeine Merkmale der Migrationsethik Typ II dargestellt werden können, wird im Folgenden auf die christliche Migrationsethik rekurriert.[57] Dies bietet sich nicht nur an, weil sie sowohl fachlich als auch geographisch[58] eine Kontrastfolie zur Migrationsethik Typ I darstellt, sondern auch, weil sie explizit den Begriff „Migrationsethik" prägt – und damit im Unterschied zur fachphilosophischen Auseinandersetzung mit Migrationsfragen im deutschsprachigen Raum offensiv in terminologische Konkurrenz zum skizzierten Verständnis von Migrationsethik als Ethics of Migration tritt.

Die globale Dimension von Migration ist ebenso wie ein Bewusstsein für die problematische Reproduktion vermeintlich selbstverständlicher Kategorisierungen und Unterscheidungen auch in der Migrationsethik Typ II nicht von Anfang an vollumfänglich präsent. Vielmehr entzündet sich die

---

57 Damit rahmen und erweitern die folgenden Ausführungen das bisher Gesagte. Dass sich die Ethik im Kontext globaler Migration im Rahmen eines Menschenrechtsparadigmas bewegt, wird hier vorausgesetzt (siehe Kap. 1.2.4).

58 An dieser Stelle sei erwähnt, dass im anglophonen Raum profilierte Ansätze christlicher Migrationsethik zu finden sind, die sich differenziert auch zur Migrationsethik Typ I verhalten (vgl. exemplarisch: Heyer 2012). In vielen ihrer Grundannahmen und der methodischen Herangehensweise decken sie sich mit den Anliegen einer Migrationsethik Typ II. Punktuell wird darauf im Folgenden einzugehen sein; eine ausführliche Diskussion der christlich-migrationsethischen Landschaft anglophoner Provenienz kann allerdings nicht erfolgen. Siehe dazu mit einem vom Interesse am sozialkatholischen Engagement für „undocumented migrants" geleiteten Zugang: Henkel (2018).

Auseinandersetzung zuerst an *konkreten gesellschaftlichen Debatten* bzw. an einer veränderten Wahrnehmung der Lage von Fremden bzw. Ausländern in der Gesellschaft, im Falle der christlichen Migrationsethik der Gesellschaft der sog. ‚alten Bundesrepublik'. Die ersten Annäherungen an das komplexe Phänomen Migration geschehen über das „Ausländerproblem" (Delgado 1991, 249), worunter vor allem die Rechtsstellung und soziale Lage primär von Arbeitsmigrant:innen sowie Renaissancen nationalistischen und völkischen Denkens in Teilen der sog. Mehrheitsgesellschaft[59] gefasst werden (vgl. Delgado 1991, 248–250). Die theologischen und theologisch-ethischen Reflexionen bewegen sich dabei im Horizont einer ad hoc entstehenden Migrationsforschung, die empirische sozialwissenschaftliche Studien ebenso umfasst wie historische Expertisen und rechtswissenschaftliche Gutachten (vgl. Delgado 1991, 249).[60] Ihr Leitmotiv finden sie hauptsächlich im Bild der ‚Fremden', das biblisch anschlussfähig ist und einen hohen Aktualitätsbezug hat. Der fundamentaltheologisch versierte Kirchenhistoriker Delgado moniert, dass diese frühen theologischen Beiträge, incl. Verlautbarungen des ortskirchlichen Lehramts, nicht über Appelle oder Ermahnungen hinauskämen. Zudem begnügten sie sich mit Diagnosen zu den Ursachen der wahrgenommenen Probleme, die hauptsächlich im Nationalstaat gesehen würden, aber keine detaillierte und methodisch geleitete Kritik durchführten (vgl. Delgado 1991, 251–253).

Doch gesellschaftliche Problemlagen sowie zivilgesellschaftliche oder kirchliche Bewegungen, die in Reaktion darauf entstehen, sind nicht nur Initialzündung einer theologisch-ethischen Beschäftigung mit Migration, die sich fortan mit systematischen Fragen befasst. Vielmehr sind konkrete Problemstellungen ein Strukturmerkmal christlicher Migrationsethik. Diese Orientierung wird theoretisch zunächst diskursethisch bzw. durch eine Weiterentwicklung zu einer advokatorischen Diskursethik begründet, die sich vor allem auf die ethische Rechtfertigung menschlichen Handelns stützt. Insofern besteht eine enge Verbindung zu einer erneuerten kontinentaleuropäischen Tradition kantischer Provenienz, wie sie vor allem der Frankfurter bzw.

---

59 Schon Delgado weist darauf hin, dass diese allerdings nicht in ihrer rassistischen Grundierung benannt, sondern euphemistisch als „Fremdenangst" thematisiert werden (1991, 252).

60 Lesch (vgl. 1987, 181–182) attestiert vor allem der theologischen Ethik Nachholbedarf gegenüber einer „schon seit langem" (Lesch 1987, 182) aktiven sozial- und rechtswissenschaftlichen Migrationsforschung. Die von ihm angeführten Publikationen setzen allerdings ebenfalls erst Mitte der 1970er- bzw. Anfang der 1980er-Jahre an, sind also zeitgenössisch. Das ändert nichts am Befund des Nachholbedarfs der theologischen Ethik, relativiert aber das Urteil, dabei handle es sich um eine im Vergleich mit anderen Wissenschaften signifikante Vernachlässigung des Gegenstands.

Starnberger Intellektuelle Jürgen Habermas geprägt hat (vgl. Lesch 1987, 179–180; 182–192). Später wird auch das Stichwort der Kontextualität als zentrale heuristische und hermeneutische Kategorie wichtig. Dieses verdankt sich eher feministisch-ethischen Zusammenhängen und wendet die gesellschaftliche Anbindung theologischer Ethik noch einmal reflexiv. Es nimmt nämlich schon die Bedingungen der Identifikation von ethischen Fragestellungen in den Blick und zeigt auf, wie sehr sie durch Kategorien wie Geschlecht, soziale Position, Kultur usw. geprägt sind (vgl. Heimbach-Steins 2002; Heimbach-Steins 2008).

Vor allem in der ersten Phase der Diskussionen rund um „Arbeitsmigration und Asylantenproblem" (Zuleeg 1988, 70) sind die Beiträge noch sehr stark an den gesellschaftlichen Debatten orientiert. Oft thematisieren sie einzelne politische Fragestellungen, wie z. B. die Frage der Familienzusammenführung, die nach Einführung von Wartezeitregelungen für die Einreise von Ehepartner:innen sowie Kindern ab einem bestimmten Alter durch die Bundesregierung im Horizont einer restriktiven Wende steht (vgl. Meier-Braun 1987, 52–53).[61] Hinzu kommen die Problematisierung von gesellschaftlichen und rechtlichen Diskriminierungen auf dem Wohnungs- und Arbeitsmarkt (vgl. John 1987, 32–33; Zuleeg 1987, 110–111) sowie – vor allem im Zusammenhang mit der Asyldebatte – eine mit Sorge beobachtete wachsende und offen zur Schau gestellte Fremdenfeindlichkeit (vgl. Meier-Braun 1987, 57–58). Die Asylrechtsverschärfung des sog. Asylrechtskompromisses 1993 bildet den Abschluss der emotionalen und zugespitzten Debatte, die bereits im Urteil zeitgenössischer Beobachter wie des Philosophen Ernst Tugendhat vor allem einen „vollständigen moralischen Bankrott[s]" (Tugendhat 1987, 76) zum Ausdruck bringt.

Widerhall findet die Asyldebatte auch in dem Band „Flucht – Asyl – Migration" des Jahrbuchs für Christliche Sozialwissenschaften (JCSW) (vgl. Furger 1994), wobei dessen Beiträge in ihrer Herangehensweise und Fragestellung schon deutlich grundsätzlicher angelegt sind. Sie reagieren zudem auf die Tatsache, dass sich die politischen Rahmenbedingungen mit dem Ende der Ost-West-Konfrontation, der deutschen Einigung unter dem Dach der Bundesrepublik sowie der in Angriff genommenen Vertiefung der europäischen Integration tiefgreifend verändert haben. Zu den aus den Asylrechtsverschärfungen resultierenden Folgeproblemen, wie der wachsenden Zahl von Menschen in aufenthaltsrechtlicher Illegalität, und damit korrespondierenden Solidaritätsbewegungen, z. B. der seit 1987 entstehenden Kirchenasylbewegung, werden

---

61   Das spiegelt sich in einigen Bundesländern, z. B. Baden-Württemberg, sowie in der Bundesregierung auch darin, dass „eindeutig eine Kompetenzverlagerung in der Ausländerpolitik vom Sozialministerium auf das Innenministerium festzustellen" (Meier-Braun 1987, 67) ist.

nicht nur kirchliche Stellungnahmen oder einzelne Forschungsartikel (vgl. Heimbach-Steins 1996; Becka 2009) veröffentlicht, sondern auch umfangreiche ethische Untersuchungen angefertigt (vgl. Fisch 2007; Babo 2003). Diese Arbeiten stehen bereits in einem europäischen bzw. globalen[62] Denkzusammenhang; denn der Protest gegen Statuslosigkeit und restriktive Asylpolitiken[63] ist u. a. in Frankreich mit der *sans papiers*-Bewegung sehr stark. Auch die Kirchenasylbewegung formiert sich in einigen europäischen Ländern und hat im *sanctuary movement* ein nordamerikanisches Pendant.[64] Gleichwohl verhallen die meisten konstruktiven Vorschläge für Reformen zur Vermeidung von aufenthaltsrechtlicher Illegalität und Statuslosigkeit (vgl. Fisch 2007, 273–325) und Plausibilisierungsversuche von Kirchenhikesie als advokatorischer Schutzmaßnahme (vgl. Babo 2003, 399–411) politisch beinahe ungehört. Dennoch ist festzustellen, dass in dieser Phase auf der Theorieebene stärker grundlegende Zusammenhänge reflektiert werden und sich dabei die Erkenntnis durchsetzt, dass Migration als globales Phänomen nicht auf simple Schemata von Ein- und Auswanderung reduziert werden kann und entsprechend eigener Theoriebildung bedarf (vgl. Heimbach-Steins 2014b; Koudissa 2014, 17–153). Außerdem ist die Figur des ‚Illegalen' bzw. die besondere Aufmerksamkeit für ‚illegale Migration' ein festes Element der christlich-migrationsethischen Reflexion (vgl. Becka 2009; Heimbach-Steins 2010).

In der jüngeren Migrationsdebatte seit 2015 scheint sich – nach einer erhitzten und zusehends von rechtsextremen Kräften unterwanderten Diskussion um die Aufnahme und den humanen Umgang mit Schutzsuchenden – mehr und mehr die Einsicht durchzusetzen, dass die bisherige nationalstaatliche wie auch die europäische Asyl- und Migrationspolitik als gescheitert gelten müssen und grundlegender Änderungen bedürfen. In welcher Form die zeitgenössische Debatte sich auf die Struktur der Migrationsethik Typ II auswirken wird, ist aktuell noch nicht abzusehen. Die Wogen der vergangenen

---

62   Einschränkend muss hier jedoch erwähnt werden, dass die Konzentration sehr auf dem globalen Norden liegt.

63   Der Slogan „Kein Mensch ist illegal." wird wohl 1988 erstmals von Elie Wiesel geprägt; auf der Documenta in Kassel 1997 entsteht ein dezentrales Netzwerk, das sich diesen Gedanken zu eigen macht und ausgehend von einem Manifest eine kritische Bewegung initiiert (vgl. documentaX 1997).

64   Gleichwohl ist an dieser Stelle darauf hinzuweisen, dass es sich dabei nie um Massenbewegungen handelt und auch die amtskirchliche Aufmerksamkeit höchst temporär ist. So ist überraschend, dass das Bewusstsein hinsichtlich der Situation von Menschen ohne Aufenthaltsstatus rund um die Jahrtausendwende (z. B. bei: Huber 2002; Sterzinsky 2002) in den öffentlichen Stellungnahmen auf dem ‚Höhepunkt' der Flüchtlingskrise 2015/2016, die stark von den Leitmotiven Barmherzigkeit und Nächstenliebe bestimmt sind (vgl. Hack 2018, 11–14), keine Rolle mehr spielt.

Jahre haben aber zumindest viel Zeit und Energie in der binnengesellschaftlichen Auseinandersetzung gebunden – und also auch das Interesse der Forschung auf entsprechende Fragestellungen gelenkt, etwa die Debatten um Gesinnungs- und Verantwortungsethik (vgl. Mandry 2017) bzw. die Dimensionen von Verantwortung (vgl. Heimbach-Steins 2016a) sowie die konkreten Gestaltungsaufgaben bzgl. der gesellschaftlichen Integration. Das birgt freilich das Risiko, dass die grundlagentheoretische Bedeutung sowohl der Herangehensweise als auch der systematischen Fragen und angebotenen Perspektiven hinter der jeweils dominierenden aktuellen Debatte etwas ins Abseits geraten. Eine Migrationsethik, die sich ihre Fragen auch von einer bestimmten geschichtlichen und gesellschaftlichen Situation aufgeben lässt, kann Gefahr laufen, sich einem „Gleichzeitigkeitsvorbehalt" (JBMGS 3/2d, 217) zu unterstellen. Dies scheint der Migrationsethik Typ II allerdings von Beginn an bewusst gewesen zu sein, wenngleich die ersten Versuche, ihr eine *historische Ausrichtung, soziologische Fundierung* und *ethische Grundoptionen* zu verleihen, noch etwas unbeholfen wirken.

Dass Migration eine historische Dimension hat, ist in der christlichen Migrationsethik bereits früh klar; welcher Zugang dabei geeignet ist, muss sich jedoch erst im Prozess der Auseinandersetzung herausbilden. Im Grunde können zwei Vorgehensweisen unterschieden werden: Die eine steht im Zeichen, Migration als ein (ambivalentes und exzeptionelles) anthropologisches Existential auszuweisen; die andere befragt in der Suche nach Orientierung in der gegenwärtigen Welt die (abendländische) Tradition. Die erste Annäherung arbeitet hauptsächlich mit Beispielen, deren Auswahl vor allem für ein bildungsbürgerliches Publikum plausibel ist: die Völkerwanderung des 4.–6. Jahrhunderts, an deren Ende der Untergang des Römischen Reiches steht; die mit den kolonialen Eroberungen der ‚Neuen Welt' in Verbindung stehenden Auswanderungen in die Amerikas oder die Vertreibungen infolge der beiden Weltkriege im 20. Jahrhundert sind fester Bestandteil des historischen Bewusstseins eines akademisch gebildeten Bürgertums und werden nun – auch als Reaktion auf ein Defizit dieses Bewusstseins – als Wissen über Migration aktiviert (vgl. Korff 1988, 129–130; Schmölz 1988, 18–19)[65]. Die Verfänglichkeit dieser – etwas notdürftig zusammengestellten – Beispiele zum

---

65 Korff führt in seiner Aufzählung zudem die Gettoisierung der „jüdischen Migranten" (Korff 1988, 130) im mittelalterlichen und neuzeitlichen Europa an. Das ist insofern höchst ungenau, als jüdisches Leben auf dem europäischen Kontinent nicht per se mit einem Migrant:innendasein identifiziert werden kann und in den Gettos eben auch jüdische Einheimische leben mussten. Dieses Bild bedient vielmehr das antijüdische Klischee des „ewigen Wanderers", das in Form des Ahasver-Mythos auch durch das Christentum über Jahrhunderte hinweg kultiviert und tradiert wird.

Verständnis gegenwärtiger Migrationsphänomene ist auch den zitierten Autoren klar. Deshalb werden sie mit dem Hinweis versehen, dass die Umstände jeweils sehr verschieden seien und vor allem verdeutlichten, dass Migration viele Ursachen habe (vgl. Korff 1988, 129; Schmölz 1988, 14). Im Vordergrund dieser kursorischen Annäherungen steht die Intention, plausibel zu machen, dass Migration *irgendwie* zur menschlichen Existenz dazu gehört.

Gewissermaßen von der anderen Seite her wird diese Intuition einzuholen versucht, indem auf die mit der Neuzeit anhebende Dynamik verwiesen wird, die der Sozialethiker Wilhelm Korff in der Dialektik von Integration und Transformation fasst (vgl. Korff 1988, 128–129). Migration wird damit zur Variante eines umfassenden weltumspannenden und menschheitsweiten historischen Prozesses der Rationalisierung von Gesellschaft – mittels technisch-wissenschaftlicher Methodik und einer universalistisch ausgerichteten ethisch-personalen Vernunft (vgl. Korff 1988, 131–133). Die theoretische Herausforderung besteht hier eher in der bleibenden Sichtbarkeit von Partikularitäten, die für Korff in den Phänomenen unterschiedlicher Sprachen, Religion und Nation aufgehoben sind (vgl. Korff 1988, 144–149). Vor allem letzteres wird in seinen problematischen Ausprägungen kritisiert. Insgesamt geht es aber um eine andere Einsicht: die gemeinsame Betroffenheit aller Menschen von der neuzeitlichen Dynamik (vgl. Korff 1988, 150). Die von dem durchaus achtbaren Interesse der Betonung einer gemeinsamen Lage der Menschheit geleitete Nivellierung der Unterschiede wird zurecht als Ausdruck relativen Unverständnisses gegenüber dem Migrationsphänomen als einschneidendem biographischen Ereignis und einer für soziale Verhältnisse prägenden Wirklichkeit kritisiert (vgl. Delgado 1991, 248–252). Mittlerweile ist daher eher verbreitet, von einer Hermeneutik auszugehen, die Geschichte nicht nur als universales (Fortschritts-)Geschehen, sondern als Konstituens sozialer Praxis begreift. Dabei wird das Augenmerk stärker auf Kontinuitäten des kolonial-imperialistischen Zeitalters sowie auf die Sozialgeschichte der Migration im jeweils relevanten Kontext gelegt (vgl. Heimbach-Steins 2016b, 30–38; 49–51; 103–109).

Ungleich stabiler sind allerdings die Positionen in der Befragung der Tradition. Auf der Suche nach ethischen Orientierungen werden die Beteiligten sowohl in den biblischen Schriften als auch im modernen universalistischen Menschenrechtsethos fündig. Die Vermittlung von biblischem Denken und modernen Migrant:innen erfolgt über die begriffliche Klammer des Fremden (vgl. Ebach 2015, 89–99). Die alttestamentlichen Güter des Fremdenschutzes und der Fremdenliebe werden hier entdeckt, aber auch die Hochschätzung von Gastfreundschaft und das Selbstverständnis als Volk, dessen Mitglieder selbst als Fremde in Ägypten gelebt haben und eine Emigration, den Exodus, als Befreiungsereignis erinnernd vergegenwärtigen (vgl. Merks 1988, 45–58; Korff 1988, 135–136).[66] Differenzierungen und Modifikationen bzgl. des Begriffs der Fremden, zur Dechiffrierung der Exoduserzählung als Gründungsmythos und einer bleibenden Selbstinterpretation Israels als Fremde in der Welt auf Grundlage exegetischer Forschung (gebündelt bei: Steins 1994, 136–150) führen zwar zu einer Zurückhaltung gegenüber unmittelbar aus biblischen Schriften abgeleiteten sittlichen Forderungen, ändern aber nichts an der Würdigung des biblischen Erfahrungsschatzes in Bezug auf das Fremdsein (vgl. Lesch 1987, 200–202). So bilden biblisch-theologische Motive und Gedanken aus beiden Testamenten weiterhin einen festen und elementaren Bestandteil christlicher Migrationsethik (vgl. Heimbach-Steins 2016b, 60–73). In der anglophonen christlichen Migrationsethik wird demgegenüber zudem die enge Verbindung von Fremden- und Nächstenliebe erinnert. Darüber hinaus wird auf das Theologoumenon der ‚sozialen' bzw. ‚strukturellen' Sünde rekurriert, das sich sowohl in lehramtlichen Schreiben Johannes Pauls II. als auch in befreiungstheologischen Schriften findet (vgl. Heyer 2012, 35–45). Migrationsethisch macht die Rede von sozialer Sünde vor allem auf die Verschränkung von intendierten und unwillentlichen Aspekten der fortwährenden Reproduktion von Ungerechtigkeit aufmerksam (vgl. Heyer 2012, 46–48). Die stark moralische und religiöse Auflading dieses Konzepts ist allerdings wohl vor allem innerhalb eines kirchlich bzw. christlich geprägten Kontextes kommunikabel. Es ist fraglich, inwiefern das Aufdecken sozialer Sünden zu mehr als individuellen oder privaten Initiativen führen kann, weil aus der Tradition heraus ‚Sünde' vor allem eine Reaktion des (subjektiven) Gewissens provoziert.

In Bezug auf das universalistische Menschenrechtsethos wird nicht so sehr auf die Menschenrechtserklärungen der bürgerlichen Revolutionen, sondern auf die (hauptsächlich auf Europäer beschränkt gebliebene) neuzeitliche Wende zum Subjekt (vgl. Korff 1988, 137–139; Merks 1988, 58–64), die AEMR als aktuelles Dokument des Konnex von Menschenwürde und Menschenrechten (vgl. Schmölz 1988, 29–33; Lesch 1987, 194–197) sowie die völkerrechtlich ausgerichteten Überlegungen der spanischen Spätscholastik, besonders Francisco de Vitorias, zurückgegriffen (vgl. Delgado 1991, 261–265; Delgado 1994; Delgado 2011). Vitoria ist von hervorgehobenem Interesse, weil er im Rahmen einer menschenrechtsethischen Argumentation neben

---

66 Das Exodusparadigma wird gleichwohl nicht fraglos als vielversprechendes migrationsethisches Motiv akzeptiert. Mariano Delgado unterscheidet zwischen einem alten und einem neuen Exodusparadigma, wobei das alte eine „religiöse Stammesmoral" (Delgado 1991, 257) darstelle, die den Kern des – in der christlichen Migrationsethik weithin problematisierten – nationalen Mythos repräsentiere (vgl. Delgado 1991, 253–257).

drei anderen Grundrechten ein Recht auf Migration und Niederlassung einführt, das zwar zuerst dazu dient, die spanische Eroberung des amerikanischen Kontinents zu legitimieren, es allerdings an die Bedingung knüpft, dass die Einwanderung nicht zum Schaden der einheimischen Bevölkerung werden soll (vgl. Delgado 1991, 262). Erstmals wird so ein Grundrecht auf globale Bewegungs- und Niederlassungsfreiheit formuliert, das nur aus schwerwiegenden Gründen eingeschränkt werden darf (vgl. Delgado 1991, 262–263). Die Prämisse seines Gedankengangs ist der ursprünglich gemeinsame Besitz aller Menschen an der Erde, dem die partikularen Eigentumsverhältnisse nachgeordnet sind (vgl. Delgado 1991, 262). Damit hebt sich Vitoria deutlich von zeitgenössischen Legitimationsversuchen ab, weil er die indigenen Bevölkerungen Amerikas als Menschen, die an der allgemeinen Vernunft teilhaben und denen entsprechend eine vernünftige Begründung geschuldet wird, in sein Denken miteinbezieht (vgl. Delgado 1994, 48–50).

So sind im 16. Jahrhundert zwei Vorrangregeln formuliert, die bis heute Maßstäbe der Migrationsethik Typ II abgeben, ohne dass sie als politische wie ethische Konzeptionen hinreichend eingeholt wären: „Menschenrechte haben Vorrang vor nationalen Bürgerrechten und allgemeines Weltwohl vor nationalem Eigenwohl" (Delgado 1991, 264). Ein Hindernis der Verwirklichung dieser Vorrangregeln sowie der daraus folgenden Anerkennung eines allgemeinen Rechts auf Bewegungs- und Niederlassungsfreiheit ist wohl nicht nur in der nach wie vor bestehenden globalen Dominanz des Nationalstaatsprinzips oder den Einschränkungen, die Vitoria selbst zum Schutz der eingesessenen Bevölkerungen vornimmt, zu suchen (vgl. Delgado 1994, 50), sondern auch in dem äußerst fragwürdigen Begründungszusammenhang als Recht von Kolonisatoren und Invasoren (vgl. Delgado 2011, 171–172). Dieser kommt auch dadurch zum Ausdruck, dass die Anwendung des Niederlassungsrechts auf Mauren und Juden in Spanien völlig unerwähnt bleibt (vgl. Delgado 1991, 263). Zudem steht das Migrationsrecht vor der Schwierigkeit, die Kategorie des ursprünglich in territorialen wie politischen Grenzen gedachten Gemeinwohls auf globale Zusammenhänge auszuweiten (vgl. Lesch 1987, 192–194).[67] Die Migrationsethik Typ II sieht sich hier nach wie vor großen Aufgaben gegenüber – gerade angesichts der oben erwähnten Einsicht in das Scheitern nationaler wie europäischer Migrations- und Asylpolitik.

---

67 Die systematische Beschäftigung hat – im Windschatten des Pontifikats von Franziskus – erst jüngst so richtig Fahrt aufgenommen und ist auch hier von einer deutlichen Skepsis gekennzeichnet. Siehe dazu die Beiträge im Sammelband „Globales Gemeinwohl" (Heimbach-Steins u. a. 2020).

Der sich in der historischen Ausrichtung immer stärker andeutende globale Horizont ist wesentlich auch ein Ergebnis der Rezeption sozialwissenschaftlicher Forschung und eines generellen interdisziplinären Interesses. Beides fungiert als Korrektiv subjektiver oder fachlicher Verengungen des Blicks, repräsentiert aber auch eine Grundhaltung angesichts der Komplexität des Gegenstands (vgl. Merks 1988, 36–45). Vor diesem Hintergrund bildet das Autor:innenpanel des bereits erwähnten JCSW-Bandes durchaus ein Modell für die Bezugswissenschaften der Migrationsethik Typ II: Rechtswissenschaften, Sozialwissenschaften in einem weiten Sinn, Theologie und Philosophie. Daneben wird immer wieder auf kulturtheoretische, mitunter auch humanwissenschaftliche Ansätze rekurriert (vgl. Manemann 2012, 205–212; Manemann 2018b).[68] Es geht dabei um die Bündelung möglichst breiter Expertise und eine methodische wie perspektivische Vielfalt. Miteinbezogen werden nicht nur empirische Daten und Statistiken (vgl. Heimbach-Steins 2016b, 21–29), sondern auch theoretische Modelle und methodologische Reflexionen (vgl. Wagner/Pletzl 2010; Koudissa 2014, 73–152; Heimbach-Steins 2016b, 34–38). Als Stand der Forschung kann hier gelten, dass das Paradigma *globaler Migration* (vgl. Schwenken 2018) weitgehend akzeptiert ist und sich auf bestimmte Weltregionen bezogene Reflexionen vor diesem auszuweisen haben. Das heißt: Auch ethische Orientierungsangebote oder politische Handlungsempfehlungen, die ja in der Regel auf konkrete Gemeinwesen oder Personengruppen bezogen sind, tragen der Tatsache Rechnung, dass Migration ein globales Phänomen ist (vgl. Heimbach-Steins 2014b, 87).

Davon ausgehend ist die Migrationsethik Typ II durch die ethischen Grundoptionen Humanität, Solidarität und Globalität gekennzeichnet. Die Grundoption der *Humanität* ergibt sich aus der schöpfungstheologischen Überzeugung, der Mensch sei als Bild Gottes geschaffen.[69] Traditionell wird dies in der Rede vom Menschen als Person ausgedrückt (vgl. Korff 1988, 135); in der christlichen Migrationsethik ist daher die Menschenwürde der erste Schlüsselbegriff. Diese unantastbare Menschenwürde (Art. 1 GG) entfaltet sich in einer Reihe von Menschenrechten, die jedem Menschen in gleicher Weise zukommen, wozu im Prinzip auch das Grundrecht auf Asyl gehört (vgl.

---

68 Ebenso modellhaft formuliert dies auch Heyer, die ihr Projekt von einer „interdisciplinary methodology with hermeneutical (interpretive) and constructive dimensions, integrating the work of social scientists, historians, theologians, philosophers, legal scholars, and Chicano/a studies (scil. die Forschung zur spezifischen Erfahrung von Mexikaner:innen in den USA, J. K.)" (2012, 4) geleitet beschreibt.

69 Zur Bedeutung der schöpfungstheologischen Grundlegung der Menschenwürde siehe auch: Kap. 1.2.1.

Lesch 1987, 178–179; Merks 1988, 67). Im Bereich englischsprachiger christlicher Migrationsethik kann eine stärkere Nähe zur internationalen humanitären Bewegung konstatiert werden. Im Kontext akuter globaler Krisen aufgrund von Konflikten und Umweltkatastrophen bedeutet Humanität als moralischer Standard zuvorderst, Menschenwürde und Menschenrechte von ‚people in need' zu schützen (vgl. Hollenbach 2019, 16–18; 80–90).[70]

Zu dieser universalistischen Grundoption der Humanität, die mitunter auch recht abstrakt geraten kann, tritt die Option der *Solidarität*. Im Anschluss an Jürgen Habermas und Helmut Peukert wird diese zunächst handlungstheoretisch als universales Prinzip begründet (vgl. Lesch 1987, 187–188). Als Praxis wird Solidarität an bestimmte kirchliche Initiativen und zivilgesellschaftliche Bewegungen geknüpft (vgl. Heyer 2012, 49). Theoretisch gelangt vor allem in den letzten Jahren auch wieder ein Solidaritätsbegriff ins Bewusstsein, der von der faktischen Abhängigkeit der Menschen in modernen, arbeitsteiligen und funktional differenzierten Gesellschaften ausgeht und hier auf die mittlerweile unausweichlich globalen Verbindungen aller Menschen verweist, die dann auch normativ, d. h. rechtlich wie moralisch, mit einem global konzipierten Solidaritätsprinzip eingeholt werden müssen (vgl. Kruip 2005)[71]. Folgerichtig lässt sich daher aus diesen solidaritätstheoretischen Erwägungen die Grundoption der *Globalität* entwickeln. Neben der bereits erwähnten Forderung, dass Probleme im Weltmaßstab analysiert werden müssen, wird besonders in politisch-philosophischer Hinsicht darauf hingearbeitet der globalen Dimension stärker Rechnung zu tragen. Diese soll auf der Ebene eines Ausbaus und einer Vertiefung globaler Institutionen (vgl. Heimbach-Steins 2018) wie auch durch die Anforderung etwa an nationale Integrationspolitiken, einen „Beitrag zur Entwicklung einer ‚kosmopolitischen' Ordnung von unten her" (Heimbach-Steins 2016b, 101) zu leisten, geschehen. Grundsätzlich gilt, dass die Schlüsselbegriffe ethischen Nachdenkens über Politik und Gesellschaft mit einem globalen Vorzeichen versehen werden. Das hat entscheidende Konsequenzen vor allem für das Gerechtigkeitsverständnis, das zuerst über Strukturen globaler Ungerechtigkeit erschlossen wird, wenn es um Migration geht – wobei diese Heuristik von einem „Sinn für

---

70 Zur Kritik des Humanitarismus-Paradigmas und des darin kultivierten Menschenrechtsverständnisses siehe Kap. 2.3.1.

71 Die Formulierung „Globalisierung der Solidarität" findet sich schon 2002 bei dem praktischen Theologen Ottmar Fuchs (2002, 86–87) Die dazugehörige Skizze bezieht sich allerdings sehr stark auf ekklesiologische Motive, insbes. der Grundvollzüge der *diakonia* und *martyria* (vgl. Fuchs 2002, 91–115), ohne dass deren Verhältnis zu politischen Institutionen und Strukturen, die einer Globalisierung der Solidarität Rechnung trügen, diskutiert würde.

Ungerechtigkeit, der Erfahrungen von Ignoranz, Ausschließung etc. aufdeckt" (Heimbach-Steins 2016b, 77) angeleitet wird (vgl. Heimbach-Steins 2016b, 73–77; Becka 2010a, 9).[72]

Die globale Perspektive führt freilich nicht zu einer Blindheit gegenüber partikularen, territorial begrenzten politischen Gemeinwesen, wie sie in der Gegenwart paradigmatisch durch den Nationalstaat repräsentiert werden. Vielmehr wird das Nationalstaatsprinzip „in der Geltung und in der Handhabung" (Korff 1988, 148) einer massiven Kritik unterzogen und als zentrale Ursache der Ungerechtigkeiten angesehen. Zwar müssen hier in mancher Hinsicht Differenzierungen, z. B. mit Blick auf die Komplikationen des Gemeinwohlverständnisses, und Präzisierungen der Analyse und Kritik vorgenommen werden, die sich heute verstärkt auf den nationalstaatlichen Souveränitätsanspruch sowie die Illegitimität absoluter, d. h. nicht an transparente, rechtsstaatlich begründete Bedingungen geknüpfte, Exklusion konzentriert (vgl. Rethmann 2010; Dallmann 2013).[73] Doch hält sich diese grundlegende Sicht der Dinge bis heute. Sie enthält auch eine ideologiekritische Auseinandersetzung mit der mythischen Grundierung der Nation und ihrem Umschlag ins Völkische (vgl. Delgado 1991, 253–261), wobei eine postkoloniale und rassismuskritische Perspektive hier zielführender zu sein scheint als die von Delgado vorgenommene anachronistische Rückprojektion der im nationalen Mythos begründeten Stammesmoral auf den Exodus. Gleichwohl ist die Migrationsethik Typ II sich des Problems bewusst, dass dem Besonderen und Partikularen, auch von Kollektiven, nicht per se die Legitimität abgesprochen werden kann oder soll. Die Notwendigkeit einer Vermittlung von Partikularität und Universalität stellt sich als Aufgabe ja nicht nur mit Blick auf die Nation, sondern auch im Blick auf die je besonderen und kontingenten Entdeckungszusammenhänge und Erfahrungskontexte, die auch universalistischen Orientierungen zugrunde liegen, wie sich an der Debatte um den Kulturrelativismus in der Menschenrechtsphilosophie ablesen lässt (vgl. Menke/Pollmann 2017, 74–98). In jedem Fall aber weist die Migrationsethik Typ II sich durch die Kritik

---

72 Niederberger stellt seine Skizze „eine(r) Migrationsethik, die in der Lage sein will, zu aktuell relevanten normativen Urteilen und Wertungen zu führen" (Niederberger 2021, 113) in den Horizont der „globale(n) Legitimitäts- und Gerechtigkeitskrise (!)" (Niederberger 2021, 113). Ebenso plädiert er für ein Verständnis von Migration als globalem Phänomen und plädiert folgerichtig für eine Veränderung in den Fragestellungen (vgl. Niederberger 2021, 114). Es ist erfreulich, dass sich der philosophische Mainstream diesen Einsichten nun auch öffnet.

73 In der anglophonen christlichen Migrationsethik findet sich hierzu das kritische Stichwort des „collective egotism" (Heyer 2012, 19), der darauf hinweist, dass Selbstbestimmung und Selbstgefälligkeit (‚egotism') eine problematische Affinität haben (vgl. Heyer 2012, 19–20).

und Zurückweisung eines exklusivistischen Paradigmas aus – und zwar sowohl in Bezug auf eine Politik und Philosophie der Exklusion als auch in der Setzung der Nation als einzig möglichem Kollektiv partikularer Repräsentation – und ist durch die kontextsensible Verteidigung universalistischer Grundoptionen in Politik und Ethik gekennzeichnet.

3.2.1.3 Zusammenfassung: Voraussetzungen der migrationsethischen Rezeption des *Rechts, Rechte zu haben*

Die Darstellung hat gezeigt, dass sich zwei verschiedene Paradigmen von Migrationsethik gegenüberstehen. Mithilfe einer Scharfzeichnung sind deren Konturen besser sichtbar geworden.

Die in der angloamerikanischen liberalen Tradition zu verortende „Ethics of Migration" (Migrationsethik Typ I) ist in ihrer Struktur vor allem durch die Liberalismus-Kommunitarismus-Kontroverse und die Debatte um globale Gerechtigkeit geprägt. Bei beiden handelt es sich um innertheoretische Diskussionen. Im Hinblick auf Migration ist vor allem eine lineare Konfrontation eines moralischen Anspruchs von Nationalstaaten auf Ausschluss sowohl in territorialem (*first admission*) als auch in politischem (*membership*) Sinn und eines moralischen Anspruchs von Individuen auf Einwanderung bzw. globale Bewegungsfreiheit zu verzeichnen. Für beide Positionen werden aus dem argumentativen Reservoir der beiden überlagernden Theoriedebatten Argumente formuliert, wobei dem bedingten Recht auf Ausschluss der Charakter einer Standardansicht zukommt und die herangezogenen Argumente deutlich auf einen bürgerlichen Hintergrund schließen lassen. Es handelt sich insgesamt um ein normativistisches Projekt, weil grundsätzliche gerechtigkeitstheoretische und moralphilosophische Annahmen auf den Gegenstand Migration angewandt werden.

Im Kontrast dazu bewegt sich Migrationsethik als Ethik im Kontext globaler Migration (Migrationsethik Typ II) stärker auf dem Boden kontinentaleuropäischer Philosophie und lässt sich ihre Fragen stärker von konkreten gesellschaftlichen Debatten vorgeben. Am Beispiel der Entwicklung der christlichen Migrationsethik vom Ende der 1980er-Jahre bis in die Gegenwart lassen sich einige allgemeine Kennzeichen dieses Ethikkonzepts herausarbeiten. So ist eine deutlich historische Ausrichtung in selbstaufklärerischer Absicht und eine Befragung der Tradition auf der Suche nach normativer Orientierung zu beobachten. Hinzu treten ein Interesse an soziologischer Fundierung und interdisziplinärem Gespräch mit relevanten Bezugswissenschaften; leitend ist hierbei mittlerweile das Paradigma globaler Migration. Die Profilierung von ethischen Grundoptionen der Humanität, der Solidarität und der Globalität ruht einerseits auf etablierten Einsichten universalistischer Ethik, wird aber in

Konfrontation mit dem Phänomen globaler Migration – insbesondere in Form von Strukturen globaler Ungerechtigkeit – noch einmal in eigener Theoriearbeit vertieft. Wichtig ist dabei neben dem ethischen Nachdenken unter globalen Vorzeichen eine Kritik des Nationalstaatsprinzips, die als eine Konstante der Migrationsethik Typ II angesehen werden kann. Normativ ist dieses Projekt dadurch, dass sich die Begründung von ethischen Prinzipien, die sich im historischen Prozess der Moderne als vernünftig erwiesen haben, angesichts globaler Migration neu zu bewähren hat.

Die migrationsethische Rezeption des *Rechts, Rechte zu haben* bewegt sich also in diesem Rahmen zweier unterschiedlicher in Genese, Struktur und Grundanliegen mitunter gegensätzlicher Paradigmen und muss mit diesem Befund umgehen. Hier spielt auch eine Rolle, dass beide Modelle für sich den Begriff Migrationsethik in Anspruch nehmen und – sofern damit nicht einfach ein Kampf um Deutungshoheit ausgefochten werden soll – deshalb eine Auseinandersetzung auf sachlicher Ebene stattfinden muss. Diese steht im deutschsprachigen Raum erst recht an, seitdem ab 2015 größere Teile der Fachphilosophie begonnen haben, sich unter dem Stichwort der „Ethik der Migration" mit politisch-philosophischen und ethischen Fragen der Migration zu beschäftigen, dabei aber die bereits bestehende, z. T. sogar ebenfalls unter diesem Label firmierende Forschung überhaupt nicht wahrgenommen haben.[74] Abgesehen davon ist aber die Konfrontation beider migrationsethischen Paradigmen keineswegs neu, sondern zumindest von Vertreter:innen des zweiten Typs von Migrationsethik in Angriff genommen worden. Im Folgenden wird ein Ansatz in seinen Chancen und Grenzen vorgestellt und diskutiert, der sich um ein Modell der Vermittlung zwischen beiden Paradigmen bemüht – und zwar in dem ausdrücklichen Interesse, den ausgeschlossenen oder von Ausschluss bedrohten Menschen mehr Gerechtigkeit widerfahren zu lassen. Dieser Hinweis ist auch deshalb wichtig, weil sich das Potential und die Produktivität einer migrationsethischen Rezeption des *Rechts, Rechte zu haben* nicht zuletzt daran bemessen.

---

74 Während die bereits öfter monierte Unkenntnis in der Sache, also in Bezug auf die Migration selbst (z. B. von: Loick 2017b, 588, Anm. 34), noch dadurch zu erklären wäre, dass ad hoc und unter Zeitdruck, zumal in einer gesellschaftlich brisanten Situation, entstehende Texte Priorisierungen erfordern und daher Abstriche zu machen sind, ist die Ignoranz gegenüber der überschaubaren deutschsprachigen Fachliteratur, die bis dato zum Thema Migration und Ethik erschienen ist, doch sehr erstaunlich. Jenseits des Labels „Ethik der Migration" finden sich in der politischen Theorie, Sozialphilosophie sowie den Sozialwissenschaften Ansätze, die auch für eine theologisch-ethische Reflexion im Kontext globaler Migration anschlussfähig sind. Dazu mehr in Kap. 3.3.

3.2.2 Seyla Benhabib revisited. Eine Möglichkeit, das Recht, Rechte zu haben *zu lesen*

Der Vorschlag Seyla Benhabibs, das *Recht, Rechte zu haben* migrationsethisch zu lesen, ist prädestiniert für die Diskussion in diesem Zusammenhang, obwohl sie selbst den Begriff Migrationsethik gar nicht verwendet.[75] Die besondere Eignung liegt zum einen darin, dass sie – auch aufgrund ihrer diskurstheoretischen Profilierung im Gefolge Jürgen Habermas' – in der christlichen Migrationsethik eine herausragende Rolle einnimmt, und ist zum anderen darin begründet, dass sie primär im englischsprachigen Raum publiziert und arbeitet, so dass der anglophone Theoriekontext ihr vorrangiger Referenzraum ist. Aus Gründen der Transparenz ist an dieser Stelle darauf hinzuweisen, dass Benhabib dem zweiten migrationsethischen Typus zuzuordnen ist. Um des selbst auferlegten Maßstabs der Kommunikabilität willen bemüht sie sich aber darum, über die Grenzen verschiedener Paradigmen hinweg ins Gespräch zu kommen, und begreift dabei auch den ersten migrationsethischen Typ als einen potentiellen Resonanzraum.

In diesem Sinne verkörpert sie bereits ein Vermittlungsangebot zwischen den oben skizzierten Typen von Migrationsethik. Benhabibs Auslegung und Fortschreibung des *Rechts, Rechte zu haben* ist im theoretischen Spektrum einer der wirkmächtigsten Ansätze zu dessen Rezeption (vgl. DeGooyer u. a. 2018, 22); in der theologischen Ethik stellt diese sogar mehr oder weniger die einzige Rezeptionslinie dar, die diskutiert wird. Auch aus diesem Grund erscheint es also geboten, sich ausführlich und eingehend mit Seyla Benhabib zu beschäftigen. Dies geschieht in drei Schritten: Zuerst werden in Grundzügen die intellektuellen Grundlagen skizziert (Kap. 3.2.2.1), die nachvollziehbar werden lassen, warum Benhabib das *Recht, Rechte zu haben* so liest, wie sie es liest. Darauf folgt die Rekapitulation ihrer nunmehr über 20 Jahre andauernden und beständig fortgeschriebenen Auslegung des *Rechts, Rechte zu haben* (Kap. 3.2.2.2), um abschließend deren Funktion als vermittelndes Glied zwischen den migrationsethischen Paradigmen genauer fassen zu können (Kap. 3.2.2.3).

3.2.2.1 Feministische und diskurstheoretische Wendung der Kritischen Theorie. Die intellektuellen Grundlagen Seyla Benhabibs

Es ist nicht leicht, das vielfältige, umfangreiche und bisweilen schillernde Denken Seyla Benhabibs in seinen Grundzügen zu erfassen. Dies hat seine

---

[75] Neben Benhabib finden sich noch weitere Entwürfe, die das *Recht, Rechte zu haben* als Beitrag zur migrationsethischen Debatte konzipieren, u. a. Parekh (2004); Kesby (2012); Owen (2018).

Ursachen zum einen in den vielen unterschiedlichen Quellen und Denktraditionen, die sie verarbeitet. Zum anderen ist dies in ihrer Leidenschaft zur Teilnahme an fachphilosophischen wie öffentlichen Diskursen begründet, der sie in ihrem Schaffen dadurch Rechnung trägt, dass sie verschiedenen und konträren Positionen auch in ihren Texten recht großzügig Raum gibt. Dabei handelt es sich nicht bloß um Einwände gegen Prämissen und Argumente, die aus ihrem eigenen Ansatz erwachsen, sondern um einen Chor an Stimmen, denen es in der jeweiligen Frage aus Sicht Benhabibs Gehör zu schenken gilt. Trotz dieser Schwierigkeit lassen sich einige zentrale Annahmen herausarbeiten, die im Folgenden dargestellt werden. Dies ist kein reiner Selbstzweck. Denn schon hier wird deutlich, wie weitreichend der Einfluss Hannah Arendts auf Seyla Benhabibs Arbeiten ist und wie stark ihre kreative Aneignung des *Rechts, Rechte zu haben* von ihren intellektuellen Grundlagen geprägt ist.[76]

Benhabib sieht sich dem moralischen Universalismus als verbindlichem Erbe der kulturellen Moderne[77] verpflichtet. Damit folgt sie einerseits der Beobachtung Max Webers, dass die Interpretation kultureller Entwicklungen unter dem Begriff des Universalismus in sich modernisierenden Gesellschaften des globalen Nordens auftreten (vgl. Benhabib 1992, 149–150), und andererseits dem Programm einer diskursiven Moralbegründung und das heißt eines zunächst formal und nicht inhaltlich ausgerichteten Universalismus, das sie vor allem der neokantianischen praktischen Philosophie Jürgen Habermas', der sog. ‚Diskursethik', entnimmt (vgl. Benhabib 1992, 156). Im Grundsatz stimmt sie deren Überzeugung zu, dass die Widersprüche moderner Gesellschaften durch eine Ausdehnung des normativen Projekts der Moderne, „das heißt, für eine uneingeschränkte und universal zugängliche Teilnahme aller am Prozeß der Konsensbildung zu sorgen, an der Formulierung jener

---

76 Anders erscheint die Beurteilung bei Leicht (vgl. 2016, 63), die Benhabibs Beschäftigung mit dem *Recht, Rechte zu haben* als einen Lernprozess im Rahmen ihres diskursethischen Ansatzes interpretiert und insofern eine gewisse Diskontinuität zwischen den intellektuellen Grundlagen und dem Impuls, den das *Recht, Rechte zu haben* Benhabibs Denken gibt, postuliert. Auch wenn manches dafür spricht, v. a. mit Blick auf die Genese und fortwährend vorgenommene Aktualisierungen, so glaube ich im Folgenden dennoch zeigen zu können, dass es sich eher um folgerichtige Schritte handelt als um (ohnehin moderate) Korrekturen.

77 Das Gegenstück zur kulturellen ist die soziale Moderne. Während erstere eben durch die Formalisierung von Moralvorstellungen sowie die Säkularisierung von Politik und das Entstehen einer ‚autonomen' Sphäre der Öffentlichkeit, in der über Politik nachgedacht wird, gekennzeichnet ist, charakterisieren die letztere v. a. Prozesse der funktionalen Differenzierung, der Komplexitätssteigerung und des Auseinandertretens von sozialem ‚System' aus Teilsystemen und Lebenswelt (vgl. Benhabib 1995, 92; Benhabib/Cornell 1987, 5–7; Benhabib 2017, 394–395).

Grundsätze also, die das öffentliche Leben bestimmen sollen" (Benhabib 1995, 92) überwunden werden können. Von diesem Ausgangspunkt formuliert sie allerdings unter moderater Modifikation der Habermas'schen Prämissen eine eigene Variante kommunikativer Ethik, die sich besonders durch Aufnahme hegelianischer und feministischer Impulse um eine „Neuformulierung der universalistischen Moraltheorie" (Leicht 2016, 39) bemüht.

Die hegelianischen Impulse verweisen auf die Situierung Benhabibs wie auch Habermas' im Kontext der kritischen Theorie der Frankfurter Schule, die lange Zeit nur als Spielart eines nichtorthodoxen Marxismus wahrgenommen worden ist, aber maßgeblich nicht nur von Kant, sondern auch von der Kritik Hegels an Kant geprägt ist.[78] Benhabib konfrontiert den diskursethischen Entwurf von Habermas mit den Kritikpunkten, die Hegel an Kant gerichtet hat. Besonders die Überwindung eines rationalistischen Formalismus wie auch die Vernachlässigung der institutionellen Dimension des Moralischen – in hegelscher Terminologie, die Sittlichkeit – stehen im Mittelpunkt von Benhabibs Interesse.[79] Der erste Schritt ist jedoch eine ausführliche Darstellung des theoretischen Anliegens Habermas' innerhalb der Kritischen Theorie, das sie als „Reformulierung der normativen Grundlagen von Kritik als Theorie des kommunikativen Handelns und als kommunikative Ethik" (Benhabib 1992, 147) beschreibt. Dies ist in Benhabibs Augen das zentrale Verdienst der Diskursethik, da die ältere Kritische Theorie, namentlich Theodor W. Adorno, Max Horkheimer und Herbert Marcuse, in einem Kritik-Paradigma verblieb, das zwar eine abstrakt bestimmte Negation vornehmen konnte, aber nicht in der Lage war, zu ihren normativen Grundlagen zurückzugehen und von dort nach neuen Wegen und Akteuren gesellschaftlicher Veränderung zu suchen bzw.

---

78 Zum Problem der Abgrenzung Kritischer oder kritischer Theorie, der Identifikation einer „Frankfurter Schule" oder der Einteilung in Generationen siehe: Bohmann/Söhrensen (2019, 9–10; 27–32).

79 Das Gegenüber von Kant und Hegel wird im Deutschen häufig mit dem Gegensatz von Moralität und Sittlichkeit ausgedrückt. Im Englischen wird darauf häufig mit der Gegenüberstellung von *moral* vs. *ethical* Bezug genommen, worunter auch der Kontrast zwischen the public right vs. the private good fällt. In der Rückübertragung ins Deutsche kann dies missverständlich sein, wenn *ethical* mit ethisch wiedergegeben wird. Vor diesem Hintergrund wird im Folgenden zwar von Moral und dem Moralischen (im Rahmen einer universalistischen Theorie) gesprochen, allerdings in dem Bewusstsein, das es sich dabei auch schon um theoretische Begriffe, d. h. um Ethik, handelt. Ob die Habermas'sche Position wirklich so eindeutig kantisch ist und die hegelsche Kritik an Kant also hier ebenfalls produktiv gemacht werden kann, ist an dieser Stelle nicht weiter zu diskutieren. Jüngst hat Habermas aber noch einmal bekräftigt, dass seinem Selbstverständnis eher entspricht, zwischen Kant und Hegel (und Marx) hin und her zu gehen, um Antworten auf zeitgenössische systematische Fragen zu erhalten (vgl. Habermas 2021, 25).

diesen in gewissem Sinne auch vorzugreifen (vgl. Benhabib 1992, 137).[80] Insbesondere die mangelnde Kreativität in Bezug auf mögliche Subjekte emanzipatorischer Praxis jenseits des „singulären Kollektivsubjekts" (Benhabib 1992, 137), das nach dem historischen Versagen des Proletariats angesichts des Faschismus nur noch eine Leerstelle ist, erscheint Benhabib als Motiv, sich aufs Neue den normativen Grundlagen der Kritischen Theorie zuzuwenden. Vor diesem Hintergrund ist auch die Rückbesinnung auf Immanuel Kant, *den* Philosophen der deutschen Aufklärung, und die Hinwendung zur Entstehung einer bürgerlichen Öffentlichkeit erst einmal plausibel.

Einverstanden ist Benhabib darüber hinaus mit Habermas' Bestreben den Universalismus nicht aus der kantischen Vernunftmoral eines solitären Subjekts zu verteidigen, sondern die Moralbegründung diskursiv und kommunikativ anzulegen. Damit reagiert Habermas laut Benhabib vor allem auf den Bedarf einer Revision des unzureichenden Handlungsbegriffs der älteren Kritischen Theorie, die lediglich im Rahmen eines „Werk-Modell(s) des Handelns" (Benhabib 1992, 145) denken konnte. Habermas dagegen gelangt unter Zuhilfenahme von „Neoaristotelikern wie Hans-Georg Gadamer und Hannah Arendt" (Benhabib 1992, 147)[81] zu einem Konzept kommunikativen Handelns. Des Weiteren trägt er sozialtheoretisch den moralpsychologischen Einsichten der Theorie der moralischen Entwicklung im Anschluss an Lawrence Kohlberg Rechnung, die mit empirischen Versuchsanordnungen sichtbar gemacht hat, dass die menschliche Moral auf individueller Ebene verschiedene Entwicklungsstufen durchläuft, also etwas ist, das erlernt werden muss und Veränderungen unterliegt.

Doch an dieser Stelle setzt ihre kritische, ‚hegelianische' Befragung der ‚kantischen' Version der Diskursethik ein. Dabei zielt sie vor allem auf die Beschränkung der im universalistischen Sinne moralischen Fragen auf die öffentliche Sphäre als dem Ort der normativen Beanspruchung des Subjekts (vgl. Benhabib 1995, 36–37). In der Diskursethik ist die Forderung der Universalisierbarkeit von Normen lediglich auf die Angelegenheiten bezogen, die alle betreffen und in denen sich die Grundfragen des Zusammenlebens entscheiden. Dagegen betont Benhabib, dass ein Konzept universalistischer Moral auch im Blick behalten muss, dass diese sich auch über gesellschaftliche und staatliche Einrichtungen vermitteln muss, die das verkörpern, was

---

80 In diesem Rahmen kann nicht im Detail Benhabibs Kritik der Kritischen Theorie dargestellt und diskutiert werden. Mir scheint jedoch, dass sie die konstitutive Bedeutung der Geschichte für das Moment der Wahrheit, das in jeder Kritik auffindbar sein müsse und dem sich die Kritische Theorie, bes. in Person Adornos, stets verpflichtet sah, massiv unterschätzt.

81 Die Charakterisierung Arendts als Neoaristotelikerin lässt Benhabib bald fallen.

Hegel Sittlichkeit nennt. Diese sozial oder institutionell vermittelte Dimension des Moralischen wird in der Diskursethik Habermas'scher Prägung laut Benhabib vernachlässigt, stellt aber den Horizont ihres eigenen Entwurfs dar (vgl. Benhabib 1995, 21).

Zwar ist das Universalisierungsprinzip diskursiv verfasst; in seinem Ideal einer Konsensbildung als Ziel des praktischen Diskurses unter Beteiligung aller Betroffenen rekonstruiert es aber ein transzendentales Prinzip, das allen Institutionen usw. als Bedingung vorauszuliegen scheint (vgl. Benhabib 1992, 176–178). Die Diskursethik will eine rekonstruktive Wissenschaft in dem Sinne sein, dass sie Menschen einen Zugang zu oder ein Wissen von den Handlungsregeln ermöglicht, derer sie sich implizit schon gewahr sind. In Benhabibs Augen hat ein solches Vorgehen jedoch die Tendenz monolithisch oder monogenetisch zu agieren, d. h. die Einheit der Erklärung oder des Regelprinzips zu stark zu betonen und somit den vielstimmigen Plural wie die kämpferisch ausgerichtete Konkurrenz von Rekonstruktionsmöglichkeiten *theoretisch* unterbelichtet zu lassen (vgl. Benhabib 1992, 158–161). Das heißt konkret: Die Intersubjektivität, die ein konsistent gedachtes Konzept einer Diskursethik unter der Prämisse eines Begriffs kommunikativen Handelns notwendig einschließt, wird von Habermas verfehlt, indem der Diskurs auf ein konsensuelles Einheitsprinzip ausgelegt wird. Letztlich wird somit aus einem diskursiven Universalisierungsprinzip eine leere Formel, wenn sie bloß als abstrakte transzendentale Norm gedacht wird.

Noch schärfer arbeitet Benhabib diesen Aspekt unter Aufnahme von feministischen Impulsen aus. Die feministische Perspektive, ob und welche Theorien „might illuminate women's experience" (Benhabib/Cornell 1987, 1), wendet sie auf ihren eigenen Theoriehorizont an. Ausgehend von der feministischen Kritik Carol Gilligans an Kohlbergs moralpsychologischer Theorie unterzieht Benhabib zeitgenössische universalistische Moraltheorien – den liberalen Universalismus John Rawls' wie auch den diskursethischen Universalismus Habermas' – einer grundsätzlichen Kritik (vgl. Benhabib 1987, 87–91). Dabei stellt sie fest, dass diese Theorien lediglich Vorstellungen von verallgemeinerten Anderen ausbilden, während sie für konkrete Andere blind bleiben. Unter dem verallgemeinerten Anderen versteht Benhabib die Tatsache, dass alle Menschen – unabhängig von ihrer je besonderen personalen Identität – Bedürfnisse und Wünsche haben, deren Befriedigung und Erfüllung oder besser: das Streben nach Befriedigung und Erfüllung Respekt der anderen verlangt – in dieses Streben darf, sofern es nicht gegen bestimmte unhintergehbare Prinzipien verstößt, nicht eingegriffen werden. Letztlich handelt es sich bei der Vorstellung von verallgemeinerten Anderen aber um eine vom Subjekt ausgehende Vision dessen, was allen Menschen gemeinsam ist und aufgrund dessen Anerkennung verlangt. Die Rede von konkreten Anderen zielt als ein kritisches Konzept auf das, was jeden Menschen besonders und einzigartig macht – zu einer Person mit einer eigenen Geschichte, von spezifischen Erfahrungen geprägten Biographie und konkreten, ganz bestimmten Bedürfnissen (vgl. Benhabib 1987, 87). Dass diese für moralische Fragen höchst relevante Dimension menschlichen Lebens im neokantisch geprägten Universalismus keine Berücksichtigung findet, ist jedoch kein Zufall, sondern ein systematisches Problem – und zwar eines, das sich besonders prägnant an der Kategorie Geschlecht zeigt.

Wird diese als analytische Perspektive systematisch eingesetzt, wird sehr schnell deutlich, dass die Universalisierungsfähigkeit der erarbeiteten Prinzipien, vor allem aber der gesellschaftlichen Ordnungen, die sich daraus ergeben, nur sehr bedingt gegeben ist. Die Privilegierung eines öffentlich auftretenden, sprachfähigen Subjekts der Moralbegründung,[82] wie sie im Habermas'schen Fall anzutreffen ist, geht demnach recht eindeutig auf einen blinden Fleck in Bezug auf Geschlechterverhältnisse zurück – der Haushalt sowie die Sorgetätigkeiten innerhalb der Familie, d. h. bei Benhabib besonders Kindererziehung, bleiben als der privaten Sphäre zugehörig im Verborgenen. Für die Moraltheorie sind sie allenfalls relevant in Bezug auf Fragen des guten Lebens, die jedoch der privaten Entscheidung jedes und jeder Einzelnen vorbehalten bleiben. So fristen diejenigen Bereiche, die über mehrere Jahrhunderte als ‚weibliche' Domäne galten, ein moralisches Schattendasein, eine Randexistenz – eine Ungerechtigkeit, die auch die vermeintlich universalistisch ausgerichtete Diskursethik vorerst nicht überwindet (vgl. Benhabib 1995, 24). Die bereits in der Integration hegelianischer Impulse aufscheinende Kritik eines Defizits im Hinblick auf asymmetrische Zugänge zur Partizipation an Moraldiskursen wird hier noch einmal zugespitzt. Auch im Rahmen des universalistischen Diskurses bleiben bestimmte Perspektiven ungedacht, ungesehen und ungehört. Oder anders gesagt: Die Perspektive des verallgemeinerten Anderen und dementsprechend auch der Rechte ist keine hinreichende Bedingung für die Formulierung des moralischen Standpunkts in modernen Gesellschaften (vgl. Benhabib 1987, 92). Sie benötigt die Ergänzung und Korrektur durch die Perspektive des konkreten Anderen und die moralphilosophische Rehabilitation von Fragen des guten Lebens.

Dennoch folgt Benhabib der hegelianischen wie auch der feministischen Kritik nur bis zu einem gewissen Punkt. Letztlich hält sie an der Möglichkeit

---

82 Die Bedeutung von Sprache für das diskurstheoretische Begründen von Geltungsansprüchen bleibt für Benhabib gleichwohl durchgehend ein konstitutives Element ihrer Arbeit (vgl. Benhabib 2016, 65; mit weiteren Angaben in Anm. 32).

einer Neubegründung des Universalismus, die die „unexamined opposition" (Benhabib 1987, 92) der universalistischen Moralität zwischen verallgemeinerten und konkreten Anderen sowie die daraus resultierenden Sichtbeschränkungen durchdenkt, fest und bleibt gegenüber Theorien der Sittlichkeit im Anschluss an Hegel[83] oder Theorien radikaler Differenz[84] zurückhaltend (vgl. Benhabib 1987, 92–95). Stattdessen unternimmt Benhabib den Versuch ein Modell universalistischer Moraltheorie zu begründen (vgl. Benhabib 1995, 203–204), das die vermeintlich selbstverständlichen Einteilungen in öffentliche und private Sphäre, Fragen der Gerechtigkeit und des guten Lebens unterläuft und in Bewegung bringt. Es geht ihr um eine Erweiterung des Gegenstandsbereichs moralischer Fragestellungen wie auch um die Frage nach einem gerechten Zugang zu Moraldiskursen. Ihre Vision ist ein Universalismus, der einem Konzept „einer nicht-formalistischen, kontextsensiblen und postkonventionellen Auffassung des ethischen Lebens" (Benhabib 1995, 195) standhalten kann. Habermas bleibt sie darin verbunden, nach den normativen Grundlagen der Politik zu fragen und dabei der Ethik einen konzeptionellen Vorrang vor der Politik einzuräumen. In konsequenter Integration der hegelianischen und feministischen Impulse plädiert Benhabib aber für einen „Paradigmenwechsel (...) von einem legalistischen und substantialistischen hin zu einem interaktiven Universalismus" (Benhabib 1995, 209), der weniger auf den Konsens als auf ein stetiges Moralgespräch abzielt (vgl. Benhabib 1992, 173).

Allerdings scheint Benhabib noch relativ selbstverständlich davon auszugehen, dass Differenz, Vielfalt und das Partikulare durch eine hegelianisch und feministisch gewendete Diskurstheorie theoretisch hinreichend eingeholt werden können und sich demokratische Selbstbestimmung und deren universalistische Selbstverpflichtung in Form einer selbstgegebenen Verfassung miteinander vereinbaren lassen. Das liegt auch daran, dass das Verständnis von Differenz und Vielfalt sehr stark von der Geschlechterdifferenz sowie von dem Problem weltanschaulicher Vielfalt innerhalb moderner, komplexer (sog. ‚westlicher') Gesellschaften bestimmt ist (vgl. Benhabib 1995, 10). Das heißt, Herausforderungen durch ‚kulturelle Differenz', ‚religiöse Vielfalt' o. Ä. werden darunter subsumiert bzw. werden in ihrer genuinen Tragweite und Qualität eher unterschätzt.

So bleibt es in der Phase der Formierung ihres Entwurfs einer kommunikativen Ethik bei einem Postulat der Erweiterung des moralisch relevanten

---

83 Ein prominentes Beispiel wäre hier die Anerkennungstheorie Axel Honneths.
84 Hier wäre zum Beispiel an bestimmte Strömungen des postmodernen Feminismus zu denken.

Spektrums um Erfahrungen und Fragestellungen, die traditionell im Privaten angesiedelt und damit an den Rand der philosophischen Aufmerksamkeit gedrängt worden sind, ohne vom Vorrang der Metanormen gegenüber den partikularen Ansprüchen einer spezifischen Gemeinschaft im Falle eines Konflikts zwischen diesen abzusehen (vgl. Benhabib 1995, 61). Zwar geht Benhabib in ihrem eigenen Universalisierungsverfahren viel stärker auf die potentielle Infragestellung allgemeiner Diskursregeln ein und sucht aktiv das Gespräch mit klassisch-liberalen, kommunitaristischen, feministischen, postmodernen und postmarxistischen Theorien. Insofern konstituiert sich ihr Ansatz bereits deutlich als ein praktischer Diskurs, von dem Benhabib annimmt, er sei in ausreichendem Maß differenzsensibel. Doch im Kern bleibt sie bei einer qualifizierten Anerkennung des Pluralismus, der den Prinzipien universaler Achtung und egalitärer Reziprozität selbst dann zustimmen muss, wenn er sie bestreitet, um aus diskurstheoretischer Perspektive satisfaktionsfähige Argumente vorzubringen (vgl. Benhabib 1995, 59–62). Oder anders gesagt: Die Kommunikationsgemeinschaft kann aus moraltheoretischer Perspektive nicht anders als universal gedacht werden und darf somit niemanden von vornherein ausschließen – die Anerkennung dieses Gedankens ist aber zugleich auch die Bedingung für die Teilnahme am Diskurs.

Diese Grundhaltung spiegelt sich auch in Benhabibs Beschäftigung mit Hannah Arendts politischer Theorie, die Benhabibs Denken seit Beginn ihres eigenen Philosophierens in den 1970er-Jahren maßgeblich anleitet und seit Ende der 1980er-Jahren verstärkt auch in Veröffentlichungen mündet (Benhabib 2006, 23). Einerseits findet Benhabib in Arendts Betonung der narrativen Struktur des Handelns sowie in ihrer von Kants ästhetischer Philosophie inspirierten, unvollendet gebliebenen Theorie des Urteilens Anstöße für die Neubegründung einer politischen Philosophie nach der Katastrophe von Auschwitz. Diese trägt insbesondere der anthropologischen Signatur der Pluralität und des gleichen Rechts aller Menschen auf politische und gesellschaftliche Teilhabe Rechnung (vgl. Benhabib 1995, 135–147; Benhabib 2006, 146–159; 176–185). In diesem Sinne lässt sich Arendts Theorie universalisierungsfähig und differenzsensibel zugleich reformulieren.[85] Andererseits gelingt es Arendt Benhabib zufolge nicht, diese Elemente als *moralische* Grundlagen der Politik zu entfalten. Vielmehr weist Arendts politische Theorie in eklatanter Weise fehlende

---

85 Dass Benhabib damit auch einige Akzentverschiebungen gegenüber falschen Identifikationen und reduktionistischen Tendenzen des Habermas'schen Diskursmodells vornimmt, etwa in Bezug auf die Neigung zur Gleichsetzung von Kommunikation und Diskurs oder die theoretische Privilegierung von Sprechakten als bevorzugter Handlungsform, kann hier nicht ausführlich diskutiert werden.

normative Grundlagen auf (vgl. Benhabib 2006, 301–309). Im Bestreben der Schließung dieser „normative(n) Lücke" (Benhabib 2006, 302) gerät über die bereits vorhandenen diskurstheoretischen und kommunikativ-ethischen Fundamente und die theorieimmanenten Potentiale bei Arendt hinaus eine normative Kategorie in den Blick, auf die Benhabib zuvor eher implizit bzw. mit großer Selbstverständlichkeit zurückgegriffen hat: die Idee der Menschenrechte[86], die in Arendts Werk ja einer grundlegenden Kritik unterzogen wird (vgl. Benhabib 2006, XVI; 133–141). Hier begegnet nun auch die Formulierung des *Rechts, Rechte zu haben*, deren Interpretation und Neukonzeption durch Benhabib im Folgenden dargestellt wird.

3.2.2.2   Das *Recht, Rechte zu haben* bei Seyla Benhabib.
Moralphilosophische Begründung und institutionelle Sicherung
Benhabibs Fund fällt in eine Phase ihres Schaffens, die von einer Erweiterung ihres zunächst diskursethisch geprägten interaktiven Universalismus um demokratie- und kulturtheoretische Fragestellungen geprägt ist.[87] Diese neue theoretische Sensibilität ist auch dadurch veranlasst, dass nach dem Fall des Eisernen Vorhangs und der daran beteiligten Bewegungen, auf die Teile der Habermas-Schule geradezu euphorisch hinsichtlich des Demokratisierungspotentials reagieren[88], recht schnell ethnische Konflikte in den postsozialistischen Staaten ausbrechen, die zum Teil ethnische Säuberungen und Völkermord zeitigen. Ähnliches ist in einigen zentralafrikanischen Staaten, wie Ruanda oder der Demokratischen Republik Kongo zu beobachten (Benhabib 1999a, 709–710). Nach und nach kristallisiert sich das *Recht, Rechte zu haben* dabei selbst als eine systematisch hochrangige Formulierung für Benhabibs eigene Theorie heraus, der sie sich an verschiedenen Stellen sowie zu unterschiedlichen Gelegenheiten immer wieder widmet und mit der sie selbst wiederum eine eigene Debatte prägt.[89] Hier begegnet erneut die Vermittlung von Universalem und Partikularem, die nun aber nicht mehr ausschließlich

---

86 Ähnlich verhält es sich mit Benhabibs Lehrmeister Habermas, der ebenfalls erst Anfang der 1990er-Jahre unter Berufung auf ostmitteleuropäische Dissidenten prominent auf die Kategorie der Menschenrechte Bezug zu nehmen beginnt (vgl. Hoffmann 2010, 35; Anm. 79).

87 Niederschlag findet diese Auseinandersetzung in der Herausgabe eines Sammelbandes zu „Democracy and Difference" (Benhabib 1996) sowie den Monographien „Kulturelle Vielfalt und demokratische Gleichheit" (Benhabib 1999c) sowie „The Claims of Culture" (Benhabib 2002b).

88 Ein Beispiel ist etwa „Die demokratische Frage" der Frankfurter Ulrich Rödel, Günter Frankenberg und Helmut Dubiel (Rödel u. a. 1989), die sie angesichts der sich abzeichnenden Aufbrüche unter dem Stichwort des zivilen Ungehorsams verhandeln.

89 Siehe dazu auch: Maffeis (2019b, 457–458).

moralphilosophisch, sondern demokratietheoretisch sowie stärker sozialwissenschaftlich und empirisch fundiert diskutiert wird.

Benhabibs Interpretation des *Rechts, Rechte zu haben* lässt sich in drei Bestandteile aufgliedern: (1) Problemdiagnose; (2) die Schließung der moralphilosophischen Begründungslücke; (3) die Frage der institutionellen Sicherung. In allen Punkten arbeitet sie einerseits sehr nah an Arendts Texten, geht andererseits aber auch weit darüber hinaus. Grundsätzlich hält sie Arendts Formulierung für bleibend aktuell. Teils nimmt Benhabib angesichts rechtlicher, politischer und gesellschaftlicher Veränderungen Aktualisierungen vor, teils buchstabiert sie die von ihr identifizierten impliziten Annahmen Arendts aus – und an entscheidenden Stellen grenzt sie sich dezidiert von Arendt ab und geht neue Wege.

In der *Problemdiagnose* bezieht Benhabib sich auf Arendts Feststellung des Verlusts der Menschenrechte in Form des Verlusts des *Rechts, Rechte zu haben* und greift in der Ursachenanalyse vor allem auf die These der Verquickung von Menschenrechten und nationaler Emanzipation bzw. nationaler Souveränität durch einen eigenen Staat zurück, die in der Französischen Revolution greifbar wird. Auch für Flüchtlinge, Asylsuchende, Staatenlose und irreguläre Einwanderer:innen bleiben dieser Verlust und der Zustand der Rechtlosigkeit eine reale Gefahr. Insofern ist die von Hannah Arendt benannte Aporie weiterhin aktuell:

> „Als sie über die Situation der Apatriden, der Staatenlosen, nachdachte, fiel Arendt auf, dass die Menschenrechte offenbar dann am unbedeutendsten und unwirksamsten waren, wenn sie am nötigsten gebraucht wurden beziehungsweise gerade dann, wenn die Person bloß noch ein Mensch ohne Zugehörigkeit zu einem Staatsgebiet oder einer rechtlichen Zuständigkeit war, die ihn als Angehörigen anerkennen würde." (Benhabib 2016, 85)

Allerdings interessiert sich Benhabib schwerpunktmäßig für die systematische Seite dieses Problems: den Konnex von Menschenrechten und politischer Zugehörigkeit (engl. *membership*). Sie nähert sich dieser Verbindung im Kontext globaler Migration, die sie als ein herausragendes „politische[s] und programmatische[s] Problem" (Benhabib 2016, 191) betrachtet, mit Blick auf die dadurch herausgeforderten und diversifizierten Mitgliedschafts- und Bürgerschaftsregeln demokratischer Gemeinwesen wie auch auf das, was allen überall aus moralischen Gründen zusteht. In beidem kommen in ihren Augen die „normative perplexities of human rights and popular sovereignty" (Benhabib 1999a, 711) zum Vorschein. Damit formuliert sie Arendts mit Blick auf die Französische Revolution artikulierte historische Beobachtung noch einmal stärker pointiert als systematisches philosophisches Problem, das nicht einfach in die eine oder andere Richtung aufzulösen ist, sondern eben eine „constitutive tension between universalistic human rights claims and democratic sovereignty principles" (Benhabib 1999a, 712) darstellt.

Den Kontext dieser Problemdiagnose bildet der durch die Globalisierung induzierte Veränderungsdruck, unter dem die moderne Staatsbürgerschaft steht. Diese ist im 20. Jahrhundert zur zentralen politischen Kategorie und sozialen Praxis aufgestiegen, in der kollektive Identitäten, die Privilegien politischer Partizipation und sozialer Rechtsansprüche gebündelt und verhandelt werden. Migration, die wachsende Interdependenz, Verflechtung und Vertiefung von zwischenstaatlichen Beziehungen sowie die Entstehung transnationaler Wirtschaftsräume haben soziologisch beschreibbare Diversifizierungen und Transformationen von Citizenship hervorgebracht, die sich nach und nach auch rechtlich niederschlagen.[90] Weil sie eng mit dem Nationalstaat verknüpft ist, d. h. einem territorial begrenzten Staat, in dessen Verantwortung eine stabile und (relativ) homogene Bevölkerung liegt, die über zentrale Fragen des Zusammenlebens souveräne demokratische Entscheidungen fällt, bedeutet die Globalisierung auch für die Staatsbürgerschaft eine massive Herausforderung (vgl. Benhabib 1999c, 88–93). Dabei ist Souveränität im Sinne von demokratischer Selbstbestimmung für Benhabib ein hohes Gut, das aber sorgfältig abzugrenzen ist von einem ethno-nationalen Souveränitätsprinzip, dessen Legitimität sie dementiert. Ein unbeschränktes Recht auf nationale Selbstbestimmung – und damit auch auf die souveräne Entscheidung, wer dazu gehört und wer nicht, gibt es demnach nicht (vgl. Benhabib 1999a, 732).

Weil demokratische Legitimität jedoch nicht nur durch kollektive Selbstbestimmung, sondern auch durch die Bindung der Entscheidungen an universalistische Selbstverpflichtungen entsteht, die sich Demokratien meist in Form von menschenrechtlich ausgerichteten Verfassungen gegeben haben, spiegelt die sich vor allem in der Zugehörigkeitsfrage abbildende Spannung von Menschenrechten und Souveränität „the inherently conflictual aspects of reflexive collective identity formation in complex and increasingly multicultural democracies." (Benhabib 2002a, 560)

Benhabib liest Arendts Formulierung des *Rechts, Rechte zu haben* als Synonym für einen Begriff der Menschenrechte, der die skizzierte Spannung in sich aufnimmt, ohne allerdings institutionelle oder theoretische Lösungen vor Augen zu haben (vgl. Benhabib 1999a, 735). Sie bemängelt zudem, dass diese Formulierung hinsichtlich ihrer normativen Grundlagen uneinheitlich

---

90 Das zentrale Fallbeispiel Benhabibs sind die Entwicklungen in der Europäischen Union hin zur Unionsbürgerschaft.

und unklar bleibt, mithin uneindeutig ist (Benhabib 2006, 140–141; 290). Das ist aus der theoretischen Perspektive Benhabibs, die Menschenrechte vor allem als moralische und rechtliche *Normen* versteht (vgl. Benhabib 1992, 13), problematisch, weil rechtssichere, einklagbare und sanktions- wie durchsetzungsfähige Normen zwar selbstverständlich interpretationsoffen und auslegungsbedürftig, aber nicht bereits in sich selbst widersprüchlich sein dürfen (vgl. Benhabib 2006, 290). Der synonyme Gebrauch von *Recht, Rechte zu haben* und Menschenrechten bleibt vor allem in Benhabibs Überlegungen zu kosmopolitischen Normen und Institutionen präsent (vgl. Benhabib 2016, 54). Daneben widmet sie sich aber auch der Spannung zwischen Menschenrechten und staatsbürgerlichen Rechten und vor allem der ambivalenten Koppelung von Rechten und Zugehörigkeit, die auch für das unabdingbare oder unveräußerliche Recht auf Rechte gegeben zu sein scheint (vgl. Benhabib 1999c, 80). Nur ist nicht hinreichend klar, welche Instanz hier die Zugehörigkeit konstituiert und auf die Durchsetzung und Gewährung dieses Rechts verpflichtet ist.

Wenngleich sie den unbestrittenen Wert der Formulierung darin sieht, eine besondere Art der Reflexion der Fragilität menschlicher Bindungen und Institutionen, ein geschichtliches Katastrophenbewusstsein und eine Sensibilität für die grundlegende Kontingenz menschlichen Handelns zu repräsentieren (vgl. Benhabib 1999b, 8), macht Benhabib sich doch primär zur Aufgabe, die von ihr wahrgenommenen Widersprüche und Unklarheiten der Formulierung aufzulösen:

> „Is the concept ‚right' being used in an equivalent fashion in the two halves of the phrase? Is the right to be acknowledged by others as a person who is entitled to rights in general of the same status as the rights to which one be entitled after such recognition? Clearly not." (Benhabib 2002a, 547–548)

Das Bedürfnis zur Klärung entsteht auch dadurch, dass das *Recht, Rechte zu haben* in Benhabibs Augen Arendts Versuch darstellt, „die moralischen Grundlagen der Politik" (Benhabib 1995, 153) auf den Begriff zu bringen, der aber vor allem hinsichtlich seiner moralphilosophischen Begründung unzureichend bleibt (vgl. Benhabib 1995, 116). Die Formulierung erscheint ihr eindeutig von Kants Moralphilosophie inspiriert, ohne noch deren Sprache zu sprechen (vgl. Benhabib 2006, 289–290). Im Anschluss an Frank Michelman liest sie das *Recht, Rechte zu haben* als universalen, an „die gesamte Menschheit" (Benhabib 2008c, 63) adressierten „moral claim" (Michelman 1996, 203; siehe auch: Benhabib 2008c, 62); die einschlägige Stelle bei Arendt findet sich in ihrer Totalitarismusstudie, in der sie feststellt, dass die Menschheit von einem regulativen Ideal im kantischen Sinne zu einer unausweichlichen Tatsache geworden sei (siehe Kap. 3.1.2.1). Zur Fundierung dieses Anspruchs verfolgt

Benhabib mindestens drei Strategien: (a) den Rückgriff auf anthropologische Überlegungen bei Arendt selbst; (b) die Korrelierung mit Überlegungen des Philosophen Jacques Derrida zur Amerikanischen Unabhängigkeitserklärung; (c) die philosophische Fundierung in Kants Idee vom *ius cosmopoliticum* (Weltbürgerrecht), dem dritten „Definitivartikel" seiner Schrift *Zum ewigen Frieden* (1795). Diese können auch gemeinsam verwendet werden; die letztgenannte bildet aber seit mehreren Jahren den Ankerpunkt und wird von Benhabib bevorzugt.

Die erste Strategie bezieht sich vor allem auf anthropologische Überlegungen in Arendts Philosophie des tätigen Lebens, die Benhabib als „anthropologische(n) Universalismus" (Benhabib 2006, 305) zusammenfasst, dem eine „Ethik radikaler Intersubjektivität" (Benhabib 2006, 305) entspricht. Allerdings rechtfertigt Arendt nicht in einem streng philosophischen Sinn den Begriff der Menschheit und diesem entsprechende Einstellungen und Praktiken, sondern postuliert sie und nimmt sie als Voraussetzung in Anspruch (vgl. Benhabib 2006, 304–308). Diesseits starker philosophischer Begründung finden sich jedoch einige phänomenologische Erläuterungen dessen, was das Menschsein ausmacht. Benhabib (vgl. 1995, 135–139) fasst diese in den Stichwörtern Pluralität, Natalität und Narrativität zusammen, die alle unterschiedliche Weisen darstellen, mit anderen zusammen zu sein: ihnen ausgesetzt, auf sie angewiesen, von ihnen abhängig zu sein, aber auch gemeinsam etwas zu initiieren und in konzertierter Aktion bewerkstelligen zu können (vgl. Benhabib 1999b, 8–9). Jedenfalls macht diese phänomenologische Erschließung des Menschseins auch noch einmal auf den künstlichen, kontingenten Charakter politischer Gleichheit aufmerksam, die ein Artefakt ist und erst kraft menschlicher Entscheidung und wechselseitiger Anerkennung entsteht (vgl. Benhabib 1999b, 9). In jedem Fall muss der anthropologischen Intersubjektivität ethisch und politisch Rechnung getragen werden. Für Benhabib führt allerdings kein direkter Weg von der Anthropologie zur politischen Organisation.

Die von ihr unterstellte moralische Intention der Formulierung versucht sie zunächst mit Jacques Derridas Interpretation der amerikanischen Unabhängigkeitserklärung auszuführen, die eine Spannung zwischen konstatierenden und performativen Elementen enthalte (vgl. Benhabib 1999b, 9–10). Auf der einen Seite stelle die Erklärung fest, dass der Mensch bestimmte natürliche Rechte besitze, die ihm vom Schöpfer verliehen worden seien. Auf der anderen Seite werde die Erklärung aber auch performativ, indem sie ein Wir ins Leben rufe, das sich als Volk verstehe, dieses „We, the people" als Souverän einsetze und autoritativ spreche (vgl. Benhabib 1999b, 10). Zugleich könne sich das performative aber nicht vom konstativen Element dispensieren und der Souverän als Souverän nur dann Legitimität beanspruchen, sofern er sich auf die Ansprüche, die ‚selbstverständlichen Wahrheiten', verpflichte (vgl. Benhabib 1999b, 10). Damit kommt sie mit Derrida allerdings nur zu einem genaueren Verständnis der oben schon beschriebenen Spannung zwischen Menschenrechtsgrundsätzen und Volkssouveränität, die sich als „root tension between the universal and the particular" (Benhabib 1999b, 10) erweist.

Also kehrt Benhabib zu ihrer ursprünglichen Intention zurück und unterzieht das *Recht, Rechte zu haben* einer kantischen Relecture. Ein zentraler Baustein ist dabei eine Art ‚philologische' Analyse: Benhabib zerlegt die Formulierung – wie das obige Zitat bereits nahelegt – in zwei Hälften. So erhält sie ein Recht links vom Komma („first use") und Rechte rechts vom Komma („second use"). Das erste Recht ist ein Imperativ nach Kantischem Vorbild, alle Menschen als Mitglieder einer menschlichen Gruppe, auf deren Schutz sie ein Anrecht haben, zu behandeln. Es formuliert einen moralischen Anspruch auf Mitgliedschaft und einen entsprechenden Umgang, der sich aus diesem Anspruch ergibt. Der zweite Rechtsbegriff, die Rechte rechts vom Komma, folgt aus diesem fundamentalen moralischen Anspruch. Hier geht es um juridisch-politische Berechtigungen, wechselseitige Rechte und Pflichten unter Rechtsgenoss:innen, die ein Beziehungsdreieck aus Berechtigtem (Subjekt), entsprechenden Pflichten Anderer und einem Gemeinwesen, i. d. R. dem Staat, das zum Schutz und zur Durchsetzung dieser Rechte ermächtigt und verpflichtet ist, bilden (vgl. Benhabib 2002a, 548; Benhabib 2008c, 63). Dass sich das Recht links vom Komma und die Rechte rechts vom Komma fundamental unterscheiden, unterstützt auch deren ungleiche „discoursive structure" (Benhabib 2002a, 548). Während sich jenes dem reinen Wortlaut nach an offene und unbestimmte Andere als Adressaten richtet, adressieren diese andere Mitglieder und eine entsprechende Gemeinschaft (vgl. Benhabib 2008c, 64). Rechtshermeneutische Probleme entstehen nun aus der Abhängigkeit der sekundären, pluralen Rechte vom ersten, singulären Recht, insofern dieses hinsichtlich des Adressaten von Pflichten unbestimmt ist (vgl. Benhabib 2002a, 548–549). Arendts Skepsis gegenüber den politischen Möglichkeiten einer Menschheit, die nicht als „juridico-civil community of consociates" (Benhabib 2002a, 549) organisiert ist, sind hinlänglich bekannt (vgl. Benhabib 2002a, 549–550). Weil Benhabib aber die Formulierung ihrem Gehalt, nicht aber der Argumentation nach für kantisch hält, holt sie diese unter Rückgriff auf Kants Weltbürgerrecht nach (vgl. Benhabib 2002a, 550ff.).

Diesem liegt die Idee eines Rechts zugrunde, das aus dem Recht der Menschheit, das in der Person repräsentiert wird, resultiert. Ein solches Recht kann keiner Person verweigert werden und es dient als das moralische Fundament des Weltbürgerrechts (vgl. Benhabib 2002a, 552–554; Benhabib 2008c,

64–65).[91] Dieses begreift Benhabib wiederum als eine Art Verbindungsglied zwischen den universalen Ansprüchen der Menschenrechte und den in partikularen Gemeinwesen realisierten Bürgerrechten – es setzt also genau in der „Lücke" (Benhabib 2008c, 33) an, die Arendts Formulierung hinterlässt. Es ist zudem attraktiv, weil damit eine internationale Rechtssphäre entworfen wird, die rechtlich verbindliche Ansprüche des Individuums gegenüber souveränen Staaten zur Geltung bringt. Kant hat das Weltbürgerrecht als dritten Definitivartikel seiner völkerrechtlichen Schrift *Zum ewigen Frieden* verfasst, die mit Blick auf den Friedensschluss zwischen Preußen und Frankreich im Vertrag von Basel entstanden ist, und als ein Besuchsrecht (Recht auf Hospitalität) konzipiert. Darunter fasst er vor allem das Recht, auf fremdem Territorium nicht als Feind behandelt zu werden und für eine begrenzte Zeit die Gelegenheit zu erhalten, sich als potentieller Mitbürger anzubieten (vgl. Benhabib 2008c, 36–40). Auf diese Weise soll auch vermieden werden, dass das Weltbürgerrecht als Invasionsrecht missbraucht wird (vgl. Benhabib 2008c, 40–42). Allerdings bleibt bei Kant offen bzw. unterbelichtet, wie die Betroffenen von einem temporären Besuchsrecht zu einem Recht auf volle Mitgliedschaft gelangen. Dieses Problem stellt sich vor allem angesichts des nach wie vor ungelösten Konflikts im Völkerrecht zwischen individualrechtlichen Ansprüchen von Flüchtlingen und Asylsuchenden, etwa dem Non-Refoulement-Prinzip der GFK, und der Übertragung der Verantwortung für die Umsetzung auf souveräne Staaten (vgl. Benhabib 2008c, 45–48.). Die Möglichkeit der Begründung eines menschenrechtlichen Wegs zur politischen Zugehörigkeit will Benhabib näher untersuchen – und kehrt damit schrittweise auf politisches Terrain zurück.

Bei diesem Projekt bleibt sie auf dem kantischen Pfad der Verknüpfung von moralischem Universalismus und rechtlich-politischem Kosmopolitismus, mit dem sie sich dezidiert von machtkritischen Analysen des modernen

---

91 Deutlich beschränkter in seinen Möglichkeiten zur Begründung eines Weltbürgerrechts von Individuen beurteilt Franziska Martinsen Kants Argumentation. Sie liest das ius cosmopoliticum hauptsächlich vor dem Hintergrund seiner Rechtfertigung von zwischenstaatlichen Handelsbeziehungen, denen er prinzipiell eine friedensstiftende Tendenz zuschreibe (vgl. Martinsen 2019, 220–222). Die Suche nach einem universalen Prinzip des *Rechts, Rechte zu haben* kritisiert Sofia Näsström als „a very un-Arenditan way of thinking politics." (Näsström 2014, 551) Auch wenn ich gegenüber einer Einteilung zwischen arendtianischen und unarendtianischen Weisen des Denkens zurückhaltend bin, ist die Stoßrichtung von Näsströms Kritik nicht unplausibel. Das Problem ist jedoch nicht eine Fehlinterpretation des Arendtschen Gedankens von Seiten Benhabibs, sondern – völlig unabhängig davon, ob das bei Arendt zu finden ist oder nicht – ihr genuines Bestreben, das Fundament moralisch zu legen. Erneut aufgegriffen wird dieses Problem in Kap. 4.3.2.

Souveränitätsverständnisses, z. B. Agambens *homo sacer* oder Derridas Spannung zwischen unbedingter und bedingter Gastlichkeit abgrenzt, die das *Recht, Rechte zu haben* auf diese Weise produktiv machen wollen (vgl. Benhabib 2002a, 555–556).[92] Gleichwohl fragt sie zunächst, welches Modell politischer Mitgliedschaft Arendt favorisiert, sucht also gewissermaßen im Ausgang von den Rechten rechts vom Komma nach einer Möglichkeit eines menschenrechtlich tragfähigen Konzepts politischer Zugehörigkeit. Dabei muss Benhabib aber feststellen, dass Arendt kaum Zukunftsweisendes beizutragen hat. Zwar bevorzugt sie ein ziviles statt eines ethnischen Modells von Mitgliedschaft. Doch in ihrer konstruktiven Vorstellung kommt Arendt nicht über eine republikanische Nation nach dem Vorbild des revolutionären Frankreichs hinaus (vgl. Benhabib 2002a, 557–558). Die Untauglichkeit von Arendts Beiträgen zu dieser Frage wird noch durch ihre scharfe Kritik des Nationalismus bei gleichzeitiger Anerkennung der Tatsache, dass zu ihrer Zeit nur durch Nationalstaatsgründung (Israel) die Wiederherstellung der Menschenrechte für eine zuvor rechtlose Gruppe (das jüdische Volk) gelungen ist (vgl. Benhabib 2002a, 559–560; Benhabib 2008c, 66–68).

Für Arendt gibt es, so folgert Benhabib, demnach nur eine politische Lösung, die jedoch das elementare Problem von Inklusion und Exklusion nicht überwinden kann, weil politische Gleichheit nach dem Vorbild eines Nationalstaats oder einer Republik nicht auf alle ausgedehnt werden kann; vielmehr bedeutet jede Gründung eines Staates oder einer Republik – und dessen ist sich auch Arendt vollkommen bewusst – neue Ausschlüsse (vgl. Benhabib 2008c, 70–71; Benhabib 2016, 86). Daher sieht sich Benhabib darin bestätigt, auch in Arendts selbst vorgegebenem Verständnis, das *Recht, Rechte zu haben* als „politisches Recht" (Benhabib 2016, 54) zu konzipieren, über Arendt hinauszugehen. Sie will dies mit der Entwicklung einer „weniger staatsorientierte(n) Interpretation" (Benhabib 2016, 54) angehen, ohne der Berechtigung moderner Staatlichkeit jegliche Berechtigung abzusprechen (vgl. Benhabib 2002a, 560–561).[93]

---

92 Leicht kritisiert diese Ausblendung von machtkritischen Perspektiven. Allerdings arbeitet sie sich dabei vor allem am Subjektbegriff ab und reflektiert mit Judith Butler und Gayatri C. Spivak die Herrschaftsverhältnisse, die bereits in den Konstitutionsbedingungen des Subjekts liegen (vgl. Leicht 2016, 83–162).

93 Peg Birmingham formuliert als Arendts Vision der politischen Institutionalisierung Vorschläge, die mit Benhabibs Überlegungen in Auseinandersetzung mit der EU und kosmopolitischen Normen beinahe identisch sind (vgl. Birmingham 2006, 132–142; bes. 141–142). Als Quellen dienen Birmingham dabei einige Essays und Artikel Arendts über Europa und Palästina aus den Jahren 1945 und 1946, also in einem Zeitraum, in dem noch nicht klar ist, welche Richtung die politischen Entwicklungen auf dem europäischen Kontinent und auf dem heutigen Staatsgebiet Israels nehmen. Sie tauchen in den späteren Schriften Arendts nicht mehr besonders prominent auf.

Benhabibs Konzept verfolgt drei Ziele: (1) die diskurstheoretische Begründung eines Menschenrechts auf politische Zugehörigkeit; (2) die Vermittlung von demokratischer Souveränität und territorialer Staatlichkeit einerseits und universalen Menschenrechten andererseits; (3) die Rekonstruktion der normativen Grundlagen der Rechtsentwicklung hin zu kosmopolitischen Normen.

Damit will sie den ambivalenten rechtlichen und politischen Entwicklungen seit dem Ende des Zweiten Weltkriegs Rechnung tragen. Auf der einen Seite sind seit der AEMR internationale Organisationen entstanden und völkerrechtliche Verträge verabschiedet worden, die sich für den Schutz individueller Rechte stark machen, z. B. die Internationalen Pakte 1966, die Aufwertung der International Labour Organization (ILO) als Teil der UN oder das interamerikanische System zum Menschenrechtsschutz ebenso wie die europäische Menschenrechtsgesetzgebung, die zwar von einzelstaatlichen Parlamenten in nationales Recht übersetzt werden muss, aber einen Wandel hin zu einem Menschenrechtsverständnis von „generalizable norms that should ideally govern the behavior of sovereign states" (Benhabib 2002a, 561) anzeigt (vgl. Benhabib 2002a, 561). Weiterhin zeugen drei Prozesse von substantiellen Einschränkungen staatlicher Souveränität: humanitäre Interventionen im Falle schwerster Kriegsverbrechen,[94] die Möglichkeit zur Prozessierung von *crimes against humanity* vor dem 1998 in Den Haag eingerichteten ISGH sowie transnationale Migrationen, wobei insbesondere im letzteren Fall individuelle Rechte gegenüber staatlichen Entitäten zur Debatte stehen (vgl. Benhabib 2002a, 562–563; Benhabib 2008c, 18–24). Auf der anderen Seite steht ein hartnäckiger Fortbestand der „political theology of sovereignty" (Benhabib 2002a, 563), die nur Stück für Stück und gewissermaßen im Vorgriff auf die Möglichkeit zu überwinden ist, die in den zwar vielversprechenden, aber bescheidenen Anfängen in der Wirklichkeit enthalten ist (vgl. Benhabib 2002a, 563–564). Hierzu also möchte Benhabib einen Beitrag leisten.

In einem ersten Schritt begründet sie im Rahmen einer Theorie gerechter Zugehörigkeit („just membership")[95] ein Menschenrecht auf politische Zugehörigkeit („human right to membership", Benhabib 2004, 119), das sie in Auseinandersetzung mit aktuellen bürgerschaftsrechtlichen Entwicklungen in der Europäischen Union soziologisch rückkoppelt. Zur Begründung des Rechts greift sie auf diskurstheoretische Annahmen zurück. Grundlegend hierfür ist das menschenrechtliche Prinzip kommunikativer Freiheit, einer (fiktionalen)

---

[94] Später nimmt Benhabib die Befürwortung humanitärer Interventionen zurück: Benhabib (2016, 116–122).

[95] Die Wendung wird in der deutschen Ausgabe als Zugehörigkeitsgerechtigkeit übersetzt (vgl. Benhabib 2008c, 15).

Dialog-Situation zwischen einem *Ich*, das bereits Staatsbürger ist, und einem Mitgliedschaft begehrenden *Du*. Das Ich ist dazu verpflichtet, dem Du mit für beide Seiten akzeptablen Gründen zu erweisen, warum eine Verweigerung des Rechts auf Zugehörigkeit legitim sein soll. Auf dieser Basis werden inakzeptable Gründe benannt: (a) der Ausschluss aufgrund von Merkmalen, die eine Person nicht einfach ändern kann (Geschlecht, Ethnie, Herkunft ...); (b) der Ausschluss ganzer Menschengruppen. Ein Einbürgerungsrecht, das an Kriterien wie Sprachkenntnisse, Einkommen o. Ä. gebunden ist, ist aber grundsätzlich mit dem Menschenrecht auf politische Zugehörigkeit vereinbar. Ein weiterer Bestandteil des Zugehörigkeitsrechts sind ein Recht auf Information über die Einbürgerungsregeln des betreffenden Gemeinwesens, die transparent, nachvollziehbar und zugänglich sein müssen und ein Widerspruchsrecht gegen behördliche Entscheidungen. Doch ein Zwang zur Einbürgerung für demokratische Staaten ergibt sich aus dem Menschenrecht auf Zugehörigkeit nicht. Es fordert lediglich, dass „jedem Eingereisten der Weg zur Einbürgerung prinzipiell offenstehen [muß]" (Benhabib 2008c, 139). Umgekehrt bedeutet dies auch, dass nur das gänzliche Fehlen eines Einbürgerungsverfahrens einen Verstoß gegen das Zugehörigkeitsrecht darstellt; es schreibt somit keine konkrete Rechtsordnung vor, sondern ist „ein Rechtsprinzip bzw. ein Grundrecht, da es den Menschen als Wesen begreift, dessen moralische Subjekthaftigkeit und kommunikative Freiheit wir anzuerkennen verpflichtet sind." (Benhabib 2008c, 141; zum Argumentationsgang vgl. 134–142; siehe zudem: Benhabib 2016, 81)

In der Frage der Demokratie setzt Benhabib auf ein Konzept, das den Begriff des demos nicht identitär, sondern als „die mit demokratischen Rechten ausgestattete Gesamtheit der Bürger" (Benhabib 2008c, 204) versteht. Gegen die Vorstellung notwendiger demokratischer Abschließung wirbt sie für die Konstituierung des demokratischen Volkes als „ein fließender, kontroverser, diskursiver und dynamischer Prozess" (Benhabib 2008c, 204). Die Instituierung der Demokratie lebt davon, immer wieder demokratische Akte der Konstitution und Gründung nicht auf Basis immergleicher Verfahren zu vollziehen, sondern durch die aktive und kreative Aneignung demokratischer Praxis. Der Schlüssel dazu sollen demokratische Iterationen[96] sein, ein Begriff, den Benhabib Jacques Derrida entlehnt und unter dem sie die Wiederholung von Praktiken als Umdeutung, Variation oder Transformation fasst. Zugrunde liegt hierbei also die Vorstellung, dass Wiederholung gar nicht anders als interpretativ und schöpferisch möglich ist (vgl. Benhabib 2008a, 45). Dass demokratische Iterationen eine gewisse Abseitigkeit und Unvorhersehbarkeit

---

96 Im Verlaufe ihrer Arbeiten tritt die Formulierung demokratischer Iterationen an die Stelle des Begriffs „interaktiver Universalismus" (Benhabib 2016, 68).

haben, gesteht Benhabib dabei ein; sie können sowohl in Selbstbesinnung als auch in Abwehrhaltung münden (vgl. Benhabib 2008a, 59). Doch insgesamt setzt sie mehr darauf, dass Völker und demokratische Gemeinschaften lernfähig und lernbereit sind, dass deren Bürger:innen durch Gründe und Argumente überzeugt werden können (vgl. Benhabib 2016, 185–186). Vor allem aber lässt sich durch demokratische Iterationen die Forderung an demokratische Gemeinwesen aufgreifen, die universellen Grundlagen, auf die sie sich in ihren Verfassungen berufen – die Unantastbarkeit der Menschenwürde, die Unveräußerlichkeit von Menschenrechten –, angesichts der Anwesenheit von kulturell, ethnisch, religiös Anderen neu zu formulieren (vgl. Benhabib 2008c, 205). Damit richtet Benhabib sich gegen die Betonung kultureller Homogenität und kollektiver Identität in einem starken Sinne. Angesichts der globalisierungsbedingten Herausforderungen können sich Demokratien also auch neu erfinden: Es geht um eine „Neubestimmung von Rechten *und* Identitäten" (Benhabib 2008c, 202).

Komplementär zu diesen moralischen und demokratischen Verpflichtungen souveräner Gemeinwesen verfolgt Benhabib aufmerksam die globale Rechtsentwicklung, die sie im Rahmen einer normativen Theorie des Kosmopolitismus reformuliert. Und erneut wendet sie sich zunächst Arendts Text zu, genauer: den internationalistischen Elementen des *Rechts, Rechte zu haben*, die vor allem im Aufsatz *Es gibt nur ein einziges Menschenrecht* zu verorten sind (siehe Kap. 3.1.2.1). Besonders die Überlegungen zum Tatbestand des Verbrechens gegen die Menschheit wecken Benhabibs Interesse, die sie als „Prinzipien öffentlicher Moralität und institutionellen Rechts" (Benhabib 2008b, 31) interpretiert. Damit einhergehend entwickelt Benhabib eine Heuristik kosmopolitischer Institutionen, die diese Prinzipien ebenso verkörpern. Relevant sind hier die Art. 13–15 AEMR, die GFK und die Einrichtung von UNHCR, IGH und ISGH (vgl. Benhabib 2008c, 72–74), außerdem verschiedene UN-Konventionen sowie Menschenrechtsabkommen und Global Governance-Institutionen (vgl. Benhabib 2016, 73; 274–275). Sogar bei Einrichtungen wie der WTO oder Freihandelsabkommen, die für gewöhnlich nicht als kosmopolitische Errungenschaften betrachtet werden, erkennt sie mit dem Willen, zu einer regelgeleiteten Ordnung überzugehen, zumindest ein kooperatives Moment (vgl. Benhabib 2008c, 104–105). Zugleich sollen die damit verbundenen Souveränitätsbeschränkungen im Rahmen von Benhabibs Kosmopolitismus demokratisch legitimierte kollektive Selbstbestimmung nicht aufheben (vgl. Benhabib 2008b, 26).

Wiederum greift Benhabib zur Rechtfertigung einer globalen Menschenrechtsordnung auf die Diskurstheorie, das Prinzip kommunikativer Freiheit und die praktische Vernunft als universales Medium der Begründung und Verständigung zurück (vgl. Benhabib 2016, 62–67). Dabei postuliert sie, dass das *Recht, Rechte zu haben* immer dann schon zugestanden sein muss, wenn auf Argumente und Diskurs zurückgegriffen wird, weil darin die universale Achtung und egalitäre Reziprozität (siehe Kap. 3.2.2.1) potentiell jedes Menschen zum Ausdruck kommen (vgl. Benhabib 2016, 67). Hier ist eine subtile Verschiebung der Stellung des *Rechts, Rechte zu haben* in Benhabibs Theorie zu verzeichnen: Es dient nicht mehr als Ausgangspunkt für die Begründung eines Menschenrechts auf politische Zugehörigkeit, sondern hat einen Platz in der Begründung der Menschenrechte insgesamt.

Zwischen dem epistemologischen Begründungsuniversalismus der Diskurstheorie, dem moralischen Universalismus und dem Rechtsuniversalismus der Menschenrechte besteht ein intrinsischer Zusammenhang (vgl. Benhabib 2016, 57–58). Dies gilt in politischer Hinsicht dann, wenn die Kommunikationsgemeinschaft als „internationale Zivilgesellschaft [angesehen wird], in der in Staaten organisierte Völker die wichtigsten, aber keineswegs die einzigen Akteure sind" (Benhabib 2008c, 105).

Unter dieser Prämisse formuliert Benhabib die Vision eines „kosmopolitischen Föderalismus" (Benhabib 2008c, 206), dessen Gestalt sehr stark an der Europäischen Union als „Konsoziation von Staaten" (Benhabib 2008d, 152) orientiert ist. Die größten Versprechen sind in Benhabibs Augen die Diversifikation von Citizenship sowie die sich anbahnende Entkoppelung von Staatsangehörigkeit und politischer Partizipation, die zu den „deutlichsten Indikatoren der Entwicklung kosmopolitischer Normen" (Benhabib 2008d, 153) zählen. Doch auch das ganze Potential des Konstrukts der Union, „die konstitutionell verankerte Entdifferenzierung von Souveränitätsmerkmalen durch deren Zusammenführung in einem System miteinander verbundener Institutionen, die einander jeweils verantwortlich und rechenschaftspflichtig sind" (Benhabib 2016, 185), scheint Benhabib eine *Möglichkeit* auf dem Weg zu einer globalen politischen Verfassung der Menschheit. Hoffnung setzt sie auch auf die fortschreitende Entwicklung und Etablierung kosmopolitischer Normen, worunter sie den Wandel vom Gedanken eines bloß zwischenstaatlichen Völkerrechts hin zu individuellen Ansprüchen im Völkerrecht meint (vgl. Benhabib 2016, 137). Neben überstaatlichen und zivilgesellschaftlichen Organisationen, die auch eine öffentliche Anwaltschaft für diese kosmopolitischen Normen übernehmen, hegt Benhabib auch Sympathien für Graswurzelbewegungen, die überall dort entstehen, wo grenzübergreifend für kosmopolitische Normen eingetreten und argumentiert wird (vgl. Benhabib 2016, 123–152). Mit dieser zivilgesellschaftlichen und initiatorischen

Konzeption möchte sie auch einen „Prozess der Konstitutionalisierung ohne Volk" (Benhabib 2016, 159) verhüten.

An dieser Stelle ist noch einmal darauf hinzuweisen, dass Benhabib sich darüber im Klaren ist, dass die von ihr skizzierten Möglichkeiten nur unvollkommen, widersprüchlich und uneinheitlich verwirklicht, z. T. auch konterkariert werden (vgl. Benhabib 2008a, 69). Ihre Intention ist aber gerade, die in den sozialen Praktiken enthaltenen normativen Grundlagen zu rekonstruieren und *gedanklich* über den Status quo hinauszuführen, also zu entfalten, was noch *möglich wäre*. In diesem Sinne bleibt sie ihrem Verständnis kritischer wie auch feministischer Theorie treu (vgl. Benhabib 1992, 218ff.; Benhabib 1995, 166). Dass die universellen Menschenrechte und die demokratische Souveränität ihr so wichtig sind, liegt jedoch nicht nur in der Formulierung des *Rechts, Rechte zu haben* selbst begründet, sondern auch in der Referenzdiskussion, auf die Benhabib sich bezieht.

3.2.2.3 Die Vermittlung der migrationsethischen Paradigmen über das *Recht, Rechte zu haben*. Die membership question, die Logik der Exklusion und die Terminologie der Rechte

Vorab ist noch einmal festzuhalten: Benhabib hat ihre Wurzeln wie ihr Fundament in der Diskurstheorie und ist sehr sorgsam darauf bedacht, diese vom Liberalismus, Kommunitarismus oder auch postmodernen Strömungen zu unterscheiden. Ihr Leitmotiv ist dabei, dass Moraldiskurse prinzipiell unabschließbar sind und daher stets aufs Neue begonnen werden können. Auch Praktiken und normative Positionen können immer wieder hinterfragt und neu verhandelt werden (vgl. Benhabib 2008c, 26–27; 30). Gleichzeitig macht sie auf dieser Basis ein sehr ernsthaftes Gesprächsangebot an verschiedene theoretische Perspektiven. Sie möchte möglichst vielfältig Standpunkte zu Wort kommen lassen – sofern sie die formalen Bedingungen des Diskurses erfüllen (vgl. Benhabib 2016, 65).

Die philosophische Debatte um politische Zugehörigkeit stellt sich für Benhabib als ein polar strukturierter Diskurs dar: zwischen Liberalismus und Kommunitarismus,[97] dem Allgemeinen und dem Besonderen, Kosmopolitismus und Republikanismus. Diese Polarität will Benhabib nicht transzendental

---

97 Auch Benhabib ist sich bewusst, dass vor allem der Kommunitarismusbegriff ein unscharfer Sammelbegriff ist, der sehr unterschiedliche, teils kaum miteinander zu vereinbarende Positionen subsumiert. Der Einfachheit halber wird er hier trotzdem weiter verwendet. Die kommunitaristische Position, mit der sich Benhabib hauptsächlich beschäftigt, ist die Philosophie Michael Walzers. Was hier verallgemeinernd Kommunitarismus genannt wird, schlüsselt Benhabib als „Kommunitaristen, Advokaten der Zivilgesellschaft und (…) gemäßigte Nationalisten" (Benhabib 2008c, 115) auf.

aushebeln, sondern kommunikativ vermitteln und wählt dafür die Formulierung des *Rechts, Rechte zu haben*.[98] In dieser Logik kommt dann dem Recht links vom Komma die Position des Liberalismus, des Allgemeinen und Kosmopolitismus zu, während die Rechte rechts vom Komma Kommunitarismus, das Besondere und Republikanismus repräsentieren. Im *Recht, Rechte zu haben* möchte sie „die liberale Vision der Staatsbürgerschaft" mit der „republikanisch-demokratischen Vision einer durch volle demokratische Teilhabe charakterisierten Mitgliedschaft" (Benhabib 2016, 162) verbinden. Zwar erhebt Benhabib gegen die vorschnelle Selbstidentifikation des Liberalismus mit universalisierungsfähigen Ansichten Einspruch (siehe Kap. 3.2.2.1), doch sieht sie die Frage nach dem Allgemeinen, nach universalen moralischen Ansprüchen noch am ehesten in der liberalen Theorie verortet. Umgekehrt bleibt sie vorsichtig in einer vorschnellen Verurteilung von Positionen, die auf partikularer Identität beharren. Auf dem Weg zu einer Vermittlung der Gegensätze macht Benhabib sich im Gegenzug daran, die aus ihrer Sicht legitimen Grundüberzeugungen herauszuarbeiten: Beim Liberalismus ist das eben der moralische und rechtliche Kosmopolitismus, beim Kommunitarismus dagegen die Sorge um das Selbstbestimmungsrecht partikularer Gemeinschaften. Sodann führt sie ausgehend von diesen Grundüberzeugungen die jeweils dominierenden Paradigmen – das liberale Verteilungsparadigma und das kommunitaristische kulturidentitäre Paradigma – in der eingehenden Diskussion zentraler Positionen und Einwände über Verengungen hinaus (vgl. Benhabib 2008c, 75–128).

In der Argumentationslogik wird trotz deutlicher Kritik am statischen Vernunft- und Ordnungsmodell der liberalen Gerechtigkeitstheorie der Raws-Schule[99] und deren Desinteresse an Migration der Liberalismus als Startpunkt und der Kommunitarismus als dessen Kritik betrachtet. In diesem Sinne führt Benhabib ihr Konzept auch als Ergänzung des liberalen Interesses an gerechter Verteilung („just distribution") von Rechten und Gütern ein. In der Diskussion der Prinzipien globaler Gerechtigkeit wie auch des Selbstverständnisses liberaler Demokratien gibt es demnach Bedarf an einem Modell gerechter Zugehörigkeit (vgl. Benhabib 2008c, 12–16). Entgegen der liberalen Annahme, dass im Idealzustand einer vollkommen gerechten Gesellschaft weder Gründe noch

---

98 Eine weitere Dimension dieser kommunikativen Vermittlung besteht in einer Absage an die Ansicht Carl Schmitts, der moralische Universalismus sei eine der Demokratie fremde, liberale Überzeugung. Die Demokratie lebe dagegen vor allem aus der definitorischen Abgrenzung des Eigenen vom Fremden (vgl. Benhabib 1999c, 79).

99 Neben Rawls bezieht sich Benhabib besonders auf Thomas Pogge und Charles Beitz, die ihrerseits bereits früh begonnen haben, Rawls' Prinzipien im Horizont eines Modells globaler Gerechtigkeit zu diskutieren und weiterzuentwickeln.

Ursachen von Migration gegeben seien und sich die Zugehörigkeitsfrage nicht mehr stelle (Benhabib 2008c, 94–96), betrachtet Benhabib also die durch den Kommunitarismus aufgeworfene Zugehörigkeitsfrage als ein fundamentales Gerechtigkeitsproblem. Unverkennbar nimmt sie sich damit der Struktur der Migrationsethik Typ I an.

Bei der kommunikativen Vermittlung über das *Recht, Rechte zu haben* ist drei Aspekten Beachtung zu schenken, die in der obigen Darstellung schon präsent waren, aber einiger ergänzender Erläuterungen bedürfen: (1) der Reflexion der *„Dialektik politischer Rechte und kultureller Identitäten"* (Benhabib 2008c, 126; Hervorh. i. Orig.), (2) der damit korrespondierenden Plausibilisierung eines interaktiven bzw. jurisgenerativen und iterativen Universalismus sowie (3) dem Rekurs auf die Differenzierung des Begriffs der Anderen und ihrer Rechte. Zugleich greifen sie zentrale Merkmale der Migrationsethik Typ I auf: (a) die *membership question*; (b) die Logik der Exklusion und (c) die Terminologie der Rechte.

Die moderne Form politischer Mitgliedschaft impliziert sowohl das Prinzip der Territorialität (ius soli) als auch der Kollektivität (ius sanguinis oder „thick citizenship" des republikanischen Personenverbands), wobei ein am Geburtsort orientiertes Bürgerschaftsrecht gemeinhin als liberal gilt, während Abstammungskonzept oder thick citizenship eher kommunitaristisch konnotiert sind. Indem Benhabib diese Prinzipien nicht nur als soziologische Tatsachen betrachtet, sondern auf dem Podium politischer Philosophie diskutiert, erkennt sie deren Berechtigung grundsätzlich an. Bürger:innen moderner Staaten sind immer auch Angehörige einer spezifischen Nation mit einer partikularen Geschichte, Kultur usw. (vgl. Benhabib 1999b, 10) – so lautet ihre Zusammenfassung dieser grundlegenden Dialektik.

Allerdings fungiert das *Recht, Rechte zu haben* als ein Stellvertreter für die Position derer, die von den Umbrüchen der überkommenen politischen Weltordnung durch die Globalisierung am härtesten getroffen sind: Die Staatenlosen, Flüchtlinge und irregulären Migrant:innen sind einerseits Opfer der Konflikte und ökonomischen Verwerfungen, andererseits fallen sie aus dem immer noch – mehr schlecht als recht – aufrechterhaltenen „Regime territorialer Souveränität eines unterstelltermaßen homogenen Nationalstaates" (Benhabib 2006, XV) heraus (vgl. Benhabib 2002a, 539–541; Benhabib 2006, XV–XVI). Aus diesem Blickwinkel tritt die totalitäre Tendenz einer globalisierten Welt, deren politische Grundformation immer noch Nationalstaaten sind, in Erscheinung (vgl. Benhabib 2002a, 541). Zugleich postuliert Benhabib, dass angesichts der Krisen von Territorialitäts- und Kollektivitätsprinzip neue Ansätze freiheitlich-demokratischer Selbstorganisation notwendig werden (vgl. Benhabib 2008c, 17–18; 28–30). Der Clou ihres Entwurfs ist gerade, dass sie die schon vorhandenen Prinzipien und Normen nicht verwerfen, sondern integrieren und in ein neues Modell überführen will.[100] Erkennbar wird das auch daran, dass sie die Mitgliedschaftsfrage für konstitutiv hält. In ihrer Antwort will sie aber eben nicht einem kulturell-identitären Mitgliedschaftsverständnis folgen, das in einem sehr weitreichenden Sinne Abschließung rechtfertigt, sondern dem dialektischen Verhältnis von Rechten und kultureller Identität Rechnung tragen (vgl. Benhabib 2008c, 115–127).

Bevor Benhabibs Vorschlag eines interaktiven bzw. jurisgenerativen und iterativen Universalismus nachgegangen wird, ist der Blick auf ein Missverständnis zu richten, dem Benhabib aufgrund ihrer etwas hegelianisch anmutenden Anordnung der Positionen aufsitzt: Sie erwähnt immer wieder, dass etwa liberale Einwanderungspolitik grundsätzlich zu Öffnungen neige, während Schließungsvoten vornehmlich kommunitaristischer Provenienz sind (vgl. Benhabib 2008c, 119) bzw. bei Liberalen das Problem eher darin bestehe, dass sie globaler Migration für die gegenwärtige Welt und Gerechtigkeitsfragen die Relevanz absprächen, während Kommunitaristen für ein rigoristisches Grenzregime Partei ergriffen (siehe z. B.: Benhabib 2016, 220–234). Damit unterschätzt sie aber in eklatanter Weise die weitreichenden und hartnäckigen Versuche liberaler Theorie, das Recht auf Exklusion zu rechtfertigen. M. E. wird so der – wenn auch sachlich richtige und angemessene – Vorschlag, Migration zu einer fundamentalen Voraussetzung und zum Gegenstand von Gerechtigkeitstheorien zu machen,[101] hinfällig, weil die Aufgabe eben nicht ist, eine „migration blindness" liberaler Theorien zu überwinden. Vielmehr ist der weitreichende Konsens liberaler und kommunitaristischer Theorien in Bezug auf das Recht auf Exklusion viel stärker zu berücksichtigen.

Den wohlmeinenden Grundzug liberaler Theorie unterstellt Benhabib auch bei ihrem Vorschlag, moralischen Universalismus und Demokratietheorie zu vermitteln. Generell stellt sie sich in die Tradition eines Liberalismus, der ein Mehr an Freiheit, eine Erweiterung der Freiheitsräume anstrebt und diese vor allem in Rechtsform ausdrückt und festhalten will. Neben den bereits

---

100 Das schließt dennoch nicht aus, größere Revisionen grundlegender Annahmen, vor allem epistemologischer Art, vorzunehmen. Wie schon in Bezug auf Rawls' Theorie der Gerechtigkeit arbeitet sich Benhabib auch auf der Ebene der Voraussetzungen an seiner Völkerrechtstheorie ab. Statt von Völkern als vollständigen und geschlossenen Gemeinschaften auszugehen, ist die Welt laut Benhabib konstitutiv durch Interdependenzen und Austausch zwischen Völkern geprägt (vgl. Benhabib 2008c, 104–110).

101 Seinen prominentesten Ausdruck hat dies in Benhabibs Bild von einem Wandernden gefunden, der sich auf fremdem Gebiet mit einer Landkarte orientieren müsse, die veraltet sei (vgl. Benhabib 2008c, 18). Angesichts neuer Weltverhältnisse muss die Philosophie also neue Orientierungshilfen erarbeiten.

erwähnten demokratischen Iterationen, die ideengeschichtlich eher radikaldemokratischen Theorien zuzuordnen wären, prägt sie im Anschluss an Robert Cover den Begriff der Jurisgenerativität (vgl. Benhabib 2008c, 173–179; Benhabib 2008a, 47). Dieser soll zum Ausdruck bringen, dass das Recht nicht nur einen normativen Raum formaler Rechtserzeugung und Gesetzgebung darstellt, sondern zukünftige Gerechtigkeitsformen vorwegnimmt oder antizipiert (vgl. Benhabib 2013, 279–280). Dieses avantgardistische Moment des Rechts ist etwas anderes als das klassisch liberale Verständnis subjektiver Rechte, mit denen der Raum definiert wird, in dem das Subjekt tun und lassen kann, was es will und hauptsächlich dadurch beschränkt wird, dass es nicht in die Freiheitssphäre anderer eingreifen darf. Auf der Ebene der theoretischen Debatte ist das Insistieren auf interaktive, iterative und kommunikative Prozesse wichtig, um die statischen Ordnungs- und Vernunftbegriffe politischer Philosophie jeglicher Couleur aufzubrechen und demokratische Praktiken – Diskussion, Argumentation, konfliktive Auseinandersetzung – normativ so zu rekonstruieren, dass sie Grenzen zwar nicht nivellieren, aber im Kern demokratischer Politik eine prinzipielle Offenheit des Souveräns freilegen. Der moralische Universalismus und der Kosmopolitismus als sein politisches Pendant werden demnach nicht von oben dekretiert,[102] sondern sind Prämissen demokratischer Legitimität, die zugleich stets hinterfragbar und anfechtbar sind (vgl. Benhabib 2008c, 24–32; 114). Seinen paradigmatischen Ausdruck findet diese Einsicht im *Recht, Rechte zu haben*.

Abschließend stellt sich vor dem Hintergrund des *Rechts, Rechte zu haben* noch die Frage nach dem Status der Anderen und ihrer Rechte. Als Denkkategorie sind sie aus Benhabibs Theorie bereits vertraut (Kap. 3.2.2.1), im Rahmen ihrer migrationsethischen Überlegungen werden sie in der Diskussion von Rawls Gerechtigkeits- und Völkerrechtstheorie eingeführt, um zu demonstrieren, dass der Werte- und Kulturpluralismus nichts ist, was liberalen Gesellschaften äußerlich, sondern ihnen inhärent ist – *historisch* als Erbe von Auseinandersetzungen und Kämpfen um Rechte, *soziologisch* als Tatsache des Vorhandenseins verschiedener Kulturen und Religionen auf einem Territorium (vgl. Benhabib 2008c, 75–76; 89–90). Somit kann Benhabib feststellen: „Die ‚Anderen' sind mitten unter uns." (Benhabib 2008c, 90)

Im Spiegel des Begriffs der Anderen soll das *Recht, Rechte zu haben* ein Konzept sein, in dem die Anerkennung sowohl des verallgemeinerten als auch des konkreten Anderen zusammengefasst wird, d. h. Allgemeinheit

---

102 Das hält Benhabib für eine fehlgeleitete Strömung des Liberalismus (vgl. Benhabib 2008c, 111–114).

und Besonderheit, Gleichheit und Verschiedenheit versöhnt werden (vgl. Benhabib 2016, 61–64). Als ‚neues' Rechtsprinzip bzw. Grundrecht auf politische Zugehörigkeit reagiert es besonders auf die veränderte Situation, die Benhabib an einer Stelle auch mit der „Radikalisierung des Rawlsschen Pluralismus" (Benhabib 2008c, 97) bezeichnet, mit der Konstruktion eines neuen Rechtssubjekts, den *Anderen*. Sie sollen nun nicht mehr nur Adressat:innen von Pflichten gegenüber dem Anspruch des Subjekts sein, sondern selbst als Subjekt des Rechts auftreten. Die wechselseitige Anerkennung des *Rechts, Rechte zu haben* stellt sich dabei als unhintergehbare Grundlage des Zusammenlebens dar – und lässt Raum für die Partikularitäten und Besonderheiten, die es in sich aufnimmt und die ihrerseits nicht dagegen verstoßen können, ohne sich gegen sich selbst zu richten. Insofern verkörpert das *Recht, Rechte zu haben* Benhabibs ‚Definitivartikel' eines global verträglichen Zusammenlebens der Menschheit (vgl. Benhabib 2016, 67), der die praktische Möglichkeit des Universalismus, den Kern der (widersprüchlichen) Erfahrungen der Moderne, ebenso repräsentiert wie seine noch nicht hinreichend realisierte politische Wirklichkeit (vgl. Benhabib 2016, 63).

Genau an diesem Punkt offenbart sich aber auch eine grundlegende Schwäche von Benhabibs Theorie: Sie hat im Grunde keine wirklichen Erklärungen dafür, *warum* sich die Lage der ‚Anderen' weiterhin nicht substantiell verbessert, sondern sich gegenwärtig genau gegenteilig entwickelt. Das wurzelt nicht nur in der Differenz von Sein und Sollen, die sie feststellen kann, sondern auch darin, dass Benhabib in der soziologischen Beschreibung von Praktiken und sozialen Verhältnissen sich zwar regressiven oder ambivalenten Entwicklungen stellt, im Großen und Ganzen aber dazu neigt, dem Potential und dem, was möglich ist, den Vorzug zu geben. So muss sie schließlich mit Bezug auf den Status kosmopolitischer Normen, zu denen sie das *Recht, Rechte zu haben* konzeptionell zählt, etwas ratlos und beinahe trotzig feststellen: „Ich habe keine gute Erklärung dafür, wie oder warum diese Prozesse der Konstitutionalisierung und Entrechtlichung in der gegenwärtigen Weltgesellschaft gleichzeitig weiterbestehen; ich möchte aber betonen, dass kosmopolitische Normen wichtige Instrumente sind, die uns helfen, die Tendenzen zur Entrechtlichung zu bekämpfen." (Benhabib 2016, 158–159)

3.2.2.4 Zusammenfassung: Das *Recht, Rechte zu haben* als neues migrationsethisches Paradigma

Die intellektuellen Grundlagen Seyla Benhabibs liegen in der feministischen und diskurstheoretischen Wendung der Kritischen Theorie, wobei sie sich vor allem um eine Rekonstruktion der normativen Grundlagen bemüht. So rechtfertigt sie besonders den von Jürgen Habermas forcierten Übergang von der kritischen Gesellschaftstheorie zu normativen Fragestellungen argumentativ und entwickelt gleichzeitig ein eigenes diskurstheoretisches Profil.

Eine zentrale Rolle spielt dabei auch die Auseinandersetzung mit dem Denken Hannah Arendts. Im Laufe der Zeit wird das *Recht, Rechte zu haben* zu einem zentralen Topos. Die Kreativität im Umgang mit dem *Recht, Rechte zu haben* ist beachtlich und verdient als solche große Anerkennung. Benhabib nimmt entscheidende Aktualisierungen vor und ist zugleich darauf bedacht, die Formulierung in ihrer Aktualität plausibel zu machen. Gleichzeitig wird aber auch deutlich, dass sie bedeutende Veränderungen vornimmt, die nicht ohne Weiteres mit Arendts Texten vereinbar sind. An manchen Stellen setzt sich Benhabib explizit von Arendt ab, z. B. in ihrem Anliegen einer normativen Rechtfertigung. An anderen wähnt sie sich in der Intention eins mit Arendt, beispielsweise hinsichtlich der Wurzeln in der kantischen Moralphilosophie, die sie freizulegen gedenkt, oder der prinzipiellen Zustimmung zur Idee der Menschenrechte. Mitunter muss sie weit über Arendt hinausgehen, etwa in der Ausbuchstabierung der Spannung von Menschenrechten und demokratischer Souveränität und vor allem in der Einführung des *Rechts, Rechte zu haben* als einem migrationsethischen Paradigma sowie dessen Fortschreibung im Rahmen einer Theorie gerechter Zugehörigkeit. Auf diese Weise entsteht eine komplexe, nicht leicht zu durchdringende Lesart des *Rechts, Rechte zu haben,* die verschiedene Ebenen berührt, ohne dass dies ausdrücklich thematisiert würde. Hier soll dennoch der Versuch unternommen werden, Benhabibs migrationsethische Rezeption des *Rechts, Rechte zu haben* noch einmal in Bezug auf die Funktionen dieser Formulierung zusammenzufassen.

Das *Recht, Rechte zu haben* hat eine *Signalfunktion*, indem es auf die Notlage der Migrant:innen, Flüchtlinge und Staatenlosen aufmerksam macht und einen kritischen Hinweis auf die Ursachen dieser Notlage gibt. In Bezug auf die konkrete Situationsanalyse überträgt Benhabib in erstaunlicher, gleichwohl recht eindimensionaler Einmütigkeit Arendts Diagnose der Rechtlosigkeit, die dann entsteht, wenn Menschen ihre politische Zugehörigkeit verlieren, in die Gegenwart;[103] differenzierter und eigenständiger formuliert sie dagegen die philosophische Problemstellung, die von Arendt ins Wort gebrachten Aporien der Menschenrechte, die sie jedoch für gar nicht so ausweglos hält.

Daneben kommt dem *Recht, Rechte zu haben* eine *Begründungsfunktion* zu, die bis in die jüngste Zeit den größten und wichtigsten Teil für Benhabibs eigene

---

103 Nicht für die Gegenwart adaptiert, sondern nur in der werkgeschichtlichen Rekonstruktion relevant wird zum Beispiel Arendts eingehende Beschreibung des Minderheiten- und Staatenlosigkeitsregimes (Kap. 3.1.2.2.2).

Interpretation darstellt. Mit ihrer Unterscheidung zwischen dem Recht links vom Komma und den Rechten rechts vom Komma, deren moralphilosophisch wie demokratietheoretisch reflektierter, diskurstheoretisch versierter Grundlegung und der Konfrontation mit neueren globalen Rechtsentwicklungen in Richtung der Etablierung kosmopolitischer Normen hat Benhabib in diesem Punkt Maßstäbe gesetzt. Gleichwohl changiert die Begründungsfunktion zwischen der Rechtfertigung eines Menschenrechts auf politische Zugehörigkeit (i. S. eines Artikels, der auch in die AEMR Eingang finden sollte) und der normativen Verteidigung der Menschenrechte überhaupt, die nicht nur damit zu erklären ist, dass Benhabib das *Recht, Rechte zu haben* und die Menschenrechte bei Arendt für Synonyme hält. Letztlich spiegelt diese doppelte Begründungsfunktion die fortbestehende Spannung zwischen Menschenrechten und Zugehörigkeit – und sorgt in dieser Hinsicht nicht für mehr Eindeutigkeit und Klarheit, was Benhabib als einen Mangel der politischen Theorie Arendts ausgemacht hatte. Oder als Frage formuliert: Soll das *Recht, Rechte zu haben* ein Menschenrecht oder *die* Menschenrechte begründen?

Welche *Praxisfunktion* dem *Recht, Rechte zu haben* zukommt, wird aufgrund dieser Unklarheit ebenfalls nicht so recht deutlich. Mehrere Andeutungen lassen sich anführen: Es kann den zivilgesellschaftlichen oder individuellen Akteuren als Motivation dienen, das *Recht, Rechte zu haben* für sich selbst oder andere einzufordern. Auch ein Platz als regulatives Ideal oder aber doch als tatsächlich juridisches Prinzip, das sich in Rechtsnormen und zugehöriger Rechtsprechung manifestiert, sind denkbar.

Schließlich hat das *Recht, Rechte zu haben* eine *Vermittlungsfunktion*, die sich genuin auf die in der Migrationsethik Typ I vorfindlichen theoretischen Optionen bezieht. Im Sinne eines allgemein zustimmungsfähigen Prinzips verfolgt Benhabib in diesem Zusammenhang das Anliegen zwischen gegensätzlichen Polen kommunikativ zu vermitteln und im Sinne der Flüchtlinge, Asylsuchenden und irregulären Migrant:innen ein Recht zu formulieren, das sowohl aus liberaler als auch aus kommunitaristischer Perspektive und damit aus dem Innern liberaler, demokratischer Gesellschaften Akzeptanz und Zustimmung finden können müsste. Inhaltlich artikuliert Benhabib dabei weitgehend Positionen, die eher der Migrationsethik Typ II entlehnt sind, z. B. Grundoptionen der Humanität und Globalität oder die Befragung der Tradition in Bezug auf deren Orientierungspotential in der Gegenwart. Sie fügt demnach einerseits wichtige Einsichten einer Ethik im Kontext globaler Migration in die Debattenstruktur der Ethics of Migration ein und intendiert damit zugleich, die Engführungen der letztgenannten in ein neues Paradigma – das *Recht, Rechte zu haben* – zu überführen.

3.2.3 Das Scheitern der migrationsethischen Rezeption des Rechts, Rechte zu haben

In diesem Kapitel wird die These vertreten, dass die migrationsethische Rezeption des *Rechts, Rechte zu haben* gescheitert ist. Zunächst erscheint jedoch sinnvoll, sich noch einmal des Standorts zu vergewissern, an dem sich der Gedankengang dieses Kapitels gerade befindet: Bei genauerem Hinsehen stellte sich heraus, dass hinter dem Begriff Migrationsethik zwei unterschiedliche, teils gegensätzliche Typen von Migrationsethik verbergen, die als „Ethics of Migration" (Typ I) und Ethik im Kontext globaler Migration (Typ II) bezeichnet werden können. Eine Gemeinsamkeit besteht darin, dass sie Migration gerechtigkeitstheoretisch reflektieren und dies meist in Form einer Artikulation und Diskussion von Rechtsansprüchen geschieht. Eine markante Differenz ist allerdings in der Art und Weise der Diskussion zu beobachten. Während Typ I in normativistischer Art Prinzipien der Gerechtigkeit auf Migration anwendet, fragt Typ II in einer normativen Richtung, welche Prinzipien zur Debatte stehen und wie sie angesichts von Migration neu begründet bzw. gerechtfertigt werden können. Ein weiterer Unterschied ist zudem in den konkreten Rechtsansprüchen zu verzeichnen, da Typ I sich vor allem über die Begründung eines (qualifizierten) staatlichen Rechts auf Exklusion, dem zuweilen ein Recht der Migrant:innen auf Einwanderung gegenübergestellt wird, definiert, wohingegen Typ II ein Recht auf politische Zugehörigkeit und ein (qualifiziertes) Recht auf internationale Freizügigkeit zum Ausgangspunkt macht.

Seyla Benhabibs Theorie gerechter Zugehörigkeit, die zu wesentlichen Teilen auf das *Recht, Rechte zu haben* rekurriert und daher als eine migrationsethische Rezeption interpretiert werden kann, ist ein umfassendes Gesprächs- und Diskussionsangebot zur kommunikativen Vermittlung zwischen beiden Typen der Migrationsethik. Zwar ist sie in ihren theoretischen Voraussetzungen eher Typ II zuzuordnen, nimmt aber unter eingehender Diskussion der zentralen Ansätze des ersten Typs Stellung zu bedeutenden Fragestellungen und nimmt diese als migrationsethische Grundprobleme ernst. Die theologische Ethik ist Benhabib, auch weil sich bereits eine eigene kantisch inspirierte Rezeption des *Rechts, Rechte zu haben* abzeichnete (vgl. Reuter 1996, 199–201; Heimbach-Steins 2001b, 54–55), weitgehend darin gefolgt, dem *Recht, Rechte zu haben* eine Begründungsfunktion innerhalb des eigenen migrationsethischen Konzepts zuzusprechen (vgl. Becka 2019b, 816–817). Sie hat zudem die Kritik einer mangelnden normativen Grundlage bei Arendt übernommen (vgl. Haker 2020, 59–60)[104], aber durch das Selbstverständnis, eine Migrationsethik zu sein,

---

104 Bei Haker wird das moralische Fundament allerdings dann mit Paul Ricoeur gelegt.

auch die in Benhabibs Modell enthaltene Vermittlungsfunktion aufgegriffen. Nicht nur in der theologischen Ethik, sondern auch in politischer Philosophie und Theorie hat Benhabibs Modell breite Diskussionen ausgelöst,[105] ist in der Migrationsethik Typ I – einer der primären Adressatinnen – aber nahezu gar nicht zur Kenntnis genommen worden.[106] Auch Vertreter:innen von Typ I beteiligen sich in der Regel nicht an Diskussionen um Aktualität und Aktualisierung des *Rechts, Rechte zu haben*.

Vor diesem Hintergrund ist also zu konstatieren: Die migrationsethische Rezeption des *Rechts, Rechte zu haben* ist gescheitert. Es ist nicht gelungen, ein neues migrationsethisches Paradigma zu etablieren, das die beiden migrationsethischen Typen integriert. Dies ist einerseits dem Desinteresse, der Ignoranz und der normativen Selbstreferentialität von Migrationsethik Typ I geschuldet, andererseits aber auch auf einige strukturelle Probleme der migrationsethischen Rezeption selbst zurückzuführen. Darüber hinaus und weitaus dramatischer stellt sich mehr und mehr heraus, dass die politischen und rechtlichen Entwicklungen, auf die sich die Hoffnung stützt, das *Recht, Rechte zu haben* habe eine realistische Chance, ein globales Leitprinzip des Rechts zu werden, weitaus weniger vielversprechend für Flüchtlinge sind, als Benhabib angenommen hat. Oder anders formuliert: Die tiefgreifende und strukturelle Ausweglosigkeit der globalen Flüchtlingssituation ist auch ein Signal des Scheiterns der migrationsethischen Rezeption des *Rechts, Rechte zu haben*.

3.2.3.1 Desinteresse, Indifferenz und normative Selbstreferentialität der Migrationsethik Typ I

Um das Niveau der Kenntnisnahme von Benhabib in der Migrationsethik ersten Typs zu illustrieren, ist ein Blick in David Millers migrationsethische Monographie hilfreich. Dort kommt er im Rahmen eines (hochgradig selektiven) ideengeschichtlichen Durchgangs zur philosophischen Reflexion von Migration auch auf Kants Weltbürgerrecht zu sprechen. Dabei ist ihm wichtig, gegen solche Theorien Einspruch zu erheben, die meinen, aus Kants Position angeblich eine Open-Borders-Utopie ableiten zu können (vgl. Miller 2017, 28). Die einzige Theorie, die in den Anmerkungen Erwähnung findet, ist Benhabibs Kant-Rezeption, was nicht einmal entfernt ihre Lesart Kants und deren Zweck

---

[105] Diese sind dokumentiert in einer Themenausgabe des European Journal of Political Theory (vgl. EJPT 2007) und in einem Sammelband (vgl. Benhabib u. a. 2008).

[106] Das zeigt zum Beispiel der bereits erwähnte Aufsatz von Andreas Niederberger, der „einige grundlegende philosophische Überlegungen" (Niederberger 2021, 97) verspricht, aber gänzlich ohne die Diskussion des *Rechts, Rechte zu haben* und dessen umfängliche migrationsethische Rezeption auskommt.

einer moralphilosophischen Fundierung des *Rechts, Rechte zu haben* erfasst. Diese Art der Diskussion hat in keiner Weise wissenschaftliches Niveau – ist aber weit verbreitet in Bezug auf die Wahrnehmung von Positionen des zweiten migrationsethischen Typs in Migrationsethik Typ I.

Das Angebot einer kommunikativen Vermittlung sowohl des moralischen Universalismus als auch kollektiver Selbstbestimmung, allgemeiner Menschenrechte und der Zugehörigkeit zu definierten Gemeinschaften über das *Recht, Rechte zu haben*, das zugleich den Anspruch hat, die beiden migrationsethischen Typen aufs Neue ins Gespräch zu bringen, wird also – wenn es überhaupt wahrgenommen wird – grob verzerrt. Viel spricht dafür, dass hier auch Sorge um Hegemonien und die Aufrechterhaltung von Lagerbildungen, mit denen sich in Migrationsethik Typ I die Beteiligten gut arrangiert haben, eine Rolle spielt. Ernsthafte Versuche, diese aufzubrechen, werden ignoriert oder delegitimiert.

Schwerer wiegt allerdings, dass die Ethics of Migration keinerlei Interesse daran hat, ein Recht und dessen Begründung zu diskutieren, das für eine große Gruppe von Menschen, deren Rechte hochgradig gefährdet und deren Lebenslage eminent prekär ist, von existentieller Bedeutung ist. Es geht also weniger darum, dass Arendt oder Benhabib in ihren theoretischen Leistungen zu wenig gewürdigt werden,[107] sondern die Migrationsethik Typ I sich weigert, sich im Rahmen der eigenen denkerischen Möglichkeiten einem fundamentalen Rechtsanspruch zu stellen und sich auf der Höhe der theoretischen Debatte zu bewegen. Diese Verweigerung ist auch dort offenkundig, wo das *Recht, Rechte zu haben* im Rahmen einer historischen Hinführung erwähnt wird (vgl. Dietrich 2017b, 16) und alle Diskussionen um Aktualität und Aktualisierung schlicht ignoriert werden.

Das Desinteresse und die Ignoranz verweisen auf die extrem ausgeprägte normative Selbstreferenzialität der Migrationsethik ersten Typs.[108] Nur wer in den erlesenen Kreis der Ethics of Migration aufgenommen wird, hat auch die Möglichkeit ernsthaft diskutiert zu werden. Das scheint aber nur unter der Bedingung möglich zu sein, die Prämisse des Exklusionsrechts zu teilen oder

---

107 Gleichwohl hat diese Seite des Problems auch einen Genderaspekt, der wiederum kein Zufall ist: So wie erst seit kurzem soziale Phänomene wie die Feminisierung der Migration die Aufmerksamkeit der Migrationsethik ersten Typs erhalten (Kap. 3.2.1.1), sind dort über Jahrzehnte auch maßgeblich von Frauen entwickelte theoretische Entwürfe marginalisiert worden.
108 Erste Überlegungen zur normativen Selbstreferentialität der Migrationsethik Typ I finden sich bei Becker (vgl. 2020, 78–80).

eine fundamental entgegengesetzte Position zu vertreten. Das widerspricht aber dem Ansatz einer kommunikativen Vermittlung in jeglicher Hinsicht – und das heißt umgekehrt, dass die migrationsethische Rezeption des *Rechts, Rechte zu haben* die Offenheit von Ethics of Migration für einen Moral*diskurs* jenseits festgefügter Fraktionsbildungen massiv überschätzt hat. Die Diskursaversion sitzt tief und hängt damit zusammen, dass die Migrationsethik Typ I eben normativistisch und nicht normativ vorgeht: Sie sieht keine Notwendigkeit die eigenen Prämissen im Angesicht von Migration zu verändern und hat eine grundlagentheoretische Diskussion mit anderen Entwürfen, wie z. B. der Diskurstheorie, offenbar nicht nötig. So bleibt es bildlich gesprochen bei einer Einbahnstraße: Migrationsethik Typ II bemüht sich sehr redlich darum, Fragestellungen, Perspektiven und Argumente von Migrationsethik Typ I zu integrieren, während auf der anderen Seite Desinteresse, Ignoranz und Verweigerung stehen.

3.2.3.2   Theoretische Dominanz- und Machtverhältnisse

Die bisherigen Ausführungen könnten den Eindruck erwecken, dass es sich hier vor allem um akademische Streitigkeiten handelt. Zumal das *Recht, Rechte zu haben* und dessen migrationsethische Rezeption durch Seyla Benhabib ja insgesamt recht großes Interesse geweckt und breite akademische Wirkung erzielt haben. Insofern könnte das Problem einfach gelöst werden, indem man akzeptiert, dass zwei unterschiedliche, voneinander unabhängige Fachdiskurse bestehen. Allerdings spiegelt sich in der Diskursverweigerung von Migrationsethik Typ I nur in harmloserer Weise ein Problem, das in der migrationsethischen Rezeption des *Rechts, Rechte zu haben* auf der grundlagentheoretischen Ebene zu wenig berücksichtigt wird: die Existenz theoretischer Dominanz- und Machtverhältnisse, meist im Begriff der Asymmetrie ausgedrückt. Diese können sich auf verschiedenen Ebenen ausdrücken (vgl. Leicht 2016, 51; 77). Im Rahmen diskurstheoretischer Begründungsverfahren ist es aber schwierig, diese zu reflektieren, weil sie fundamental den Modi des Dialogs, des fortdauernden Gesprächs und der gleichberechtigten Teilnahme am Diskurs widersprechen und insofern nur zurückgewiesen und abgelehnt werden können. Für die normative *Begründung* als solche spielen sie aber keine Rolle; Macht- und Dominanzverhältnisse können lediglich in einem zweiten Schritt zum Gegenstand normativer *Kritik* werden (vgl. Geuss 2019, 350–351).

Ein Teil des Problems ist die trotz allen Bemühens um eine historische und politische Rückbindung immer noch stark akademische Motivation und Situierung des Ideals eines fortlaufenden, unabschließbaren, durchaus auch kontroversen und immer wieder neu ansetzenden Moralgesprächs, das sehr hohe Teilnahmevoraussetzungen hat. Deren Macht- und Dominanzcharakter können nicht einfach mit dem Hinweis auf ein kontrafaktisches oder regulatives Ideal, das die kommunikative Vernunft und ihre Instrumente verkörperten, entschärft werden. Benhabib selbst ist ja auch nicht unsensibel gegenüber ungleich verteilter Herrschaft und den Hürden zur Teilnahme an Moralgesprächen (vgl. Leicht 2016, 35). Einige Elemente ihrer Theorie – die Integration hegelianischer und feministischer Impulse in eine universalistische Moraltheorie oder der Begriff des konkreten Anderen (siehe Kap. 3.2.2.1) – sind wichtige Werkzeuge. Doch Asymmetrien kommen bei ihr stets als Vorstufe zur angestrebten Symmetrie vor. Die grundlegenden Annahmen eines autonomen Subjekts bleiben auch dann bestehen, wenn zwar auf die Entwicklungsstufen und die narrative wie kulturelle Gebundenheit der Identitätsbildung hingewiesen, darin aber vor allem auf die Fähigkeit, selbstständig die wichtigen, identitätsstiftenden Komponenten auszuwählen, abgestellt wird. So ist festzuhalten, dass Benhabibs Ansatz vor allem einen Mangel hat, „wo es darum geht, zu verstehen, dass das Subjekt und folglich auch Intersubjektivität über Machtstrukturen zustande kommen und in diesen Asymmetrien und Ausschlüsse eingeschrieben sein können." (Leicht 2016, 48)

Im Umkehrschluss bedeutet dies nicht, sich einfach mit Macht- und Dominanzverhältnissen zu arrangieren oder sich einem zynischen Realismus zu beugen, den Benhabib als zwar nachvollziehbare, aber ungerechtfertigte Reaktion auf den Status der Menschenrechte in der Gegenwart betrachtet (vgl. Benhabib 2016, 268–270). Vielmehr gilt es, der zynischen Tendenz ansichtig zu werden, die eine normative Theorie annimmt, wenn sie beginnt, an den zu beobachtenden, wenn auch kleinen Fortschritten festzuhalten und nach der Bestätigung ihrer eigenen Annahmen zu suchen, statt die geschichtlichen und gesellschaftlichen Verhältnisse und deren Wechselverhältnis mit der Theoriebildung kritisch zu reflektieren. Ein Mangel an Instrumenten kritischer Analyse begünstigt auch eine gewisse Blindheit gegenüber strategischem Vorgehen sowohl in der politischen Praxis als auch in der Theoriebildung (vgl. Niederberger 2021, 112–113). Nicht zu vernachlässigen ist zudem, dass sich Theorie immer in einem Kräftefeld gesellschaftlicher Debatten bewegt – und hier ist in den vergangenen Jahren zu beobachten gewesen, dass z. B. parallel zur Verschärfung des europäischen Grenzregimes die mediale und gesellschaftliche Aufmerksamkeit für Migrationsethik Typ I deutlich gestiegen ist. All diese Dynamiken sind aber nur schwer mit einem Ansatz diskurstheoretischer Begründung zu bearbeiten, weil letztlich nichts anderes übrigbleibt als den (wie gut auch immer begründeten) herrschaftsfreien Diskurs als Maßstab zu setzen, einzufordern und – im Rahmen der eigenen Möglichkeiten – zu praktizieren.[109]

3.2.3.3 Der Abstand zwischen normativer Theorie und sozialer Praxis – und die Frage nach neuen Prioritäten

Die aus einer migrationsethischen Rezeption des *Rechts, Rechte zu haben* gespeiste Sicht auf die soziale Praxis zu Beginn des 21. Jahrhunderts liest sich vielversprechend und hoffnungsvoll:

> „Neuere Bewegungen, die politisch mobilisieren, um den Völkermord in Darfur zu beenden, den Aids-Opfern in Afrika zu helfen, die Praxis der Genitalverstümmelung abzuschaffen oder die Rechte der Migrantinnen und Migranten ohne geregelten Aufenthaltsstatus – der *sans-papiers* – zu schützen, stehen ebenso wie die europaweite Mobilisierung für die Rechte syrischer Flüchtlinge im Sommer 2015 und wie viele weitere solcher Initiativen beispielhaft für diesen neuen globalen Aktivismus, der zum Teil durch die Verbreitung kosmopolitischer Normen ermöglicht wird." (Benhabib 2016, 157; siehe auch: 189)

Sie richtet sich ausdrücklich auch gegen eine sich verstärkende Ernüchterung und Enttäuschung angesichts zahlreicher Negativbeispiele, bei denen die Menschenrechte bloße Phrasen, leere Versprechen, Repräsentanten westlicher Doppelmoral oder ideologische Instrumente einer ökonomischen und politischen Beherrschungslogik sind (vgl. Varela/Dhawan 2020). So sehr das Engagement und die oft kleinschrittigen Errungenschaften politischer Aktivist:innen auch Zeichen der Hoffnung sein mögen, so scheinen diese doch eher subversive, gegenhegemoniale Erfolge als Korrelate von kosmopolitischen Erweiterungen der Spielräume und Möglichkeiten des Rechts zu sein (Martinsen 2019, 64). Die aktuelle Lage scheint jedenfalls deutlich widersprüchlicher zu sein, als dass sie sich in einem Schema abbilden ließe, in dem Menschenrechte, demokratische Iterationen, Öffnungen von citizenship und die Verflüssigung kollektiver Identitäten als ausschließlich ‚gut' und ‚richtig', das Festhalten an überkommenen Strukturen der Territorialität und Kollektivität wie der Idee einer nationalstaatlichen Demokratie dagegen als überlebt und anachronistisch gelten müssen (vgl. Benhabib 2016, 157–159; 179–185). Auch hier ist der zentrale Punkt nicht, dem Nationalismus oder anderen Exklusionsstrukturen zu neuem Ansehen zu verhelfen, sondern sich die Frage zu stellen, warum zwischen einer gut ausgebauten, differenzierten normativen

---

109 In diesem Sinne fordert der Philosoph Raymond Geuss (vgl. 2019), das Spektrum normativer Theorien – und besonders deren Schlüsselbegriff Normativität – einer Ideologiekritik zu unterziehen.

Theoriebildung und der sozialen und politischen Praxis ein immer größerer Abstand zu entstehen scheint.[110] Seyla Benhabib gesteht sehr redlich und ehrlich ihre Ratlosigkeit in Bezug auf die Parallelität von Verrechtlichung und Entrechtlichung ein, aber sie versäumt ausdrücklich zu fragen, welche Kehrseiten das globale Menschenrechtsregime zeitigt, wie also diese Gleichzeitigkeit von Vorenthalt und Garantien von Rechten zu erklären und kritisch zu analysieren wäre.

Hier offenbart sich ein grundlegendes Problem der Überführung kritischer in normative Theorie, die Benhabib mit Blick auf Habermas ausdrücklich verteidigt (vgl. Benhabib 2014, 101–104), weil sie viel zu sehr an die Lernprozesse von Gesellschaften, ja sogar der Menschheit glaubt und sich so des Standpunkts einer abstrakten, aber bestimmten Negation beraubt. Diese Vorgehensweise hat die Tendenz, sich bei der Extrapolation von Lernprozessen in idealistischen *Vorgriffen* zu verlieren und dabei die Notwendigkeit theoretischer *Eingriffe* zu verpassen.[111]

---

110   Ein solches Problem kann auch in Teilen der theologischen Menschenrechtsethik beobachtet werden, wenn etwa die in periodischen Abständen durch päpstliche Besuche generierte Aufmerksamkeit für die menschenrechtlich prekäre Lage von Flüchtlingen zu einem „Katalysator des Menschenrechtsschutzes" (Ludwig 2021, 315) erklärt wird. Dieser katalysatorische Effekt soll sich vor allem in einem medialen menschenrechtsfreundlichen ‚Reframing' gegenüber bestimmten, staatlich lancierten ‚Counter Frames' ausdrücken. Dieses Reframing soll zudem einen Einfluss auf die jüngst verabschiedeten Globalen Flüchtlings- und Migrationspakte zeitigen (vgl. Ludwig 2021, 315–325). An diesem Argument ist nicht nur die Vernachlässigung der hier beschriebenen Ungleichzeitigkeit zwischen normativer Theorie und den tatsächlichen Verhältnissen problematisch, sondern auch die dünnen Belege für die Katalysator-These, die ausschließlich aus Selbstauskünften päpstlicher Gesandter und ständiger Vertreter des Hl. Stuhls bei den Vereinten Nationen bestehen (vgl. Ludwig 2021, 318–319; 321; 324–325).

111   Diese Gegenüberstellung ist von Theodor W. Adornos „Kulturkritik und Gesellschaft" inspiriert, deren zweiter Band den Untertitel „Eingriffe – Stichworte" trägt. Dort heißt es: „Die praktischen Aussichten sind darum beschränkt. Wer überhaupt Vorschläge anmeldet, macht leicht sich zum Mitschuldigen. Die Rede von einem Wir, mit dem man sich identifiziert, schließt bereits Komplizität mit dem Schlechten ein und den Trug, guter Wille und Bereitschaft zu gemeinsamem Handeln vermöchten etwas zu erreichen, wo jener Wille ohnmächtig ist und die Identifikation mit hommes de bonne volonté eine verkappte Gestalt des Übels. Reine Gesinnung jedoch, die sich Eingriffe versagt, verstärkt ebenfalls, wovor sie zurückschreckt. Den Widerspruch zu schlichten steht nicht bei der Reflexion; ihn diktiert die Verfassung des Wirklichen. In einem geschichtlichen Augenblick aber, da allerorten Praxis abgeschnitten dünkt, die aufs Ganze sich bezöge, mögen selbst armselige Reformen mehr Recht annehmen, als ihnen an sich gebührt." (Adorno 2020, 458)

3.2.3.4 Folgerungen und Perspektiven

Im Hinblick auf das *Recht, Rechte zu haben* stellt sich also die Frage, ob seine Aktualität oder der Aktualisierungsbedarf heute tatsächlich darin besteht, möglichst widerspruchsfrei, kohärent und konsistent ein Recht auf politische Zugehörigkeit zu begründen oder das Hauptaugenmerk auf eine überzeugende moralphilosophische Grundlegung zu legen. In Benhabibs Modell wäre die Signalfunktion, d. h. der diagnostische und analytische Aspekt des *Rechts, Rechte zu haben* zu aktivieren und zu aktualisieren. Das umfasst sowohl eine kritische Analyse des Nationalstaatensystems, insbesondere des Souveränitätsprinzips, als auch das jeweils herrschende Flüchtlingsregime. Das erfordert eigene Theoriearbeit und kann nicht als systematische philosophische Fragestellung reformuliert werden.

Zudem stellen sich ja im Rückgang von der migrationsethischen Rezeption zur ursprünglichen Formulierung einige Fragen: Warum verwendet eine so kreative und in klassischer wie moderner Literatur bewanderte Denkerin wie Hannah Arendt so wenig Fantasie auf die philosophische Grundlegung und eine politische Konstruktion des *Rechts, Rechte zu haben*? Ist diese – zugegeben irritierende – Leerstelle wirklich hinreichend mit Arendts Skepsis gegenüber philosophischen Rechtfertigungsdiskursen, die sie des metaphysischen Fundamentalismus verdächtigt, erklärt (siehe dazu: Benhabib/Raddon 2008, 76–77)? Oder ließe sich diese Lücke auch anders fruchtbar machen? Sind die Rechtsbegriffe der Formulierung wirklich so scharf zu trennen? Wären nicht sinnvoller Recht und Rechte in ihren normativen Wirkungen zunächst zum Gegenstand kritischer Theoriebildung zu machen, ohne sie *notwendig* auch zur normativen Grundlage zu machen? Oder müsste dieser Aspekt stärker in den Begründungszusammenhang eingebaut werden?

Dass diese Anfragen nicht aus der Luft gegriffen sind, zeigen neuere Diskussionen um das *Recht, Rechte zu haben*, die das nächste Kapitel in einigen wichtigen Aspekten rekapituliert. Diese eint, dass die Notwendigkeit einer Erschließung neuer Horizonte diesseits der Rechtsbegründung erkannt wird. Wo dabei im Einzelnen bei Arendt und über Arendt hinaus anzusetzen ist, wird wiederum kontrovers diskutiert. Doch auch für die theologische Ethik lohnt es sich, diese Debatten zu erschließen und für die eigene Arbeit fruchtbar zu machen – auch wenn dabei das Risiko eingegangen wird, dass das *Recht, Rechte zu haben* als Grundlage der Menschenrechte und grundlegendes Menschenrecht infrage gestellt wird.

3.3 Erschließung neuer Horizonte: Das *Recht, Rechte zu haben* diesseits moralphilosophischer Rechtsbegründung

Das Scheitern der migrationsethischen Rezeption des *Rechts, Rechte zu haben* bedeutet nicht das Ende der Diskussionen um eine produktive Lesart und Konzeptualisierung der Formulierung. Interessanter Weise wird dabei recht umstandslos die Aktualität der Arendtschen Wendung behauptet, wie Schulze Wessel (vgl. 2017, 16–17) in kritischer Absicht feststellt und wiederum die Unterschiede in den sozialen und historischen Voraussetzungen zwischen der heutigen Situation und der Lage, auf die sich Arendt bezieht, sehr stark betont. In der Adaption ist dieser Umstand in jedem Fall zu berücksichtigen. In Bezug auf die grundsätzliche These der Aktualität ist aber mit Oliver Marchart davon auszugehen, dass besonders die „Problemlagen, die gerade als dringlich erfahren werden" (2007, 349), ausschlaggebend sind. Die Aktualitätsbehauptung enthält demnach gerade nicht die Annahme, es habe sich in den vergangenen 70 Jahren nichts geändert, sondern die Erwartung, dass das *Recht, Rechte zu haben* gerade heute eine spezifische Aussagekraft habe.[112]

In diesem Sinne liegt den alternativen Perspektiven eine grundlegende Veränderung in der Wahrnehmung der gegenwärtigen Flüchtlingssituation zugrunde. Seyla Benhabib ist keineswegs die einzige, die darauf gesetzt hat, dass die globale Lage der Menschenrechte und die diese reflektierenden Theorien schrittweise in die Richtung einer Verwirklichung, d. h. der Durchsetzung des *Rechts, Rechte zu haben*, weisen. So gehen beispielsweise Menke/Pollmann (vgl. 2017, 9–22) ausführlich auf Arendts Menschenrechtskritik ein und deuten die AEMR als Ausdruck einer Reaktion auf den Bruch der politisch-moralischen Katastrophe von Auschwitz. Die AEMR stellt demnach einen echten Neuanfang im Sinne des *Rechts, Rechte zu haben* dar. Ähnlich argumentiert auch Haker (vgl. 2020, 66–67), dass die AEMR gegen Arendts Invektive als eine revolutionäre Gründung zu interpretieren sei, die im Grunde die Forderungen Arendts an einen sinnvollen Begriff der Menschenrechte erfülle. Diese

---

112 Damit scheiden nennenswerte Gruppen von Arbeiten aus: (1) Arbeiten, die sich ausschließlich um die Rekonstruktion und einen Kommentar der Voraussetzungen des *Rechts, Rechte zu haben* bei Arendt bemühen (d. h. klassische „Sekundärliteratur"); (2) Arbeiten, die das *Recht, Rechte zu haben* und Arendt in diesem Punkt generell für antiquiert halten und lediglich einen historischen Erkenntnisgewinn zugestehen, aber keinen systematischen Stellenwert erkennen können (z. B. Brunkhorst 1996; Brumlik 2007); (3) Arbeiten, die sich mit der Flüchtlingssituation bzw. Migrationspolitiken im Gespräch mit Arendt befassen, aber einen anderen Zugang als den über das *Recht, Rechte zu haben* wählen (etwa Tassin 2018; Robaszkiewicz 2018).

Perspektiven stehen in einem Gesamtzusammenhang, der die im Anschluss an die AEMR erfolgende Kodifizierung und Juridifizierung der Menschenrechte als individualrechtliche Ansprüche im Völkerrecht als Erfolgsgeschichte deutet und dies gleichzeitig als normatives Argument für die Idee der Menschenrechte als solche einsetzt (vgl. Martinsen 2019, 34–35).

Vor diesem Hintergrund sollte das neuerliche Insistieren auf der Aktualität des *Rechts, Rechte zu haben*, zusammengefasst in der Losung „Zurück zu Hannah Arendt" (Menke 2016), also hellhörig machen. Darin spiegelt sich ein theoretischer Mentalitätswandel, der vor allem der Beobachtung einer Paradoxie Rechnung trägt. Zwar steigt die Zahl an ratifizierten Menschenrechtsabkommen, doch die praktische Situation der Menschenrechte wird dadurch nicht notwendig verbessert: „Der Stand der Ratifizierungen allein sagt wenig über die faktische Ausgestaltung und Geltung der Menschenrechte aus." (Martinsen 2019, 36) Diese Beobachtung leitet also eine grundlegende Revision des Menschenrechtsdenkens an, ohne dass die Idee der Menschenrechte notwendig für sinnlos oder obsolet erklärt würde. Doch das *Recht, Rechte zu haben* wird aufs Neue als grundlegende Herausforderung der Menschenrechtsethik begriffen.

Die Vorschläge, die sich aus der Auseinandersetzung damit ergeben, sind mitunter recht gegensätzlich. Ein gemeinsamer Ansatzpunkt ist das Wiederaufgreifen der Analyse der legalen Lage der Rechtlosen und der politischen Menschenrechtskritik (siehe Kap. 3.1.2.2.3). Doch vehementem Einspruch „gegen die reflexhafte Übernahme ihres (scil. Arendts, J. K.) Diktums in das Menschenrechtsparadigma" (DeGooyer u. a. 2018, 10), stehen Ansätze einer alternativen Konzeption der Menschenrechte mit Arendt jenseits von Arendt gegenüber (vgl. Lacroix 2015, 84). Zwei Rezeptionslinien werden in diesem Kapitel näher beleuchtet. Die Reflexion der aporetischen Verfassung der Menschenrechte (Kap. 3.3.1) ergründet im Kontext der Debatte um fortbestehende Rechtlosigkeit die unklaren normativen Grundlagen der Menschenrechte. Die Verfassung der Menschenrechte aporetisch zu denken, ist dezidiert als Alternative zu einer moralphilosophischen Begründung zu verstehen. Dabei wird aber an dem Anspruch eines Grundlegungsverfahrens festgehalten, das nun auf eine spezifische Weise *politisch* angelegt wird. Das *Recht, Rechte zu haben* als postmigrationsethischer Rechtsbegriff (Kap. 3.3.2) öffnet dagegen den Horizont noch einmal über ein Konzept der Menschenrechte hinaus. Hier ist der Ausgangspunkt eher die partikulare Perspektive der Flüchtlinge, aus der heraus die Frage gestellt und bearbeitet wird, wie das *Recht, Rechte zu haben* als Rechtsbegriff zu fassen ist. Drei Vorschlägen wird dabei besondere Aufmerksamkeit geschenkt: Dem *Recht, Rechte zu haben* (a) als verlorenem Recht, (b) als menschlichem Recht und als (c) postterritorialem, kollektivem Recht.

Dabei steht ein systematischer Zugang im Vordergrund: Es geht um die Erfassung von Grundlinien in einer offenen, fortlaufenden Diskussion um alternative Rezeptionsmöglichkeiten. Im Kontext theologischer Ethik legt sich dies auch nahe, weil zwar ein breites Wissen über die verschiedenen zeitgenössischen Theorieschulen vorhanden ist, die auch in diesem Zusammenhang eine Rolle spielen. Doch die spezifischen Gedankengänge in Bezug auf das *Recht, Rechte zu haben* und deren Bedeutung für die Menschenrechtstheorie sind bisher noch nicht im Detail berücksichtigt worden.

3.3.1 *Die aporetische Verfassung der Menschenrechte. Eine anders als moralische Grundlegung des* Rechts, Rechte zu haben

Die Suche nach einem produktiven Umgang mit der von Arendt diagnostizierten „Aporie der Menschenrechtsidee" (Menke 2008, 132) hat in der Diskussion um das *Recht, Rechte zu haben* immer wieder eine Rolle gespielt. Lange wurde entweder der Versuch unternommen, zu zeigen, dass die Menschenrechte sich letztlich doch als nichtaporetisch erwiesen (Seyla Benhabib), oder aus der Aporie-Diagnose der Schluss gezogen, dass die Idee der Menschenrechte fallen gelassen werden müsse (Giorgio Agamben, Jean L. Cohen) (vgl. Menke 2008, 132; Loick 2017b, 575–577).

Und tatsächlich: Wenn sich eine Aporie dadurch auszeichnet, dass sie die Ausweglosigkeit einer Problemlage anzeigt (vgl. Menke 2008, 132), kann der Begriff der Menschenrechte nicht ohne Weiteres aufrechterhalten werden. Noch immer bringt der universale Anspruch der Menschenrechte zugleich exkludierende Wirkungen hervor, die sich etwa auf den Feldern der politischen Mitbestimmung oder der sozialen und politischen Zugehörigkeit zeigen (vgl. Martinsen 2019, 149). Mit Blick auf Art. 21 AEMR hält Martinsen fest, dass das Recht auf politische Teilnahme an die Beteiligung an den öffentlichen Angelegenheiten *seines* Landes gekoppelt sei (vgl. Martinsen 2019, 97–98). Das entstandene Problembewusstsein, das die Entwicklung von trans- oder postnationalen Citizenship-Modellen repräsentiert, ist aus ihrer Sicht nur eine Symptombehandlung. Die beständige Reproduktion vorenthaltener oder stets prekär bleibender politischer und sozialer Teilhabe von Nicht-Staatsbürger:innen und als ‚Andere' gelesenen Menschen wird dadurch Martinsen zufolge nicht überwunden (vgl. Martinsen 2019, 149). Die Aporien der Menschenrechte bestehen demnach in der immer noch starken Verknüpfung von Rechten und Zugehörigkeit und stellen ein nach wie vor virulentes Problem für die Menschenrechtstheorie dar.

Ein Teil der Menschenrechtsphilosophie hat in Reaktion darauf versucht, den aporetischen Charakter ernst zu nehmen, ohne den Begriff der Menschenrechte fallen lassen zu müssen. Aus der vermeintlichen Ausweglosigkeit wird dabei eine aporetische Verfassung der Menschenrechte, die sich einerseits in der Suche nach *politischen* Prinzipien (Kap. 3.3.1.2), andererseits in der Akzeptanz ihrer „groundlessness" (Etienne Balibar) manifestiert (Kap. 3.3.1.3). Doch zunächst gilt es noch einmal, sich zu vergegenwärtigen, was Arendts menschrechtskritische Aporie-Diagnose motiviert. Hier wird ein zweiter Schlüsselbegriff Arendts aufgerufen: die Feststellung von Rechtlosigkeit, um die sich eine kontroverse Debatte entwickelt (Kap. 3.3.1.1). Diese ist für das Verständnis des Konzepts eines aporetischen Menschenrechtsbegriffs von erheblicher Bedeutung.

3.3.1.1   Debatte um den Fortbestand von Rechtlosigkeit
Bereits bei der Erarbeitung des Flüchtlingsbegriffs unter Rekurs auf die ethnografischen Arbeiten Michel Agiers (Kap. 2.2.2) als auch bei der Rekonstruktion der Formulierung des *Rechts, Rechte zu haben* bei Hannah Arendt (Kap. 3.1.2.2.3) spielte der Begriff der Rechtlosigkeit eine Rolle. Die neuere Debatte um den Fortbestand von Rechtlosigkeit ist weder reine Illustration der Lage der Flüchtlinge noch eine werkimmanente Diskussion um die Frage der richtigen Auslegung des Begriffs. Letztlich wird hier das analytische und diagnostische Potential dieses Terminus verhandelt, der in einem menschenrechtstheoretischen Rahmen provozierend und irritierend wirkt.

Ein zentraler Aspekt von Rechtlosigkeit ist seine Verbindung mit Staatenlosigkeit. Zwar sind im Hinblick auf Staatenlosigkeit de jure formaljuristische Verbesserungen im internationalen Recht zu verzeichnen. Dennoch besteht für zahlreiche Menschen eine Situation faktischer oder funktionaler Staatenlosigkeit fort (vgl. Bhabha 2009, 411). Staatenlosigkeit wird dabei definiert als „lack of their own government" (Bhabha 2009, 411), also die Abwesenheit einer Regierung, die sich um die Durchsetzbarkeit rechtlicher Ansprüche kümmert. Die individuelle materielle und soziale Lage kann dabei durchaus unterschiedlich sein. Mitunter kann es sogar innerhalb des rechtlich-politischen Systems Entscheidungen zugunsten der Betroffenen[113] geben, ohne etwas an der grundlegenden Situation der Rechtlosigkeit zu ändern. Diese lässt sich so zusammenfassen: „Where advocacy is weak, the rights holder weaker still, and political will absent, de facto rightlessness is the norm." (Bhabha 2009,

---

113   Bei Bhabha stehen minderjährige Migrant:innen in den USA im Mittelpunkt, die sie (so der Titel des zitierten Aufsatzes) „Arendt's children" nennt. Deren Charakteristika sind neben der Minderjährigkeit die Gefahr oder die Tatsache der Trennung von ihren Eltern und die Abwesenheit eines eigenen Landes, da sie keine Staatsbürger:innen oder Kinder von Ausländer:innen sind (vgl. Bhabha 2009, 413). Am fundamentalen Zustand der Rechtlosigkeit ändern auch positive Einzelfallentscheidungen nichts (vgl. Bhabha 2009, 416–419).

449) Rechtlosigkeit kann aber auch weiterhin durch Verlusterfahrungen der Rechtlosen, „the loss of social connection, the meaning of experience and their political and civil rights" (Pecaut 2000, 93), beschrieben werden, wobei diese nicht durch den aktiven Entzug der Staatsangehörigkeit oder gezielte Verfolgung entstehen muss, sondern auch durch Bürgerkriege bedingt sein kann (vgl. Pecaut 2000, 93).[114] Neben dieser (der Vorgehensweise Agiers ähnlichen) Begriffsbestimmung anhand konkreter Gruppen wird zudem betont, dass Rechtlosigkeit ein strukturelles Problem darstellt, das so lange fortbestehen wird, wie die Menschheit am Konzept von Nationalstaatlichkeit, dem Prinzip der Souveränität und einem Begriff der Menschenrechte festhält, der einem unpolitischen Verständnis des Menschlichen den Vorzug gibt (vgl. Loick 2017b, 575; Loick 2017a, 304–305). Hier ist nun auch Arendts Zivilisationskritik (siehe Kap. 3.1.2.2.4) zu vernehmen, die erstaunlich große Bedeutung für die Debatte um Rechtlosigkeit hat.

Die zu einer globalen Zivilisation gewordene Menschheit schafft die Bedingungen von Rechtlosigkeit selbst – und verschleiert so die in der Verweigerung von Rechten als institutionellen Schutzgarantien und elementaren Zugangsmöglichkeiten zu voller politischer Teilhabe liegende *Unterdrückung* von Flüchtlingen, undokumentierten Migrant:innen und Vertriebenen (vgl. Birmingham 2006, 133; Martinsen 2019, 63; Krause 2008, 335–336). Zugleich setzt mit dem systematischen Zugang, Rechtlosigkeit als Kehrseite der globalisierten Zivilisation zu begreifen, eine gewisse Enthistorisierung des Begriffs ein. Denn die Reflexion des Zusammenhangs von Rechtlosigkeit und Zivilisation muss nicht notwendig historisch ausgerichtet sein, d. h. nach der Genese dieses Zustands fragen, sondern kann auch auf eine politisch-philosophische Gesellschaftsanalyse abzielen (vgl. DeGooyer 2018, 55–56; Maxwell 2018, 87–88).

Dieses Vorgehen hat zunächst den Vorteil, allgemeine Zusammenhänge und Bedingungen für die Entstehung von Rechtlosigkeit in den Blick zu nehmen. Hier werden verschiedene Faktoren ins Spiel gebracht. Politisch konzentriert sich die Kritik vor allem auf Nationalstaats- und Souveränitätsprinzip, wobei strittig ist, ob der Idealtypus des souveränen Nationalstaates oder das lückenlose System aus Nationalstaaten auf globaler Ebene ausschlaggebend sind. Ein weiterer umstrittener Punkt ist, ob die Exklusion offen partikularistisch mittels identitärer Faktoren (sprich: nationalistisch oder rassistisch) oder durch juridisch-administrative Akte und damit nicht unbedingt gegen die formalen Prinzipien der Rechtsstaatlichkeit vollzogen wird (vgl. Hamacher 2014,

---

114 Pecaut schildert diese vor dem Hintergrund der Binnenvertreibungen während des kolumbianischen Bürgerkriegs.

182–184). Damit korrespondierend stellt sich zudem die Frage, ob Rechtlosigkeit primär ideologisch getrieben ist oder durch die sozialen Strukturen entsteht, die die kapitalistische Wirtschaftsweise hervorbringt. Letztere Sichtweise geht von der Beobachtung aus, dass im globalisierten Kapitalismus laufend Menschen aus der Logik der Verwertbarkeit herausfallen und ihren gesellschaftlichen Nutzen temporär oder allgemein verlieren. Dies ist nicht nur bei Krankheit, körperlicher oder geistiger Beeinträchtigung und Alter der Fall, sondern auch wenn ein Überangebot an Arbeitskraft besteht. Überall dort, wo (aus kapitalistischer Perspektive) Überflüssigkeit gesellschaftlich sichtbar wird, ist die Gefahr besonders groß, rechtlos zu werden (vgl. Meints-Stender 2007, 251–254).[115]

Damit droht Rechtlosigkeit also nicht nur, wenn krisenhafte Ereignisse dafür sorgen, dass die Staatsbürgerschaft ihre Schutzfunktion verliert oder überzeugte Rassist:innen, Fundamentalist:innen oder Antisemit:innen gesellschaftlichen Einfluss bzw. politische Macht gewinnen. Sie ist in der Tiefenstruktur der globalen Zivilisation angelegt. Die Menschenrechte werden als Teil dieser Ordnung begriffen: Sie sind unwirksame Instrumente zur Verhinderung von Rechtlosigkeit und begünstigen deren Fortbestand durch ihre nach wie vor privilegierte Verknüpfung mit (national-)staatlichen Strukturen (vgl. Loick 2017b, 574–576) sowie ihr abstrakt-verallgemeinerndes Verständnis dessen, was unbedingt als menschlich geschützt werden muss (vgl. Loick 2017a, 304–305; Meints-Stender 2007, 254–258).

Auch wenn diese fundamentale Kritik meist an konkrete Beispiele rückgebunden bleibt, kann sie eine Tendenz entwickeln, eine beinahe metaphysische Unausweichlichkeit zu suggerieren. Die Lage der Betroffenen wird dann zu einer Art unabänderlichem Schicksal – und Zivilisation und Moderne haben dann eine *notwendige* Nähe zum Totalitären.[116] Diese Sicht wird auch

---

115 Das gilt dann nicht nur für die in der gegebenen Situation Überflüssigen, also etwa Erwerbsarbeitslose, sondern für alle Arbeiter:innen, die stets von Entlassung bedroht sind. Als Fallstudien böten sich z. B. die Situation der häufig aus osteuropäischen Staaten stammenden Arbeiter:innen in deutschen Schlachthöfen oder die Lage der Arbeiter:innen in der für den europäischen Markt produzierenden asiatischen Bekleidungsindustrie an.

116 Der prominenteste Vertreter einer solchen Position ist der italienische Rechtsphilosoph Giorgio Agamben mit seinem Homo sacer-Projekt. Der Homo sacer ist eine Figur im archaischen römischen Recht, die nicht geopfert werden kann, aber straflos getötet werden darf. Der homo sacer ist Agamben zufolge einerseits die eigentliche politische Leitfigur der Moderne, andererseits von der Antike bis in die Gegenwart ein zu beobachtendes Phänomen, d. h. eine historisch-politische Kontinuität (vgl. Agamben 2019, 18–20; 33–38; 101–121). Eine ausführliche Diskussion von Agambens Werk würde unweigerlich zu einem neuen Forschungsprojekt führen.

dadurch unterstützt, dass Arendts Analyse totaler Herrschaft unter dem Stichwort „System der Rechtlosigkeit" (Sinder 2016, 189) zusammengefasst wird und etwas voreilig das Vorliegen von Rechtlosigkeit mit totaler Herrschaft identifiziert wird (vgl. Sinder 2016, 198–201).[117]

Vor allem diese Verknüpfung von Rechtlosigkeit, totaler Herrschaft und der Rolle der Menschenrechte ruft aber auch Widerspruch hervor. Aus menschenrechtsphilosophischer Perspektive wird Kritik daran geäußert, dass den Menschenrechten jegliches emanzipatorisches Potential abgesprochen wird und sie ausschließlich in ihrer Ausweglosigkeit betrachtet werden. Der französische Philosoph Jacques Ranciére ist dagegen der Ansicht, dass der Begriff der Rechtlosigkeit komplexer gefasst werden muss, weil die „Menschenrechte die Rechte derer sind, die nicht die Rechte haben, die sie haben, und zugleich die Rechte haben, die sie nicht haben." (Ranciére 2017, 481) Rechtlosigkeit führt also nicht unweigerlich in die totale Herrschaft, sondern lässt sich mit Hilfe der Menschenrechte performativ in Bewegung bringen. Die Rechtlosen (bzw. in Ranciéres Terminologie: die Anteillosen) bestreiten die Teilung der Welt in Insider und Outsider, indem sie auf ihre prekäre Lage aufmerksam machen und sich selbst zu menschenrechtlichen Subjekten erklären (vgl. Ranciére 2017, 474; 480–481; siehe auch: Schaap 2011, 25–26; 33–34; 39). Der erste Kritikpunkt an der Rechtlosigkeitsdiagnose richtet sich folglich auf die handlungstheoretische Unmöglichkeit, eine Praxis von Empowerment und Emanzipation der Rechtlosen selbst zu denken.

Ein zweiter Einwand wird auf der ordnungstheoretischen Ebene erhoben. Er bezieht sich auf die Behauptung im gegenwärtigen Flüchtlingsregime liege ein System der Rechtlosigkeit, sprich: totale Herrschaft in Arendtscher Diktion, vor. So sieht Julia Schulze Wessel weder in der internationalen Rechtsordnung noch in den konkreten einzelrechtlichen Bestimmungen demokratischer Staaten nach dem zweiten Weltkrieg eine Ordnung, die für Flüchtlinge von vollständiger Entrechtung und absoluter Rechtlosigkeit gekennzeichnet ist. Arendts Diagnose muss also aus ihrer Sicht modifiziert werden, wobei sie vorschlägt, auf den Begriff der Rechtlosigkeit zu verzichten (vgl. Schulze Wessel 2017, 55–59). Ganz zentral ist für Schulze Wessel das Non-Refoulement-Prinzip, das völkerrechtlich als sehr hohes Gut betrachtet wird und tatsächlich unabhängig von der Staatsangehörigkeit gilt (vgl. Schulze Wessel 2017, 55–56;

---

117 Arendts Position lässt sich mit Maffeis in zwei Verständnisse von Rechtlosigkeit differenzieren: (a) eine spezifische Erfahrung von Flüchtlingen im 20. Jahrhundert; (b) die Grundlage totaler Herrschaft (vgl. Maffeis 2019b, 112). Zwar ist überall dort, wo die Erfahrung von Rechtlosigkeit gemacht wird, ein besonderes Gefahrenpotential für die Entstehung totaler Herrschaft gegeben. Rechtlosigkeit als Prinzip und Ziel von Herrschaft ist jedoch noch einmal eine andere Kategorie.

95–96; 146ff.): „Dieses Gebot gilt nicht nur für Flüchtlinge im engeren Sinne, d. h. nach der Genfer Flüchtlingskonvention, sondern es gilt absolut und für jeden." (Schulze Wessel 2017, 146)[118] Das Problem liegt für Schulze Wessel daher in der Grenze, die zunehmend von einer Linie, die zwei Territorien voneinander abgrenzt und zugleich miteinander verbindet, zu einem Raum wird, in dem Menschen ohne Einreisegenehmigung und kontrollbefugte Ordnungsmacht aufeinandertreffen. Hier ist jedoch durchaus zu beobachten, dass nicht durchgängig die Menschenrechte die Richtschnur exekutiven Handelns darstellen, weshalb Schulze Wessel die Grenze als einen „Raum fragmentierten Rechts und unterbrochener Rechtsverhältnisse" (Schulze Wessel 2017, 162) versteht. Mit dieser Modifikation wird der Rede von der Rechtlosigkeit also entgegengehalten, dass das Verhältnis zwischen Flüchtlingen und Recht deutlich komplizierter ist, als eine vorbehaltlose Adaption des Arendtschen Begriffs nahelegt.

Wenn eine kritische Analyse der Lage der Flüchtlinge im Hinblick auf ihr Verhältnis zum Recht und besonders den Menschenrechten also nicht allzu simpel geraten soll, muss sie anders vorgehen, als dieses Verhältnis schlicht auf den Begriff Rechtlosigkeit zu bringen. Zu Beginn des 21. Jahrhunderts kann eine plausible Rede von Rechtlosigkeit substantielle Verrechtlichungsprozesse, i. e. eine Grundlage von Rechten in einer Vorstellung von Menschen als Rechtspersönlichkeiten sowie von menschlicher Würde (vgl. Gündogdu 2015, 92), nicht einfach ignorieren (vgl. Gündogdu 2015, 11). Rechtlosigkeit soll vor diesem Hintergrund ein kritischer Analysebegriff sein, der für Praktiken sensibilisiert, die den Status von Menschen als Rechtspersonen unterminieren (vgl. Gündogdu 2015, 93). Alarmsignale auch innerhalb eines internationalen oder regionalen (z. B. europäischen oder amerikanischen) Menschenrechtsregimes können besondere Verwundbarkeit oder die Abhängigkeit von wohltätiger Hilfe mitfühlender Menschen sein (vgl. Gündogdu 2015, 93–95; 124–125). Besonderes Gewicht für einen im Anschluss daran formulierten Begriff von Rechtlosigkeit hat ein spezifisches Verständnis von Personalität in einem juridischen Sinne. Im Hintergrund steht hier ein ‚römischer' Begriff der Person im Sinne von „personhood as an artificial mask created by law" (Gündogdu 2015, 101). An dieser Stelle soll vor allem der unsichere, fragile Charakter des Personseins artikuliert werden, wie am Beispiel der im antiken Rom in verschiedenen Graden ausgesprochenen Strafe der „depersonalization" (Gündogdu 2015, 125)

---

[118] Mittlerweile verdichten sich immer mehr die Anzeichen, dass die europäische Agentur FRONTEX regelmäßig Push-Back-Operationen im Mittelmeer durchführt und Menschen etwa nach Libyen zurückschiebt. Vor diesem Hintergrund müsste sicher die Unantastbarkeit des Non-Refoulement-Prinzips noch einmal überprüft werden. Dazu aktuell: Jakob (2022).

illustriert wird. Die schwerste Form der Entpersonalisierung ist der Verlust bzw. der Entzug der Freiheit, verstanden als Teilnahme am gemeinsamen Handeln (vgl. Gündogdu 2015, 102–104). Insofern kommt hier – stärker als zum Beispiel im christlich-sozialethischen Prinzip der Personalität – die ambivalente Performativität von Personsein zum Vorschein, die sich in einem komplexen Zusammenspiel aus Individualität, Interdependenz mit anderen Menschen sowie einer Ordnungsmacht vollzieht.

Die stets antastbare und vielfach angetastete Handlungsfähigkeit als Eigenschaft freier (Rechts-)Personen kommt auch in dem Versuch zum Vorschein, Rechtlosigkeit über den Entzug, Verlust oder die Abwesenheit der Möglichkeit, ein tätiges Leben führen zu können, aufzuschlüsseln. Im Hintergrund steht hier eine Differenzierung der *vita activa*, die Hannah Arendt vorgenommen hat: Sie unterscheidet zwischen dem Arbeiten (*labor*), dem Herstellen (*work*) und dem Handeln (*action*) als Formen des tätigen Lebens (vgl. Arendt 2016b, 14). Oft ist diese Typologie so interpretiert worden, dass Arendt vor allem dem Handeln als dem Vollzug sowie Gegenstand von Politik den Vorzug gibt. Gündoğdu ist aber von dem Interesse geleitet, Kriterien angeben zu können, wann Rechtlosigkeit vorliegt. Dies ist ihr zufolge der Fall, wenn Menschen das Recht auf Arbeit (= Möglichkeit zur selbstständigen Bestreitung des Alltags), das Recht auf Herstellen (= Errichtung einer die individuelle Existenz potentiell überdauernden Welt) und das Recht auf Handeln (= mit Freien und Gleichen in gemeinsamem Handeln ein politisches Subjekt sein zu können) nicht besitzen (vgl. Gündogdu 2015, 162).

Die knappe Rekonstruktion der Debatte um Rechtlosigkeit zeigt: Einer einfachen Übertragung des an konkreten historischen Erfahrungen und politischen Verhältnissen entwickelten Begriffs der Rechtlosigkeit auf die gegenwärtige Flüchtlingssituation ist mit Vorsicht zu begegnen. Vielmehr muss der subjektiven Handlungsfähigkeit der Betroffenen Rechnung getragen werden, ohne die Reflexion der strukturellen Bedingungen zu vernachlässigen, die dafür sorgen, dass die Rede von Rechtlosigkeit eine immer noch hohe theoretische Plausibilität besitzt. Den oftmals widersprüchlichen Erfahrungen, die Flüchtlinge machen, wenn sie mit Recht und besonders Menschenrechten konfrontiert sind, muss auch menschenrechtsphilosophisch Raum gegeben werden. Zumindest ist dies die Überzeugung und der Wille derer, die der aporetischen Verfassung der Menschenrechte gerecht werden wollen.

3.3.1.2 Politische Prinzipienlehre

In Absetzung von einer Fundierung der Menschenrechte in Moralprinzipien wird im Rahmen eines aporetischen Menschenrechtsbegriffs nach einer politischen Grundlegung gesucht. Damit soll der Bedeutung individuellen wie kollektiven Handelns für die Menschenrechte stärker Rechnung getragen werden. Der Referenzautor hierfür ist nicht Kant, sondern der französische Philosoph und Politiker Charles de Montesquieu (vgl. Näsström 2014, 544–545; 551–555). Prinzipien werden dann verstanden als „the spirit animating individual and collective action" (Ingram 2008, 410). Die Frage ist demnach, welcher ‚Geist' das individuelle und kollektive Handeln im Kontext der Debatte um die Aporien der Menschenrechte und das *Recht, Rechte zu haben* antreibt. Dabei sind verschiedene Vorschläge auszumachen.

Die Suche nach politischen Prinzipien, die dem Aporetischen, Kontingenten Raum geben und zugleich dem *Recht, Rechte zu haben* Geltung verschaffen, führt zu einem weiteren Begriff Hannah Arendts: der Natalität, womit vor allem die menschliche Fähigkeit gemeint ist, aus sich selbst heraus einen neuen Anfang zu setzen (vgl. Arendt 2017a, 972). Hier geht es um die Suche nach einem Prinzip „to safeguard human dignity on earth" (Näsström 2014, 544). Natalität ist Peg Birmingham zufolge ebenso paradox wie die Formulierung des *Rechts, Rechte zu haben*. Denn Natalität gründet in sich selbst, ist ein „an-archic event" (Birmingham 2007, 271) – gleichzeitig neuer Anfang und Prinzip, so wie das griechische *arche* sowohl Anfang als auch Prinzip heißt (vgl. Birmingham 2007, 271–272).

Ein Prinzip lässt sich also nicht apriori bestimmen, sondern ruht auf einer Setzung, die durch menschliches Handeln initiiert wird und der fortan eine handlungsorientierende und -normierende Funktion zukommt (vgl. Näsström 2014, 544). Zugleich darf sie aber nicht nur auf das Eigeninteresse des Einzelnen oder einer Gruppe beschränkt sein. Der geschichtliche und politische Neuanfang, muss also universalisierungsfähig sein, ohne dass genaue Kriterien angegeben werden, worin die Universalisierungsfähigkeit besteht (vgl. Birmingham 2007, 272–273). In der Natalität als an-archischem Ereignis kommen zwei Prinzipien zum Vorschein: „the *principia* (sic!) of beginning (initium) and the *principia* (sic!) of givenness." (Birmingham 2007, 277; Hervorh. i. Orig.) Das erste steht für die Fähigkeit und Möglichkeit, Gegebenheiten handelnd neu zu schaffen oder zu verändern, das zweite für das, was Menschen einfach gegeben ist und worüber sie nicht verfügen können (sollen). So sollen einerseits Pluralität, die Partizipation an einer gemeinsamen Welt, das Zusammenleben mit anderen, andererseits Einzigartigkeit, Unverwechselbarkeit und Individualität eingeholt werden. Das *Recht, Rechte zu haben* jedenfalls gründet im Ereignis der Natalität und vereint Pluralität und Einzigartigkeit, das Kollektive und Individuelle, das Allgemeine und Besondere (vgl. Birmingham 2007, 272–277). Letztlich scheint es also doch auf die Auflösung oder Integration der Aporien zu gehen; die normative Grundlegung wird nur gewissermaßen ‚immanentisiert'.

In Absetzung von Arendts Terminologie spricht Sofia Näsström aber von „responsibility" (Näsström 2014, 546) als dem Prinzip, in dem das *Recht, Rechte zu haben* grundgelegt ist. Natalität scheint ein dezisionistisches Moment zu eignen, das nur bewusst gemacht, aber nicht kuriert werden kann. Das Prinzip der Verantwortung[119] hat demgegenüber einen stärkeren Klang normativer Verpflichtung des individuellen oder kollektiven Handelns. Eine normative Leerstelle kann schon deshalb nicht akzeptiert werden, weil sonst von einem Recht oder Rechten und damit verbundenen einklagbaren Ansprüchen nicht sinnvoll gesprochen werden könnte. Die Rückbindung des *Rechts, Rechte zu haben* an ein Prinzip dient dazu, Recht („right") von bloßer Macht („might") abzugrenzen (vgl. Näsström 2014, 551).

Das *Recht, Rechte zu haben* kann auch selbst wie ein Rechtsprinzip gebraucht werden. Es wird dann auf verschiedene Rechtsgüter, wie z. B. Bildung, Gesundheit oder Asylantragsstellung angewendet. So wird das *Recht, Rechte zu haben* zur Frage nach dem Recht, ein Recht auf Bildung (usw.) zu haben. Gegenstand dieser menschenrechtspositiven Reflexion sind Gerichtsentscheidungen oder Einzelfälle von Betroffenen; hier sind gemischte Ergebnisse zu verzeichnen (vgl. Bhabha 2009, 416–425). Insgesamt aber wird im Rekurs auf das *Recht, Rechte zu haben* als Prinzip nach wie vor ein „enforcement gap" (Bhabha 2009, 425) festgestellt. Adressatin ist also die jeweilige öffentliche Gewalt (Staat oder Staatenbund), die ihren Schutzpflichten nicht gerecht wird. Das *Recht, Rechte zu haben* ist in diesem Fall daher eher als ein advokatorisches Rechtsprinzip zu verstehen, das eine demokratische Rechtsordnung qua Verfassung o. Ä. aber schon zur Voraussetzung hat.

An dieser Stelle steht die Frage im Raum, welche Instanz dafür zuständig ist, das *Recht, Rechte zu haben* zu garantieren. Im konventionellen juristischen Denken legt sich eine hierarchische Ordnung nahe, die im Falle der Menschheit bis zu einer globalen Instanz reichen müsste. Einige Passagen bei Hannah Arendt deuten darauf hin (siehe Kap. 3.1.2.1). In einer *politischen* Lesart geht es nicht um ein globales juridisches Prinzip oder die Errichtung einer internationalen Rechtsordnung, sondern um die Schaffung einer Sphäre in der die gleiche Freiheit aller zur Geltung kommt. Diese liegt *quer* zu (und nicht: oberhalb von) einem republikanisch oder nationalstaatlich definierten Raum (vgl. Ingram 2008, 408–409; Isaac 1996, 67), muss eher *gegen* diesen erkämpft werden. Allerdings bleibt zu klären, wie Menschen zu „rightsbearers" (Ingram 2008, 402) einer Sphäre gleicher Freiheit werden unter der Prämisse, dass sie bereits performativ in Anspruch nehmen, berechtigterweise

---

119 Das Verantwortungsprinzip bei Näsström wird aber nicht mit dem Prinzip Verantwortung des langjährigen Arendt-Freundes Hans Jonas in Verbindung gebracht.

Träger:innen solcher Rechte zu sein (vgl. Ingram 2008, 412). Die politische Prinzipienlehre bleibt in Bezug auf die aporetische Verfassung der Menschenrechte also Antworten schuldig.

3.3.1.3 Akzeptanz der „groundlessness" (Etienne Balibar) der Menschenrechte. Das *Recht, Rechte zu haben* als paradoxe Formulierung

Gegenüber der advokatorischen und orientierenden Tendenz, die die Menschenrechte im Rahmen einer juridisch-politischen Prinzipienlehre haben, wird beim Plädoyer, die *groundlessness* der Menschenrechte zu akzeptieren, eher der emanzipatorische und revolutionäre Charakter betont. Dabei soll jedoch nicht einfach ein Pathos der Revolution beschworen werden, sondern einer widersprüchlichen historischen Erfahrung nachgegangen werden: dass die Grundlage der Menschenrechte offenbar im Akt einer revolutionären Gründung besteht – und somit eine Ordnung schaffen soll, die die Möglichkeit des eigenen Widerrufs enthält. In der Diskussion werden zur Ergründung und Plausibilisierung dieser paradoxalen Struktur unterschiedliche Aspekte aus Arendts Werk aufgegriffen und mit zeitgenössischen Konzepten kombiniert.

Der erste Schritt zur Akzeptanz der groundlessness der Menschenrechte ist eine Zuspitzung der aporetischen Diagnose. Arendt stellt diese ja vor allem in Bezug auf eine Theorie natürlicher Rechte (siehe Kap. 3.1.2.2.3). Hier wird nun davon ausgegangen, dass das Entscheidende nicht eine Kur der Aporien der Menschenrechte durch einen nichtaporetischen Menschenrechtsbegriff ist. Vielmehr bleibt die Aporie auch bestehen, wenn Menschenrechte als geschaffene oder verliehene Rechte interpretiert werden (vgl. Balibar 2007, 263). Die Menschenrechte haben keine andere Grundlage als ihre Deklaration, müssen aber um deklariert werden zu können, schon performativ in Anspruch, also: vorweggenommen werden. Diese Struktur einer Rechteerklärung lässt sich nicht durch einen natürlichen oder moralischen Ankerpunkt auflösen; damit muss ein Umgang gefunden werden.

Um den politischen Grundzug besser greifen zu können, wird Arendts Schrift „On Revolution / Über die Revolution" konsultiert, in denen sie nach den geistigen Quellen v. a. der (aus ihrer Sicht geglückten) Amerikanischen Revolution fragt. Darunter findet sich auch die griechische Polis mit ihren Leitprinzipien der *isonomia* und der *an-archeia*: Die griechischen Vollbürger (ausschließlich Männer mit Privateigentum) gestalten ihr politisches Leben als Freie und Gleiche miteinander. Hinsichtlich der Grundlagen besteht jedoch eine Unklarheit: Die Rechte basieren entweder auf dem wechselseitigen Versprechen der Rechtsgenossen oder auf Schutzgarantien des Staates (vgl. Balibar 2007, 262–265). In der politischen Ursprungserfahrung zeigt sich demnach bereits eine Spannung zwischen institutioneller Ordnung und einem Ideal der Vita Activa, die auch den modernen Begriff der Menschenrechte durchzieht (vgl. Balibar 2007, 262).[120]

Das Fehlen einer soliden philosophischen Grundlage, die diese Spannung zwischen einem verlässlichen Rahmen garantierender Ordnung und der aktiven Teilnahme aller Bürger aufheben könnte, wird nun produktiv zu machen versucht. Die Menschenrechte sollen in ihrer „groundlessness" (Balibar 2007, 263) erfasst werden, damit ihr historisches und praktisches Wirken durchsichtig wird, nämlich: „institute what is properly human, including reciprocity and solidarity" (Balibar 2007, 263). Ein solches immanentes Grundlegungsverfahren geht vom historischen Ort der Menschenrechte in den bürgerlichen Revolutionen aus, wobei zugleich deren Selbstmissverständnis aufgeklärt werden soll, die Revolutionen seien eine Restauration natürlicher, allen Menschen von Geburt an gegebener Rechte (vgl. Balibar 2007, 263; Gündogdu 2015, 191–192). Die Menschenrechte deklarieren das Menschliche als eine menschliche, sprich: politische, Einrichtung. Dies bringt das *Recht, Rechte zu haben* nach Ansicht des französischen Philosophen Etienne Balibar in unvergleichlicher Weise zum Ausdruck; die Menschenrechte können nicht anders als in ihrer paradoxen Struktur begriffen werden (vgl. Balibar 2007, 265–266; 268).[121]

Die Menschenrechte sollen als politische Einrichtung jedoch nicht auf den heroisch überhöhten und glorifizierten Akt der revolutionären Gründung festgelegt werden. Deshalb werden sie mit einer Praxis des zivilen Ungehorsams verknüpft. Der Kontext dieser Überlegungen ist die Lage undokumentierter Migrant:innen[122] in demokratischen Verfassungsstaaten oder Republiken, die zugleich ein Selbstverständnis als Nationalstaaten vertreten, wie etwa in Frankreich (vgl. Gündogdu 2015, 3–4). Es geht also um menschenrechtswidrige oder zumindest -gefährdende Situationen innerhalb von Ordnungen, die im Grundsatz den Menschenrechten verpflichtet sind. Anders als

---

120 Gündoğdu weist allerdings darauf hin, dass den Menschenrechten im Unterschied zur antiken *isonomia*, die auf eine definierte Gruppe beschränkt bleibt, eine Tendenz zur Universalisierung innewohnt: Das menschenrechtliche Prinzip gleicher Freiheit erstreckt sich von vorne herein – dem Anspruch nach – auf alle Menschen (vgl. Gündogdu 2015, 183–184).

121 Diese Struktur ist nicht richtig erfasst, wenn man die Menschenrechte als „outcome of politics" (Lacroix 2015, 84) interpretiert. Die Menschenrechte sind zwar auch Ergebnis von Politik, aber in ihrem Gründungsmoment müssen sie notwendig auch schon als gültig beansprucht werden. Sie können also nicht nur Ergebnis von Politik sein.

122 Als undokumentierte Migrant:innen sind Personen zu sehen, „die sich jenseits der Einwanderungsregeln der potenziellen Zielländer aus den unterschiedlichsten Gründen aufmachen, um auf das Territorium demokratischer Rechtsstaaten zu gelangen." (Schulze Wessel 2017, 86)

im Rahmen einer politischen Prinzipienlehre wird jedoch nicht die Schutzpflicht dieser Ordnung gegenüber den Betroffenen betont, sondern auf das Handlungspotential (*agency*) der Menschen hingewiesen, die sich in einer menschenrechtlich prekären Lage befinden (vgl. Gündogdu 2015, 192–198). Die Menschenrechte und ihr Prinzip der gleichen Freiheit werden durch zivilen Ungehorsam praktisch eingefordert, vorgenommen und gegründet. Wenn die Ungerechtigkeit der Herrschaft geschichtlich ernstgenommen wird, dann sind die Menschenrechte eine echte Gründung – sie existieren unter den Bedingungen der überkommenen Herrschaft also nicht, auch bzw. erst recht nicht in einem mythischen oder metaphysischen Naturzustand. Menschenrechtsgerechte Verhältnisse müssen so eingerichtet sein, dass sie Widerstand und Ungehorsam gegen (ungerechte) Gesetze zulassen (vgl. Balibar 2007, 266–267). Ziviler Ungehorsam wird dabei nicht als individueller Gewissensentscheid noch als Handeln angesichts des Legitimitätsverlusts eines Regimes verstanden. Vielmehr soll er eine kollektive Bewegung sein, die sich situativ und mit einem bestimmten Ziel einer vertikalen Herrschaftsausübung widersetzt und eine horizontale Form der Vereinigung erzeugt, „in order to recreate the conditions of ‚free consent' to the law." (Balibar 2007, 267) Ziviler Ungehorsam soll also gleichzeitig eine konkrete Widerstandspraxis gegen ungerechte Gesetze und die antizipierende, performative Gründung einer alternativen politischen Organisationsform sein, die auf das menschenrechtliche Prinzip gleicher Freiheit zielt. Die Politik der Menschenrechte hat somit einen antinomischen Charakter, weil sie nicht nur auf (Wieder-)Herstellung einer auf den Menschenrechten basierenden Ordnung, sondern auf die schöpferische Neugründung zielt (vgl. Balibar 2007, 268). Die Spannung zwischen dem Recht auf Widerstand und der Gründung der politischen Ordnung auf und durch Menschenrechte ist daher nicht aufzulösen (vgl. Balibar 2017, 286; 294).

In dieser paradoxen oder aporetischen Lesart der Menschenrechte, der Akzeptanz ihrer groundlessness, zeigt sich also die Kompatibilität von *Recht, Rechte zu haben* und dem menschenrechtlichen Prinzip gleicher Freiheit. Beides zielt auf die revolutionäre Gründung eines Gemeinwesens, in dem gleiche Freiheit rechtlich verbürgt wird, das aber auch keine andere normative Garantie als das in der Gründung liegende wechselseitige Versprechen hat (vgl. Gündogdu 2015, 177–183). Die in einem solchen relationalen Rechtsverständnis – das Recht als Beziehung, sprich: Rechtsverhältnis – liegende Entsicherung und Fragilität lässt sich nie ausschalten. Das Aporetische neuer Anfänge und der Menschenrechte muss gewissermaßen ‚integriert' werden (vgl. Gündogdu 2015, 186–187). Dies repräsentiert der Rechtsbegriff, der das *Recht, Rechte zu haben* prägt. Oder anders gesagt: Das *Recht, Rechte zu haben* ist eine Chiffre für die politischen Voraussetzungen der als universell und unveräußerlich deklarierten Menschenrechte. Mit der aktiven Berufung auf das *Recht, Rechte zu haben* kann die Notwendigkeit der politischen Instituierung des Menschlichen durch die Menschenrechte sichtbar und stets aufs Neue mobilisiert werden (vgl. Gündogdu 2015, 198).

Ein mit dem *Recht, Rechte zu haben* erarbeitetes Menschenrechtsverständnis operiert mit dem Gegenüber von Ordnung und Handeln, wobei letzterem ein gewisser Vorrang zukommt. Wenn von gleicher Freiheit die Rede ist, geht es zuerst um die „Praxis aktiver Teilhabe am politischen Geschehen" (Martinsen 2019, 190). Vor diesem Hintergrund wird auch noch einmal deutlich, dass die politische Voraussetzung der Menschenrechte hier nicht als Recht auf eine Staatsangehörigkeit oder auf Zugehörigkeit zu einem wie auch immer definierten Gemeinwesen verstanden wird (vgl. Gündogdu 2015, 92). Das *Recht, Rechte zu haben* ist nicht einfach eine Eintrittskarte in eine Rechtsgemeinschaft, in der Freiheiten und Pflichten definiert und verteilt werden und Freiheit im Besonderen als Privileg begriffen wird, von der Teilnahme an den öffentlichen Angelegenheiten Abstand nehmen zu können. Es zieht einen anderen Freiheitsbegriff nach sich, der im Rekurs auf Arendts Politikverständnis als Freisein mit oder in Verbindung mit anderen gefasst wird (vgl. Martinsen 2019, 191). Insofern ist das *Recht, Rechte zu haben* auch eine Rebellion gegen eine politische Ordnung, die kategorial zwischen einem unpolitischen (natürlichen) und einem politischen Menschsein unterscheidet (vgl. Martinsen 2019, 191–193).

3.3.1.4 Zwischenfazit

Der Anlass des Nachdenkens über eine aporetische Verfassung der Menschenrechte ist die Debatte um Rechtlosigkeit. Dieser zunächst von Hannah Arendt geprägte Terminus fordert als kritischer Analysebegriff den Begriff der Menschenrechte heraus. Ein Zustand, in dem Freiheit i. S. von Praxis der aktiven Teilhabe am politischen Geschehen sowie die Möglichkeit, ein tätiges Leben – in seinen Dimensionen der Arbeit, des Herstellens und des Handelns – für eine große Gruppe von Menschen verloren, entzogen oder nicht vorhanden sind, ist aus menschenrechtlicher Sicht inakzeptabel. Dennoch hält er sich auch in den Menschenrechten verpflichteten Ordnungen, wird von diesen sogar selbst hervorgebracht.

Auf diesen Befund wird mit dem Versuch geantwortet, die Diagnose der Aporien der Menschenrechte produktiv zu wenden und zu einer *Aporetik der Menschenrechte* zu gelangen: Das, was Arendt kritisch als Aporien der Menschenrechte beschreibt, wird als deren Konstitution akzeptiert. Dies wird zum Ausgangspunkt für eine politische Grundlegung der Menschenrechte gemacht, die stark mit der Spannung zwischen einer *Ordnung* und einer *Praxis* der Menschenrechte operiert. In Bezug auf die Ordnung steht die Schutz- und Garantiefunktion der Menschenrechte im Mittelpunkt des Interesses; adressiert wird vor allem der Staat bzw. die Ordnungsmacht, die eine Schutz- und Garantiepflicht hat und dieser nachkommen muss. Im Hinblick auf die Praxis geht es stärker um das Empowerment und die Emanzipation der Menschen, denen Menschenrechte vorenthalten und die folglich erst erstritten werden müssen. Dabei steht die Ordnung als Ganze zur Debatte; überall, wo für Menschenrechte gestritten und gekämpft wird, geht es auch um eine Neugründung der Menschenrechtsordnung. Die menschenrechtliche Praxis ist insbesondere in ungehorsamem oder revolutionärem Handeln verbürgt.

Die Differenzen im Fokus sind z. T. auch durch kontextuelle Unterschiede bedingt: Während ordnungstheoretische Zugänge (Kap. 3.3.1.2) Situationen vor Augen haben, in denen besonders Schutzbedürftige – Kinder, Bürgerkriegsflüchtlinge – eines menschenrechtlichen Minimums bedürfen, das die jeweils zuständige Rechtsgemeinschaft nicht gewährleistet, haben handlungstheoretische Ansätze (Kap. 3.3.1.3) eher eine Lage vor Augen, in der Unterdrückte – wie die undokumentierten Migrant:innen in Frankreich – ihre politische Subjektivität entdecken und artikulieren. Die Gegensätze zwischen einer politischen Prinzipienlehre und der Akzeptanz der *groundlessness* der Menschenrechte sind jedoch nicht fundamental: Auch bei den Prinzipien geht es um die Suche nach möglichst praxisfreundlichen Formulierungen und umgekehrt greifen die von der *groundlessness* ausgehenden Reflexionen auf die Rede von Prinzipien zurück. Generell wird nicht auf ein Menschenrecht vor den Menschenrechten hingearbeitet, sondern ein alternativer Begriff der Menschenrechte anvisiert. Die Vorgehensweisen sind graduell unterschiedlich: Die einen suchen nach Prinzipien, die einem politischen Menschenrechtsverständnis besser entsprechen, wobei hier eher noch eine Tendenz zur Auflösung der Widersprüche auf der politischen, nicht der moralphilosophischen Ebene erkennbar ist. Die anderen erklären die Aporien der Menschenrechte zur Grundlage, ja sogar zum Vorzug der Menschenrechte und sind bemüht, dies argumentativ zu verteidigen.

Die Formulierung des *Rechts, Rechte zu haben* steht für den stets umstrittenen, immer wieder neu zu be-gründenden Charakter der Menschenrechte, der sich aus ihrer aporetischen Verfassung ergibt. Auffällig ist, dass dem Singular der Formulierung keine Beachtung geschenkt wird. Ein anderer Begriff der Menschenrechte scheint also den von Arendt angemeldeten Vorbehalt gegen den Plural der Menschenrechte obsolet zu machen. Letztlich wird Arendts Kritik zwar ernstgenommen, aber auch von einem mitunter enthusiastischen Verständnis einer emanzipatorischen, revolutionären oder ungehorsamen Praxis überschrieben.

3.3.2 Das Recht, Rechte zu haben *als postmigrationsethischer Rechtsbegriff*

In vielerlei Hinsicht ist die Konzeption des *Rechts, Rechte zu haben* als postmigrationsethischer Rechtsbegriff Akzentuierung, Fortschreibung und Verschärfung von Perspektiven, die sich auch schon im Rahmen der Überlegungen zu einer aporetischen Verfassung der Menschenrechte finden. Die Stoßrichtung ist noch etwas stärker auf den Bedarf grundlegender Veränderungen der Auffassungen von Politik und Recht ausgelegt. Zudem werden noch einmal deutlicher die Handlungspotentiale und der Subjektcharakter der Flüchtlinge herausgearbeitet.

Im Folgenden wird daher noch einmal kurz die theoretische Schlüsselrolle der Flüchtlingsfigur dargestellt (Kap. 3.3.2.1). Daran schließen sich drei Formen eines postmigrationsethischen Rechtsbegriffs an: das *Recht, Rechte zu haben* als verlorenes Recht (Kap. 3.3.2.2), als menschliches Recht (Kap. 3.3.2.3) und als postterritoriales, kollektives Recht (Kap. 3.3.2.4).

3.3.2.1   Flüchtlinge als theoretische Schlüsselfiguren

Die Entdeckung von Flüchtlingen als theoretischen Schlüsselfiguren ist eng verknüpft mit der Parole „Zurück zu Hannah Arendt", die der Frankfurter Philosoph Christoph Menke (2016) in einem kurzen Essay ausgibt. Er dechiffriert die europäische Flüchtlingskrise als eine Krise der normativen Grundlagen der Politik und präsentiert Arendt als dritte Alternative in einer dichotomisch strukturierten politischen wie theoretischen Debatte. In Absetzung von einem *humanen* Imperativ mit Fokus auf die akute Notlage der Flüchtlinge, dessen Repräsentation Angela Merkel zugeschrieben wird, und einem *territorialen* der Integrität des staatlichen Territoriums, den der Philosoph Peter Sloterdijk vertritt, steht Arendt für die Formulierung einer Erfahrung, die sich vor allem aus der Perspektive der Flüchtlinge selbst ergibt (vgl. Menke 2016, 49). Theoretisch wird Arendts Denken als eine „andere Kritik der Menschenrechte" (Menke 2016, 50) begriffen, die quer zu zynischem Realismus und humanitären Appellen an die Menschenrechte steht. Zugleich versteht sich eine Rückbesinnung auf Hannah Arendt als Alternative zu solchen Ansätzen, die eher vom Ungenügen, der Inkohärenz und der Widersprüchlichkeit der Arendtschen Theorie ausgehen (vgl. Menke 2008, 132; Menke 2014, 333).

Der im Anschluss an Arendt geprägte Flüchtlingsbegriff ist vielschichtig. Den Ausgangspunkt bilden meist die Überlegungen zur Lage der Staatenlosen.[123] Laut Monika Krause sind staatenlose Personen bei Arendt durch drei

---

[123] Gegenüber dem Zusammenhang von Staatenlosigkeit und Rechtlosigkeit (siehe Kap. 3.3.1.1) wird hier eher auf die Figur des staatenlosen Flüchtlings, wie Arendt sie

Merkmale geprägt: Sie sind aufgrund des Verlusts eines politischen Status und ihrer besonderen Anfälligkeit für Maßnahmen der totalen Herrschaft[124] *Opfer*, zugleich sinnbildliche *philosophische Figuren*, welche die Aporien des staatszentrierten politischen Denkens offenlegen, aber auch bedeutende *politische Akteure*, weil das öffentliche Auftreten potentiell brisant für die herrschende Ordnung sein und befreiend für die Flüchtlinge wirken kann (vgl. Krause 2008, 332; 340). Das Ambivalente und Schillernde, ja Paradoxe dieses Flüchtlingsverständnisses wird auch daran deutlich, dass Flüchtlinge einerseits als Träger eines neuen historischen Bewusstseins erachtet, andererseits als Repräsentant:innen eines neuen, negativen Paradigmas westlicher Gesellschaften eingeführt werden: Sie betreten die politische Bühne als diejenigen, die durch fundamentale Nichtzugehörigkeit gekennzeichnet sind (vgl. Barichello 2015, 42), sind angewiesen auf die Hilfe wohltätiger, humanitärer Flüchtlingshilfekomitees, aber zugleich auch „Avantgarde ihrer Völker", wie Arendt in ihrem berühmten Essay *We Refugees* schreibt (vgl. Barichello 2015, 43). Dieser Avantgarde-Status äußert sich insbesondere durch eine in bestimmter Hinsicht privilegierte Perspektive auf das Weltgeschehen und die politischen Verhältnisse, etwa auf die Bedeutung von Citizenship oder die Probleme der Menschenrechte (vgl. Barichello 2015, 43). In diesem Sinne wird den Reflexionen Arendts unmittelbare Relevanz für die Analyse der „refugee condition" (Barichello 2015, 43) zugesprochen. Dabei geht es zwar auch um die Erfahrung der Flüchtlinge, auf ein animalisches, bloß biologisches Leben zurückgeworfen zu sein, so dass die Hilfe für Flüchtlinge vor allem auf ihr Überleben zielt (vgl. Barichello 2015, 46; 49–50). Wichtiger ist jedoch, „dass häufig gerade die am meisten benachteiligten oder ausgeschlossenen Gruppen besondere Erkenntnisse über Funktionsweisen und Dynamiken gesellschaftlicher Unterdrückung und Diskriminierung erlangen." (Loick 2017b, 574–575)

Loick sieht die Tragweite eines avantgardistischen Flüchtlingsbegriffs gar darin, dass Flüchtlinge zum Maßstab der Einrichtung einer politischen Ordnung und des Bürgerschaftsverständnisses werden müssen (vgl. Loick 2017b, 575): Flüchtlinge sind demnach nicht wahlweise radikal vereinzelte oder vermasste Entitäten, sondern verkörpern universal gültige Einsichten. Geschichte wird ihnen zu einem Offenbarungsgeschehen, in dem Sinne, dass ihnen ein Wissen zugänglich wird, das ‚normalen' Staatsbürger:innen nicht zur

---

entwickelt, als Ausgangspunkt gewählt. Überschneidungen, etwa in Bezug auf die Gleichzeitigkeit von Opferstatus und Handlungsfähigkeit, sind offenkundig; allerdings wird nun stärker die Perspektive der Flüchtlinge, der Erfahrungsbezug, statt eines menschenrechtstheoretischen Zugangs gewichtet.

124 Die Problematik einer vorschnellen Übertragung auf gegenwärtige Verhältnisse wurde oben schon diskutiert (siehe Kap. 3.3.1.1).

Verfügung steht – allem voran, das Wissen darum, dass die vermeintliche Normalität nicht normal ist (vgl. Loick 2017b, 578). Vor diesem Hintergrund können verschiedene Wissensreservoire zu Lebensweise, Politik oder Recht aktiviert werden, die Loick sehr unterschiedlichen Ansätzen – von postkolonialer über neoliberale Theorie bis hin zu jüdischer Philosophie – entnimmt (vgl. Loick 2017b, 578–579). Ein zentrales Anliegen ist hierbei, längst gelebte und lebbare Realitäten sichtbar zu machen und begrifflich zu fassen, wie das Unterwandern nationaler Identität, das Aushebeln des Nexus von Sesshaftigkeit und (politischer) Teilhabe sowie die Kultivierung eines Rechts, das in seiner Durchsetzung ohne staatliche Gewaltmittel auskommt (vgl. Loick 2017b, 579–585). Als ein solches Recht sieht Loick das jüdische Recht, das jahrhundertelang außerhalb und gegen konventionelle Ordnungen existieren musste und daher Verfahren etabliert hat, die eben nicht auf Sanktionsgewalt und Souveränitätsvollzug setzen können (vgl. Loick 2017b, 584–585).

Dies alles geht natürlich weit über Arendts eigene Reflexionen zu Flüchtlingen als Avantgarde hinaus. Ein wichtiges Anliegen Arendts wird aber aufgegriffen: einer verborgenen Tradition und den Praktiken derer nachzugehen, die am Rande oder außerhalb der herrschenden Ordnung stehen bzw. sich subversiv in ihr bewegen müssen, um existieren zu können, und ihnen einen Platz im kulturellen Gedächtnis zu verschaffen. Dieser intellektuelle Ort scheint mir von erheblicher Bedeutung für das *Recht, Rechte zu haben* zu sein: Es steht in Verbindung mit einer subalternen, subversiven Praxis und kann nicht ohne Weiteres zu einer Leitlinie offizieller staatlicher oder internationaler Politik erklärt werden.[125] Gegenüber dem bisher in dieser Arbeit grundgelegten Flüchtlingsbegriff wird der Avantgarde-Charakter im Hinblick auf ein geschichtliches Erkenntnis- wie auch ein politisches Handlungsvermögen hervorgehoben. Benhabib/Raddon sehen hier ein Faible Arendts für gesellschaftlich randständige, dadurch aber mit einem ungetrübten Blick ausgestattete Parias und schlagen einen Bogen zu anderen prägenden Figuren der Religionsgeschichte: den Propheten. Propheten, Parias und Flüchtlinge verbinde, dass sie auf je eigene Weise eine Lebensform zu praktizieren versuchten, die sich als konkreter Universalismus bezeichnen ließe. Universalismus als Verpflichtung auf das Menschsein der Menschen soll im Alltag lebbar werden (vgl. Benhabib/Raddon 2008, 69–72; 78).[126] Schulze Wessel spricht

---

125 Dieser Gedanke wird an anderer Stelle noch einmal aufgegriffen und weiter ausgeführt (siehe Kap. 4.3.3).

126 Es ist zwar richtig, dass Arendt den Pariabegriff emanzipatorisch liest und dabei vor allem den ungetrübten Blick würdigt. Doch Flüchtlinge sind ihrer Ansicht nach gerade keine Parias, weil sie jeden Standort in der Welt, auch den am Rand der Gesellschaft, verloren

(in kritischer Absicht[127]) dagegen von Flüchtlingen als „eine(r) Art messianische(r) Figur, durch die erst eine neue Art von Gemeinschaft und Politik möglich ist." (Schulze Wessel 2017, 63)

Vor dem Hintergrund dieses spezifischen epistemischen und praktischen Potentials der Flüchtlinge werden auch noch einmal die Menschenrechte in den Blick genommen. Sie werden allerdings weniger im Hinblick auf ihre Fähigkeit zur Kur der verheerenden Lage der Flüchtlinge, sondern auf ihren Beitrag zu dieser Situation untersucht – auch seit Erklärung der AEMR 1948. Dieser wird darin gesehen, dass „the highest legal institutions that humans have conceived of to date prove to be unsuited to define and to protect what is ‚human'." (Hamacher 2014, 183). Auch unter einem völkerrechtlich erneuerten Menschenrechtsbegriff bleibt der Ausschluss aus der Menschheit in einem politischen Sinne, in Arendtscher Diktion: Rechtlosigkeit, möglich.[128] Mehr noch, er hat die Allgegenwart und Unentrinnbarkeit des Rechts zur Voraussetzung. Das Problem ist demnach nicht etwa bloß rohe Gewalt, die den Flüchtlingen widerfährt und sie von der Möglichkeit ausschließt, ein menschliches Leben zu führen. Vielmehr wird dies durch eine „juridico-administrative and political operation – or rather, as the continuous possibility of such an operation – that is brought to its last consequences and to its end with the logic of human rights (…)" (Hamacher 2014, 184). Für Flüchtlinge heißt rechtlos zu sein, also gerade nicht die Abwesenheit jeglichen Rechts, sondern dem Recht nicht entkommen zu können. Damit Rechte verloren, entzogen oder vorenthalten werden können, müssen zunächst in einem allgemeinen Sinne Subjekte als Träger:innen dieser Rechte definiert worden sein (vgl. Hamacher 2014, 182–184).

Dieser Akt, der eigentlich zum Schutz von Menschen als Menschen gedacht ist, wird also in sein Gegenteil verkehrt. Diese Zuspitzung der Menschenrechtskritik wirkt aus menschenrechtstheoretischer Perspektive zunächst sehr pauschal und undifferenziert. Doch sie dürfte unter der Voraussetzung der spezifischen Flüchtlingsperspektive durchaus plausibel sein. Zwar wird die

---

haben (siehe dazu: Kap. 3.1.2.2.2; 3.1.2.2.3). Zu einer möglichen Antwort aus theologisch-politischer Perspektive siehe Kap. 4.3.4.

127 Objekt der Kritik bei Schulze Wessel ist allerdings Agamben, nicht Arendt. Allerdings halte ich diese Zuspitzung für Ansätze zutreffend, die das Erkenntnis- und Handlungsvermögen von Flüchtlingen in besonderer Weise betonen. Auf den Begriff des Messianischen und eine produktive Lesart aus theologischer Perspektive im Kontext dieser Arbeit komme ich in Kap. 4.2.3 noch einmal zurück.

128 Das Absprechen der Gattungszugehörigkeit muss damit nicht notwendig einhergehen. Korrelationen sind jedoch auszumachen, wenn man sich in der Asyl- und Flüchtlingspolitik verbreitete Rhetoriken ansieht. Diese reichen von Naturgewalten („Flüchtlingswelle") über rassistische Stereotype bis hin zur Entmenschlichung („Ungeziefer", „Parasiten").

Legitimität von Abschiebungen, Kettenduldungen und ähnlichen Maßnahmen aus menschenrechtlicher Perspektive immer wieder infrage gestellt. Doch können sie nicht abgeschafft werden, weil sie im Rahmen rechtsstaatlichen Handelns vollzogen werden, so zumindest die juridisch-administrative Auslegung. Ein weiteres Beispiel sind die Pläne des neuen EU-Migrationspakts: Hier ist ein Monitoring der Menschenrechte vorgesehen, das mit der FRONTEX-Agentur ausgerechnet die Institution verantworten soll, der selbst regelmäßig menschenrechtswidriges Handeln vorgeworfen wird. Die Betroffenen werden also grundsätzlich als Träger:innen von Menschenrechten anerkannt, finden sich aber zugleich in einem System wieder, das im Konkreten verlässlich die Unverlässlichkeit der Menschenrechte reproduziert (vgl. Thym 2022, 25).[129]

Aus diesen Überlegungen zu Flüchtlingen als theoretischen Schlüsselfiguren stellt sich nun aber die Frage, was dies für das *Recht, Rechte zu haben* bedeutet: Geht es darum, die grundlegende Unzulänglichkeit des Rechts und der Rechte rechtstheoretisch zu fassen? Soll ausgehend von den Flüchtlingen als Erkenntnis- und Handlungssubjekten ein anderer Rechtsbegriff erarbeitet werden? Und was folgt daraus für den Begriff der Menschenrechte?

3.3.2.2   Das *Recht, Rechte zu haben* als verlorenes Recht

Eine erste Lesart, die sich aus einer Flüchtlingsperspektive ergibt, schenkt dem Umstand Beachtung, dass das *Recht, Rechte zu haben* nach Arendt erst mit seinem Verlust bzw. der Verweigerung ins Bewusstsein tritt (vgl. Näsström 2014, 547). Dies suggeriert, dass das *Recht, Rechte zu haben* gar nicht als ein effektiver Anspruch geltend gemacht, sondern immer nur retrospektiv als ein „a-posteriorisches Recht" (DeGooyer 2018, 31) reflektiert werden kann (DeGooyer 2018, 31). In diesem Sinne ist es dann ein „historisch-kritisches Instrument (…), die Enteignungen und Entrechtungen, die unvermeidliche Begleiterscheinungen des Aufstiegs der Menschenrechte sind, näher ins Blickfeld zu rücken." (DeGooyer 2018, 34)[130]

---

[129]   Thyms Einschätzung, in Bezug auf das administrative und exekutive Handeln seien dies die besten zur Verfügung stehenden Instrumente, um die Grundrechte zu wahren (vgl. 2022, 25), teile ich angesichts fortlaufend dokumentierter Push-Back-Operationen nicht (siehe auch: Moreno-Lax 2022, 170).

[130]   Hamacher weist auf Parallelen der Menschenrechtskritik zwischen Karl Marx und Hannah Arendt hin. Beide beschreiben ihm zufolge die Vergesellschaftung durch Rechte als eine dissoziative Assoziation – und damit eine Entpolitisierung des Menschseins, so dass mit den Mitteln der Rechte strukturell Rechtlosigkeit herbeigeführt wird. Während Marx aber eine utopische und revolutionäre Hoffnung auf Überwindung dieses Zustands durch das Revolutionssubjekt Proletariat setzt, beschränkt sich Arendt auf „a sober description of depoliticization at a global scale" (Hamacher 2014, 197).

Der Gebrauch des *Rechts, Rechte zu haben* als ein historisch-kritisches Instrument beruht auf der Prämisse des Zusammenhangs zwischen Recht und politischer Gemeinschaft als Bedingung dafür, Rechte zu haben. Dann nämlich kann das *Recht, Rechte zu haben* als das Recht der Ausgeschlossenen kein Recht im herkömmlichen Sinne sein. Denn dazu bedürfte es der Anerkennung „einer externen Macht" (DeGooyer 2018, 39), die wiederum Zugehörigkeit bereits voraussetzt. Nach einer konventionellen Rechtsauffassung wäre es also eine zirkuläre Formulierung: „Damit ein Anspruch auf Zugehörigkeit zu einer Gemeinschaft anerkannt wird, muss der Mensch bereits Teil einer Gemeinschaft sein." (DeGooyer 2018, 40–41; vgl. Hamacher 2014, 188) Dagegen soll das *Recht, Rechte zu haben* als Teil einer begrifflichen Suchbewegung „zur Diagnose der Rechtlosigkeit und der völlig neuen Machtkonstellationen des zwanzigsten Jahrhunderts" (DeGooyer 2018, 53) begriffen werden. Dabei verschiebt sich das Verständnis bei Arendt selbst von der Entdeckung eines vorher nicht bewussten Rechts, das nun, da es erkannt ist, anderer Garantien bedürfte, zu einem Recht, das im Zusammenhang der globalen Organisation der Menschheit unwiederbringlich verloren ist (vgl. DeGooyer 2018, 45–50). Arendts Analyse wird damit von einem zukunftsorientierten Postulat – einer supranationalen Garantie des *Rechts, Rechte zu haben* (siehe Kap. 3.1.2.1) – zu einem historischen Befund, der vor allem die Entstehungsbedingungen von Rechtlosigkeit in der globalen Zivilisation (siehe Kap. 3.1.2.2.4) nachzeichnet (vgl. DeGooyer 2018, 55–58).[131] Mit Blick auf die Gegenwart wird daher nur empfohlen, die historische Analyse der globalen „Verbreitung von Rechtlosigkeit" (DeGooyer 2018, 60) auszudehnen. Abgesehen davon, dass es solche gegenwartsbezogenen historischen Analysen bereits gibt,[132] ist das *Recht, Rechte zu haben* als verlorenes Recht damit nicht erschöpfend erfasst. Ganz so leicht ist dem Gehalt eines Anspruchs nicht zu entkommen. Worin dieser Anspruch besteht, ist jedoch eine recht komplexe Frage, wenn die Formulierung doch den Rechtsverlust festhält.

Für Hamacher zeigt sich am Ende der von Arendt als Verlust der Menschenrechte (siehe Kap. 3.1.2.2.3) beschriebenen historischen Ereignisse und

---

131 Die werkhermeneutischen und exegetischen Argumente, die deGooyer zur Untermauerung ihrer Lesart als eine möglichst authentische beibringt, können hier nicht im einzelnen diskutiert werden. Im Großen und Ganzen scheint mir die Intuition plausibel zu sein; einige Punkte sind jedoch sachlich falsch. So wird z. B. behauptet, Arendt verschiebe zwischen 1949 (The Rights of Man/ Es gibt nur ein einziges Menschenrecht) und 1951 (OT / EuU) absichtsvoll die Menschenrechtskritik Edmund Burkes. 1949 sei sie dem *Recht, Rechte zu haben* nach- während sie 1951 vorgeordnet sei. Das ist schlicht nicht zutreffend.

132 Siehe zum Beispiel der in Kap. 2 vorgestellte Ansatz Michel Agiers.

politischen Erfahrungen, dass das *Recht, Rechte zu haben* nur als das „paradoxical prerogative (*Vorrecht*) to have no rights" (Hamacher 2014, 186; Hervorh. i. Orig.) in Erscheinung tritt. In einer positivierten Form oder als inhärentes Prinzip der hergebrachten Ordnung hat es niemals existiert, weil Arendt seine Formulierung mit der Feststellung verknüpft, dass es einer *neuen* politischen Garantie bedürfe (vgl. Hamacher 2014, 186–187). Das Recht, *keine* Rechte zu haben kann zudem selbstredend nicht bedeuten, dass Menschen in der Rechtlosigkeit verbleiben. Es geht im Gegenteil um einen Zustand, in dem die Dominanz der Rechte als bestimmender normativer Struktur politischer Teilhabe aufgehoben wird. In diesem Sinne interpretiert Hamacher jedenfalls Arendts politisches Denken: Der Anspruch auf oder die Einforderung von Politik geht allen Rechten voraus (vgl. Hamacher 2014, 187–191). Das *Recht, Rechte zu haben* soll kein Rechte, Rechte haben zu <u>müssen</u> sein, wenn überhaupt ein Recht, Rechte <u>nicht zu gebrauchen</u> (vgl. Hamacher 2017, 215).

Der Grundsatz eines normativen Vorrangs der Politik vor den Rechten ruft unweigerlich ein Unbehagen hervor, weil ein dezisionistischer Anklang nicht zu ignorieren ist. Wenn hier also mit Politik nicht einfach die Entscheidung eines Souveräns über andere gemeint sein soll, braucht es eines anderen fundamentalen Kriteriums. Hamacher nennt dies Menschengerechtigkeit und verankert es in einem Begriff des Menschen als politisch-linguistisches Subjekt (vgl. Hamacher 2014, 191; 197). Sprache wird hierbei als die subjektive Fähigkeit verstanden, sich immer wieder neu und nie abschließend zu bestimmen. Der basale Zusammenhang zwischen Sprache und Politik geht von der ‚griechischen' Auffassung aus, politische Angelegenheiten seien am besten durch gemeinsames Besprechen und gegenseitiges Überzeugen und nicht durch (Zwangs-)Gewalt zu regeln. Menschen sind als sprachliche Wesen politisch und als politische Wesen sprachlich bestimmt (vgl. Hamacher 2014, 192–193). Vor diesem Hintergrund stellt die Sprache der Rechte eine Deformation dar, weil sie mit ihren Operatoren des Urteilens und Ordnens, Be- und Entscheidens viel zu sehr auf Eindeutigkeit ausgerichtet ist und die Dynamik und Unvorhersehbarkeit des Miteinanderredens ausblendet (Hamacher 2014, 193–196). Sprache ist für Hamacher also ein Mittel, um einen qualitativen Unterschied zum vorher Dagewesenen machen zu können. Durch Sprache wird ein echter Neubeginn möglich und zwar ein Neubeginn „that is nothing other than freedom, and freedom particularly from all determination through previous or projected society and its principles of order." (Hamacher 2014, 199) Bewusst gegen den oft manipulativen Einsatz von Sprache in der Politik, zu dem auch die Eindeutigkeit suggerierende juridische Sprache gehört, wird hier auf das emanzipatorische Potential des Sprechens – die Kreativität, Offenheit, Unbestimmtheit – abgestellt. Die Gemeinschaft, die aus dieser Sprache und durch das Miteinandersprechen entsteht, ist sich selbst auf die stets vorhandene Möglichkeit, es könnte auch anders sein, hin entzogen, ist nie ganz oder vollständig verwirklicht, weil Sprache immer auch *Potentialis*, nie nur *Realis* ist (vgl. Hamacher 2014, 200–201).[133] Der Verlust des *Rechts, Rechte zu haben* kann also über den Gebrauch als historisch-kritisches Instrument für die Diagnose eines verheerenden Zustands der Rechtlosigkeit hinaus als eine paradoxe Garantie für das politische Zusammenleben verstanden werden. Die in der Sprache ‚institutionalisierte' Fähigkeit oder Definition des Menschen, sich nicht abschließend und endgültig definieren zu lassen und zu können, soll eine gültige Garantie des Zusammenlebens, sprich: Politik, sein. Allerdings stellt sich dann die Frage, worin der spezifische politische Anspruch des *Rechts, Rechte zu haben* jenseits einer metaphorischen Formulierung für die Widersprüche der Moderne letztlich besteht.

3.3.2.3 Das *Recht, Rechte zu haben* als menschliches Recht oder: Recht auf Politik

Das Konzept vom *Recht, Rechte zu haben* als einem menschlichen Recht positioniert sich ebenfalls (menschen-)rechtskritisch, bemüht sich aber weiterhin um einen sinnvollen, adäquaten und akzeptablen Rechtsbegriff, der eben nicht nur metaphorisch die paradoxe Struktur subjektiver Rechte sichtbar macht.

Christoph Menke setzt nochmals bei Arendts Flüchtlingsfigur, die, eben nicht „das ultimative Subjekt der Rechte" (Menke 2016, 54) ausgestattet mit unveräußerlichen und unverlierbaren Ansprüchen auf „Hilfe, Schutz, Aufnahme, Versorgung usw." (Menke 2016, 54) darstellt. Die Inanspruchnahme der Kategorie der Menschenrechte i. S. grundlegender, allgemeiner subjektiver Rechte allein aufgrund des Menschseins gegenüber den Abschottungs- und Abschreckungsmaßnahmen der europäischen Nationalstaaten wie der Europäischen Union ist sinnlos gerade aufgrund der *Form* der Menschenrechte, also der Tatsache, dass sie Rechte sind (vgl. Menke 2016, 54). Denn durch ihren Charakter als subjektive Ansprüche naturalisieren und vereinzeln sie Menschen.[134] Auf Grundlage dieser Annahme hält Menke folgerichtig fest, dass

---

133 Wie viel Widerstand und emotional aufgeladene Ablehnung eine solche Auffassung von Sprache erzeugen kann, ist aktuell in einem ganz anderen Feld zu beobachten: Gegen die vermeintliche ‚Genderideologie' wird oft vorgebracht, Sprache könne sich nicht einfach über die ‚Natur' oder die ‚Realität' hinwegsetzen und wenn, dann sei das ‚Umerziehung' und ‚Zwang'. Die Indetermination von und durch Sprache ist demnach keine harmlose Vision, sondern fordert die herrschenden Verhältnisse (hier: das Patriarchat und die Ordnung der Zweigeschlechtlichkeit) heraus.

134 Im Rahmen dieser Arbeit kann Menkes eigenes rechtsphilosophisches Konzept, die „Kritik der Rechte" (Menke 2018) nicht ausführlich diskutiert werden. Ein wesentlicher

Flüchtlinge in normativer Hinsicht nicht Rechte haben, sondern ein Recht auf Rechte. „Das Recht *auf* Rechte ist aber selbst kein subjektives Recht." (Menke 2016, 55). Es beruht auf der Anerkennung des Umstands, dass jeder Mensch als Mensch Teil einer Gemeinschaft ist.

In Übereinstimmung mit Hamacher sieht Menke das Menschsein durch eine politisch-sprachliche Existenz geprägt, diese ist sogar das primäre Zeichen menschlicher Würde. Das Recht auf Rechte heißt also vor allem Teil einer Gemeinschaft zu sein.[135] Seine Verweigerung sagt mehr über die Gemeinschaft aus, die diese Verweigerung ausspricht, als über diejenigen, die ihr Teilsein als Menschen leben möchten, als Menschen also an einer Gemeinschaft teilhaben möchten. Die verweigernde Gemeinschaft definiert sich selbst durch die Exklusion nicht als Menschen, sondern ausschließlich als Partikularität (Menke 2016, 55–57). Das *Recht, Rechte zu haben* – Menke spricht hier auch vom „Recht des Flüchtlings" (Menke 2016, 54) – verlangt daher nicht, dem Flüchtling zu seinen Menschenrechten zu verhelfen, ihm diese zu gewähren, sondern von den Mitgliedern der adressierten politischen Gemeinschaft zu Menschen, also: politischen Lebewesen in einem elementaren Sinne, zu *werden* (vgl. Menke 2016, 58).[136]

Für den Rechtsbegriff bedeutet dies, über ein individualistisches Verständnis eines Rechtssubjekts hinauszugehen; er muss politisch von der grundlegenden Sozialität menschlicher Existenz her gedacht werden (vgl. Loick 2017a, 302–303). Das *Recht, Rechte zu haben* kann dann nicht als ein Recht auf Mitgliedschaft in einem Nationalstaat gedacht werden, sondern ist zu verstehen als ein Recht auf Teilhabe in einer nichtstaatlichen Gemeinschaft (vgl. Loick 2017b, 576). Der Menschenrechtsbegriff selbst wird verknüpft mit dem „Recht, einer Polis[137] anzugehören" (Loick 2017b, 576) oder mit einem „Recht auf Mitglied-

---

    Bestandteil des modernen Rechts ist aus seiner Sicht aber die „Legalisierung des Natürlichen" (Menke 2018, 15). Unter dem Natürlichen ist der Raum zu verstehen, in dem jeder Mensch als souveränes Subjekt tun und lassen kann, was er:sie will, also sog. Willkürfreiheit besitzt. Die Belegung als „natürlich" entzieht diesen Raum dem Eingriff Dritter, konstruiert ihn aber erst durch das Recht, den Akt der Legalisierung, als das Ureigene der jeweiligen Person.

135 Menke bezieht sich hier auf eher antike (griechische) rechtsphilosophische Ideen, v. a. den Zusammenhang von Recht und Gerechtigkeit. Recht wird hier als Erhalt des gerechten Anteils verstanden (vgl. Menke 2016, 55–56). Dieses suum cuique-Denken kombiniert Menke freilich mit dem modernen Gedanken einer jedem Menschen eignenden Würde (siehe v. a.: Menke 2014), da die Zuweisung eines gerechten Anteils paternalistische, mitunter auch autoritäre Züge annehmen kann.

136 Zu einer theologisch-politischen Reflexion dieser Intuition siehe Kap. 4.3.3.

137 Der Gebrauch des traditionellen Vokabulars wirkt an dieser Stelle möglicherweise provozierend, gerade vor dem Hintergrund der fortlaufenden Debatten um den Eurozentrismus

schaft in politischen Gemeinschaften, das heißt ein[em] Recht, welches die irreduzible politische Disposition des Menschen artikuliert" (Loick 2017a, 304). Damit ist jedoch gerade kein „Menschenrecht auf Bürgerrechte" (Loick 2017b, 577) gemeint, das Staatenlosigkeit einfach mit der Wiederherstellung von Staatlichkeit kuriert (vgl. Loick 2017b, 575–577).[138] Denn auf diese Weise würde die Prämisse eines anthropologischen Vorrangs des Unpolitischen bestätigt. Der Mensch würde also als ursprünglich außerhalb der Polis lebend gedacht, „in die er dann kraft seines fundamentalen Menschenrechts Zutritt erlangt" (Loick 2017a, 304), und die Polis automatisch als Nationalstaat gedacht (vgl. Loick 2017a, 304).

Mit dem *Recht, Rechte zu haben* elementar verknüpft ist aber laut Loick die Einsicht, dass Staatlichkeit Staatenlosigkeit verursacht, weshalb es als Recht auf Politik[139] auch etwas anderes meint, als ein Recht auf politische Zugehörigkeit zu einem (National-)Staat. Loick bezieht sich hier auf Arendts Feststellung, dass der moderne Begriff der Rechte die traditionelle Rede von menschlichen Fähigkeiten abgelöst habe (vgl. Loick 2017b, 577). Im Umkehrschluss heißt das: „Es ist also möglich – und war während eines Großteils der bisherigen Menschheitsgeschichte der Fall –, die menschliche Fähigkeit zur kollektiven Selbstbestimmung anders als rechtlich und anders als nationalstaatlich zu realisieren" (Loick 2017b, 577). Ein Recht auf Politik ist also nicht ein Recht auf einen eigenen Staat oder eine eigene Regierung, sondern das Recht, den Staat als Prinzip und Praxis zu überwinden. Damit wird aber die Formulierung eines Rechts auf Politik wiederum zu einem Paradox. Denn dieses Recht soll in das

„Programm eines menschlichen Rechts [integriert werden, J. K.]. Dieses darf Sozialität nicht in der Logik des ‚Recht auf' denken, sie (sic!) darf Politik nicht

---

der im globalen Norden betriebenen Philosophien. Hier dürfte es sich aber wohl eher um eine kalkulierte Provokation derer handeln, die sich gern auf die abendländische Tradition berufen, um exklusivistische Positionen philosophisch zu rechtfertigen. Loick selbst ist diese Seite des Polis-Denkens selbstverständlich bewusst.

138 Loick arbeitet sich dabei explizit an Benhabibs Idee des Zugehörigkeitsrechts ab, ohne darauf einzugehen, dass bei Benhabib ja gerade das Modell der Unionsbürgerschaft eine wichtige Rolle spielt. Für Loick scheint die Europäische Union hinsichtlich der Gewährung und Ermöglichung von politischer Teilhabe dieselben Probleme aufzuweisen wie Nationalstaaten. Kritische Forschung zum „Staatsprojekt Europa" betreibt seit 2009 eine Forschungsgruppe um die Kasseler Politikwissenschaftlerin Sonja Buckel (siehe dazu: http://staatsprojekt-europa.eu/, abgerufen am 20.09.2021). Eine ausführliche Diskussion der staatstheoretischen Analyse der Europäischen Union kann an dieser Stelle nicht erfolgen.

139 Bereits 1993 findet sich bei Etienne Balibar die Formulierung eines „universellen Rechts auf Politik" (Balibar 2017, 292). Auch Andrew Schaap wählt in einem Aufsatz von 2011 die Formel „right to politics" (Schaap 2011, 33).

als eine Leistung denken, die für vorpolitische Anspruchssubjekte erst noch zu erbringen ist. Das menschliche Recht muss sich vielmehr als der transsubjektive Ausdruck einer originären Sozialität und Politikfähigkeit des menschlichen Lebens begreifen, als Recht der Sozialität." (Loick 2017a, 305)

Recht auf Politik statt Recht auf politische Zugehörigkeit, menschliches Recht statt Menschenrechte, Recht der Sozialität statt Recht subjektiver Ansprüche – das *Recht, Rechte zu haben* wird hier zum Ausgangspunkt für eine grundlegende Veränderung des Begriffs von Recht und Rechten erklärt und mit der Vision einer Neugestaltung der Form des Zusammenlebens verknüpft.[140]

3.3.2.4   Das *Recht, Rechte zu haben* als postterritoriales, kollektives Recht oder: Recht auf Demokratie

Die Neugestaltung einer Form des Zusammenlebens, die dem Menschen als politischem Lebewesen zu entsprechen vermag, steht vor gewaltigen Herausforderungen und es zeigt sich, dass die Frage nach der politischen Zugehörigkeit oder Mitgliedschaft nicht gänzlich obsolet wird. Das Ausmaß der Aufgabe wird schon daran deutlich, dass auch die AEMR das Regime nationalstaatlicher bzw. staatsanaloger Souveränität in Bezug auf politische Mitbestimmung akzeptiert, während zugleich die „gesamte Menschheit als Matrix einer verbindenden moralischen und politischen Identität beschworen wird" (Martinsen 2019, 28). Dieser Widerspruch bleibt auch unter der Voraussetzung eines völkerrechtlichen Ausbaus der Menschenrechte bestehen (vgl. Martinsen 2019, 13–16). Angesichts dessen wird versucht, das *Recht, Rechte zu haben* als ein postterritoriales und kollektives Recht zu entwerfen. Auf diese Weise soll die Bindung an ein nationalstaatliches Territorium einerseits, an ein dort ansässiges Kollektiv andererseits überwunden werden.

Daniel Loick schlägt vor, das Paradigma dieses Rechts weder als Revolution noch als Reform, sondern als Exodus zu begreifen. Ihm geht es dabei um „plurale, diasporische Gemeinschaften, die sich durch den Auszug aus konventionellen Nationalstaaten mit ihren exkludierenden Gewaltapparaten konstituiert haben." (Loick 2017a, 306) Diese Gemeinschaften sind charakterisiert durch die Vorwegnahme einer „aterritoriale(n) Kohabitation auf dem geteilten Planeten" (Loick 2017a, 306) und die Initiierung des oben erwähnten Rechts der Sozialität (Loick 2017a, 306). Als Beispiel für eine solche

---

140 An dieser Stelle ist zu erwähnen, dass der Vision, die Loick formuliert, eine eingehende Kritik des bürgerlichen Rechts vorausgeht. Die Dominanz der Normativität des Rechts in der Gestaltung des Zusammenlebens nennt Loick „Juridismus" (Loick 2017a). Seine Analyse stützt sich auf die Rechtsphilosophie Hegels sowie die dekonstruktivistische Philosophie Felix Guattaris und Gilles Deleuzes.

Exodus-Gemeinschaft greift Loick einen eher peripheren Hinweis Arendts auf die „politische Originalität und Produktivität" (Arendt 2016b, 273) der Arbeiterbewegung auf. Arendt zielt hier nicht auf die wirtschaftlichen und sozialen Erfolge der Gewerkschaften, sondern auf Modelle und Praktiken politischer Mitbestimmung, die sich in ihren Augen z. B. in der Institution der Räte äußern und vordergründig historisch gescheitert sind (vgl. Arendt 2016b, 272–278). Loick liest die Referenz der internationalen Arbeiter:innenbewegung des 19. und 20. Jahrhunderts nun als ein Beispiel für eine „Form der politischen Kollektivität" (Loick 2017a, 306), die „der irreduziblen Sozialität menschlicher Freiheit" (Loick 2017a, 306) Rechnung trägt und Solidarität an die gemeinsame Lage als Arbeiter:innen koppelt (vgl. Loick 2017a, 306). Das heißt, die Bildung eines Kollektivs, in dessen Rahmen politische Partizipation möglich ist, wird nicht an die konventionelle Vorstellung nationalstaatlicher Mitgliedschaft geknüpft, sondern jenseits dessen in einer „Form der transnationalen bzw. aterritorialen Verbindung" (Loick 2017a, 306) gedacht.[141]

Während bei Loick der Exodus aus dem nationalstaatlichen Mitgliedschaftsrecht stark gemacht wird, rekurriert Franziska Martinsen auf der Suche nach einem postterritorialen und kollektiven Recht auf den Demokratiebegriff. Damit muss sie sich terminologisch explizit von Arendt absetzen, die die Demokratie vor allem im Rahmen der strukturellen Bedingungen der Errichtung totaler Herrschaft reflektiert. Martinsen definiert Demokratie dagegen im Anschluss an Jacques Ranciére als „eine spezifische Praxis der Partizipation (...), in deren Vollzug Logiken und Bedeutungsmuster bestehender Herrschafts- und Regierungsstrukturen durchbrochen und neu definiert werden, sofern Individuen bereit sind, sich selbst als handelnde Akteur_innen zu begreifen und einen politischen Raum zu eröffnen." (Martinsen 2019, 9) Das Recht auf Rechte interpretiert sie vor diesem Hintergrund als ein Menschenrecht auf Demokratie, d. h. ein „Recht auf individuelle Mitbestimmung in allen die Gemeinschaft mit anderen betreffenden Belangen" (Martinsen 2019, 8).[142]

---

141 Während Arendt große Sympathien für die Arbeiterräte hat und mit Bewunderung wie auch Bedauern auf die letztlich niedergeschlagene Ungarische Revolution blickt, hebt Loick vor allem die „proletarischen Kampforganisationen" (Loick 2017a, 306) hervor, wenn er über eine Realisierung einer dem Menschen als *zoon politikon* adäquaten Form des Zusammenlebens nachdenkt. Worum es folglich nicht geht, ist eine Romantisierung marxistischer Politik oder eine Relativierung der von sozialistischen Diktaturen verübten Verbrechen.

142 Auch hier geht Martinsen ihrer eigenen Ansicht nach über Arendts eigenes Verständnis der Formulierung, das sie mit der Variation Recht auf politische Zugehörigkeit wiedergibt, wie auch über zeitgenössische Konzepte eines fundamentalen Menschenrechts hinaus, zu denen sie neben Benhabib auch Rainer Forsts Recht auf Rechtfertigung zählt (vgl. Martinsen 2019, 240–242).

Dem Menschenrecht auf Demokratie liegt eine Auffassung von den Menschenrechten als politischen Rechten zugrunde, die als solche verstanden werden, weil sie einerseits für ein Empowerment von Menschen zu politischem Handeln stehen und andererseits selbst in ihrem Inhalt und Umfang erst in politischen Prozessen definiert werden (vgl. Martinsen 2019, 16). Diese politische Menschenrechtskonzeption sorgt auch dafür, dass das *Recht, Rechte zu haben* als postterritoriales und kollektives Recht sich nicht gegen den Gedanken der Individualität richtet, sondern gerade auf politische Subjektwerdung zielt. Menschenrechte sind nämlich „genau jene Rechte, auf die Menschen sich im Kampf um Ermächtigung beziehen – also in den Momenten, in denen politische Akteur_innen in politischen Subjektivationsprozessen um die Verwirklichung der Menschenrechte ringen." (Martinsen 2019, 30) Das traditionelle Spannungsverhältnis zwischen Menschenrechten und Demokratie wird in der Formulierung eines Menschenrechts auf Demokratie vermittelt, indem nicht eine Gleichursprünglichkeit (Jürgen Habermas), sondern eine Gleichzeitigkeit postuliert wird. Demokratie und Menschenrechte lassen sich nur zusammen verwirklichen, d. h. „wenn Individuen über das Recht verfügen, in gleicher Weise über die politischen Bedingungen ihres Lebens als Einzelne und in Gemeinschaft selbst zu bestimmen." (Martinsen 2019, 197) Zentral ist hierbei die Möglichkeit der Partizipation an den Deutungs- und Aushandlungsprozessen innerhalb von Demokratien – den Kämpfen ums Recht selbst –, nicht die Gewährung eines abgeschlossenen und definitiven Korpus an Rechten (vgl. Martinsen 2019, 197–198). Diese vollumfängliche politische Mitbestimmung ist der neuralgische Punkt für all diejenigen, die nach den konventionellen Mitgliedschaftsregeln moderner Demokratien in unterschiedlichen Stufen eben davon ausgeschlossen werden. Doch auch ein von Mitgliedschaft entkoppeltes allgemeines Menschenrecht auf Mitbestimmung wirft die Frage nach der Form des Zusammenlebens auf. In welchen „offenen demokratischen Räumen" (Martinsen 2019, 22) sollen Menschen also ihr Menschenrecht auf Demokratie verwirklichen können?

Ein wichtiger Aspekt ist, dass es für Demokratien keine letzten Maßstäbe und unerschütterlichen Garantien außerhalb des Politischen geben kann, sie aber auch nicht aus sich selbst heraus vor ihrer eigenen Gefährdung gefeit sind. Wenn weder Gott noch Geschichte noch Natur zur Verfügung stehen, um die Demokratie normativ abzusichern, bleibt das *Recht, Rechte zu haben* in seiner normativen Konstitution eine Leerstelle, die immer nur temporär besetzt werden kann, wo die Bedrohung besonders akut ist (vgl. Martinsen 2019, 247–248). Im modernen politischen Denken wird dies vor allem als Emanzipations- und Freiheitsgeschichte erzählt. Doch politische Freiheit ist angewiesen auf verantwortliche Subjekte, Menschen, die bereit sind, Verantwortung zu übernehmen und denen Verantwortungsfähigkeit zugesprochen wird (Näsström 2014, 557–558). Das *Recht, Rechte zu haben* beruht auf der Prämisse von „[a]bsent natural and divine authorities" (Näsström 2014, 559) und die aus dieser Abwesenheit entstehende Leerstelle muss mit Verantwortung gefüllt werden (Näsström 2014, 561–562).[143]

Damit diese universale Verantwortungsgemeinschaft aber nicht bloß ein abstrakter Appell an die Verantwortung aller Menschen bleibt, „dass jeder Mensch als zugehörig gezählt wird" (Martinsen 2019, 248), muss sie an konkrete Aktualisierungen geknüpft werden – und zwar an solche, mit denen die bisher von Verantwortung Ausgeschlossenen einfordern, als Verantwortungssubjekte wahr- und ernstgenommen zu werden (vgl. Martinsen 2019, 248–250). Diese können sich überall ereignen, sind nicht an ein spezifisches Territorium gebunden, bewegen sich aber immer an der Trennlinie zwischen bestehenden Gemeinschaften und von diesen Exkludierten (vgl. Martinsen 2019, 251). So beeindruckend das Empowerment der Marginalisierten und Unterdrückten auch sein mag, bleibt doch eine entscheidende Problematik: „Die Sichtbarmachung eines Anliegens im öffentlichen Raum, und sei es durch die Betroffenen selbst, reicht nicht aus, um tatsächlich Relevanz für die demokratischen Entscheidungsverfahren zu erhalten; seine Inhalte müssten von potentiell solidarischen Repräsentierenden in die bestehenden demokratischen Prozesse übertragen werden." (Martinsen 2019, 254) Das Konzept einer universalen Verantwortungsgemeinschaft, die sich in konkreten Aktualisierungen durch das Empowerment der Exkludierten *und* die Solidarisierung von Insidern vollziehen soll, kann demnach zum Paternalismus tendieren und setzt zudem einen hohen Grad an politischer und moralischer Sensibilität der Insider voraus (vgl. Martinsen 2019, 254–255).

Insgesamt bleibt die dem *Recht, Rechte zu haben* entsprechende Form des Zusammenlebens ziemlich konturlos. Sie kann sich auf nur wenige historische Vorbilder oder zeitgenössische Bewegungen berufen. Bei denen, die sie vorfindet, ist zudem das Scheitern zu dokumentieren oder die Hartnäckigkeit überkommener Ordnungen und Strukturen zu konstatieren. So schwankt das Konzept eines postterritorialen und kollektiven Rechts immer zwischen einem Arrangement im Rahmen der gegebenen Verhältnisse und einer gegen die herrschende Ordnung gerichteten utopischen, visionären Formulierung einer künftigen Demokratie, in der das „Recht auf Mitbestimmung über die Bedingungen des Politischen, das *als zum menschlichen Leben*, und das heißt

---

143 Zur damit korrelierenden Vorstellung von Verantwortung als Prinzip siehe oben: Kap. 3.3.1.2.

unabhängig von Staatsbürgerschaft, *zugehörig* begriffen werden müsste" (Martinsen 2019, 255; Hervorh. i. Orig.) zu realisieren *wäre*.

3.3.2.5 Zwischenfazit

Das *Recht, Rechte zu haben* als postmigrationsethischer Rechtsbegriff macht noch einmal die (Menschen-)Rechtskritik stärker und nutzt als Vehikel die Figur des Flüchtlings, die gerade nicht das fundamentale Rechtssubjekt sein, sondern die Richtung zu einem neuen oder anderen Recht zeigen soll. Die Flüchtlingsperspektive wird gar zu einem privilegierten Ort historischer und politischer Erkenntnis, die ganz neue Einsichten ermöglicht. Postmigrationsethisch ist dieser Rechtsbegriff, weil er auf eine starke (moralphilosophische) Begründung verzichtet und sich zu einem Verständnis von Menschenrechten als subjektiven Ansprüchen kritisch positioniert. Zudem soll das Paradigma der Nationalstaatlichkeit aktiv überwunden werden.

Anthropologisch spielt die Vorstellung vom Menschen als politischem Lebewesen (zoon politikon) eine herausragende Rolle. Dabei wird vor allem der Zusammenhang von Sprache und Politik stark gemacht, um das Unabschließbare, Unbestimmte des Menschseins fassen und Politik als adäquates Korrelat plausibel zu machen. Rechtsphilosophisch wird nach einem menschlichen Recht gesucht, das ebenfalls der sozialen Verfasstheit oder sozialen Disposition menschlicher Existenz Rechnung trägt. Freiheit realisiert sich im Zusammenleben mit anderen – und nicht in Abkehr von der Sozialität, wie dies ein individualistischer Rechtsbegriff verspricht. In Bezug auf die Form des Zusammenlebens werden unterschiedliche Modelle zur Diskussion gestellt: Mit dem Paradigma des Exodus wird vor allem der Auszug aus dem nationalstaatlichen Paradigma postuliert, der Begriff der Demokratie rückt die herausragende Bedeutung von politischer Mitbestimmung über die das Zusammenleben mit anderen betreffenden Angelegenheiten ins Blickfeld. Beides zielt auf ein Recht, das von territorialer Staatlichkeit und einer dort ansässigen nationalstaatlichen Gemeinschaft entkoppelt gilt. Ein zentrales Element dieses Rechtsbegriffs ist das Empowerment: Es geht weniger um ein Abwehrrecht als um eine Praxis, die dieses Recht konstituiert und mit ihm verknüpft ist.

Allerdings bleiben die Vorschläge das *Recht, Rechte zu haben* als postmigrationsethischen Rechtsbegriff zu verstehen eigenartig konturlos, recht unkonkret und in der Schwebe zwischen der Logik des ‚Recht auf' und Anläufen zur Überwindung eben dieser Logik. Dahinter steckt eine gravierende Schwierigkeit: Auf der einen Seite steht der Anspruch, die Perspektive der Ausgeschlossenen, Unterdrückten und Marginalisierten stark zu machen und deren Handlungspotential ernst zu nehmen. Vor diesem Hintergrund kann das *Recht, Rechte zu haben* nur gegenhegemonial und gegen die herrschende Ordnung gelesen werden. Auf der anderen Seite sollen aber eben nicht nur institutionelle Garantien für die am meisten Gefährdeten begründet, sondern andere Strukturen, eine bessere Ordnung wenigstens anvisiert werden. Dies wird aber schnell utopisch und versonnen, entzieht das *Recht, Rechte zu haben* im Grunde einer möglichen Aktualisierung. So verwundert es nicht, dass als exemplarische Akteur:innen die internationale Arbeiter:innenbewegung des 19. und 20. Jahrhunderts sowie die Bewegung der Papierlosen erkoren werden – Bewegungen, die sich weder in der Vergangenheit noch in der Gegenwart durchgesetzt haben oder für die politische Entscheidungsfindung maßgeblich sind.

3.3.3 Diesseits der Rechtsbegründung. Impulse des Rechts, Rechte zu haben

Lesarten *diesseits der Rechtsbegründung* artikulieren eine starke Absetzbewegung von solchen Entwürfen, die auf eine starke Begründung von Rechtsansprüchen setzen. Sie wollen von einem bestimmten Ort aus und mit einer spezifischen Perspektive in die Theoriebildung intervenieren, ohne selbst von einem theoretischen Anspruch Abstand zu nehmen. Ort und Bezugspunkt sind einerseits die politisch-ideellen Gemeinschaften und Ordnungen, die sich den Menschenrechten, der Menschenwürde usw. verpflichtet haben, andererseits diejenigen, die von den immanenten Widersprüchen dieser Gemeinschaften und Ordnungen am stärksten betroffen sind. Diese Widersprüche müssen zunächst bewusst gemacht und herausgearbeitet werden, sollen dann aber auch in ihrer Wirkung umgekehrt werden. Hier geht es um die emanzipatorische Aneignung von Begriffen, die beispielsweise der Beschreibung oder Diagnose eines negativen, defizitären Zustands dienen. Rechtlosigkeit oder Staatenlosigkeit etwa sollen nicht nur in ihrer dramatischen Wirkung auf das Leben von Flüchtlingen erfasst werden, sondern auch eine Aussicht geben auf eine Welt, in der es möglich ist, Recht und Staaten los werden zu können, d. h. die Dominanz dieser Kategorien für das Zusammenleben zu überwinden (Kap. 3.3.2.2; 3.3.2.3). Die Flüchtlingsperspektive bekommt etwas Avantgardistisches: Das Fragile hat auch Chancen, bietet das Potential zur Veränderung (Kap. 3.3.2.1).

Der Status der Menschenrechte ist jedoch ungeklärt und unentschieden. Die einen sehen das *Recht, Rechte zu haben* mit einem politischen Begriff der Menschenrechte vereinbar, während die anderen es eher an der Schwelle zu einem völlig anderen Rechtsbegriff sehen und den Menschenrechtsbegriff hierfür nicht hilfreich erachten. Ähnlich verhält es sich mit dem Verhältnis von Emanzipation und Empowerment auf der einen, Menschenrechten auf der anderen Seite. Es finden sich sowohl Vorstellungen von Emanzipation und Empowerment durch Menschenrechte als auch Konzepte, die eher einen Gegensatz zwischen Emanzipation und Empowerment sowie Menschenrechten postulieren. Die Einbeziehung des strittigen Status der Menschenrechte in den Menschenrechtsbegriff kann das logische Problem jedoch nicht lösen, das sich aus der Ablehnung oder Negation der Menschenrechte ergibt: Entweder sollen die Menschenrechte gelten oder nicht; sie lassen sich jedoch nicht dadurch plausibilisieren, indem ihre Bestreitung als Teil der eigenen Grundlegungsstrategie eingepreist wird (Kap. 3.3.1.1; 3.3.1.3; 3.3.2.3; 3.3.2.4). Diese Frage muss im Rahmen eines politischen Menschenrechtsbegriffs im oben beschriebenen Sinne unbeantwortet bleiben. Letztlich scheint es also doch auf eine Sphäre der Unverhandelbarkeit und Unverfügbarkeit hinauszulaufen, wobei wiederum ungeklärt bleibt, wie diese benannt werden soll, wenn sie nicht moralisch heißen soll.

Zwei Impulse des *Rechts, Rechte zu haben* sind besonders hervorzuheben. Die Verbindung von Ordnung und Praxis ist ein neuralgischer Punkt. Die Legitimität der Ordnung leitet sich aus ihrer Sensibilität für und Ermöglichung von Praxis ab; eine legitime Ordnung kann sogar nur aus Praxis entstehen. Zugleich wird auch eine grundsätzlich legitime Ordnung zur größten Bedrohung, wenn die Handlungsfähigkeit der formal Ausgeschlossenen (konkret: der Flüchtlinge) negiert, bedroht oder abgesprochen wird (Kap. 3.3.1.3; 3.3.2.1; 3.3.2.4). Daraus ergibt sich der zweite Impuls: Die Handlungsfähigkeit und Subjektivität der Flüchtlinge gehen zurück zu einer aristotelisch geprägten Sichtweise auf Menschen als politische Lebewesen. Von besonderer Bedeutung ist dabei der Zusammenhang von Sprache und Politik. Sprache erhält hier den Charakter eines nahezu utopischen Vermögens, weil sie Menschen dazu befähigt, sich auf eine Weise auszudrücken, die jeder Bestimmung und Festlegung ein unabschließbares, offenes Moment einschreibt (Kap. 3.3.2.2; 3.3.2.3). Und weil Sprache für die Lesarten diesseits der Rechtsbegründung so zentral ist, kann aus den inhaltlichen Perspektiven des *Rechts, Rechte zu haben* so etwas wie ein Modell verschiedener Sprachmodi formuliert werden. In Absetzung vom *Imperativ* als dem primären Modus moralischer Sprache lassen sich vier Modi differenzieren, die sich etwas technisch als *Appellativ, Innovativ, Reflexiv* und *Integrativ* bezeichnen lassen.

Der *Appellativ* hat die größte Verwandtschaft mit dem Imperativ. Der Unterschied besteht aber darin, dass es nicht um eine Forderung geht, die direkte Umsetzung oder generelle Befolgung verlangt. Vielmehr richtet sich der Appellativ an Gemeinschaften und Ordnungen sowie deren Mitglieder, die sich grundsätzlich universalen Prinzipien, in der Regel durch eine Verfassung oder eine Grundrechte-Charta, verpflichtet haben, diesen – in Einzelfällen oder strukturell – aber zuwiderhandeln. Also wird erinnernd und mahnend an die Einhaltung dieser Prinzipien appelliert. Das entscheidende Stichwort ist Verantwortung: die Adressierung von verantwortlichen Subjekten und die Bereitschaft zur Übernahme von Verantwortung für die selbst gegebenen Grundsätze. Diese Prinzipien – hier vor allem: Natalität und Menschenwürde – liegen aber dem Handeln nicht voraus, sondern müssen immer wieder politisch aktualisiert werden. Und an diese praktisch zu realisierende Verantwortung muss immer wieder appelliert werden (Kap. 3.3.1.2). Der Appellativ kann sowohl von einem sensibilisierten Teil der Mitglieder als auch von den Ausgeschlossenen gebraucht werden, so dass ihm eine nicht zu überspringende Durchsetzungsschwäche innewohnt. In der Form von ‚rights claims' kann er aber ein hohes Maß an zivilgesellschaftlichem Druck aufbauen (Kap. 3.3.1.3).

Der *Innovativ* lenkt die Aufmerksamkeit auf die Fähigkeit zum Neubeginn, zur revolutionären Gründung, zum Auszug aus ungerechten, unterdrückerischen Verhältnissen. Anders als beim Appellativ zeigt er an, dass mit der Einforderung von Menschenrechten für Flüchtlinge immer auch eine grundlegende Veränderung der herrschenden Ordnung initiiert wird. Die maßgeblichen Subjekte dieser Veränderung sind die Flüchtlinge selbst, die sich zu Menschenrechtssubjekten erklären (Kap. 3.3.1.3). Die Perspektive der Flüchtlinge kann auch in Anspruch genommen werden, um noch weiterreichend von einem ganz anderen Recht oder einer anders als rechtlichen Normativität zu sprechen, die der grundlegenden und nur gewaltvoll zu reduzierenden Sozialität menschlicher Existenz Rechnung trägt (Kap. 3.3.2.2; 2.3). Mit dem Innovativ wird auf den Bedarf hingewiesen, neue, andere, bessere Strukturen zu erfinden, um eine Welt zu schaffen, in der Flüchtlinge nicht nur leben können, sondern zu modellhaften politischen Figuren werden (Kap. 3.3.2.1).

Der *Reflexiv* umfasst Äußerungen, die immanente Aporien und Paradoxien bewusst machen und reflektieren, diese aber nicht auflösen wollen. Es geht um die Erkenntnis der strukturellen Bedingungen, die einerseits mittels historisch ausgerichteter Kritik, andererseits unter Beanspruchung der spezifischen Flüchtlingsperspektive und dem damit verbundenen Erfahrungshorizont untersucht werden sollen (Kap. 3.3.2.1; 3.3.2.2). Um einen sinnvollen Menschenrechtsbegriff erarbeiten zu können, muss die paradoxale Struktur der Menschenrechte reflektiert werden. Sie stehen eben nicht auf einer gesicherten, weil widerspruchsfreien philosophischen Grundlage (Kap. 3.3.1.3). Eine Modifikation des Reflexivs ist der *Integrativ*, weil ein Umgang mit den reflektierten Widersprüchen gefunden werden muss. Die bevorzugte Strategie ist daher, die Widersprüche zu integrieren und die Widersprüchlichkeit von Formulierungen bewusst in Kauf zu nehmen. Die groundlessness der Menschenrechte wird als nicht aufzulösende Paradoxie akzeptiert, kann dadurch aber auch mobilisiert werden. Eine Mobilisierung ist zum Beispiel die Praxis des zivilen Ungehorsams (Kap. 3.3.1.3).

Eines sollte bei diesem ‚sprachtheoretischen' Ansatz nicht vergessen werden: Die Überlegungen beschäftigen sich mit dem *Recht, Rechte zu haben* angesichts der Frage nach einer Form des Zusammenlebens, die die bestehenden Ausschlüsse *tatsächlich* überwindet. Zur Debatte steht also die Verteilung, Gewährung und der Zugang zu materiellen Ressourcen, gesellschaftlicher Teilhabe und politischer Mitbestimmung – und der Möglichkeit, über die Bedingungen der Verteilung, Gewährung und des Zugangs mit zu verhandeln und zu entscheiden (Kap. 3.3.2.4). In diesem neuralgischen Punkt bleiben die Vorschläge gleichzeitig eher vage und disparat.

3.4 Zusammenfassung: Desiderate und Reflexionsbedarfe aus theologisch-ethischer Perspektive

Innerhalb der theologischen Menschenrechtsethik wird die Frage der Durchsetzung der Menschenrechte als das nach wie vor größte Problem betrachtet. Dieses verschärft sich noch vor dem Hintergrund einer großen Zahl an Menschen, die existentiell auf das Rechtsverhältnis angewiesen sind, weil dies die einzige Möglichkeit ist, weiterhin an einer gemeinsamen Welt teilhaben zu können. In der nichttheologischen Menschenrechtstheorie wird auf diesen Befund so reagiert, dass das Durchsetzungsproblem der Menschenrechte im Zusammenhang mit deren unklaren normativen Grundlagen gesehen wird. Dabei geht es nicht darum, ob allen Menschen in moralischer Hinsicht allgemeine Menschenrechte zukommen müssen, sondern auf welcher normativen Grundlage durchsetzungsfähige Menschenrechte stehen können. Mit der Formulierung des *Rechts, Rechte zu haben* verbinden viele die Hoffnung, eine überzeugende Antwort geben zu können. Im Verlauf dieses Teils wurden sowohl die Quellen bei der politischen Theoretikerin Hannah Arendt, der maßgeblichen Referenzautorin, als auch relevante Rezeptionslinien der zeitgenössischen Debatte kritisch diskutiert. In der Einzelkritik musste konstatiert werden, dass die migrationsethische Rezeption des *Rechts, Rechte zu haben* gescheitert ist und die konkreten Vorschläge von Perspektiven diesseits der Rechtsbegründung vage und disparat blieben. Doch auch die Gesamtschau legt den Schluss nahe, dass das *Recht, Rechte zu haben* viel eher eine menschenrechtsethische Herausforderung darstellt, denn zu einer konsistenten Antwort auf das Durchsetzungsproblem der Menschenrechte taugt.

3.4.1 Das Recht, Rechte zu haben *als menschenrechtsethische Herausforderung. Eine vorläufige Bilanz*

Das *Recht, Rechte zu haben* ist schon deshalb eine menschenrechtsethische Herausforderung, weil die Synopse der Belegstellen und die Erschließung des unmittelbaren Kontextes der Formulierung bei Hannah Arendt keinen eindeutigen Befund ergeben: Neben Anzeichen für die Forderung nach einem neuen, sinnvollen Menschenrechtsbegriff stehen – und zwar in deutlich größerem Umfang – eingehende und ausführliche Beschreibungen der Aporien der Menschenrechte als Kern einer politischen Menschenrechtskritik. Trotz vielfältiger Bemühungen, diese im Rahmen der Menschenrechtsphilosophie produktiv zu bearbeiten, stellt sich das *Recht, Rechte zu haben* auch heute als bleibende Herausforderung dar. Dies kann anhand verschiedener Achsen verdeutlicht werden, entlang derer die unterschiedlichen Lesarten positioniert werden können.

Die erste Achse bilden *Menschenrechte und Politik*. Damit ist noch einmal klar festgehalten, dass alle hier diskutierten Entwürfe von einem Bedingungsverhältnis dieser beiden Begriffe ausgehen. Nur bezüglich der Ausgestaltung bestehen unterschiedliche Auffassungen. Seyla Benhabib sieht das *Recht, Rechte zu haben* als eine Art moralische Rückbindung von Politik und will so die normative Lücke, die bei Arendt bleibt, schließen. Dabei bleibt im Unklaren, ob diese durch ein spezifisches Menschenrecht auf politische Zugehörigkeit oder durch die Menschenrechte insgesamt gewährleistet wird. Auf jeden Fall geht Benhabib davon aus, dass legitime Politik in demokratischen Verfassungsstaaten an universale moralische Grundlagen gebunden bleiben muss. Der Vollzug politischer Freiheit in der kollektiven Selbstbestimmung findet im *moralischen* Recht, *politische* Rechte zu haben eine Grenze, benötigt dafür aber eine demokratische Gemeinschaft, die sich immer wieder auf ihre politisch-moralische Selbstverpflichtung besinnt.

Dagegen widmen sich Ansätze, die von einem politischen Begriff der Menschenrechte ausgehen, der aporetischen Struktur der menschenrechtlichen Grundlagen. Das *Recht, Rechte zu haben* wird hier zu einer Formulierung, die genau dies zum Kern eines Menschenrechtsbegriffs macht und die Bedeutung von Politik schon für die Grundlegung der Menschenrechte betonen. Menschenrechte stehen dann in einem Zusammenhang gemeinsamen Handelns i. S. der Fähigkeit zu neuen Anfängen, sind stets umstritten und müssen aktiv gegründet werden. Beispielhafte Praxen sind revolutionäre Gründungen, Aktionen zivilen Ungehorsams oder öffentliche Demonstrationen. Strittig sind mitunter die Verfahrensweisen mit der Ambiguität – einer gewissen dezisionistischen Schlagseite – dieser Konzeptionen. Einige versuchen diese mittels politischer Prinzipien einzuhegen, während andere dafür plädieren, diese verantwortungsvoll zu gestalten. Wichtig ist dabei: Die Akteur:innen erklären sich selbst zu Menschenrechtssubjekten und fordern ihren legitimen Anteil an der Politik, wollen also an einer demokratischen Gemeinschaft teilhaben und entsprechende Anerkennung erfahren. Aus dieser Ambivalenz zwischen aktiver Einforderung und Angewiesenheit auf Anerkennung kommen diesen Entwürfen zufolge auch die Menschenrechte nicht heraus. Es lässt sich sogar eine Tendenz feststellen, den Menschenrechten eine universalisierende Dynamik zuzusprechen, doch das Hauptaugenmerk auf ihre partikulare Verwirklichung zu legen – und dabei insgesamt die Ausgeschlossenen zum eigentlichen Souverän der Demokratie zu machen.

Die Betonung neuer Anfänge und des revolutionären Charakters der Gründung weist darauf hin, dass es nicht einfach um eine Integration in oder eine Teilhabe an bestehenden politischen Gemeinschaften und Prozessen geht. Diese Perspektive wird zugespitzt, wenn Politik und Demokratie als Gegenbegriffe zu einem konventionellen Menschenrechtsverständnis verwendet werden. Hier wird dann nicht nur um die normativen Grundlagen von Menschenrechten und Politik gerungen, sondern eine grundlegende Veränderung von Begriff und Praxis des Rechts und der Menschenrechte anvisiert. Ausgangspunkt ist eine fundamentale Kritik der Idee subjektiver Rechte, des Paradigmas der (National-)Staatlichkeit und der Souveränität für die Rechtsgewährung und Durchsetzung sowie der Dominanz juridischer Normativität für die Gestaltung des Zusammenlebens. Das *Recht, Rechte zu haben* wird also in einen Zusammenhang gestellt, in dem gedanklich einer gänzlich neuen Form des Zusammenlebens der Weg geebnet werden soll. Hier wird zum Teil auch auf religiöses Vokabular, den Begriff des Exodus, zurückgegriffen.

Die Achse Menschenrechte und Politik spiegelt traditionelle rechtsphilosophische Problemstellungen und Positionen: das Unbehagen gegenüber einem Recht, das ausschließlich auf der Entscheidung des Souveräns beruht, ebenso wie den Vorbehalt gegenüber einem Recht, das durch seine vermeintliche Verankerung in der Moral dem politischen Zugriff entzogen sei. Anhand weiterer Achsen lässt sich zudem aufschlüsseln, dass das fragile und mitunter verworrene Verhältnis von Recht, Moral und Politik den menschenrechtsethisch herausfordernden Charakter des *Rechts, Rechte zu haben* weiter verschärft. Dies betrifft die Fragen nach seinem *Gehalt*, den *Mitteln der Durchsetzung*, der *Rechtsträger:innen* sowie – noch einmal – der *philosophischen Fundamente*.

In der Frage nach dem zentralen Gehalt des *Rechts, Rechte zu haben* bietet sich eine Betrachtung der Achse *Garantie und Empowerment* an. Als Garantie verbürgt es, dass kein Mensch politisch aus der Menschheit herausfällt und mindestens einen Anspruch darauf hat, Teil einer Rechtsgemeinschaft zu sein. Um den garantierenden Charakter auch trotz Zuwiderhandeln aufrechterhalten zu können, wird das Recht auf Rechte als moralisches Recht konzipiert. Es beansprucht auch dann Geltung, wenn die faktischen Verhältnisse ihm widersprechen. Durch seine Inanspruchnahme und praktische Einforderung von Seiten der gegenwärtig Ausgeschlossenen wird das *Recht, Rechte zu haben* zum Empowerment. Als Parole und Proklamation wird es von Menschen wie etwa den Papierlosen gebraucht, die sich aus einer hochgradig gefährdeten und prekären sozialen Position in das Licht der Öffentlichkeit begeben. Sie gehen damit ein hohes persönliches (Abschiebung) und politisches (Abweisung der Forderungen) Risiko ein. Mit Blick auf die Möglichkeit des Scheiterns wird *das Recht, Rechte zu haben* im Sinne eines Empowerments als politischer Anspruch verstanden, der nicht identisch damit sein muss, dass es auch zu einem juridischen wird. Es ist nicht leicht zu bestimmen, ob Garantie und Empowerment in einem wechselseitigen Bedingungsverhältnis stehen oder das Empowerment vor allem eine Reaktion auf die faktisch nicht vorhandene Garantie darstellt. Umgekehrt ist allerdings auch festzustellen, dass diejenigen, die in Demonstrationen, Protesten und Akten des zivilen Ungehorsams ihre Stimmen erheben, ja gerade betonen, dass die Verantwortung und Pflicht, die Menschenrechte zu schützen eben nicht allein ihnen auferlegt wird und sie auf so etwas wie verlässliche institutionelle Garantien hinwirken.

An dieser Stelle drängt sich die Frage nach den Mitteln der Durchsetzung auf, über die die Achse *Ordnung und Praxis* Auskunft gibt.[144] Der Aspekt der Ordnung macht darauf aufmerksam, dass Rechten immer auch Pflichten entsprechen und folglich auch eine Instanz erforderlich ist, die mit Sanktionsbefugnissen ausgestattet dafür sorgt, dass den Pflichten nachgekommen wird. In Bezug auf das *Recht, Rechte zu haben* betrifft dies eine institutionelle Ordnung, die über die staatliche Dimension hinausweist. Dabei sollen einerseits kosmopolitische Elemente dafür sorgen, dass die Menschenrechte von Nichtmitgliedern sowie derer, die aus einem Staatensystem herausfallen respektiert und geschützt werden. Zugleich soll diese Ordnung hinreichend demokratisch sein, was zumeist den (national-)staatlichen Gemeinschaften überantwortet wird, ohne sie aus gewissen universalistischen (Selbst-)Verpflichtungen zu entlassen. Starke Hoffnungen werden auf die Verrechtlichung der Menschenrechte gesetzt, d. h. auf Prozesse, in denen Menschenrechte positiviert und damit justiziabel werden. Dazu gehören beispielsweise globale oder regionale Menschenrechtsabkommen sowie die Einrichtung von

---

144 Insbesondere diese Achse spiegelt die Spannung zwischen begründenden und revolutionären Menschenrechtssemantiken (siehe Kap. 1.1.1.3).

Menschenrechtsgerichtshöfen. Dennoch bleibt Praxis ein zentraler Faktor als Mittel der Durchsetzung. Dieser zielt jedoch weniger auf das institutionelle Handeln als auf die Praxis der politischen Subjekte. Einerseits werden dabei die Bürger:innen demokratischer Staaten sowie zivilgesellschaftliche Akteure wie NGOs adressiert, andererseits geht es auch hier darum, diejenigen ins Blickfeld zu rücken, die als Subjekte und Akteure gar nicht vorgesehen sind. Daher wird diese Praxis inhaltlich näher bestimmt; vor allem das neu Entstehende, Aufbrüche und Widerstände gegen die Obrigkeit, die herrschende Ordnung erhalten herausgehobene Bedeutung.

Demnach sind auch Ordnung und Praxis nicht deckungsgleich oder in eine proportionale Entsprechung zu bringen. Gleichwohl ist zu konstatieren, dass hinsichtlich der faktischen Durchsetzungsfähigkeit nach wie vor ein deutliches Gewicht bei den Staaten als Ordnung wie Akteuren liegt und die ungehorsame, widerständige, aber auch die staatsbürgerlich-verantwortliche Praxis eher schwache Mittel der Durchsetzung sind. Im Rahmen des *Rechts, Rechte zu haben* als menschenrechtsethischer Herausforderung hat diese konstitutive Schwäche auch damit zu tun, dass konzeptionell nicht ganz eindeutig ist, wer die Rechtsträger:innen des Rechts auf Rechte eigentlich sind.

Sowohl werkhistorisch als auch rezeptionsgeschichtlich ist zunächst festzuhalten: die zentrale *Figur* für die Formulierung des *Rechts, Rechte zu haben* sind Flüchtlinge, die de jure, de facto oder funktional staatenlos geworden sind. In der Flüchtlingsfigur kommen mehrere Eigenschaften zusammen – das Opfer, der politische (Nicht-)Akteur, die emblematische philosophische Figur. In Bezug auf die Rolle der Flüchtlinge als Rechtsträger:innen bewegt sich die Debatte aber in einem Spektrum, das mit der Achse *Subjekt und Person* veranschaulicht werden kann. Der Begriff des Subjekts hebt im Bereich des Rechts vor allem den Status eines Individuums mit berechtigten Ansprüchen gegenüber Dritten hervor. Zwar kann es sich, z. B. durch Schließung von Verträgen, mit anderen Subjekten assoziieren und eine Gemeinschaft bilden, doch mit dem Subjektbegriff wird auch eine Sphäre definiert, in der Willkürfreiheit herrscht, die dem Eingriff entzogen ist und in der das Subjekt tun und lassen kann, was ihm beliebt. Im deutschsprachigen Raum wird mit dem Subjekt besonders Autonomie und Souveränität verknüpft; im englischsprachigen Raum hat es eine weitere Konnotation, nämlich dem Gesetz unterworfen zu sein („subject to the law"). Damit klingt an, dass das Subjekt eben auch durch soziale Zusammenhänge zustande kommt und in diese eingebunden ist. Stärker verdichtet ist dies im Begriff der Person, der auf die konstitutive Bedeutung der Sozialität auch im Bereich des Rechts hinweist. Person im juridischen Sinne zu sein ist an die Bedingung der Existenz einer Gemeinschaft geknüpft, innerhalb derer man als Person gilt und anerkannt wird. Auch wenn dies in einem globalen

Menschenrechtsregime grundsätzlich allen Menschen zugesprochen wird, bleibt der Status als Rechtsperson kontingent und an die Interdependenz mit anderen geknüpft. Anders als die Freiheit des Subjekts vollzieht sich die Freiheit der Person im gemeinsamen Handeln mit anderen, also wesentlich politisch. Im Umkehrschluss lässt sich daran ablesen, wie dramatisch der Verlust, Entzug oder Vorenthalt des Personseins ist. Die Betroffenen sind gezwungen, ein Leben in Unfreiheit zu führen.

Insofern ist heftig umstritten, ob das *Recht, Rechte zu haben* sinnvoller Weise als ein subjektives Recht auf politische Zugehörigkeit, demokratische Mitbestimmung o. Ä. gefasst werden kann oder mit der Idee subjektiver Rechte inkompatibel ist und damit auch den Gedanken des Subjekts verwirft. Aus der Flüchtlingsperspektive ist dies nicht endgültig aufzulösen: Gerade Flüchtlinge erleben ja sehr häufig, dass es eine Sphäre, die dem Zugriff und der Verfügung durch andere entzogen ist, in ihrem Leben gar nicht gibt. Selbst wenn der Personbegriff den ambivalenten Bedingungen der Sozialität menschlicher Existenz im Allgemeinen sowie juridischer Verhältnisse im Besonderen besser Rechnung trägt; gegenüber der Sozialität muss doch auch geltend gemacht werden können, dass die individuelle Integrität mit je spezifischen Bedürfnissen und Bedarfen respektiert wird. Die Unentschiedenheit hängt auch damit zusammen, dass die Perspektiven zwischen der Prämisse fortdauernder entfremdeter Verhältnisse und der Forderung grundlegender Veränderungen schwanken. So schwankt das *Recht, Rechte zu haben* zwischen einem subjektiven Anspruch und einer Transformation des Rechtsbegriffs als solchem.

Vor diesem Hintergrund kehrt erneut die Frage nach den philosophischen Grundlagen des *Rechts, Rechte zu haben* zurück. Seyla Benhabib hatte bekanntlich (Kap. 3.2.2.2) die philosophischen Grundlagen von Hannah Arendts politischem Denken als anthropologischen Universalismus und Ethik radikaler Intersubjektivität bezeichnet, war aber zu dem Schluss gekommen, dass sie nur implizit greifbar und nicht hinreichend ausformuliert waren. Die Debatte ums *Recht, Rechte zu haben* zeugt davon, dass die Achse *Anthropologie und Ethik* die Bandbreite der Positionen gut einholt.

Wo von einem anthropologischen Universalismus die Rede und dazu noch ein prominenter Bezug auf Aristoteles erkennbar ist, legt sich ein Essentialismusverdacht nahe. Menschen könnten hier auf spezifische Wesenseigenschaften festgelegt werden, die aufgrund historischer und kultureller Situierung gerade nicht universalisierungsfähig sind. Die in den diskutierten Ansätzen beanspruchte Anthropologie bezieht sich im Besonderen auf die Auffassung, Menschen seien politische Lebewesen, wobei Politik vor allem dadurch charakterisiert ist, die öffentlichen Angelegenheiten durch Rede und Gegenrede, gegenseitiges Überzeugen, nicht durch Gewalt zu gestalten.

Als politische Lebewesen sollen Menschen aber gerade nicht wesensmäßig, sondern in ihrer Nichtbestimmbarkeit bestimmt werden: Das Wesen des Menschen bleibt somit konstitutiv unterbestimmt. Der Rückgriff auf Anthropologie im Sinne einer dichten, erfahrungsorientierten Beschreibung der Möglichkeiten des Menschseins hat eine emanzipatorische Grundierung. Auf diese Weise sollen Wege aufgezeigt werden, Alternativen zu den Gegebenheiten der politischen Moderne zu formulieren, also auch zu einer Sprache und Politik der Rechte, die für die strukturelle Entstehung von Rechtlosigkeit mitverantwortlich gemacht werden.

Auffällig ist dabei der Verzicht auf typische Argumente und Sprachmuster der Ethik. Normative Kriterien, die Orientierung des Handelns scheinen sich aus der Anthropologie selbst zu ergeben. Zwar kann Ethik sich selbst banalisieren, wenn sie sich gestützt auf einen starken Vernunftbegriff auf die Begründung und Rechtfertigung von Normen und Richtlinien beschränkt, an denen sich das individuelle, kollektive oder institutionelle Handeln ausrichten soll. Hier kann Ethik zu einer normativistischen Rechthaberei werden. Sofern der Bestimmung von Menschen als politischen Lebewesen jedoch auch eine partikulare Lebensform, in traditioneller philosophischer Begrifflichkeit: ein *bios politikos*, entspricht, sind aber die Übergänge von Anthropologie und Ethik fließend. Denn zu einem *bios* gehört erfahrungsgemäß immer auch ein *ethos*, das es zu reflektieren gilt, wenn es nicht einfach zur überkommenen Sitte werden soll. Anthropologie und Ethik werden hier bemüht, um eine erst im Entstehen befindliche, offiziell gar nicht vorhandene politische Lebensform der Flüchtlinge begrifflich zu fassen, die dem *Recht, Rechte zu haben* gerecht wird oder aus diesem entsteht. Welche Gestalt diese anthropologisch und ethisch reflektierte Lebensform, genauer: Form des Zusammenlebens, konkret annimmt, ist weiterhin eine Herausforderung – besonders für die Menschenrechte.

3.4.2 „Aporien der Menschenrechtsethik". Bleibende Probleme und spezifische Aufgaben theologisch-ethischer Reflexion

Bei näherer Betrachtung wird aus der zunächst unscheinbaren Formulierung des *Rechts, Rechte zu haben* eine komplexe und komplizierte Debatte, die weit über die Begründung eines Menschenrechts auf politische Zugehörigkeit oder den intrinsischen und problematischen Zusammenhang von Menschenrechten und Zugehörigkeit hinausweist. Ein am *Recht, Rechte zu haben* orientierter Menschenrechtsbegriff führt immer auch seine eigene Infragestellung bis hin zur Forderung nach seiner Überwindung mit sich. Was bedeutet dieser Befund nun für eine theologische Menschenrechtsethik angesichts der globalen Flüchtlingssituation, für die das *Recht, Rechte zu haben* eine zentrale Rolle spielt (Kap. 1.2.4)?

Das *Recht, Rechte zu haben* vermittelt eine neue Einsicht in den Zusammenhang zwischen dem Durchsetzungs- und dem Begründungsproblem der Menschenrechte: Weder wäre mit einem effektiven Menschenrechtsregime die inhärente Widersprüchlichkeit der Menschenrechte zu kurieren noch kann eine aporetische Verfassung den Menschenrechten besser zur Durchsetzung verhelfen. Auch wenn der praktischen Geltung Vorrang vor einem begründungstheoretischen Konsens eingeräumt wird, bleibt doch die Frage, wie die Menschenrechtsethik mit dieser ihr eigenen Aporie umgehen soll, wenn sie einen Beitrag zur Bildung von operativen Kategorien für die Orientierungs- und Urteilsfähigkeit leisten soll. Eine für Aporien sensibilisierte Menschenrechtsethik ist gewiss mit einer Wachsamkeit für Herrschaftsverhältnisse ausgestattet, an welche die Menschenrechte nicht einfach als äußerer Maßstab herangetragen werden können, sondern deren Teil sie sind. Das wechselseitige Bedingungsverhältnis von Durchsetzung und Begründung verweist auf die Notwendigkeit, theoretische und praktische Ebene analytisch nicht zu stark zu trennen, sondern deren interne Verknüpfung zum Ausgangspunkt des Denkens zu machen.

Unter der Voraussetzung des gescheiterten migrationsethischen Paradigmas ist mehr als fraglich, ob der Weg einer das Bedingungsverhältnis von Durchsetzung und Grundlegung besser integrierenden Menschenrechtsbegründung wirklich zielführend ist. Die im Umfeld der hier rekonstruierten Debatten formulierten Strategien versprechen mit Blick auf die gegenwärtige Bestellung des menschenrechtsethischen Feldes auch eher Differenzierungen. Die Vorschläge zur Bearbeitung des Durchsetzungsproblems von einer grundlagentheoretischen Perspektive her lassen sich in drei Strategien unterscheiden: (1) *Abstraktion*, d. h. der Abstraktionsgrad rechtlicher Regeln wird nochmals gesteigert in Form kosmopolitischer Normen, die ein eigenes supranationales Institutionengefüge erfordern, einen eigenen Geltungsbereich zugesprochen bekommen, mit rechtlichen Normen auf anderen Ebenen (regional, national etc.) koordiniert werden müssen; (2) *Konkretion*, d. h. Bindung an lokale Ereignisse und sich neu formierende politische Akteure (kollektiv wie individuell), meist gegen die herrschende Ordnung, besonders Papierlose (sanspapiers), und von unten gedacht als Rechte der Unterdrückten; (3) *Öffnung*, mit der gegen die Festlegung, Bestimmung der Ordnung die Offenheit, Nicht-Festlegung des menschlichen Wesens betont wird, der die politisch-rechtliche Ordnung Rechnung tragen muss. Diese sind so ähnlich auch in der theologischen Menschenrechts- und Migrationsethik zu finden.

Die Menschenrechtsethik steckt bildlich gesprochen auf dem Acker fest, kommt mit Hilfe der politisch-philosophischen Debatten ums *Recht, Rechte zu haben* zwar ein paar Zentimeter vor und zurück. Doch statt freizukommen, ist die Gefahr groß, dass die Reifen des Karrens bloß leerlaufen. Angesichts dieser festgefahrenen Lage – die eine Entsprechung der Situation der Menschenrechte in der globalen Flüchtlingssituation ist – stellt sich die Frage, welcher Ausweg sich hier überhaupt noch bietet. Einem theologisch geschärften Blick fallen einige Begriffe und Motive ins Auge, die eher beiläufig und nie in theologischer Absicht im Kontext des *Rechts, Rechte zu haben* gebraucht werden. Doch für eine theologisch-ethische Reflexion lohnt es sich, diesen Spuren nachzugehen – in genuin theologischer Absicht, die aber möglicherweise auch dem politischen Denken neue Perspektiven eröffnet.

Zum einen richtet sich die Aufmerksamkeit auf die von Hannah Arendt in Erinnerung gerufene alte Aporie der politischen Philosophie, nicht ein Mensch, sondern ein Gott müsse Maßstab aller Dinge sein. Dieses im Angesicht der antiken politischen Verhältnisse formulierte Diktum Platons bringt ein Unbehagen gegenüber einer Gestaltung des Zusammenlebens zum Ausdruck, die ihre Maßstäbe ausschließlich in der Politik, d. h. im Zusammenleben selbst, findet. Es ist auch unter modernen Bedingungen noch relevant, auch wenn die Berufung auf Gott als vorpolitischem Maßstab selbstverständlich weder realistisch noch wünschenswert ist. Doch ein Blick auf die Säkularisate, die an Gottes Stelle als Garantieinstanzen treten, lässt gravierende Probleme zutage treten. Nach wie vor ist das Souveränitätsprinzip in der politischen Ordnung der Welt so tief verankert, dass Seyla Benhabib von einer politischen Theologie der Souveränität spricht. Souveränität wird nicht nur als notwendiges Mittel der Befriedung von Konflikten und der Aufrechterhaltung der Ordnung betrachtet, sondern selbst im internationalen Recht als hohes Gut respektiert. Jahrhundertelang wurde der Souveränitätsgedanke tatsächlich theologisch mit dem Verweis auf Gott als souveränen Weltenherrscher und den Monarchen als seinen Repräsentanten abgesichert. In säkularer Gestalt nimmt die Legitimationsfunktion die Nation oder das Volk ein. Innenpolitisch ist die Souveränität vielfältig etwa durch Gewaltenteilung oder Grundrechte verbürgende Verfassungen eingehegt; auf internationaler Ebene gilt jedoch weiterhin ein weitreichendes Nichteinmischungsgebot. Ein Beispiel einer politischen Theologie im Sinne einer systemstabilisierenden Rechtfertigungsideologie ist die Migrationsethik Typ I; doch auch die Bemühungen der Einhegung von Souveränität durch internationale Normen und kosmopolitische Institutionen kann am Grundproblem nichts ändern. Daher stellt sich aus theologischer Perspektive die Frage, wie eine Politische Theologie der Souveränität aussehen könnte, die sich vor allem als Souveränitätskritik verstehen müsste.

Die andere Seite der Medaille ist die Leerstelle, die die Absetzung der politischen Garantieinstanz Gott in der Moderne hinterlässt. Die Menschenrechte haben sich als säkulare Garanten nicht bewährt, sind zumindest nach wie vor nicht zweifelsfreie Grundlage des politischen Zusammenlebens und von einem Äquivalent zu einer ‚göttlichen' Autorität weit entfernt. Auch verschiedene Versuche, die Lücke mit moralischen oder politischen Prinzipien zu füllen oder Appelle an die Verantwortung demokratischer Gemeinwesen und ihrer Mitglieder können nur bedingt, gewissermaßen symptommildernd Abhilfe schaffen. Zu Beginn waren die Verbannung Gottes aus der Politik, die Trennung von Religion und Staat, als Emanzipationsgeschichte angelegt, in der die Abwesenheit Gottes als Errungenschaft aktiv erinnert werden musste. Dass die Emanzipationsgeschichte auf ihre eigene Weise die Leidensgeschichte der Menschheit fortschrieb, ist im Rahmen dieser Arbeit vor allem am Beispiel der Flüchtlinge im 20. und 21. Jahrhundert dargestellt worden. Von einem theologischen Standpunkt stellt sich daher noch einmal die Frage, wie das Problem normativer Grundlegung durchsetzungsfähiger Menschenrechte in Auseinandersetzung mit der Gottesfrage möglich wird.

Angesichts der Aporien der Menschenrechtsethik und der insgesamt verfahrenen Situation, die sich mit Blick auf das *Recht, Rechte zu haben* darstellt, wird folglich ein ungewöhnlicher Weg gewählt. Es geht im Folgenden nicht darum, einen ethischen Umgang mit den bleibenden Problemen der Menschenrechtsethik zu finden, sondern auf theologisch kreative Weise Begriffen und Motiven der religiösen und theologischen Traditionen nachzugehen,[145] die in den Diskussionen ums *Recht, Rechte zu haben* aufgespürt werden können – mit der Absicht, eine produktive Lesart des *Rechts, Rechte zu haben* skizzieren zu können, die auch dazu geeignet ist, einen Ausblick auf die Möglichkeiten der Menschenrechtsethik heute zu geben.

---

145 Damit wird zugleich ein Brückenschlag zwischen säkularen und religiösen Menschenrechtssemantiken in Angriff genommen (siehe Kap. 1.1.1.3).

KAPITEL 4

Zur Möglichkeit theologischer Menschenrechtsethik heute
Das Recht, Rechte zu haben *– theologisch-politisch gelesen*

Die verschiedenen zeitgenössischen Entwürfe einer Aktualisierung des *Rechts, Rechte zu haben* lösen die Aporien der Menschenrechte also nicht. Auf der Ebene der Ethik oder Philosophie der Menschenrechte verstetigen sie die Aporien sogar, selbst wenn sie die aporetische Verfassung der Menschenrechte explizit anerkennen und zur Grundlage des Menschenrechtsverständnisses machen. In der Gesamtschau wird deutlich, dass eine anspruchsvolle moralphilosophische Begründung das Durchsetzungsproblem der Menschenrechte nicht zu überwinden vermag und eine stärker von den Subjekten ausgehende Konzeption der Durchsetzung hinsichtlich der nötigen Instituierung auffällig formlos bleibt. Letztlich muss sogar konstatiert werden, dass das *Recht, Rechte zu haben* auf der geltungstheoretischen Ebene mit nachvollziehbaren Gründen sowohl als systematisch erstes Menschenrecht wie auch als fundamentale Infragestellung des Menschenrechtsbegriffs herangezogen werden kann.[1] Das führt in die widersprüchliche Lage, dass die Menschenrechte zugleich Geltung und keine Geltung beanspruchen können.

Die folgenden Ausführungen greifen das Anliegen einer Aktualisierung des *Rechts, Rechte zu haben* dezidiert auf. Allerdings wird nicht intendiert, im Stil einer *grand theory* die bestehenden Widersprüche auf einer höheren Ebene zu versöhnen oder einen Entwurf vorzulegen, der eine Formel für die identifizierten theoretischen Probleme enthält. Theologie ist demnach kein Superlativ. Stattdessen soll ausgewiesen werden, worin ein sinnvoller und produktiver theologischer Beitrag zu einer Aktualisierung bestehen kann. Hinweise hierzu finden sich bereits in der zeitgenössischen Diskussion, die sich teils exponiert, teils subtil auf Begriffe bezieht, die aus dem Feld religiösen und theologischen Vokabulars stammen. Insofern wird eine theologische Herangehensweise nicht von außen an nichttheologische Lesarten herangetragen. Sie muss gleichwohl systematisch und mit einem eigenständigen Anspruch

---

1 Es ist natürlich denkbar und möglich, sich wiederum begründet für einen Ansatz zu entscheiden und die jeweils entgegenstehenden Positionen zurückzuweisen, wie dies im akademischen Streit alltäglich geschieht. Damit lässt sich die innere aporetische Struktur aber nicht überwinden, sondern lediglich aufteilen.

gegenüber der Philosophie entfaltet werden. Im besten Fall wird dadurch auch möglich, bestimmte Aspekte des *Rechts, Rechte zu haben* noch einmal neu zu akzentuieren, anders zu sehen oder prägnanter zu artikulieren. Die Darstellung nähert sich aufs Neue den systematischen Kernproblemen der (theologischen) Menschenrechtsethik, die den Gang dieser Arbeit bestimmten: dem *Durchsetzungsproblem* und intrinsisch damit verknüpft dem *Problem der normativen Grundlagen* der Menschenrechte.

In der Frage der Durchsetzung der Menschenrechte geht es nun unweigerlich um die Instanzen oder Kräfte, die zur Durchsetzung berechtigt und fähig sind. Trotz aller Mechanismen der Beschränkung und Kontrolle von Herrschaft greifen rechtsstaatlich verfasste Demokratien auf das Konzept der Volks- bzw. der nationalen Souveränität zurück. Dieses wiederum hat ideengeschichtliche Wurzeln im Gedanken einer absoluten Herrschaft, die in Gott gründet. Bis heute ist das Verhältnis von Menschenrechten und Souveränität nicht zufriedenstellend geklärt. Gerade im Kontext globaler Migration ist zu beobachten, dass die Beziehung von Souveränität und Menschenrechten hochproblematisch ist – sowohl in Bezug auf die Durchsetzung der Menschenrechte als auch im Umgang mit Flüchtlingen weltweit (siehe Kap. 2). Abgekürzt formuliert: Die politische Moderne tut sich im Verzicht auf eine absolute Instanz offenkundig deutlich schwerer, als sie sich selbst eingestehen will. Wenn also über die Durchsetzungsfähigkeit der Menschenrechte nachgedacht wird, braucht es aus theologischer Sicht ein selbst- und gesellschaftskritisches Bewusstsein der religiösen Implikationen des Souveränitätsgedankens. Zumal die Entstehung von Zonen unumschränkter Souveränität in der globalen Flüchtlingssituation mit dem Begriff der *Politischen Theologie* der Souveränität (vgl. Benhabib 2002a, 556; 563) markiert wird. Somit ist eine theologisch-politische Lesart zunächst vor die Aufgabe gestellt, aus einer kritischen Sichtung des Zusammenhangs von Souveränität und Theologie souveränitätskritische Perspektiven auf das Durchsetzungsproblem zu formulieren (Kap. 4.2).

Die Durchsetzung politischer Entscheidungen kann sich nicht aus einer höchsten Instanz oder einer transzendenten Autorität herleiten. Damit kommt das zweite Kernproblem, die Frage der normativen Grundlegung, ins Spiel. Menschenrechte sind nicht bloß durchsetzbare Ansprüche, sondern haben auch eine sinn- und identitätsstiftende Funktion für Gemeinwesen. Für die weit überwiegende Mehrheit demokratischer Staaten wie auch die internationale Gemeinschaft sind die Menschenrechte auf der konstituierenden Ebene eine der zentralen Referenzgrößen – als Kanon und Orientierung, als Quelle und Ausweis der Legitimität dessen, was innerhalb dieser mal mehr, mal weniger abstrakten institutionellen Gebilde geschieht. Legitime politische Ordnungen geben sich also Grundsätze, die nicht nur für einige oder bestimmte Gruppen, sondern für alle Geltung beanspruchen können. Die Menschenrechte sind Bürgen einer über die jeweils begrenzten (wenn auch den Globus umspannenden) Gemeinschaften hinausweisenden Ganzheit. Dies mag der Grund dafür sein, dass die Menschenrechte mitunter religiöse Züge annehmen: Sie werden (oft unter Berücksichtigung konträrer Erfahrungen mit den gesellschaftlichen Realitäten) mit einem Nimbus der Unbezweifelbarkeit und der Gewissheit versehen, aus dem durchaus ein Glaube spricht.[2] Für die Diskussion im Folgenden ist jedoch etwas anderes von größerer Bedeutung: Bürgte in der Vormoderne der Gottesname für das Ganze, das für alle Verbindliche, so wird diese Funktion seit der Moderne den Menschenrechten zugeschrieben – ohne dass sie diesen Anspruch bisher wirklich erfüllt hätten (siehe Kap. 3). Insofern ist den Menschenrechten nicht gelungen, was sie in Absetzung von der Berufung auf den einen, einzigen Gott artikuliert haben – eine tatsächlich als legitim akzeptierte Grundlage des für alle Verbindlichen zu schaffen. Die Rückkehr zu einer absoluten, göttlichen Instanz ist im Gegenzug zweifellos indiskutabel. Die Gottesfrage ist jedoch – auch vor dem Hintergrund der jüngst erneut vitalisierten Debatten um den Universalismus der Menschenrechte (Mende 2021) – in ihrer politischen Ambivalenz nach wie vor relevant und verlangt nach einer theologisch verantworteten Stellungnahme. Das *Recht, Rechte zu haben* theologisch-politisch zu lesen, bedeutet hier: einen gleichermaßen transzendenzoffenen wie pluralitätsfähigen Universalismus zu skizzieren (Kap. 4.3).

Im Fazit werden die Überlegungen unter dem Leitgedanken der Produktivität einer theologisch-politischen Lesart des *Rechts, Rechte zu haben* zusammengefasst (Kap. 4.4.). Zuvor sind jedoch einige einleitende Bemerkungen zur Bedeutung einer *theologisch-politischen* Lektüre vonnöten (Kap. 4.1).

4.1 Zur Einleitung: eine *theologisch-politische* Lektüre

Die Charakterisierung der nun zu entfaltenden Lesart des *Rechts, Rechte zu haben* als theologisch-politisch ist erklärungsbedürftig.[3] Was ist mit diesem vertraut klingenden, aber überhaupt nicht selbstverständlichen Stichwort gemeint und worauf bezieht es sich? Zunächst erscheint es als eine

---

2 Vgl. auch die Präambel der Gründungscharta der Vereinten Nationen, in der als einer der Gründe für die Gründung der UN der „Glaube an die Grundrechte des Menschen, an Würde und Wert der menschlichen Persönlichkeit, an die Gleichberechtigung von Mann und Frau, sowie von allen Nationen, ob groß oder klein" (UN-Charta, Präambel) angeführt wird.
3 Systematische Ausführungen zum Begriff der Politischen Theologie folgen in Kap. 4.2. Hier wird zunächst lediglich eine grundlegende Verortung vorgenommen.

zweckmäßige, pragmatische Beschreibung des skizzierten Vorhabens: mit einem theologisch geschulten Blick die religiös und theologisch aufgeladenen Begriffe, die im Rahmen einer politisch-philosophischen Konzeption auftauchen, systematisch zu reflektieren. Das Theologische und das Politische stünden dann in einer nachträglichen Verbindung, die erst durch das spezifische Erkenntnisinteresse dieser Studie hergestellt würde, ansonsten aber nicht weiter begründet wäre. Wäre die Verbindung darauf beschränkt, bedürfte sie keiner weiteren Erläuterung. Doch zwischen Theologie und Politik, dem Theologischen und dem Politischen besteht eine originäre Beziehung, deren Reflexion als ‚theologisch-politisch' wiederum mit einem bestimmten theologischen Konzept verknüpft ist.[4]

Bei der Erkenntnis der originären Beziehung zwischen Theologie und Politik besteht eine gewisse Verwechslungsgefahr. Es läge zunächst nahe, an den Zusammenhang von Religion und Politik zu denken. Gerade zu Beginn des 21. Jahrhunderts sind die „Wiederkehr der Religion" (Manemann 2004, 170) in der öffentlichen Sphäre und deren politische Implikationen zu einer unleugbaren Tatsache geworden. Hier stehen – meist im Kontext liberaler Rechtsstaaten – aber vor allem Religionen als soziale Träger, als Institutionen von Glaubenswahrheiten oder eines bestimmten Gottesgedächtnisses sowie deren Wechselwirkungen mit sowie Regulierung durch Politik im Blickpunkt. Eng damit verbunden ist die Frage, welchen Beitrag Religionen zum Zusammenleben leisten können. Dabei sind unterschiedliche Zugänge denkbar: Eine „Politik aus dem Glauben" (Lienkamp 2004, 197)[5] bzw. eine christliche Politik zielte womöglich darauf, über den Weg der politischen Institutionen des säkularen Staates in Form einer Partei oder im Rahmen parteipolitischen Engagements Glaubensinhalten zum Durchbruch zu verhelfen, die aus der Perspektive der Gläubigen für politisch bedeutsam, relevant oder gar unverzichtbar gehalten werden. Ein Verständnis von einer „politische(n) Glaubenspraxis"

---

4 Aus unterschiedlichen Gründen unberücksichtigt bleiben hier in Bezug auf die Begriffsbildung Philosophen, bei denen das Stichwort „theologisch-politisch" auftaucht: Baruch de Spinozas „Theologisch-politischer Traktat" (Spinoza 2018) ist eine Mischung aus historischer Kritik der biblischen Offenbarung und einer Abhandlung über das Verhältnis von Staat und Religion mit einem Plädoyer für die Meinungs- und Gewissensfreiheit, einschließlich Fragen der religiösen Überzeugung. Claude Leforts Reflexion der Frage nach einer „Fortdauer des Theologisch-Politischen" (Lefort 1999) geht von der Beobachtung einer bleibenden Bedeutung des Religiösen für die moderne Demokratie aus, hat aber entgegen der programmatischen Formulierung keinen qualifizierten Begriff vom Theologischen und Theologisch-Politischen. Walter Benjamins „Theologisch-politisches Fragment" ist thematisch einschlägig, seinen Titel erhält es aber wohl von Theodor W. Adorno (vgl. Hamacher 2011, 175), so dass weiterführende Erkenntnisse zur Wortwahl hier ausbleiben.

5 Die Formulierung „Politik aus dem Glauben" geht zurück auf Theodor Steinbüchel.

(Hengsbach u. a. 1993, 224) wäre eher im zivilgesellschaftlichen Bereich zu verorten und bezeichnet vor allem das politische Engagement gläubiger Menschen in sozialen Bewegungen, Verbänden und Vereinen. Theologie wird in beiden Fällen zu einer reflexiven Begleiterin dieser aus dem Glauben motivierten bzw. als genuiner Praxis des Glaubens interpretierten Konzepte. Damit ist die Beziehung zwischen Theologie und Politik als *theologisch-politisch* jedoch noch nicht erfasst.

Ein dritter Ansatz könnte das Verhältnis so bestimmen, dass es vorpolitischer Garantien einer politischen Ordnung bedürfe, die diese nicht selbst schaffen könne. Hier steht im Hintergrund, dass die moderne Demokratie auf eine „Dimension des Anderen" (Manemann 2004, 182) verwiesen sei,[6] auf das sie sich beziehen müsse, um sich nicht in ihr Gegenteil zu verkehren. Das zur stehenden Wendung gewordene Böckenförde-Paradox fasst diese Bezugnahme so auf, dass das Andere „ein präpolitischer Code" (Manemann 2004, 182) sei. Wenn vom Theologisch-Politischen gesprochen wird, ist jedoch etwas anderes gemeint – dass dieses Andere „zur konstitutiven Dimension der Instituierung des Politischen [gehört]." (Manemann 2004, 182) Es ist davon auszugehen, dass „etwas im Begriff des Politischen [liegt, J. K.], das der Säkularisierung nicht zugänglich ist und bleibender theologischer Vermittlung bedarf." (Peters 2008, 56) Theologie ist weder Dienstmagd noch Garantin der Politik. Die Beziehung von Theologie und Politik gestaltet sich so, dass sie einerseits konstitutiv miteinander verbunden, zugleich aber voneinander getrennt bleiben müssen. Dies ist das Vorzeichen oder Leitmotiv für eine theologisch-politische Lektüre des *Rechts, Rechte zu haben*. Es geht weder um eine Retheologisierung von Politik noch um eine Politisierung der Theologie, sondern um die Markierung einer theologisch-politischen Grenze: Der Bindestrich ist zugleich ein Trennungsstrich.[7]

Bei der Erkundung des Theologisch-Politischen am *Recht, Rechte zu haben* besteht eine Art Wahlverwandtschaft zwischen bestimmten theologischen und philosophischen Entwürfen. Diese zeigt sich insbesondere in der Terminologie und kann hier in ihren Überschneidungen, Konvergenzen, aber auch in ihren Differenzen ausgeleuchtet werden. Ein Teil der religiösen Überlieferung spielt dabei eine hervorgehobene Rolle: der Rekurs auf messianisches Denken in einem weiten Sinne. Dabei stehen nicht so sehr chiliastische Ausprägungen oder der Fokus auf eine zentrale Erlöserfigur im Zentrum des

---

6 Aus Perspektive katholischer Theologie dürfte dieses Andere mit dem Namen Gottes zu bezeichnen sein.

7 Eine ganz knappe Skizze der politisch-theologischen Ideengeschichte seit Beginn des 20. Jahrhunderts findet sich auch bei: Schmidt (2009, 16–21).

Interesses. Das messianische Moment lässt sich eher als eine (auch klagend von Gott selbst eingeforderte) präsente Möglichkeit des Erscheinens Gottes in der Welt um der Welt willen fassen: mehr Einwohnung als Inkarnation. Die unterschiedlichen Annäherungsversuche an die messianische Dimension des Gottesgeheimnisses begleiten also die folgenden Überlegungen zu einer theologisch-politischen Lektüre des *Rechts, Rechte zu haben*.[8]

4.2 Politische Theologie der Souveränität. Theologische Überlegungen

4.2.1 *Was heißt: Politische Theologie der Souveränität?*

Die Formulierung *Politische Theologie der Souveränität* stammt von der bereits eingehend diskutierten Philosophin Seyla Benhabib. Trotz ihrer grundsätzlichen Hochschätzung des Prinzips demokratischer Souveränität (vgl. Benhabib 2008c, 16–17) ist sie bestrebt, problematische Aspekte von Souveränität *in actu* zu erfassen. Mit Politischer Theologie der Souveränität werden bei Benhabib zunächst einfach nur die modernekritischen Überlegungen Giorgio Agambens entlang des *homo sacer* zusammengefasst, jener Figur des archaischen römischen Rechts, die zwar nicht geopfert, aber straflos getötet werden darf und durch den Ausschluss aus der Rechtsordnung zugleich eingeschlossen bleibt (gl. Benhabib 2002a, 556). Nach Agamben vollziehen Gemeinwesen bis heute, ja gerade heute, d. h. in der Moderne, ihre Souveränität an solchen Menschen, wobei die *homines sacri* von heute die Flüchtlinge sind.[9] Benha-

---

[8] Auftrieb erhalten diese überraschenderWeise auch durch eine aktuelle Debatte innerhalb der Arendt-Forschung, die sich um mögliche religiöse Imprägnierungen und theologische Implikationen der Kategorie der Welt, kurz: so etwas wie einen säkularen Glauben an die Welt, und um den Stellenwert des Messianischen bei Arendt dreht. Dabei ist sogar von „Arendt's cryptotheological work" (Zawisza/Hagedorn 2021a, 25) die Rede. Einige dieser Aspekte werden im Folgenden ebenfalls aufgegriffen, wenngleich die Frage, ob und inwiefern die Charakterisierung von Arendts Werk als kryptotheologisch zutreffend ist, nicht eigens thematisiert werden kann. An der von philosophischer Seite angestoßenen Diskussion beteiligt sich eine theologische Arbeit aber selbstredend gern. Ebenfalls weniger von Interesse sind in diesem Zusammenhang die genuin theologischen Quellen Arendts, z. B. Augustinus, Duns Scotus, Kierkegaard oder Bultmann, oder die religiösen Gesprächspartner wie Scholem (siehe zu diesen Fragen einige der Beiträge in: Zawisza/Hagedorn 2021b).

[9] An dieser Stelle nur ein kurzer kritischer Hinweis zu Agambens Projekt: Vor allem historisch bedürfte es deutlich intensiverer Quellenarbeit, als Agamben sie leistet. Sodann geraten seine, v. a. am Lager als dem (vorgeblichen) Paradigma der Moderne entwickelten Überlegungen zu einer Art Geschichtsmetaphysik, die dieses Prinzip von Urzeiten bis in die Gegenwart nahezu unausweichlich am Werk sieht (so auch: Wacker/Manemann 2016, 50–52). In letzter Konsequenz wird Agambens Entwurf zum Ausdruck eines ausgeprägten Fatalismus und kaum zu überwindender Hoffnungslosigkeit.

bib folgt Agamben auf der analytischen Ebene insofern, als sie zustimmt, dass im unbeschränkten Vollzug moderner Souveränität die Gefahr besteht, eine ‚sakrale' Sphäre zu schaffen, in der die üblichen Regeln und Gesetze nicht gelten bzw. aufgehoben sind. Diesen Prozess fasst sie unter dem Stichwort der Politischen Theologie der Souveränität zusammen (vgl. Benhabib 2002a, 556). Der eigentliche Pate ist hier allerdings nicht Agamben, sondern einer von dessen theoretischen Gewährsleuten: der so berüchtigte wie berühmte Staatsrechtler Carl Schmitt (vgl. Benhabib 2008c, 160–161).[10]

Traditionell wird unter Souveränität die „höchste, unumschränkte, direkte, unabhängige und freie Machtausübung in einem Gemeinwesen" (Seitschek 2022) verstanden.[11] Diese auf die *summa potestas*-Lehre des 14. Jahrhunderts zurückgehende Standard-Definition (vgl. Hillgruber 2022; Seitschek 2022) weist Schmitt jedoch zurück (vgl. 2021, 26–29). Für ihn ist Souveränität definiert über die Ausnahme und die Entscheidung. Somit geht es ihm gerade nicht um ein regelgeleitetes staatliches Handeln, sondern um „das nicht Subsumierbare" (Schmitt 2021, 19). Die Ausnahme „entzieht sich der generellen Fassung, aber gleichzeitig offenbart sie ein spezifisch juristisches Formelement, die Dezision, in absoluter Reinheit." (Schmitt 2021, 19) Souveränität als Entscheidung über den Ausnahmezustand ist vor allem deshalb so zentral, weil die Welt für Schmitt in Freunde und Feinde geteilt ist und sich in einem ständigen Kampf auf Leben und Tod befindet. Diese Unterscheidung hält er für die grundlegende Bestimmung des Begriffs des Politischen (vgl. Schmitt 2017, 21–22). Das Politische ist somit nicht bloß agonal, sondern kriegerisch definiert (vgl. Schmitt 2018, 78; 80). Über den Ausnahmezustand entscheiden zu können, also letzte und endgültige Entscheidungsgewalt zu haben, ist deshalb eine Überlebensfrage.

Schmitt will jedoch nicht nur eine neue, polemisch und dezisionistisch zugespitzte Definition des Souveränitätsbegriffs vorlegen. Er erhebt die Souveränität zugleich zu einem Schlüsselkonzept eines staatstheoretischen Projekts, das er ‚Politische Theologie' nennt und das dem Leitgedanken folgt,

---

10   Auf die so kontroversen wie vielstimmigen Debatten um Carl Schmitts Impulse für eine zeitgenössische Politische Philosophie können hier nicht eingehend dargestellt und diskutiert werden. Im Folgenden richtet sich das Interesse allein auf die Relevanz Schmitts für das Durchsetzungsproblem in der Menschenrechtsethik, die vor allem in seiner Souveränitätslehre und deren Anleihen in der theologischen Sprache besteht.

11   Das Merkmal des Unumschränkten ist jedoch umstritten. In einigen Souveränitätstheorien bestehen signifikante Bindungen der Souveränität, etwa bei Jean Bodin an das Naturrecht oder das göttliche Recht. Insofern kann es sich bei Souveränität per definitionem auch um eine „vom Recht verliehene, d. h. notwendig begrenzte Gewalt" (Hillgruber 2022) handeln.

dass „alle prägnanten Begriffe der modernen Staatslehre säkularisierte theologische Begriffe" (Schmitt 2021, 43) seien. Dabei interessiert sich Schmitt weniger für die historische Entwicklung der Übertragung theologischer Ideen auf staatsrechtliche Begriffe. Für ihn zählt vielmehr die Strukturidentität bzw. -analogie[12] theologischer und juristischer Begriffe, die er für eine „soziologische Betrachtung dieser Begriffe" (Schmitt 2021, 43) für unabdingbar hält. Damit wird unmittelbar deutlich, dass Schmitt kein theologisches Interesse hat: Seine Politische Theologie ist keine Gottesrede, sondern eine begriffssoziologische Rekonstruktion von Strukturidentitäten und -analogien theologischer und juristischer Termini (vgl. Schmitt 2021, 44; Schmitt 2017, 18–19).

Die Politische Theologie mit dem Souveränitätsbegriff im Zentrum hat wenigstens zwei Dimensionen (vgl. Wacker/Manemann 2016, 32–33). Analytisch erlaubt sie, verschiedene theologische und staatsrechtliche Grundoptionen – an ideengeschichtlichen Beispielen des 18. und 19. Jahrhunderts – einander zuzuordnen. So weisen für Schmitt aufklärerischer Deismus und liberaler Rechtsstaat eine Kompatibilität hinsichtlich der Ausschaltung des direkten Eingriffs des Souveräns auf. Während der Deismus das Handeln Gottes, namentlich: das Wunder, aus der Welt verweist, hegt der liberale Rechtsstaat die souveräne Intervention durch Gesetzesherrschaft und verfassungsmäßig garantierte Rechte weitestgehend ein (Schmitt 2021, 43). Weitere Strukturanalogien bestehen zwischen Atheismus und anarchistischem Sozialismus hinsichtlich der selbstgenügsamen schöpferischen Kraft des Menschen und der Abwesenheit jeglicher hierarchischer Ordnung sowie zwischen Monotheismus und gegenrevolutionärer Restauration des Traditionalismus in Bezug auf die Befürwortung einer absoluten Obrigkeit und einer hierarchischen Ordnung der Ungleichheit (vgl. Schmitt 2021, 59–63).

Andererseits nimmt Schmitt klare Bewertungen der einzelnen Grundoptionen vor. Der Maßstab ist dabei wiederum die Fähigkeit, den Souveränitätsbegriff und die damit verbundene existentielle Situation adäquat zu erfassen. Während der Souverän als „persönliche Einheit und letzter Urheber" (Schmitt 2021, 50) in der Staatslehre des 17. Jahrhunderts dem absoluten Monarchen und in der Metaphysik Gott entspricht und also eine absolute Transzendenz etabliert, ist das 19. Jahrhundert zunehmend von Immanenzvorstellungen geprägt, die sich in politischen Institutionen wie Rechtsstaatlichkeit, Parlamentarismus und Grundrechten sowie in Identitätslehren, etwa der

---

12 Terminologisch ist Schmitt in seinen Schriften zur Politischen Theologie nicht konsequent: In der Souveränitätsschrift spricht er von Analogien (vgl. Schmitt 2021, 44; 47–48), in seiner kritischen Auseinandersetzung mit Erik Peterson von Identitäten (vgl. Schmitt 2017, 18–19).

Identität von Regierenden und Regierten, äußern (vgl. Schmitt 2021, 50–53). Das Souveränitätsproblem lösen sie jedoch nicht, weil sie es in Schmitts Augen gar nicht adäquat adressieren: Statt die existentielle Entscheidungssituation des Ausnahmezustands zum denkerischen Ort zu erheben, setzt der rechtsstaatliche Liberalismus auf Diskussion und Konkurrenz der Ideen und Argumente. Die Freund-Feind-Unterscheidung wird auf diese Weise verharmlost; letztlich läuft der Liberalismus sehenden Auges ins Verderben, weil er noch seine erbittertsten Feinde tolerieren und integrieren will. Angesichts dieser konstitutiven Schwäche, souveräne Entscheidungen zu treffen, hat Schmitt für parlamentarische Demokratie und liberalen Rechtsstaat nur Verachtung übrig (vgl. Schmitt 2021, 63–68).

Und so läuft alles auf eine Frontstellung, sogar „eine blutige Entscheidungsschlacht" (Schmitt 2021, 63) von Restauration und Revolution, Monotheismus und Atheismus, Katholizismus und Sozialismus hinaus.[13] Er selbst votiert als Anhänger des römischen Katholizismus für den Obrigkeitsstaat des Traditionalismus, weil er die mit repräsentativen Elementen versetzte hierarchische Ordnung des römischen Katholizismus für die politische Entsprechung des Monotheismus hält und diese die natürlichen Strebungen der Menschen zum Bösen am besten in Schach hält. Dem steht der anarchistische Sozialismus mit seinem Gleichheitsideal und der freien Assoziation der Menschen, die von sich aus zum Guten neigen, diametral entgegen (vgl. Schmitt 2021, 62–63). Aber genau diese Konfrontation ist das Terrain, das für Schmitt relevant, wenn nicht überlebenswichtig ist. Wohl und Wehe hängen für ihn davon ab, wer sich durchsetzt, ergo: wer über den Ausnahmezustand entscheidet. In einer Situation des Kampfes auf Leben und Tod kommt es allein auf die Entscheidung und die Gewalt darüber an; jeder Ansatz, diese Entscheidungsgewalt an Kriterien der Legitimität zu knüpfen, ist dann im Grunde obsolet (vgl. Schmitt 2021, 68–69).

Die Probleme, die eine demokratietheoretisch und menschenrechtsethisch engagierte Denkerin wie Benhabib mit Schmitts Souveränitätslehre hat, liegen auf der Hand: Der permanente Ausnahmezustand als Exerzierfeld souveräner Entscheidungen setzt eine hierarchische Ordnung der Ungleichheit zwischen Souverän und Unterworfenen, eine Freund-Feind-Unterscheidung, hier: Flüchtlinge als Feinde (!), und eine Welt, in der sich ständig verfeindete Lager

---

13   Der Lesende ist hierbei nie ganz sicher, ob Schmitt diese drastische Beschreibung auf die historische Situation des 19. Jahrhunderts bezieht, aus der er seine Hauptquellen wie die gegenrevolutionären Denker Donoso Cortés, Joseph de Maistre oder Louis-Gabriel-Ambroise de Bonald (vgl. Schmitt 2021, 48; 59ff.) oder den Anarchisten Pierre-Joseph Proudhon (vgl. Schmitt 2021, 62–63) rezipiert, oder damit eine gültige Charakterisierung seiner Zeit meint.

im Überlebenskampf gegenüberstehen, voraus. Es ist zwar beunruhigend, dass mit Schmitts Souveränitätslehre solche Züge auch im Handeln demokratischer Gemeinwesen gegenüber Flüchtlingen offengelegt werden können, wie Agamben in seiner Adaption Schmitts vorführt. Die normative Beglaubigung dieses Souveränitätsvollzugs mit Schmitt ist jedoch einzig als ein radikaler Gegenentwurf zur „language of universal rights" (Benhabib 2002a, 556) zu interpretieren und daher aus menschenrechtsphilosophischer Perspektive schlicht inakzeptabel. Die theologisch-ethische Reflexion könnte bei Benhabibs apodiktischem Negativurteil bleiben und akzeptieren, dass der Politischen Theologie universelle Rechte, kosmopolitisches Recht und dessen Subjekte, die sich als Erdenbewohner:innen und Weltbürger:innen verstehen, diametral entgegenstünden. Kurz gesagt: Statt der Politischen Theologie der Souveränität bräuchte es die Politische Philosophie des *Rechts, Rechte zu haben* (vgl. Benhabib 2002a, 563).[14]

Umso wichtiger ist jedoch, die Anfrage, die die Politische Theologie der Souveränität an das theologische Denken stellt, ernst zu nehmen und zu bearbeiten. Dabei geht es um weit mehr als die Anerkennung der institutionellen Trennung von Kirche und Staat (vgl. Wacker/Manemann 2016, 43-44). Das Souveränitätsproblem erledigt sich gerade nicht durch den Auszug der Theologie aus dem Politischen – das macht Schmitt ja sehr eindrücklich deutlich. Vielmehr steht in verschärfter Weise das Problem der Souveränität als Durchsetzungsmodus (von politischen Entscheidungen, aber auch von Rechten) zur Debatte. Dass Souveränität wohl nicht das Mittel der Wahl für die Durchsetzung von Menschenrechten sein kann, ist noch einmal mehr als deutlich geworden – gleichzeitig können die Menschenrechte nicht bloß als Einhegung, als innere oder äußere Bindung des Souveräns verstanden werden. Was also ist theologisch zum Souveränitätsbegriff anzumerken? Wie könnte eine theologische Politische Theologie der Souveränität aussehen? Und welche Rolle spielt dabei dann die Wendung vom *Recht, Rechte zu haben*?

Die kritische Auseinandersetzung geht zweiteilig vor: Zunächst ist das enggeführte Verständnis Politischer Theologie aufzubrechen (Kap. 4.2.2), sodann ist ein Entwurf theologischer Politischer Theologie der Souveränität zu skizzieren (Kap. 4.2.3). Die Überlegungen schließen mit einer Bedarfsanzeige in Bezug auf das Durchsetzungsproblem der Menschenrechte (Kap. 4.2.4).

---

14   Terminologisch ähnlich, doch im Hinblick auf Quellen, Absichten und Ziele gänzlich anders ausgerichtet ist der in Abgrenzung von Schmitts Politischer Theologie formulierte Begriff der Politischen Philosophie Heinrich Meiers zu verstehen (vgl. Wacker/Manemann 2016, 46-48).

4.2.2 Zum Begriff der ‚Politischen Theologie'

Im Gegensatz zur auf Schmitt konzentrierten Begriffsbildung lässt sich grundsätzlich feststellen, dass der Begriff der Politischen Theologie sehr weit gefasst (vgl. Wacker/Manemann 2016, 9–10) und die Diskussion um ihn nicht auf eine akademische Disziplin oder religiöse Konfession beschränkt ist (vgl. Schmidt 2009, 7). Die Erschließung muss hier demnach zweckmäßig erfolgen[15] und diskutiert den Begriff der Politischen Theologie im Kontext der menschenrechtsethischen Diskussion. Sie ruft dabei noch einmal ins Bewusstsein, was zumindest der innertheologischen Debatte vertraut ist, und beschränkt sich auf ein Konzept, das sich pointiert von Schmitts dezisionistischer Souveränitätslehre abgrenzt und zugleich eine eigenständige, produktive Auseinandersetzung mit den Herausforderungen des Glaubens in Geschichte und Gesellschaft darstellen will: die Neue Politische Theologie (vgl. JBMGS 3/2e, 268; Wacker/Manemann 2016, 38–42).[16] Vor allem vier Aspekte sind dabei in großer Verdichtung herauszuarbeiten: Politische Theologie als *Theologie der Welt* (Kap. 4.2.2.1), als *praktische Fundamentaltheologie* (Kap. 4.2.2.2), als

---

15   Grundsätzlich sind natürlich andere Zugänge denkbar, z. B. eine begriffsgeschichtliche Annäherung oder eine Schematisierung systematischer Kernfragen (siehe dazu etwa: Wacker/Manemann 2016). Für den Zusammenhang dieser Arbeit bietet sich jedoch ein weniger enzyklopädischer Anspruch an, weil nicht der Begriff der Politischen Theologie als solcher von Interesse ist, sondern seine sinnvolle Verwendung im Kontext der Diskussion des menschenrechtlichen Durchsetzungsproblems als Frage nach dem Verhältnis zur Souveränität.

16   Die Darstellung konzentriert sich aus Gründen der Übersichtlichkeit überwiegend auf die Neue Politische Theologie katholischer Provenienz und hier hauptsächlich auf ihren berühmtesten Vertreter Johann Baptist Metz. Weitgehend unberücksichtigt muss hier die immer wieder vorgetragene Kritik an der Missverständlichkeit der Selbstbezeichnung des Metz'schen Entwurfs als „Politische Theologie" bleiben. Siehe dazu sowie zur Diskussion um den Begriff bereits den von Helmut Peukert und Franz Böckle herausgegebenen Sammelband (vgl. Peukert/Böckle 1969). Metz' eigene Arbeiten am Begriff der Neuen Politischen Theologie finden sich gebündelt in: Metz 1997. Eine biographische Einführung in Metz' Denken liefert: Peters 1998. Einführend zu den Übergängen von alter zu Neuer Politischer Theologie siehe: Rissing/Rissing (2009). Eine konstruktiv-kritische Relecture und Fortschreibung auch in anderen theologischen Disziplinen liefert das Jahrbuch Politische Theologie „Politische Theologie – gegengelesen" (Manemann 2008). Zur selbstkritischen Revision des Begriffs in anderen Entwürfen theologischer Politischer Theologie siehe: Sölle (1991). Neuere Ansätze zu einer Aktualisierung im Gespräch mit Sozialwissenschaften, Demokratietheorien oder postmodernen Philosophien präsentieren u. a. Kreutzer (2017), Grümme (2023) und Engel (2016). – Eine angemessene Diskussion sprengte den hier zur Verfügung stehenden Rahmen.

Theologie, die sich mit der geschichtlichen und gesellschaftlichen Situation *nach Auschwitz* konfrontiert (Kap. 4.2.2.3), und als *Compassion* (Kap. 4.2.2.4).[17]

4.2.2.1   Politische Theologie als Theologie der Welt

Als Theologie der Welt macht Politische Theologie den „Versuch, den christlichen Glauben und seine Tradition zu verantworten angesichts der Freiheitsgeschichte der menschlichen Gesellschaft und der damit – seit der Aufklärung – unausweichlich gestellten Fragen." (JBMGS 3/2a, 44–45) Diese aus den späten 1960er Jahren stammende Definition macht sofort klar, dass die Neue Politische Theologie von der Aufklärung ausgeht und nicht in die voraufklärerische Zeit zurückkehren will. Die aufklärerische Dynamik der Kritik und des öffentlichen Vernunftgebrauchs, der Emanzipation der Politik von der Religion und der Differenzierung zwischen Staat und Gesellschaft wird ausdrücklich anerkannt (vgl. JBMGS 3/2a, 29; Wacker/Manemann 2016, 40). Mehr noch: Politische Theologie als Theologie der Welt erhebt den Anspruch, einen eigenständigen, kritischen Beitrag zum Säkularisierungsprozess als Verweltlichung der Welt zu leisten. Damit soll zugleich die mystisch-politische Einheit oder Doppelstruktur des biblischen Glaubens wiedergewonnen werden (vgl. JBMGS 3/2e, 268).[18] Denn die These lautet, dass die Verweltlichung der Welt bereits biblisch ins Werk gesetzt wird – und über die jesuanische Botschaft der *Gottesherrschaft* und das *Christusereignis* sogar im Zentrum neutestamentlicher Gottesrede steht (vgl. JBMGS 1, 41–42; JBMGS 3/2a, 32–33).

Die Gottesherrschaft wird dabei als „der Beginn der Säkularisierung und Relativierung jeder bestehenden politischen Herrschaftsform, (...) die sich selbst als ‚absolut', d. h. als der menschlichen Freiheitsgeschichte entzogen und ihr vorausliegend begreif[t]" (JBMGS 3/2a, 32), eingeführt. Die Theologie der Welt betont dabei den herrschaftskritischen und emanzipatorischen Charakter der Gottesherrschaft, die nicht auf die Errichtung einer Theokratie oder eines neuerlichen Integralismus zielt, sondern jede Sakralisierung und Transzendenz von Herrschaft der Kritik zugänglich macht (vgl. JBMGS 3/2a, 28–31). Das Christusereignis repräsentiert die Verweltlichung der Welt insofern, als

---

17   Die Anordnung folgt zwar einer chronologischen Reihenfolge, hat aber vorrangig eine systematische Absicht. Es handelt sich also nicht um den Nachvollzug der Evolution eines theologischen Ansatzes, sondern um inhaltlich wichtige Punkte, die bei aller zeitlichen Gebundenheit eine bleibend wichtige Rolle für die neue Politische Theologie insgesamt spielen – und je nach Situation und Kontext (re- bzw. neu-)aktiviert werden können. Ähnlich, wenn auch mit etwas anderer Akzentuierung im Detail geht Kreutzer vor (vgl. 2017, 36–51; zu weiteren Systematisierungsansätzen siehe ebd., 37, Anm. 15).

18   Die kritische Positionierung zu anderen theologischen Ansätzen der damaligen Zeit betont Kreutzer (vgl. 2017, 38–40).

„durch die Fleischwerdung Gottes das Fleisch erst ganz als ‚Fleisch', als Erde, als weltliche Welt und Gott erst ganz als Gott in seiner transzendenten Weltüberlegenheit erscheint" (JBMGS 1, 39).[19] Weniger die metaphysische Wahrheit als der „Horizont eines genuin geschichtlichen Weltverständnisses" (JBMGS 1, 39) soll hier betont werden. Der transzendente Schöpfergott erscheint dabei in einem ganz grundlegenden Sinne als Voraussetzung dafür, dass „Welt weltlich sein" (JBMGS 1, 41) kann.[20] Aus der theologisch begründeten Würdigung der Säkularisierung folgt zunächst, dass die Politische Theologie insbesondere zwei Pfade aufklärerischen Denkens aufnimmt: den öffentlichen Vernunftgebrauch in Form von Kritik (vgl. JBMGS 3/2a, 34–36) und das Versprechen „des Wandels und des Fortschritts" (JBMGS 3/2a, 34) durch die schöpferisch-produktive Kraft des Menschen als Geschichte und gesellschaftliche Praxis.

In Bezug auf die Praxis der Kritik wird der Theologie – insbesondere aber auch der Kirche – eine gesellschaftskritische Aufgabe zugeschrieben, die sowohl verhindern soll, den Glauben einfach in die herrschenden Verhältnisse und Bewusstseinslagen einzufügen (vgl. JBMGS 3/2a, 47), als auch gesellschaftliche Praxis und Institutionen auf ihre inhärenten Widersprüche aufmerksam machen will, damit sie nicht unvernünftig werden (vgl. JBMGS 1, 123–124). Im Grunde geht es um die Verteidigung der klassischen Verknüpfung von *fides et ratio* – und wenn nun die Vernunft im Gefolge der Aufklärung entprivatisiert wird, kann dieser kein privatisierter Glaube entsprechen (vgl. JBMGS 3/2a, 35). Eingelöst wird dieser Anspruch zum Beispiel im Rahmen einer Institutionenkritik, die zunächst anerkennt, was die aufklärerische und später die marxistische Gesellschaftskritik einsichtig gemacht haben: dass „Institutionen (...) fortwährender kritischer Aufmerksamkeit und des Protests der Freiheit des mündigen Menschen" (JBMGS 1, 124) bedürfen. Anderenfalls bleiben sie einer „irrationalen oder auch rein ideologischen Praxis" (JBMGS 1, 123) verhaftet. Doch gegenüber dieser Einsicht weist die Politische Theologie darauf hin, dass die Forderung nach einer Rationalisierung gesellschaftlicher

---

19 Ob dieser Bezug auf das Christusereignis hinreicht, um von einer „[c]hristologischen Vertiefung der Politischen Theologie" (Kreutzer 2017, 42) zu sprechen, scheint mir fraglich, wäre aber an anderer Stelle eingehender zu diskutieren.

20 Gleichwohl bedeutet dies nicht, dass sich diese Einsicht kurzfristig und unmittelbar unter den Christ:innen durchsetzt oder der mit der Botschaft von der Gottesherrschaft und Christusereignis initiierte Verweltlichungsprozess und die neuzeitliche Säkularisierung einfach identifiziert werden können (vgl. JBMGS 1, 40–47). Dass die neuzeitliche Dynamik zumindest nicht unter Absehung der theologischen Umbrüche im Spätmittelalter – der Wiederentdeckung des aristotelischen ‚empirischen' Denkens, etwa bei Thomas von Aquin – verstanden werden kann, ruft T. R. Peters noch einmal in Erinnerung (vgl. Peters 1996, 25–26).

Institutionen nicht per se „freiheitssichernd beziehungsweise freiheitsermöglichend" (JBMGS 1, 125) ist. Wissenschaftliche Information und technologische Rationalisierung (als mehr oder weniger abstrakte Vollzüge kritischer Subjektivität) können selbst zu ideologischer Praxis werden, wenn sie zu unhinterfragbaren Parametern der Rationalität werden und die Urteile und Verhaltensmuster, die sie hervorbringen, nicht selbst noch einmal der Kritik zugänglich machen (vgl. JBMGS 1, 124). Insofern hält Metz fest, dass Institutionen nicht nur „Antipoden zur kritischen Freiheit des einzelnen" (JBMGS 1, 124) sind, sondern auch „gesuchte Träger eines kritisch verantwortlichen gesellschaftlichen Handelns" (JBMGS 1, 124), die sich durch die kritische Reflexion hindurch und in ihr zeigen (vgl. JBMGS 1, 124–125).[21]

Schon hier wird angezeigt, dass Ordnung aus Sicht der Politischen Theologie nicht manifestiert oder abgesichert, sondern unterbrochen werden soll, „um für das Novum Platz zu schaffen." (Wacker/Manemann 2016, 45) Dieser Intention entsprechend ist die Politische Theologie vor allem Eschatologie und zwar eine solche, die die eschatologische Heilsverheißung und das geschichtsmächtige Handeln des Menschen ins Gespräch miteinander bringt. Der Fokus liegt nicht auf der endgültig in Jesus Christus ergangenen Heilstat Gottes, sondern in dem geschichts- und welteröffnenden Geschehen, das darin liegt. Dabei ist jedoch wichtig, gegen vielfach erhobene Einwände festzuhalten, dass Heilsverheißung und geschichtliche Zukunft nicht miteinander identifiziert werden sollen. Geschichte im Gegensatz zu Natur als geschlossener Abfolge immer gleicher Gesetze ist prinzipiell unabschließbar (vgl. JBMGS 1, 92–93). Das Verhältnis von Heil und Geschichte illustriert für Metz am ehesten Walter Benjamins Bild von den gegenstrebigen Kräften, die sich in entgegengesetzter Richtung gegenseitig befördern. Heil und Geschichte sind also gerade nicht miteinander identisch und folgen einer gegenläufigen Dynamik, die paradoxer Weise aber beide antreibt (vgl. JBMGS 1, 107; Anm. 6). Die Hoffnung auf den „Gott vor uns" (JBMGS 3/2b, 61) ist also grundsätzlich vorwärts gerichtet, artikuliert sich aber durch einen Glauben als Erinnerung, als die *„memoria passionis, mortis et resurrectionis Jesu Christi"* (JBMGS 3/2a, 45; Hervorh. i. Orig.). Diese Erinnerung ist keine reaktionäre oder romantische Sehnsucht nach dem Vergangenen, sondern „jene gefährliche Erinnerung, die unsere Gegenwart bedrängt und in Frage stellt, weil wir uns an unausgestandene Zukunft erinnern." (JBMGS 3/2a, 46)

In der Bestimmung von Politischer Theologie als Theologie der Welt wird somit bereits deutlich, dass sie die Säkularisierung der Moderne ausdrücklich

---

21 Zum nachidealistischen Charakter der hier artikulierten Kriitk moderner Rationalität wie auch der Neuen Politischen Theologie insgesamt siehe Ackermann (2023, 216–230).

anerkennt und dem öffentlichen Vernunftgebrauch sowie der schöpferischen Kraft der Menschen verpflichtet. Angesichts dessen will sie Gottesrede in Auseinandersetzung mit der religiösen Emanzipation und politischen Freiheitsgeschichte sein, die sich jedoch selbst eine kritische Aufgabe stellt: So von Gott zu reden, dass Emanzipation und Freiheit nicht selbst wieder zu Herrschaft und Unterdrückung werden. Das Mittel ist die Selbstauslegung des Glaubens als Erinnerung um der Zukunft willen. Hier zeigen sich bereits tiefgreifende Unterschiede zur Politischen Theologie Carl Schmitts: im Bekenntnis zu Aufklärung und Kritik, gar der Forderung einer Institutionalisierung von Kritik als stetiger Infragestellung des Bestehenden; im Interesse an der Zukunft der Welt als Welt und der Menschen als Menschen; vor allem aber in der kategorischen Absage an eine Identifikation von Gottesherrschaft und irdischer Macht sowie der Betonung des herrschaftskritischen Charakters der *basileia tou theou*-Botschaft.

4.2.2.2   Politische Theologie als praktische Fundamentaltheologie
Auch in der Charakterisierung der Politischen Theologie als praktischer Fundamentaltheologie werden weitere grundlegende Differenzen zur sog. alten Politischen Theologie sichtbar. Der christliche Glaube kann als „Praxis in Geschichte und Gesellschaft, die sich versteht als solidarische Hoffnung auf den Gott der Lebenden und der Toten, der alle ins Subjektsein vor seinem Angesicht ruft" (JBMGS 3/1, 97) definiert werden. Das Modell dieser Praxis ist dabei nicht die Entscheidung eines Souveräns (vgl. Wacker/Manemann 2016, 44), denkbar etwa in der Nachahmung oder Teilhabe am göttlichen Schöpfungshandeln, sondern findet sein Vorbild in den biblischen Vollzügen der Umkehr, des Exodus oder der Nachfolge – allesamt gekennzeichnet durch einen Aufbruch ins Ungewisse, die Möglichkeit des Scheiterns inbegriffen (vgl. JBMGS 3/1, 73). Gleichzeitig soll diese biblische Praxis vor dem Hintergrund eines modernen Praxisbegriffs haltbar sein, der wiederum anhand von zwei Attributen als sittliche und gesellschaftliche Praxis bestimmt wird. Referenzautor für das erste ist Immanuel Kant, der Praxis an die Vernunfteinsicht des mündigen Subjekts bindet. Fortan drängt jedes Handeln auf den Vollzug und die Entfaltung der Autonomie, deren höchste Stufe freilich im kategorischen Imperativ erreicht wird. Als Korrektiv und weitere Differenzierung kann Praxis mit Karl Marx aber auch als gesellschaftliche charakterisiert werden. Denn Marx' grundstürzende Erkenntnis besteht bekanntlich darin, dass jede Praxis bestimmten historischen und gesellschaftlichen (nicht zuletzt: ökonomischen) Bedingungen unterliegt. Unmündigkeit ist also nicht einfach selbstverschuldet, sondern auch abhängig von spezifischen Faktoren, die Menschen unmöglich machen oder unendlich erschweren, zu mündigen

Subjekten zu werden. Praxis muss also auf die Veränderung der sozialen Verhältnisse zielen (vgl. JBMGS 3/1, 75–76).[22]

Auf dieser Basis wird dann ein Verständnis von christlicher Praxis entfaltet: (1) Auch wenn mit der Praxis die Veränderung sozialer Verhältnisse zugunsten des Subjektseinkönnens aller Menschen anvisiert wird, bleibt diese sittlich bestimmt. Weder kann sittliche gegen gesellschaftliche Praxis ausgespielt werden noch kann gesellschaftliche von sittlicher Praxis abstrahiert werden – was sich vor allem in einer ethischen Kritik der Gewalt äußert. (2) Zudem enthält christliche Praxis einen Überschuss an geschichtlichen Bestimmungen. Gegen ein Verständnis von Geschichte als Wiederkehr des ewig Gleichen oder als anonymes Walten schicksalhafter Kräfte, gegen die Historisierung der Geschichte oder eine Reduktion auf Vergangenheit wird mit den fundamentalen Kategorien der Erinnerung und Erzählung an der Unabgeschlossenheit der Geschichte – vorwärts wie rückwärts – festgehalten. (3) Und schließlich wird auf die pathische Verfassung christlicher Praxis aufmerksam gemacht, die somit nicht nur geschichtsmächtiges und naturbeherrschendes Handeln sein soll, sondern auch Züge des Erleidens und der Zweckfreiheit in sich trägt, wie dies in der Trauer oder in der Freude erlebt werden kann (vgl. JBMGS 3/1, 77–81).

Theologie, als reflexive Gestalt des so definierten Glaubens vor allem „Apologie" (JBMGS 3/1, 25), steht in einem unauflöslichen Zusammenhang mit der Praxis. Diese ist konstitutiv für die Erkenntnisfähigkeit der Theologie, die gleichwohl „theorieintensiv, weil begründungsinteressiert" (JBMGS 3/1, 30) ist. Das Handeln ist demnach einerseits intelligibel, muss andererseits aber auch intellektuell und reflexiv verantwortet werden. Folgerichtig sind die Kategorien der Politischen Theologie nicht abstrakt-philosophischer Natur; sie weisen den hohen „Praxisgehalt der Theorie" (Wacker/Manemann 2016, 44) aus: Erinnerung, Erzählung und Solidarität in wechselseitiger und interner Verknüpfung (vgl. JBMGS 3/1, 193).

Der bereits oben eingeführte Begriff der Erinnerung ist kein „resignativer oder traditionalistischer Gegenbegriff zu ‚Hoffnung'" (JBMGS 3/1, 195). Im Gegenteil, handelt es sich dabei um „die in ihrer geschichtlichen und gesellschaftlichen Vermittlung ausgearbeitete Gestalt von eschatologischer Hoffnung" (JBMGS 3/1, 195). Erinnerung verleiht der Hoffnung gewissermaßen Tiefe und Gewicht, lässt sie nicht zu sorgenfreiem Optimismus werden. Zugespitzt

---

22 Ähnlich verhält es sich mit dem Begriff der Geschichte: Sie ist Emanzipations- und Freiheitsgeschichte; sie ist aber auch – gegen allzu idealistische Emanzipations- und Freiheitsvorstellungen – Leidensgeschichte, was Metz wiederum in kritischer Aneignung von Marx lernt (vgl. Peters 1998, 69–70).

formuliert ist Erinnerung „Solidarität nach rückwärts" (JBMGS 3/1, 195), d. h. eine „Erinnerungssolidarität mit den Toten und Besiegten" (JBMGS 3/1, 195), Leidensgedächtnis (*memoria passionis*), Präsenz der unabgegoltenen Hoffnungen und uneingelösten Verheißungen in der Gegenwart und Alternative zur Geschichte als Siegergeschichte (vgl. JBMGS 3/1, 195). Für die Theologie ist die Kategorie der Erinnerung schlechthin grundlegend, so dass sie ekklesiologische, dogmatische, subjekttheologische und gesellschaftstheoretische Tragweite hat (vgl. JBMGS 3/1, 195–196).[23]

Die Basiskategorie der Erzählung wird als Korrektiv zu einer reinen abstrakten Argumentationssprache in Stellung gebracht, indem ihr zunächst eine Priorität in Bezug auf die Artikulation und den Austausch von Glaubenserfahrungen eingeräumt wird. Gegenüber der narrativen Verfasstheit von Glaubenserfahrungen, wie sie in den biblischen Texten bezeugt werden, bleiben Argumente, aber auch systematische, methodisch-analytische Zugriffe sekundär (vgl. JBMGS 3/1, 221; Peters 1992, 16). Gleichwohl will Metz damit kein antirationalistisches Verdikt aussprechen. Im Gegenteil hält er – thetisch – an dem „Zusammenhang von Erzählung und Argument" (JBMGS 3/1, 223) fest, der nicht aufgelöst werden könne. Damit soll zum Ausdruck gebracht werden, dass Freiheit, Aufklärung und der Ausgang aus Unmündigkeit nicht automatisch durch abstrakte Argumentationssprache geschehen, sondern eben auch Geschichten ein argumentativer Zug innewohnt, „Geschichten, die ‚einem Rat wissen', die einen Freiheitssinn bergen und zur ‚Nachfolge' bewegen." (JBMGS 3/1, 222) Dieser intentionale, auf das Handeln abzielende Charakter des Erzählens kann nicht losgelöst von den Erzählenden erfasst werden. Befreiende, aus Unterdrückung und Unmündigkeit herausführende Geschichten erzählen demnach nicht die Herrschenden und Machthaber, sondern Menschen, die Unterdrückung und Marginalisierung kennen oder der inneren Zerrissenheit der Welt ansichtig geworden sind (vgl. JBMGS 3/1, 218–222). Das Argumentative des Erzählens hat seinen Ort also in der Praxis, den konkreten Auseinandersetzungen des gesellschaftlichen Lebens.

In den Subjekten, die die Geschichten erzählen, wie auch im Glaubensakt der Erinnerung scheint die dritte Basiskategorie, die Solidarität, auf. Politisch-theologisch wird sie unter den Anspruch gestellt, sowohl zeitlich als auch räumlich konventionelle Solidaritätsvorstellungen zu übersteigen, d. h. über personale, familiale oder kommunitäre Verhältnisse hinauszuweisen (vgl. JBMGS 3/1, 239–240). Anders als im klassischen Verständnis der Soziallehre,

---

23 Eine (politisch-theologische) Kritik an mangelnder Differenzierung und einer gewissen erfahrungsfremden Abstraktheit des Erinnerungsbegriffs bei Metz selbst findet sich bei Peters (vgl. 2008, 132–147). Ihr kann hier nicht weiter nachgegangen werden.

die grundsätzlich unterschiedlich weit reichende Solidaritätsverhältnisse durchaus gutheißt, wird hier im Interesse eines kategorischen Solidaritätsuniversalismus Kritik an den auf soziale Nahbeziehungen bezogenen Solidaritätsvorstellungen geübt, die als verkürztes Bewusstsein entziffert werden, „das die komplexen Kommunikations- und vor allem Isolationsverhältnisse der städtischen Gesellschaft kaum erreicht." (JBMGS 3/1, 240) Doch auch der Solidaritätsbegriff der modernen Tauschgesellschaft, die – wenn überhaupt – nur in zweckgemeinschaftlichen Bündnissen von (potentiellen) Vertragspartnern Solidarität zu denken vermag, wird als reduktionistisch verworfen (vgl. JBMGS 3/1, 240–241).[24] Dem stellt Metz einen christlichen Solidaritätsgedanken entgegen, der sich vor allem durch den potentiell vergeblichen Einsatz, die Inkaufnahme von Verlusten abhebt, gerade kein Äquivalenzverhältnis darstellt, sondern „unkalkulierter Einsatz nämlich im beschädigten Leben" (JBMGS 3/1, 241) ist. Damit soll Solidarität im christlichen Sinne auch kein Bauprinzip moderner Gesellschaften sein. Vielmehr handelt es sich um eine theologische Kategorie, die das „Herausfordernde dieses Gedankens" (JBMGS 3/1, 241) transportiert. Denn obgleich Solidarität konsequent universal zu denken ist, kann sie nicht einfach abstrakt allen Menschen gelten. In der Praxis muss sie Partei ergreifen, sich positionieren und muss sich also ebenfalls als ein konkretes Sozialverhältnis ausbilden. Die Spannung zwischen mystisch-universalem und empirisch-parteilichem Charakter ist argumentativ nicht lösbar; sie muss aufrechterhalten werden, damit die Verkehrung von „Universalismus [in] Apathie" (JBMGS 3/1, 242) und von „Parteilichkeit der Solidarität [in] Vergesslichkeit und Hass" (JBMGS 3/1, 242) verhindert werden kann.

Um diesem hohen Anspruch gerecht zu werden, muss sich Politische Theologie immer wieder der je gegebenen geschichtlichen und gesellschaftlichen Situation vergewissern, die nicht Vorzeichen, sondern konstitutiver Teil der theologischen Reflexion ist (vgl. JBMGS 3/1, 25–26; Manemann 2018a, 715). Diese Situationsanalyse hat sich konsequent „im Weltmaßstab" (JBMGS 3/1, 26) auszurichten, was für die Theologie bedeutet, „sich selbst im Zusammenhang weltweiter Prozesse zu reflektieren und dadurch auch ihre eigene situative Bedingtheit im Kontext mitteleuropäisch-bürgerlicher Gesellschaft ernst zu nehmen" (JBMGS 3/1, 27). Zudem muss sie damit rechnen, dass Erfahrungen

---

24 Hier ließe sich ähnliche Kritik formulieren, wie sie Peters an Metz' Erinnerungsbegriff übt. Es darf jedenfalls deutlich in Zweifel gezogen werden, dass die – hier sicher in polemischer Absicht – extrem abgekürzte Präsentation von Solidaritätstypen der komplexen und wechselvollen Geschichte des Begriffs in der Moderne gerecht wird. Aber im Sinne der Abgrenzung wird Metz' Konzept christlicher Solidarität umso anschaulicher.

nicht unmittelbar, sondern ihrerseits in einer von Theorien und Systemen bestimmten Welt gemacht werden, d. h. nicht unkritisch eine Wahrheitsfähigkeit von Erfahrungen qua Authentizität anzunehmen (vgl. JBMGS 3/1, 27). Die Situationsvergewisserung der Neuen Politischen Theologie fällt demnach gänzlich anders aus als die der alten mit ihrem Freund-Feind-Schematismus und ihrem von einer Metaphysik des Ausnahmezustands geleiteten Blick.

Die Gotteslehre in dieser Phase kulminiert in der Auffassung von Gott als dem „Gott der Lebenden und der Toten, Gott der universalen Gerechtigkeit und der Auferweckung der Toten." (JBMGS 3/1, 99). Der universalistische Gehalt des Gottesgedankens, der aus dieser Formel spricht, legt bei aller implizierten Anteilnahme am Geschick der Welt und aller Parteinahme für die Kleinen, Unterdrückten und Ohnmächtigen ein ausgesprochen transzendentes Gottesbild – im Sinne einer welt- und geschichtsüberlegenen Instanz – an den Tag. Man könnte auch von einem gewissen Desinteresse an den Implikationen des ‚Souveräns' sprechen, das gegenüber dem theologisch redlichen Interesse an den „gesellschaftlichen Kräften sowie den jüdisch-christlichen Erinnerungen, die geeignet [scheinen, J.B.], die herrschende Macht der prophetisch inspirierten Kritik und Vernunftkontrolle zu unterziehen" (Peters 1996, 28–29) augenfällig wird. Politische Theologie als praktische Fundamentaltheologie ist zuerst Gottesrede, „Apologie der Hoffnung" (JBMGS 3/1, 28) i. S. öffentlicher Rechenschaft und Verantwortung, und keine (wenn auch kritische) Souveränitätslehre. Es stellt sich aber heraus, dass der Zusammenhang zwischen Souveränität und Transzendenz keineswegs obsolet wird.

4.2.2.3 Politische Theologie als Theologie nach Auschwitz

Dies tritt deutlich angesichts eines seit Beginn der 1970er-Jahre eintretenden Bewusstwerdungsprozesses über die theologische Situation als eine Situation „nach Auschwitz" zutage (JBMGS 4, 19–21). Hier nimmt die Neue Politische Theologie einen neuen Anlauf, der bereits vorhandene Motive und Begriffe wie die memoria passionis, die Dialektik von Freiheits- und Leidensgeschichte der Menschheit sowie der Spannungseinheit von Schöpfer- und Erlösergott im biblischen Monotheismus angesichts der Katastrophe der systematischen und fabrikmäßigen Ermordung der europäischen Jüdinnen und Juden[25] kritisch

---

25 In der Neuen Politischen Theologie werden zum Teil zwar auch die Bezeichnungen Holocaust oder Shoa verwendet. Am weitesten verbreitet ist aber der schlichte Gebrauch des Ortsnamens des größten Vernichtungslagers Auschwitz, den Überlebende wie Primo Levi oder Elie Wiesel in literarischen Zeugnissen oder auch jüdische Intellektuelle und Verfolgte des Nazi-Regimes wie Hannah Arendt und Theodor W. Adorno verwenden. Letztlich bleiben alle Begriffe und Bezeichnungen gegenüber dem, was geschehen ist, unzureichend.

befragt und anschärft. Die Revision des eigenen Entwurfes umfasst kirchen-, christentums- und traditionskritische Überlegungen,[26] vor allem aber auch die Suche nach einer theologischen Sprache, für die die Situation „nach Auschwitz" unhintergehbar ist (vgl. JBMGS 4, 59).

Theologie wird nun konsequent als Theodizee entworfen. Die Theodizee-Frage, die Frage nach Gott und dem Leid, stellt sich somit als die Grundfrage der Theologie dar. Sie wird aber nicht gestellt, um dann – im Gespräch mit den vielen Stimmen der Theologiegeschichte – beantwortet zu werden (vgl. JBMGS 4, 31–32; 41–42), sondern um sie vor dem Vergessen zu bewahren. So tritt die Theodizee-Frage als „Rückfrage an Gott" (JBMGS 4, 43) in Erscheinung; das biblische Vorbild ist Hiob (vgl. JBMGS 4, 41). Das Entscheidende ist nicht die Frage nach dem eigenen Leid, die möglicherweise im subjektiven Glaubensakt sinnvoll zu beantworten wäre, sondern das Leid der Anderen, das fremde Leid (vgl. JBMGS 4, 38–39). Deshalb muss die Theologie durch eine besondere Wahrnehmungsfähigkeit für dieses fremde Leid gekennzeichnet sein, die „Theodizee-Empfindlichkeit" (JBMGS 4, 40) genannt wird.

So stringent die Theodizee am Leiden der Anderen ausgerichtet wird, so klar wird auch eine Kritik an der Rede vom (mit-)leidenden Gott oder dem Leiden in Gott formuliert.[27] Metz hält das für eine (wenn auch subtile) Entschärfung der Theodizee-Frage, weil das Leid so Gefahr läuft, entweder verewigt oder aufgehoben zu werden. Das Attribut des leidenden Gottes geht oft einher mit einer Abkehr vom allmächtigen Schöpfergott. Doch dieser Versuch ist für Metz nicht überzeugend, weil er vielleicht den Glauben an einen Gott angesichts der Leidensgeschichte der Menschheit verträglicher macht, eben dieser Leidensgeschichte aber nicht standzuhalten vermag (vgl. JBMGS 4, 31–36). Das Leiden an Gott hingegen ist eine mystische Erfahrung, die das Leiden als negatives Mysterium den Menschen vorbehält und es Gott als verzweifelte Frage, als Klage, als Schrei entgegenhält. Weniger die Suche nach Gründen als die Frage nach dem Zeitpunkt, an welchem dem Leid ein Ende gesetzt wird, steht

---

26 Diese kritische Revision hat sowohl im engeren als auch im weiteren Kreis der Neuen Politischen Theologie große Resonanz erzeugt. Die verschiedenen Impulse zu Gotteslehre, Christologie, Soteriologie, Ekklesiologie oder auch zur Rekonstruktion der europäischen Geistesgeschichte können hier nicht annähernd gewürdigt werden. Für den Zusammenhang dieser Arbeit ist aber ohnehin vor allem die Zuspitzung der theologischen Sprache als solcher relevant.

27 Allerdings geht aus den entsprechenden Ausführungen bei Metz nicht hervor, auf welche theologischen Entwürfe in der gegenwärtigen Theologie er sich bezieht. Es ist davon auszugehen, dass er u. a. auf Moltmanns Theologie des „gekreuzigten Gottes" abstellt (Moltmann 1972). Eine politisch-theologische Entgegnung auf Metz' Kritik findet sich bei T. R. Peters, der Dietrich Bonhoeffer als prominente Referenz für das Mitleiden Gottes anführt (dokumentiert in: Peters/Metz 2005, 67–68).

im Zentrum (vgl. JBMGS 4, 37). Durch die direkte, apokalyptisch gespannte Anrede Gottes soll der Monotheismus vor Apathie bewahrt werden, freilich unter der Prämisse, dass hier vor allem ein „Vermissungswissen" (JBMGS 4, 39) transportiert wird (vgl. JBMGS 4, 39–45).

Seinen sprachlichen Ausdruck findet dieses Wissen wie erwähnt in der Klage und im Schrei.[28] Beide entstammen der Gebetssprache, die nun gegenüber dem oben beschriebenen narrativen Charakter des Glaubens mehr Raum erhält (vgl. JBMGS 4, 98–100). Ihr Vorzug gegenüber verständigungsorientierten Redemodi ist, dass sie sich an der Grenze des Kommunikablen bewegen (vgl. JBMGS 4, 100–101). Der Schrei „ist die Art, wie Gott in seiner Göttlichkeit bei mir ist, wie er mir in seiner Abwesenheit und Ferne, in seiner Transzendenz nahe ist." (JBMGS 4, 101) Das klingt recht spekulativ, ist aber für Metz im Schrei Jesu am Kreuz sowie in den Offenbarungsgeschichten rund um die Stiftung des Bundes zwischen Gott und seinem Volk Israel verbürgt (vgl. JBMGS 4, 101–102). Es geht hier nicht darum, den „alltäglichen Leidensgeschichten noch eine religiöse überzustülpen, sondern um in dieser Erfahrung des Leidens an Gott alle unsere himmelschreienden Leidenserfahrungen zu sammeln und sie so dem Abgrund der Verzweiflung und des Vergessens zu entreißen." (JBGMS 4, 104). Der Schrei ist Zeichen der Nähe Gottes bei bleibender Distanz (vgl. JBMGS 4, 104).

Dennoch weiß Metz darum, dass das Problem der Allmacht Gottes nicht dadurch bearbeitet ist, dass Gott als vermisster Adressat der Schreie und Klagen der Leidenden angerufen und in die Pflicht genommen wird. Aus der Tradition negativer Theologie heraus ist das Prädikat der Allmacht mit einem „Verheißungsvermerk" (JBMGS 4, 35) versehen, lässt sich also nicht mit irdischen Mächten identifizieren oder geschichtlich lokalisieren. Es handelt sich um „jene Macht, die auch die Vergangenheit nicht in Ruhe lässt, die ihr Gerechtigkeitsinteresse auch auf die vergangenen Leiden richtet." (JBMGS 4, 45) Daraus folgt einmal mehr: Die Allmacht Gottes ist die Inversion jeder Siegerideologie und der biblische Monotheismus „ist nicht, wie ihn seine Verächter gern karikieren, Ausdruck einer totalitätsanfälligen Herrschaftsideologie; er ist überhaupt kein System, sondern ein eschatologisches Ereignis. Er ist (…) weit eher als ein machtpolitischer ein pathischer Monotheismus mit einer schmerzlich offenen eschatologischen Flanke." (JBMGS 4, 74)

Diese Spitze gegen die ‚Verächter' des Monotheismus ist im Kontext der Debatte um den intrinsischen Zusammenhang von Monotheismus und Gewalt in den 1990er-Jahren zu sehen, die nach den Terroranschlägen des

---

28 Zur Bedeutung der Klage im Rahmen einer theologisch-politischen Lektüre des *Rechts, Rechte zu haben* siehe unten Kap. 4.3.4.

11. Septembers 2001 noch einmal eine neue Dimension erreichte. Sie lässt sich jedoch auch als Beispiel für eine der Politischen Theologie inhärente Polemik gegen den Immanentismus säkularer politischer Ordnungen lesen, der etwa in einer desillusionierten, visionsfreien Realpolitik greifbar wird. Diese Polemik verfolgt jedoch eben nicht das Ziel, die säkulare freiheitliche Demokratie souveränistisch abzusetzen, sondern „die anamnetische Tiefenstruktur der Vernunft wiederzugewinnen und mit der Kategorie der memoria passionis, dem Eingedenken fremden Leids, die freiheitliche Demokratie gegen einen prozedural zur Macht gekommenen Fundamentalismus zu schützen." (Wacker/Manemann 2016, 46) Die Transzendenz des einen Gottes ist eine messianische in dem Sinne, dass die „Institutionen der Herrschaft nicht den Messias repräsentieren" (Wacker/Manemann 2016, 45).

Es soll also mit dem Gottesgedanken gerade nicht eine Sphäre ausgewiesen werden, die an keinerlei weitere Begründung, Rechtfertigung oder Beschränkung gebunden ist, keine als Metaphysik verschleierte Festschreibung einer irdischen Ordnung der Ungleichheit etabliert werden (vgl. Wacker/Manemann 2016, 45–46). Der Gottesgedanke des pathischen Monotheismus „nährt sich aus Erfahrungen der Nichtidentität" (Manemann 2018a, 718). Diese verhindern auch, dass die daraus resultierenden Pflichten und Gebote souverän durchgesetzt werden können; vielmehr korrespondieren sie mit „einer radikalen Verantwortung, die gerade eine imperiale Souveränität des Subjekts durchbricht." (Wacker/Manemann 2016, 44)

4.2.2.4   Politische Theologie als Compassion
Die Neue Politische Theologie ist von Beginn an explizit Eschatologie und sieht sich insbesondere in der apokalyptischen Tradition. Deren ethische Komponente ist jedoch zunächst wenig entfaltet. In der frühen Phase werden allzu unmittelbare politisch-ethische Ableitungen gar zurückgewiesen. Es geht nicht um eine „direkte und unmittelbare Politisierung der Eschatologie" (JBMGS 3/2a, 40; siehe auch: Rüschenschmidt 2019, 76), auch nicht um eine direktive politische Ethik. Gleichwohl soll die Politische Theologie als hermeneutisch-kritisches Verfahren mittelbar Handlungsorientierung entfalten (vgl. JBMGS 3/2a, 40). Dennoch wächst mit der Zeit die Einsicht, dass die Politische Theologie in ihrer ethischen Dimension stärker expliziert werden muss (vgl. Rottländer 1993) oder pointierter benennen muss, dass sie „[a]ls anamnetische Theologie stets auch Ethik, ‚Ethik in nuce', eine handlungsorientierende, ‚politische Ethik' [ist]." (Peters 1996, 35).[29]

---

29   Freilich ist die Neue Politische Theologie von Beginn an auch eine ethisch reflektierte Theologieform, wie Metz' Antwort auf frühe Kritiker in einem Diskussionsband zeigt.

Die „Verbindung von Ethik und Eschatologie" (Manemann 2018a, 717) wird transparenter in einer Zeit, als die Welt in der Zeit der Umbrüche und des Zerfalls des Blocksystems am Ende des 20. Jahrhunderts auf der Suche nach global gültigen Standards ist. Dass die Menschenrechte sich als etablierte Verkehrssprache der internationalen Gemeinschaft politisch-rechtlich als Leitkategorie herausbilden, wird relativ schnell klar;[30] theologisch machen sich in Deutschland verschiedene Konzepte auf den Weg. Der Tübinger Theologe Hans Küng treibt sein „Projekt Weltethos" (Küng 1991) voran und in Münster schlägt Metz den Begriff der Compassion vor, ein Kunstwort, das sich – deutsch ausgesprochen – vom angelsächsischen Verständnis des Mitfühlens unterscheiden soll. Gegenüber dem paternalistischen, passivierenden Beiklang von Barmherzigkeit oder Mitleid soll Compassion eher eine Gerechtigkeitsforderung darstellen, eine solidarische Praxis, die sich bewegen lässt von den Leiden der Anderen. Sie lebt aus einer nach außen gewendeten Mystik. Metz nutzt hierfür das Bild der „offenen Augen" (JBMGS 4, 39), die sich aus der memoria passionis als Eingedenken fremden Leids speist (vgl. JBMGS 4, 156–157; siehe dazu auch: JBMGS 7).

Als „Weltprogramm des Christentums im Zeitalter der Globalisierung" (JBMGS 4, 157) will sie eine neue Friedenspolitik motivieren, die alte Freund-Feind-Gegensätze aufhebt, eine Politik kultureller Anerkennung anleiten, den Gedanken grundlegender Gleichheit aller Menschen kultivieren und eine leidempfindliche Erinnerungspolitik verteidigen (vgl. JBMGS 4, 159–160). In Schulen und in der Bildungsarbeit soll Compassion ein Lernprogramm für soziale Verantwortung sein (vgl. Metz u. a. 2000). Die Geschichte der spärlichen Rezeption des Begriffs bestätigt allerdings die Vermutung von Peters, dass der Begriff so überdimensioniert ist, dass er „zu abstrakt wie ortlos" (Peters 2008, 34; Anm. 48) wird, um den Anspruch eines globalen Schlüsselbegriffs für das weltweite Christentum tatsächlich einzulösen.

Dort schreibt er – im Gegensatz zur „Ordnungsethik" der Katholischen Soziallehre etwa – seinem theologischen Konzept ein vorrangiges Interesse an einer „Veränderungsethik" zu (vgl. JBMGS 4, 40–42). Aus sozialethischer Perspektive erneut kritisch aufgegriffen hat diesen Gegensatz Hermann-Josef Große Kracht Anfang der 1990er-Jahre (vgl. Große Kracht 1993). Eine produktive Fortschreibung der Neuen Politischen Theologie als Veränderungsethik will Jürgen Manemann mit seiner Politikethik und seinem Plädoyer für ein „revolutionäres Christentum" leisten (vgl. Manemann 2013, bes. 59–70; Manemann 2021).

30 Die Neue Politische Theologie sieht sich wie jede Theologie kategorisch auf den Universalismus der Menschenrechte verpflichtet, ohne einen differenzierten Begriff von den Menschenrechten und ihrem Universalismus zu erarbeiten (siehe z. B. die apodiktische Formulierung in: JBMGS 4, 78).

Doch obschon der Begriff der Compassion sich als nicht belastbar erwiesen hat, bleibt die Frage, was denn praktisch aus dem Universalismus des biblischen Gottesglaubens folgt, der für Metz ein unverzichtbarer Grundzug des Christentums ist: „Götter sind pluralisierbar und regionalisierbar, nicht aber Gott, nicht der biblische Gott." (JBMGS 4, 152) Für die Theologie folgt daraus, dass sie sich ebenfalls universalistisch ausrichtet, was vor allem heißt, dass „sie im Kern eine für fremdes Leid empfindliche Gottesrede ist." (JBMGS 4, 154) Nur so kann sie „im Ansatz antitotalitär und pluralismusfähig" (JBMGS 4, 154) sein.

Wiederum hat dieser universalistische Grundzug eine im engeren Sinne theologische und eine ethische Dimension. Theologisch steht hier die Unterscheidung zwischen einem ‚starken' und einem ‚schwachen' Monotheismus im Hintergrund. Erster lässt sich als das Konzept der alten Politischen Theologie Carl Schmitts identifizieren, ohne dass dieser ausdrücklich erwähnt werden müsste. Der starke Monotheismus ist eine machtpolitische Option, „Legitimationsquelle eines vordemokratischen[31], gewaltenteilungsfeindlichen Souveränitätsdenkens" (JBMGS 4, 152). Der schwache Monotheismus wird dagegen als pluralitätsfähig, vulnerabel und empathisch charakterisiert. Bei allen Ambiguitäten der biblischen Stoffe sorgen doch die Tradition des Bilderverbots und die Brechung des Monotheismus in der Theodizee-Frage dafür, dass er Gott nicht mit irdischer Herrschaft identifiziert und diese unbegreifliche und alles Denken übersteigende Instanz mit Rückfragen, Klagen und Schreien nicht in sich ruhen lässt (vgl. JBMGS 4, 152–154). Die Neue Politische Theologie ist somit ebenfalls in der Verantwortung, das Gott-Denken nicht zu beruhigen, sondern in Bewegung zu bringen, sich berühren zu lassen und Anfechtungen auszusetzen.

Dem korrespondiert politisch-ethisch ein ‚schwacher' Universalismus, ein „Universalismus des Leidens in der Welt" (JMBGS 4, 154). Damit ist selbstverständlich keine normative Forderung gemeint, sondern das Gebot, dass dieses Leiden universelle Aufmerksamkeit verlangt. Das universalistische Ethos begründet sich für ihn daher nicht aus Konsens oder einem formal korrekt durchgeführten Verfahren, sondern durch eine „innere Autorität des Ethos" (vgl. JBMGS 4, 163) selbst, die er als „Autorität der Leidenden" (JBMGS 4, 163) begreift. Auf diese spezifische Form der Autorität weist er beharrlich hin, seit er sie in der Auseinandersetzung mit der aufklärerischen

---

31 Der passende Ausdruck wäre wohl eher antidemokratisch. Denn Schmitt will ja nicht einfach in einen vordemokratischen Zustand zurück, sondern sieht sich als expliziter Gegner der rechtsstaatlichen, parlamentarischen Verfassungsdemokratie (s. o.).

Autoritätskritik ‚entdeckt' hat (vgl. JBMGS 3/1, 61–63). Sie liegt jedem diskursiven Verständigungs- und Einigungsprozess voraus, lässt sich aber auch nicht in eine universelle Moralität überführen, die dann als fallbezogene Ethik die Legitimität, Kompatibilität oder Akzeptabilität neuer technischer und gesellschaftlicher Entwicklungen mit dieser Moralität feststellen kann (vgl. JBMGS 4, 163). Die Autorität der Leidenden ist also keine operative Kategorie normativer Ethik, sondern eine ‚schwache' Verlautbarung, ein Bestehen auf etwas Unzerstörbarem im Namen des Menschen, das allen Menschen weltweit zugemutet werden kann und muss, letztlich aber nur dann Wirkung entfaltet, wenn es auch an Ort und Stelle mit Leben gefüllt wird (vgl. JBMGS 4, 163–164).

4.2.2.5 Zusammenfassung

Der Begriff der Politischen Theologie ist also – das ist gegenüber Seyla Benhabibs pejorativer Verwendung zu betonen – deutlich anders auszulegen und nicht auf Schmitts Verständnis festgelegt. Auch wenn die Abgrenzung von und Auseinandersetzung mit Schmitt nicht ursprünglicher Impuls oder Movens der theologischen Politischen Theologie ist, so spielt diese doch schon früh eine zentrale Rolle für die Profilierung als *Neue* Politische Theologie. Die zentralen Differenzen zur alten Politischen Theologie lassen sich noch einmal so zusammenfassen. Der Prozess der Aufklärung, insbesondere das demokratische Prinzip der Öffentlichkeit, und der Prozess der Säkularisierung als Weltwerdung der Welt, werden ausdrücklich anerkannt und kritisch mitvollzogen. Der christliche Glaube wird als eschatologische Hoffnung, als umfassende Erwartung für die Lebenden *und* die Toten verstanden. Transzendenz und Monotheismus werden vor diesem Hintergrund herrschaftskritisch ausgelegt, d. h. keine irdische Herrschaftsordnung kann mit Gott oder seiner Herrschaft identifiziert werden. Um der (nicht nur unterschwelligen) Gefahr eines apathischen, abstrakten Gottesbegriffs zu entgehen, wird im aktualisierenden Rekurs auf die Tradition des biblischen Monotheismus ein pathischer, theodizee-empfindlicher, darin aber gleichwohl universalistisch bleibender Monotheismus entworfen, in dem die Einheit von Schöpfer- und Erlösergott gewahrt werden soll. Dieser umfasst ausdrücklich auch die Rückfrage des leidenden Subjekts an Gott und kommt in der Gebetssprache der Klage und des Schreis zum Ausdruck. Die Praxisorientierung besteht nicht in einem Fokus auf die Entscheidung des Souveräns (und die metaphysische Überhöhung einer entsprechenden politischen Ordnung der Ungleichheit), sondern in einer dialektischen Praxis-Theorie, die auf die Grundkategorien der Erinnerung, Erzählung und Solidarität und eine Mystik der Compassion setzt sowie sich der unhintergehbaren Autorität der Leidenden unterstellt.

Der darin enthaltene ‚schwache' Universalismus hat keine weltlichen Gewaltmittel zur Verfügung[32] und realisiert sich nicht einfach in politischen Ordnungen oder gesellschaftlichen Institutionen, sondern bleibt angewiesen auf die Praxis entsprechend sensibilisierter und engagierter Subjekte (die nicht notwendig Individuen sein müssen, sondern auch Kollektive sein können) und hofft auf das rettende Eingreifen Gottes auch für die Opfer und Besiegten der Geschichte, deren Würde als Subjekte konstitutiv mit Gott als Gott der Lebenden und der Toten, der universalen Gerechtigkeit und der Auferweckung der Toten verknüpft ist.

Im Ergebnis ist die Neue Politische Theologie ebenso wie Seyla Benhabibs Politische Philosophie ein diametraler Gegenentwurf zur Politischen Theologie der Souveränität. Erstaunlich ist, dass dem Begriff der Souveränität – immerhin nicht nur ein Schlüsselbegriff bei Schmitt, sondern der politischen Moderne insgesamt – bei Metz kaum Aufmerksamkeit geschenkt wird. Der herrschaftskritische Impetus der Gottesherrschaft, des Prädikats der Allmacht und des ‚schwachen' Monotheismus sowie der negativ-theologische Grundzug der Eschatologie legen allenfalls eine grundlegend souveränitätskritische Grundhaltung nahe, ohne dass diese entfaltet würde. Vor dem Hintergrund des Durchsetzungsproblems der Menschenrechte und der fragwürdigen Rolle, die das Konzept der Souveränität dabei spielt, erscheint hier jedoch eine Aufklärung nötig. Nachdem also die *Politische Theologie* der Souveränität anders perspektiviert worden ist, soll nun die Politische Theologie der *Souveränität* gegen den Strich gelesen werden.

4.2.3   *Politische Theologie der Souveränität – gegen den Strich gelesen*
Die Reflexion auf das Durchsetzungsproblem ist durch die Andersbestimmung des Begriffs der Politischen Theologie schon ein gutes Stück vorangekommen. Ein ‚starkes' Verständnis von Durchsetzung im Sinne der Souveränität scheint ausgeschlossen. Dieser (in mancherlei Hinsicht ernüchternde) Befund nötigt jedoch aufs Neue zu einer Stellungnahme, wie denn dann mit dem Durchsetzungsproblem umzugehen ist. Hier soll nun eine Verschärfung der souveränitätskritischen Perspektive vorgenommen werden. Souveränität ist ein genuin neuzeitlicher Begriff und damit biblischem Denken fremd, so dass die Irrelevanz des Souveränitätsdenkens für den ‚schwachen' Monotheismus durchaus nachvollziehbar ist. Doch finden sich auch vorneuzeitlich zahlreiche

---

32   Ob die Autorität der Leidenden ein *diskursives* Gewaltmittel darstellt (und sich als Alternative z. B. zum habermasischen ‚zwanglosen Zwang des besseren Arguments' verstehen lässt), wäre an anderer Stelle eingehender zu diskutieren.

souveränitätsähnliche Vorstellungen – und diese sind nicht zuletzt durch die christliche Tradition inspiriert. Deshalb reicht ein Hinweis darauf, dass auch das Christentum in seiner Geschichte immer wieder der Versuchung des ‚starken' Monotheismus erliegt (vgl. JBMGS 4, 152), ebenso wenig aus, wie die potentiell in Frage kommenden Begriffe mit einem eschatologischen bzw. negativ-theologischen Vorzeichen zu versehen und so vor Instrumentalisierung zu schützen.

Die hier vorgenommene Souveränitätskritik geht in zwei Schritten vor: Zunächst wird eine kurze Rekonstruktion der politischen Indienstnahme einer transzendenten, absoluten Autorität als Macht zur Durchsetzung innerweltlicher Ansprüche rekonstruiert (Kap. 4.2.3.1). Darauffolgend wird eine grundsätzliche Infragestellung von Souveränität als Prinzip und Praxis aus theologischer Perspektive diskutiert (Kap. 4.2.3.2).

4.2.3.1 Die historische und systematische Verschränkung von Souveränität und Gottesbegriff

Souveränität ist heute innenpolitisch durch vielfältige Sicherungsmaßnahmen eingehegt. Juristisch wird sie als „eine vom Recht verliehene und daher notwendig begrenzte Macht, d. h. eine rechtlich geordnete Gewalt" (Hillgruber 2022) verstanden. Politikwissenschaftlich wird sie häufig synonym für kollektive Selbstbestimmung – nach innen als Kontrollinstanz der Regierung, nach außen als Schutz territorialer Integrität und Recht auf Nichteinmischung – gebraucht (vgl. Seitschek 2022). Und dennoch bleibt sie als „Kompetenz des Staates [oder: des Volkes bzw. der Nation, J. K.] zur Letztentscheidung, d. h. zur endgültigen Entscheidung in inneren und äußeren Gelegenheiten" (Hillgruber 2022) in einer mehr als nur unterschwelligen Spannung zu rechtsstaatlichen Prinzipien, wie dem der Gewaltenteilung oder verfassungsmäßig garantierter Grundrechte (vgl. Hillgruber 2022).

Souveränität als Kompetenz zur endgültigen Entscheidung, das Vermögen und die Ressourcen, über eine Situation verfügen zu können und sich im Zweifelsfall gegen andere durchzusetzen und sie der souveränen Entscheidung zu unterwerfen, heißt: eine Entscheidung jenseits der durch Tradition, Vernunft oder Moral gesetzten legitimatorischen Grenzen herbeiführen zu können und auch tatsächlich herbeizuführen. Der Schluss auf einen aus freien Stücken und geheimen Ratschlüssen waltenden Gott liegt nahe. So zeigt auch ein Blick in die Geschichte des Souveränitätsbegriffs, dass in der christlichen Tradition reichlich Deutungsangebote vorhanden sind, um die Souveränitätsidee und den Gottesbegriff miteinander zu verknüpfen. Jean Bodin (ca. 1530 bis 1596), der als Erfinder des Begriffs gilt, übersetzt in der Absicht die absolutistische Monarchie zu begründen den lateinischen Begriff der *Maiestas* ins Französische mit dem Begriff *souveraineté* und stellt damit unmittelbar eine Brücke zur *Maiestas Domini*-Tradition her.[33]

Dabei handelt es sich um eine seit dem 8. Jahrhundert verbreitete Form der endzeitlichen Darstellung des über der Welt thronenden Christus (vgl. Arendt 2019b, 27). Souveränität ist demnach „absolute Zentralisierung der Macht" (Arendt 2019b, 29). Bei Thomas Hobbes findet diese Sicht ihren Ausdruck in der Auffassung, der Staat sei ein ‚sterblicher Gott', wobei der entscheidende Aspekt für das Kriterium der Gesetzgebung und Rechtsdurchsetzung die Autorität und nicht die Wahrheit ist (vgl. Seitschek 2022). Neben der Maiestas Domini-Tradition finden sich in vorneuzeitlichen Kontexten weitere souveränitätsähnliche Gedanken: die unumschränkte Vollmacht des *pater familiae* oder die mittelalterliche Vorstellung der vollumfänglichen Amtsgewalt des Papstes (*plenitudo potestas*) (vgl. Loick 2012, 31); die Rede von der Allmacht Gottes (*omnipotentia*), die biblischen Königs- und Herrschaftsmetaphern, das Synonym des *adonaj/kyrios* für den Gottesnamen (und später für Christus), die philosophischen Attribute der Transzendenz und des Absoluten – all dies macht die Vorstellung eines uneingeschränkten Souveräns als letztgültiger Entscheidungsinstanz zunächst einmal anschlussfähig. Dennoch bleibt festzuhalten, dass es sich bei der Verknüpfung von Souveränität und Gottesbegriff um eine neuzeitliche Projektion handelt (vgl. Loick 2012, 29).

Mit dem Aufgreifen der monotheistischen Tradition kann der Souveränitätsbegriff sein Interesse an Eindeutigkeit und klaren Verhältnissen in unübersichtlichen Situationen auf einer anderen Ebene absichern, wobei im Grunde unerheblich ist, ob der Souverän der Monarch oder das Volk ist, wie Loick (vgl. 2012, 96–108) sehr anschaulich am Beispiel von Rousseau darstellt. Begriffsgeschichtlich gibt es also eine Konstante von der überweltlich thronenden Instanz des Herrn über den absolutistisch regierenden Monarchen zur Volkssouveränität. Jedenfalls lässt sich nicht zweifelsfrei nachweisen, dass ein legitimer demokratischer Souveränitätsgedanke intrinsisch an ein im Plural verfasstes Volk gebunden wäre, wie Habermas (vgl. 2019, 607) meint. Anders formuliert: Mit dem Souveränitätsgedanken geht es vor allem darum, dem was für alle verbindlich sein soll, absolute Geltung zu verschaffen. Hierzu wird – selbst von denen, die Offenbarungsreligion für einen Mythos halten – eine transzendente Autorität aufgerufen (vgl. Arendt 2019b, 238–243). Die politische Moderne befindet sich damit in einem Dilemma: Einerseits hat sie sich dem Anspruch nach von allen überweltlichen Mächten und Gewalten und ihren

---

[33] Freilich verfolgt Bodin damit kein qualifiziertes theologisches Interesse, sondern will so kirchliche Herrschaftsansprüche abwehren (vgl. Loick 2012, 42; Anm. 23).

irdischen Repräsentationen losgesagt, andererseits steht sie in einer Kontinuität zu eben diesen Instanzen, wenn sie sich auf eine letztentscheidende Macht beruft.

4.2.3.2 Souveränitätskritik an der Grenze von Theologie und Anthropologie – eine Verschärfung

Die im Folgenden skizzierte Antwort bietet keine unmittelbare Lösung für dieses Dilemma, sondern eine nochmalige Zuspitzung in dem Sinne, dass die Durchsetzung radikal und grundsätzlich vom Vollzug von Souveränität Abstand nehmen muss,[34] vorerst ohne genau sagen zu können, welche Alternativen gewählt werden müssten. Im Fokus steht vor allem der reflexive Umgang mit der problematischen Verschränkung von Souveränität und Gottesgedanken.

Bereits im vorangegangenen Kapitel klang die Strategie an, eine scharfe Trennung zwischen ‚starkem' machtpolitischem und ‚schwachem' leidensensiblem Monotheismus vorzunehmen. Diese blieb in Bezug auf die irdischen Souveränitätsverhältnisse jedoch recht wortkarg. Das ist bei den folgenden Überlegungen auf den ersten Blick nicht anders und doch gibt es einen qualitativen Unterschied: Die Souveränität wird aus der Sphäre der menschlichen Angelegenheiten verbannt. Es handelt sich nicht um einen Etikettenschwindel, wenn die Souveränitätskritik aus theologischer Perspektive im Gespräch mit Hannah Arendt entfaltet wird, die weder gläubig noch Theologin ist. Sie nimmt, dabei aber durchaus widersprüchlich, an mehreren Stellen ihres Werkes auf die religiöse Tradition und den Gottesgedanken Bezug – gerade auch im Kontext des Souveränitätsbegriffs. Aus diesem Grund scheint sie aufs Neue geeignet, das weitere Nachdenken anzuleiten.

Eine grundlegende Einsicht Arendts ist dabei gleich zu Beginn festzuhalten: „Kein Mensch ist Souverän, weil Menschen und nicht der Mensch, die Erde bewohnen (...)." (Arendt 2016b, 299) Dies will Arendt nicht als eine aus dem Selbsterhaltungstrieb oder aus der allgemeinen Bedürftigkeit des Menschen folgende Aussage verstanden wissen (vgl. Arendt 2016b, 299) Vielmehr wird hier auf ein grundlegendes Merkmal des Menschseins, die Pluralität, abgestellt,[35]

---

34 Es ist in den bisherigen Ausführungen deutlich geworden, dass es nicht um eine Kritik spezifischer Aspekte oder Ausprägungen von Souveränität, sondern um die grundsätzliche Infragestellung von Souveränität als Prinzip und Praxis geht. Zu diesem Ansatz grundlegend: Loick (2012).

35 Auch Benhabib weist auf die zentrale Stellung des Pluralitätsbegriffs für Arendts Denken hin, erörtert diesen jedoch eher philosophisch zur Veranschaulichung der tiefen ontologischen Differenzen zwischen Arendt und Heidegger (vgl. Benhabib 2006, 169–176).

die mit dem Souveränitätsdenken unverträglich ist. Pluralität meint mehr und anderes als Pluralismus: Sie bezeichnet nicht ein Prinzip des Zusammenlebens, das das Nebeneinander oder die friedliche Koexistenz unterschiedlicher Religionen, Kulturen und Weltanschauungen ermöglicht. Pluralität ist eine Grundbedingung menschlicher Existenz und zugleich eine Lebensform, in deren Zentrum die Freiheit als gemeinsames Handeln von Gleichen („acting in concert") steht (vgl. Rebentisch 2022, 49; Loick 2012, 168). Damit einher geht die Auffassung, dass Nicht-Souveränität nicht gleichbedeutend mit Abhängigkeit im Sinne eines Unterordnungsverhältnisses oder Fremdherrschaft ist. Politische Freiheit wiederum kann nicht auf hierarchisch-souveräner Herrschaft beruhen; anderenfalls kann sie dem Grunddatum der Pluralität nicht gerecht werden (vgl. Rebentisch 2022, 49–50; Loick 2012, 167–170).[36]

Im Rahmen dieser souveränitätskritischen politischen Anthropologie der Pluralität greift Arendt immer wieder auch kursorisch auf Fragmente und Motive aus der religiösen Tradition zurück, bei denen sich eine nähere Betrachtung lohnt. Sie lassen sich grob in zwei Kategorien einteilen: (1) eine schöpfungstheologische Plausibilisierung der Pluralität und (2) eine metaphysische Markierung von Souveränität als Differenzkriterium zwischen Gott und Menschen.

Der Rückgriff auf die Schöpfungserzählungen ist kein Zufall. Er verwebt verschiedene Fäden miteinander: Einmal handelt es sich um eine der zentralen Ursprungserzählungen der von Arendt etwas altmodisch so genannten ‚abendländischen Tradition'. Zudem ist die Berufung auf ein irdisches Dasein der Menschen als Geschöpfe ein Schlüssel des Gleichheitsgedankens in der Amerikanischen Unabhängigkeitserklärung (vgl. Arendt 2019b, 249–250). Doch damit ist die Sinnspitze von Arendts Rekurs noch nicht hinreichend erfasst. Denn sie liest die Schöpfungserzählungen auch im Horizont des kolonialimperialistischen Zeitalters. Am Anfang des auf der Ideologie des Rassismus basierenden kolonialimperialistischen Herrschaftssystems stand die Zerstörung des Glaubens an einen gemeinsamen Ursprung der Menschheit, der aus Arendts Sicht bis zur Kolonialisierung Afrikas intakt war (vgl. Arendt 2017a, 388).[37]

---

36 Arendt, darauf weist Rebentisch zudem hin, bleibt aber erstaunlich unkritisch gegenüber der patriarchalen Herrschaft des Hausherrn, dem allein in der antiken Polis die Teilnahme am öffentlichen Leben, sprich: dem Vollzug der politischen Freiheit, vorbehalten ist (vgl. Rebentisch 2022, 50). Hier unterwandert sie gewissermaßen ihren eigenen Pluralitätsgedanken, der besonders das Nicht-Identische als Voraussetzung von Politik und Freiheit betont.

37 Dabei ist zu beachten, dass Arendts eigene Beschreibung der Ausprägung des rassistischen Blicks in der Erfahrung des Aufeinandertreffens von weißen Kolonialherren und

Wenn Arendt also auf die Schöpfungsgeschichten Bezug nimmt, handelt es sich nicht einfach um eine schlichte Anknüpfung an die Tradition, sondern um eine kritische Aneignung, im Grunde sogar eine völlige Umschreibung. Sie wurzelt in der – als Verbindung sich widersprechender Eigenschaften formulierten – Grundannahme, dass Pluralität ein Teil der allgemeinen menschlichen Bedingtheit (,human condition') ist. Dabei weist Arendt den beiden überlieferten Versionen unterschiedliche Pluralitätsmodelle zu[38]: Die jüngere (Gen 1,1–2,4a) überliefert, dass „Gott nicht *den* Menschen erschuf, sondern die Menschen: ,und schuf *sie* einen Mann und ein Weib'." (Arendt 2016b, 17) – Arendt will hier nicht auf die Geschlechtlichkeit hinaus, sondern darauf, dass Menschen dem göttlichen Schöpfungswillen entspringend im Plural, nicht im Singular existieren. Scharf grenzt sie davon das Modell der älteren Schöpfungsgeschichte (Gen 2,4b ff.) ab. Diese berichtet von der Schöpfung eines Adam, der aus Erde geschaffen später eine Gefährtin erhält: „Hier ist die Pluralität den Menschen nicht ursprünglich zu eigen, sondern ihre Vielheit ist erklärt aus Vervielfältigung." (Arendt 2016b, 17) In der Zusammenschau der Versionen wird also besonders anschaulich, was Pluralität als ,human condition' ausmacht – die radikale, in der Schöpfung wurzelnde „Nicht-Identität" der Menschen, die gerade aber die Menschen miteinander verbindet. Der Wert dieser doppelten Überlieferung der Schöpfungserzählung besteht aber auch darin, dass sie die ,falsche' Deutung der Erfahrung menschlicher Pluralität ebenfalls tradiert – gewissermaßen als mahnende Erinnerung. Dass das notwendig ist, zeigt Arendts Schluss aus ihrer Synopse: „Jede wie immer geartete ,Idee vom Menschen überhaupt' begreift die menschliche Pluralität als Resultat einer unendlich variierbaren Reproduktion eines Urmodells und bestreitet somit von vornherein und implicite die Möglichkeit des Handelns." (Arendt 2016b, 17)

Genau diese Möglichkeit des Handelns ist, was für Arendt überhaupt die Welt als Ort menschlichen Zusammenlebens konstituiert. Vor allem die Initiative, die Fähigkeit, aus dem Nichts und völlig unvorhergesehen etwas Neues

---

schwarzen ,Stämmen', deren Lebensform für die Invasoren jegliche Plausibilität eines gemeinsamen Ursprungs habe schwinden lassen, ihrerseits von erheblichen rassistischen Annahmen geprägt ist. Anklänge einer fatalen und ungerechtfertigten Verlagerung der Verantwortung in die Opfer sind mehr als deutlich vernehmbar. Dies kann hier nicht weiter ausgeführt werden. Es geht an dieser Stelle nur darum, zu zeigen, warum Arendt der Grundgedanke der Pluralität als Signatur des Menschseins so wichtig ist.

38 Vor dem Hintergrund dieses Interesses ,verschweigt' Arendt dann auch, dass in dem diesem Satz vorausgehenden Vers, von der Schöpfung des Menschen als Ebenbild Gottes im Singular die Rede ist: „als sein Ebenbild schuf er *ihn*". Gerade vor dem Hintergrund zeitgenössischer christlich-theologischer Begründungen aus der Gottesebenbildlichkeit des Menschen, wäre Arendts aussparendes Zitat würdetheoretisch weiterzuverfolgen.

beginnen zu können, gilt ihr als paradigmatisches Modell des Handelns.[39] Dieses Handlungsmodell ist für sie wiederum auch in der Kreatürlichkeit der Menschen zu entdecken. Als Referenz zieht Arendt ein Augustinus-Zitat[40] heran: „Ut initium esset, creatus est homo." (Arendt 2017a, 972) Es befindet sich am Schluss der niederschmetternden Analyse der totalen Herrschaft und formuliert damit so etwas wie die zaghafte Hoffnung auf einen Neuanfang. Auch dieser Gedanke wird in paradoxer Form artikuliert: Den Menschen wird die Fähigkeit zum Neubeginn qua Geschaffensein zugesprochen; der Initiative haftet somit auch etwas Passives, Verdanktes an. Menschen können neu beginnen, weil sie selbst ein Neubeginn sind. Weil sie Kreaturen (Ge-schaffene) sind, können sie kreieren. Menschen bleiben sich demnach im Vollzug ihrer ureigenen Tätigkeit selbst ein Stück weit entzogen.

Arendts Faszination für das widersprüchliche Phänomen neuer Anfänge wird nochmals durch ihren spezifischen Zugang zum christlichen Erbe der abendländischen Tradition deutlich. Hier ist ihr vor allem die Weihnachtsgeschichte (und nicht das österliche Geheimnis der Auferstehung) wichtig: „Uns ist ein Kind geboren!", lautet die Botschaft der Weihnachtsoratorien, die Arendt emphatisch zitiert, um zum Ausdruck bringen, „dass man in der Welt Vertrauen haben und dass man für die Welt hoffen darf" (Arendt 2016b, 317). Das Kind steht repräsentativ für die Möglichkeit des Neubeginns, den Eintritt des Neuen in die Welt, der die Möglichkeit des Handelns verbürgt und sogar die Selbstgenügsamkeit der romantischen Geschichte zweier Liebender unterbricht (Arendt 2016b, 309). Dieses Neue, von dem der Neuankömmling kündet und das auch mit Fremdheit und Anderssein konnotiert wird (vgl. Arendt 2016b, 18), ist zwar nicht hinreichend durch das einfache Geborensein bestimmt, doch ist die Handlungsfähigkeit von dort her bestimmt und muss eingeübt, aktualisiert und beansprucht werden. Jedenfalls enthält also auch die von der Geburt her interpretierte Fähigkeit zum Neubeginn ein ‚schwaches' Moment.

Das neugeborene Kind ist angewiesen auf Andere, auf ihre Sorge, ihr Wohlwollen, ihre Zuneigung, ihr Verantwortungsgefühl usw. Dies betrifft nicht nur die Befriedigung der physischen Grundbedürfnisse, sondern eben auch die Ankunft in einer Welt, in der Menschen zusammenleben und zusammen leben. Menschsein vollzieht sich nicht unabhängig von anderen, sondern mit

---

39   Zur Auslegung von Natalität als politisches Prinzip siehe: Kap. 4.3.1.2.
40   Arendt ist eine versierte Augustinus-Leserin, hat sie doch ihre Dissertation über den antiken christlichen Autor verfasst. Obwohl in dieser ein ganzer Teil der Beziehung von Schöpfer und Geschöpf gewidmet ist, spielt das oben genannte Zitat in der Dissertationsschrift noch keine Rolle. Das spricht dafür, dass Arendt auch die Quellen, aus denen sie selbst maßgeblich schöpft, nach Auschwitz einer kritischen Revision unterzieht.

anderen und Handeln ist nur möglich, wenn zwischen den Menschen ein Band geknüpft ist, das über das Selbsterhaltungsinteresse hinausgeht. Aus theologischer Sicht springt hier natürlich die christologische Zurückhaltung ins Auge: „Uns ist ein Kind geboren!", ist die Botschaft – und nicht: „Christ, der Retter, ist da." Das Messianische der christlichen Botschaft wird durch eine anthropologische Wende zum Natalen als Grundbedingung menschlichen Handelnkönnens geöffnet – und zwar durchaus doppeldeutig: Es bleibt offen, ob die Lesart der christlichen Tradition vorausgesetzt wird, es handle sich um ein ganz bestimmtes Kind – Jesus von Nazareth, den seit 2000 Jahren Gläubige als Messias bekennen –, oder ob in der Tatsache, dass Menschen geboren werden, das messianische Moment des rettenden Eintritts des Neuen, Anderen in diese Welt mitschwingt.[41] In jedem Fall aber konterkariert Arendts Hinweis auf die Weihnachtsgeschichte den triumphalistischen Ton der oben erwähnten *Maiestas Domini*-Tradition und der Christus-König-Theologie.

Aus theologischer Sicht bemerkenswert ist Arendts beinahe ‚traditionalistischer' Gottesbegriff, in dem Souveränität ein zentrales Differenzkriterium zwischen Gott und Mensch ist: „(…) souverän ist nur der einzige Gott." (Arendt 2016b, 299) Damit wird nochmals deutlich, dass Pluralität den Menschen vorbehalten ist und Souveränität eine „Vergöttlichung des Volkes" (Arendt 2019b) darstellt. Für die menschlichen Angelegenheiten ist Souveränität damit vollkommen ungeeignet. Loick formuliert dies prägnant in der Wendung von der „Souveränität als Politikverlust" (Loick 2012, 167). Doch Arendt scheint Souveränität für eine authentische göttliche Eigenschaft oder ein divines Vermögen zu halten. Dieser Befund lässt sich erhärten durch Arendts aus einem mittelalterlichen Abzählvers hergeleitete Bestimmung Gottes als dasjenige Wesen, das niemals unter seinesgleichen sein kann, in einem ontologischen Sinn also durch sein fundamentales Anderssein allein ist (Arendt 2017a, 972). Arendt bezeichnet dies „aus menschlicher Sicht als Tragödie des Einen Gottes" (Arendt 2017a, 972). Mit diesem zwar etwas salopp daherkommenden, aber doch streng monotheistischen Gottesverständnis

---

41 Künftige Forschungsarbeiten könnten Arendts Nachdenken über die Natalität und ihre Anleihen bei der Weihnachtsgeschichte mit dem Lukas-Evangelium ins Gespräch bringen. Das Lukas-Evangelium ist nicht nur das einzige, das die Kindheitsgeschichte Jesu überliefert. Es verfolgt dabei auch eine durchgehend herrschaftskritische Linie. An die Stelle der irdischen Macht (des römischen Imperiums) soll nicht eine andere, göttlich sanktionierte Macht treten; die Mächtigen werden vom Thron gestürzt, wie es im Magnificat (Lk 1, 45ff.) heißt – doch der Thron bleibt leer. Ebenso wird bei Arendt die Geschichte messianisch nicht abgeschlossen, sondern begonnen. Diesen Intuitionen einerseits systematisch mehr Kontur zu verleihen und andererseits historisch zu folgen, wäre angesichts der Wiederkehr autoritärer Herrschaftstypen (in personaler wie struktureller Gestalt) und der verbreiteten Hoffnungslosigkeit in dauerhaften Krisenzeiten lohnend.

wird vor allem eine Grenze markiert: Bestimmte göttliche Eigenschaften, zu denen Souveränität und Alleinsein (in ontologischer Hinsicht) gezählt werden, können nur unter der Aufgabe oder dem Verlust von Pluralität und Politik im originären Sinne in die Sphäre der weltlichen Angelegenheiten übertragen werden. Daraus ließe sich ein klares Plädoyer für einen vollständigen Verzicht auf Gottesbezüge im Bereich des Politischen ableiten.

Rückhalt findet diese Vermutung nicht nur in kritischen Einlassungen Arendts zum ‚christlichen' Ursprung der modernen Revolutionen (vgl.. Arendt 2019, 29ff.). Vor allem mit Blick auf den aus dem Gott-Souverän abgeleiteten Gesetzesbegriff wird deutlich, dass Arendt gegenüber einem politischen Rekurs auf den Gottesgedanken deutliche Vorbehalte hat. Sie unterscheidet in der europäischen Geistesgeschichte drei Typen von Gesetzen: die griechische Vorstellung vom Gesetz als präpolitischem Akt, den römischen Gedanken vom Gesetz als Stiftung eines Verhältnisses zwischen zwei oder mehr Partnern und das biblische[42] Konzept des göttlichen Gebots bzw. Verbots, das bedingungslosen Gehorsam verlangt. Das Gesetz als Gebot/Verbot setzt zwingend eine hierarchisch übergeordnete Instanz voraus, die allein Verstöße sanktionieren und neue Gesetze erlassen kann (vgl. Arendt 2019b, 244–245). Für Arendt ist das eine völlig unproduktive Form im Bereich des politischen Zusammenlebens, weil hier die freie Rede und das gemeinsame Handeln elementar sind. Das Gesetz als Gebot erwächst nicht aus den menschlichen Angelegenheiten selbst, sondern aus einem göttlichen Eingriff. An dieser Stelle folgt Arendt also umstandslos der neuzeitlichen Bewegung von einer theonomen zu einer autonomen Rechtsordnung.

Warum aber werden diese – sicher kursorischen, aber auch nicht zufälligen – Rekurse auf den Gottesbegriff hier trotzdem erwähnt? Das hat nicht nur traditionsgeschichtliche Gründe. Vielmehr wird damit der Souveränitätsbegriff einer außerweltlichen Macht zugewiesen – und auch nur dieser zugestanden. Wann immer dieses Konzept auf irdische Mächte übertragen oder projiziert wird, sind Politik und das freie Zusammenleben in Gefahr. Es ist eine Absage an über-menschliche Prinzipien und Gott wird hier in gewisser Weise zu einer negativen Grenze der Politik. Damit kommt hier etwas zum Ausdruck, dass Peters im Hinblick auf Karl Rahner später so formuliert: „Weil die Freiheit jedoch nur frei ist, wenn sie sich frei hält vom Anspruch totaler

---

42 Um der Genauigkeit willen sei hier erwähnt, dass Arendt das Wort „hebräisch" gebraucht. Hier wird aber im Sinne der Einheitlichkeit am bereits eingeführten Terminus „biblisch" festgehalten. Allerdings handelt es sich dabei um ein sehr verkürztes Verständnis des biblischen Gesetzesbegriffs, der viel differenzierter ist.

Herrschaft, muss sie, schon Karl Rahner zufolge, das Totale der Macht Gott vorbehalten." (Peters 2008, 65)

Doch zeichnet sich hier ein recht widersprüchliches Bild. Die Souveränität wird exklusiv bei Gott verortet und auf diese Weise problematisiert, wenn sie in weltliche Angelegenheiten eingreift. Die logische Folge ist eine politische Abstinenz Gottes. Daneben oder dagegen finden sich jedoch Ansätze, das anthropologische Grunddatum der Pluralität auch mit theologischen und religiösen Motiven zu plausibilisieren. Hier wird also ein welt-schaffendes oder -veränderndes Handeln unter – wie auch immer zu erkennender – Einflussnahme Gottes durchaus gewürdigt. Vielleicht handelt es sich hierbei um ein nicht durchreflektiertes Stück negativer Theologie, indem hier die *coincidentia oppositorum*, in diesem Fall von Souveränität und Pluralität, zu fassen versucht wird. Vielleicht stellt es auch den Versuch dar, sich einem Geheimnis zu nähern, das nur theologisch-politisch zu fassen ist: dass menschliche Freiheit doch „von etwas lebt, das ihr letztlich nicht gehört" (Peters 2008, 65), aber oft bis zur Unkenntlichkeit entstellt ist und einer besonders geschärften Aufmerksamkeit bedarf.

4.2.3.3   Zusammenfassung: Gegen-Souveränität

Die Politische Theologie der *Souveränität* ist eine theologisch-anthropologisch grundiertes Plädoyer für Gegen-Souveränität. Das meint etwas anderes als eine einfache Zurückweisung oder Ablehnung von Souveränität. Es geht vielmehr darum, die Gefahr, die von der Souveränität für die Politik ausgeht, zu *bannen*. Arendt bedient sich hierzu mehr pragmatisch als systematisch eines transzendenten und streng monotheistischen Gottesbegriffs, dem allein Souveränität zukommt und der nur über-weltlich bzw. über-menschlich eine Art von Berechtigung hat. Zugleich sind gegen-souveräne Potentiale zu heben, die jedoch nicht der strikten Entgegensetzung von Himmel und Erde, Gott und den Menschen folgen. Im Gegenteil, findet Arendt auch in der religiösen Tradition – etwa in der Schöpfungstheologie und dem messianischen Moment im Inkarnationsgedanken – Inspirationen für eine gleichermaßen von Initiative und Abhängigkeit, Handlungsmacht und Bedürftigkeit geprägte Anthropologie, der eben das politische Prinzip der Souveränität in keiner Weise entsprechen kann. Stattdessen bevorzugt Arendt den Gedanken der Pluralität, der entsprechend als Gegen-Souveränität zu verstehen ist. Nicht Entscheidung und Durchsetzung kommen dann zur Geltung, sondern gemeinsames Handeln, die Kultivierung der Fähigkeit, neue Anfänge zu setzen und dennoch einer gewissen Unverfügbarkeit – sowohl in Bezug auf sich selbst als auch auf andere – gewahr zu sein.

4.2.4 Die Durchsetzung des Rechts, Rechte zu haben oder: der Bedarf gegen-souveräner Orte, Institutionen und Personen

Zum Ende dieses Kapitels ist noch einmal auf das Durchsetzungsproblem einzugehen, genauer: auf die Frage der Durchsetzung des *Rechts, Rechte zu haben*. Damit die sehr grundsätzlich angelegten Überlegungen zur Gottesfrage, anthropologischen Grundkategorien und den Möglichkeiten menschlichen Zusammenlebens in Geschichte und Gesellschaft sich nicht einfach in der Bedeutungslosigkeit verlieren, werden sie noch einmal rückgebunden an die sozialwissenschaftlichen und politisch-philosophischen Reflexionen in den vorherigen Teilen dieser Arbeit.

Als eine, wenn nicht die zentrale Herausforderung der Menschenrechtsethik wurde das Durchsetzungsproblem erkannt. Zugleich war damit die Frage verbunden, welcher politischen Ordnung, welcher Institutionen und Organe es bedarf, um Menschenrechte effektiv durchsetzen zu können (Kap. 1.2.3). Zugespitzt wurde dies noch durch die Herausforderung der globalen Flüchtlingssituation, die nicht nur durch die wachsende Zahl bewaffneter Konflikte, katastrophalen Folgen des Klimawandels und Wiederkehr autoritärer Regime einschließlich politischer Verfolgungen bedingt ist. Sie offenbart auch eine Dysfunktionalität und Unfähigkeit des gegenwärtigen Menschenrechtsregimes, Menschenrechte stabil und dauerhaft zu garantieren. In diesem Regime, das normativ in der AEMR und völkerrechtlich in der GFK wurzelt, sind Camps die primären Institutionen der Flüchtlingsexistenz. Diese entstehen aus den Zwischenräumen, die die Spannung zwischen menschenrechtlichen internationalen Verpflichtungen und nationalstaatlichen Souveränitätsansprüchen hervorbringen. Die Camps stehen nicht nur für die Unfähigkeit, stabilen Menschenrechtsschutz zu gewährleisten; sie sind oft selbst auch menschenrechtsfeindlich (Kap. 2.3.3). Vor diesem Hintergrund stellen sich mit Blick auf das *Recht, Rechte zu haben* schwerwiegende Fragen: Wer ist das Subjekt dieses Rechts, welche Institutionen sollen es gewährleisten? Welchen – positiven oder negativen – Anspruch haben die Träger:innen dieses Rechts? Oder handelt es sich vielmehr um eine kritische Referenz, die auf ein völlig anderes Recht, auf die Abschaffung bzw. Transformation von Recht, wie wir es kennen, verweist (Kap. 3.3)? Auf diese weitreichenden Fragen sind Antworten aus unterschiedlichen fachlichen Perspektiven möglich. Die Überlegungen zum Begriff der Politischen Theologie (Kap. 4.2.2) und zur theologisch-anthropologischen Souveränitätskritik (Kap. 4.2.3) tragen für die Durchsetzung des *Rechts, Rechte zu haben* m. E. folgendes aus.

Der Kategorie der Erinnerung ist erhöhte Aufmerksamkeit zu schenken. In den zeitgenössischen Debatten wird oft auf die Katastrophe des Zweiten Weltkriegs, die politischen, religiösen oder ethnischen Verfolgungen der totalitären

Regime oder auch die Gleichgültigkeit großer Teile der Weltgemeinschaft gegenüber der Lage der Jüdinnen und Juden im nationalsozialistischen Deutschland (Evian-Konferenz 1938) verwiesen. Sie verfehlen jedoch auch deshalb ihre Wirkung, weil die internationale politische Ordnung nach 1945 selbst durch erhebliche Schwächen und Widersprüche gekennzeichnet ist. Die seit ca. 20 Jahren immer prominenter werdende Berufung auf das immerhin zur selben Zeit formulierte *Recht, Rechte zu haben* kann vor diesem Hintergrund auch als eine Art Gegen-Erinnerung oder alternative Erinnerung betrachtet werden, weil sie grundsätzliche Architekturprobleme der politischen Weltordnung nicht für überwunden hält. Allerdings besteht hier die Gefahr, dass eine allzu geradlinige Kontinuität von der Zeit des ersten Weltkriegs oder noch weiter zurückreichend des kolonialimperialistischen Zeitalters bis in die Gegenwart behauptet wird.[43]

Welchen Sinn hat also die Erinnerung an das *Recht, Rechte zu haben*? Zuerst ist – durchaus pointierter als in der Neuen Politischen Theologie – darauf hinzuweisen, dass es nicht nur um eine Zukunft geht, die aus dem kollektiven Gedächtnis gespeist ist. Das *Recht, Rechte zu haben* trägt dagegen die Dringlichkeit der Gestaltung der Gegenwart in sich.[44] Und zugleich weist diese Erinnerung eine hohe Sensibilität für die veränderten und sich verändernden Verhältnisse der Gegenwart auf: Die Formulierung des *Rechts, Rechte zu haben* heute muss also anders aussehen als in der Mitte des 20. Jahrhunderts. Somit ist es nicht mit der Etablierung supranationaler Institutionen oder einer Forderung der Zugehörigkeit zu (irgend-)einer Gemeinschaft getan, wie immer wieder – auch mit kritischem Impetus – zu lesen ist.

Für die Neue Politische Theologie ist der Begriff der Erinnerung ja inhaltlich gehaltvoll als Eingedenken fremden Leids bestimmt – mit weitreichenden Folgen für das Vernunftkonzept und die Vorstellung von Praxis. Arendt hat dagegen starke Vorbehalte gegen Leid als Movens der Politik. Eine Politik, die auf die Abschaffung von Leiden abzielt, mündet für sie letztlich in der Zerstörung von Politik als Freiheit, weil Notwendigkeit als Leitprinzip dominiert. Das historische Vorbild ist für sie die Französische Revolution (vgl. Arendt 2019b, 73–83). Gleichwohl geht es bei der Erinnerung als Eingedenken fremden Leids und der Autorität der Leidenden darum, den Leidenden ihre Würde als Subjekte

---

43 Natürlich gibt es diese Kontinuitäten – die Forschung der postkolonialen Studien steht hier für sich. Das sollte aber nicht den Sinn und die Aufmerksamkeit für substantielle Veränderungen und signifikante Unterschiede schwächen.

44 Auf diese Weise entgeht der Gegenwartsbezug des Rechts, Rechte zu haben m. E. auch dem Gleichzeitigkeitsvorbehalt (siehe Kap. 3.2.1.2), weil der Bezug selbst anamnetisch verfasst ist.

zurückzugeben oder sie als Subjekte überhaupt erst zu konstitutieren. Und in diesem Interesse konvergieren das Eingedenken und das *Recht, Rechte zu haben*: Der Lauf der Dinge, die Wiederholung des Immergleichen werden angefragt und provoziert, indem andere Subjekte die Bühne betreten, andere Stimmen hörbar werden, andere Gesichter sichtbar werden – ohne Aussicht, dass die herrschenden Verhältnisse schnell überwunden werden können. Denn dem ‚schwachen' Monotheismus und der theologisch-politischen Anthropologie der Pluralität korrespondiert ein ‚schwaches' Verständnis von Durchsetzung.

Gott markiert die Grenze des menschlichen Verfügenkönnens, zusammengefasst im Souveränitätsprinzip, über andere Menschen und sich selbst. Doch gerade diese Grenzmarkierung eröffnet erst die Möglichkeiten des Menschseins im gemeinsamen Handeln, zusammen Geschichte zu schreiben und etwas Neues zu beginnen. Arendts metaphysische Verbannung der Souveränität aus den weltlichen Angelegenheiten geht genau den umgekehrten Weg zu Schmitts metaphysischer Festschreibung einer bestimmten irdischen (Herrschafts-)Ordnung: Transzendenz mag auch souverän konnotiert sein, schreibt aber gerade nicht die weltliche Ordnung fest oder fällt definitive Entscheidungen. Sie hält etwas offen und stellt Bestimmungen und Festlegungen zur Debatte.

Es ist also mehr als deutlich, dass das *Recht, Rechte zu haben* mit der Souveränität inkompatibel ist. Doch es steht auch nicht für die Schließung einer Lücke im Rechtssystem oder der internationalen Menschenrechtsordnung. Präziser lässt es sich als Paradox fassen, weil es die Garantie einer steten Öffnung fordert – für neue geschichtliche Subjekte, von Institutionen und Orten, in denen Menschen Menschen sein können, also die insbesondere auch durch die biblische Tradition beglaubigte Pluralität als Grundsignatur des Menschseins entfalten zu können, sich keinem Souverän fügen und in keinem Kollektiv vollends aufgehen zu müssen. Damit ist gleichzeitig ein Kontrapunkt zu einem abstrakten Begriff von *dem* Menschen gesetzt, der Menschen per definitionem außerhalb eines sozialen Gefüges verortet. Ein politischer Begriff von Menschsein geht dagegen von Pluralität als Grundsignatur *und* (aktiv anzueignender, zu erlernender und auszuübender) Fähigkeit aus.

Die ‚schwache' Verfasstheit der Durchsetzung dieses Rechts zeigt sich dann weniger als Macht der Ohnmächtigen, sondern eher als Erfahrung, mitunter nur als unscheinbare Momentaufnahme von Gegen-Souveränität. Hinsichtlich der verfügbaren Gewaltmittel und der Sanktionsfähigkeit der Maßnahmen ist das *Recht, Rechte zu haben* grundsätzlich im Hintertreffen. Doch manchmal gelingt es Menschen, den herrschenden Verhältnissen Frei-Räume und Frei-Zeiten abzutrotzen, in denen greifbar wird, was möglich wäre: ein Zusammenleben von Menschen als Lebewesen, die durch ihre Verschiedenheit Gleiche sind. Dies ist überall dort und immer dann zu erahnen, wenn Menschen sich über bürokratische Hürden hinwegsetzen, Abschiebungen verhindern, neue Bündnisse schmieden, sich für bessere Lebensbedingungen in den Camps einsetzen oder sich der vollständigen Kontrolle von Polizei und Sicherheitskräften entziehen. Dies zeigt die Handlungsmacht selbst derer, denen keine zugesprochen wird. Doch die Erfahrung von Gegen-Souveränität lässt sich auch negativ artikulieren, wenn Trauer und Wut über die Brutalität an den Grenzzäunen und -mauern dieser Welt sich Bahn brechen, wo Verzweiflung sich ausbreitet ob der Kriminalisierung der Rettung von Menschen in Seenot und der Auswegslosigkeit der Festgesetzten in den Camps, Aufnahmezentren und irregulären Aufenthaltsverhältnissen. Denn auch in diesen Regungen ist noch immer der nicht gebrochene Wille erkennbar, sich den Tatsachen nicht zu unterwerfen. Die Durchsetzung des *Rechts, Rechte zu haben* lässt sich folglich nicht in einem ausformulierten System von Institutionen, eingespielten Regeln und verlässlichen Strukturen beschreiben. Sie macht auf den Bedarf gegen-souveräner Institutionen, Orten und Personen aufmerksam und erlaubt, sie exemplarisch schon jetzt zu erkennen.

4.3   Universalismus ohne Gott? Die Gottesfrage und das *Recht, Rechte zu haben*

Die Überlegungen zum Durchsetzungsproblem kamen zu dem Ergebnis, dass das *Recht, Rechte zu haben* auf ein schwaches Durchsetzungskonzept setzen muss. Aufgrund der internen Verknüpfung mit dem Grundlegungsproblem stellt sich erneut die Frage, wie eine solche Durchsetzung und ein entsprechendes Konzept von Zusammenleben, also: Politik, grundgelegt werden können, damit nicht doch wieder der (wie stark auch immer eingehegte) Rückgriff auf eine dezisionistische Souveränitätslehre erfolgt. Konkret heißt das: Welche normative Grundlage hat eine am *Recht, Rechte zu haben* orientierte Form des Zusammenlebens unter Verzicht auf eine absolute Instanz? Und lässt sich diese Grundlegung als das Projekt eines *Universalismus ohne Gott* bezeichnen?

Dieser Verzicht ist dem politischen Denken der Moderne mit seinen normativen Rechtfertigungen von Pluralismus und liberaler Demokratie einerseits vertraut. Andererseits löst er auch aufgrund der historischen Erfahrungen des 20. Jahrhunderts Irritation und Verunsicherung aus. Das Böckenförde-Diktum ist Kristallisationspunkt dieser Debatte. Immer wieder kommen dabei auch die Menschenrechte ins Spiel. Doch wie bereits deutlich geworden ist, ist nach wie vor ungeklärt, ob sie selbst die normative Grundlage der Politik darstellen oder ihrerseits einen normativen Ankerpunkt brauchen? Im Verlauf dieser Arbeit begegneten unterschiedliche Entwürfe: Die einen sind der Auffassung, die Menschenrechte stellten eine moralische Grundlegung von Politik dar (Kap. 3.2); die anderen sehen sie in einem paradoxen oder aporetischen Bedingungsverhältnis mit der Politik oder räumen gar dem Politischen als anthropologischem Grundvollzug einen gewissen Vorrang ein (Kap. 3.3). Relevante Teile der Menschenrechtsphilosophie sind zudem der Auffassung, dass sich die Menschenrechte – sei es als moralische, sei es als politische Rechte – aus der menschlichen Würde ableiteten (sog. Menschenwürde-Axiom). Dieses ist zwar hinsichtlich seiner Begründung für verschiedene weltanschauliche und geistesgeschichtliche Traditionen offen, doch absolut gültige Grundlage von Menschenrechten und Politik. Längst nicht mehr nur in der theologischen Ethik wird auf die Standbild Gottes-Metapher (geläufiger: Gottesebenbildlichkeit) zurückgegriffen (Kap. 1.2.1), um dem Gedanken Nachdruck zu verleihen, dass die Menschenrechte mit der Menschenwürde etwas schützen, das unbedingt geschützt werden muss. Doch auch dort, wo der Gottesbegriff nicht explizit wird, ist er im Ausgriff auf ein Absolutes, Unbedingtes wenigstens schemenhaft zu erkennen.

Deshalb geht es bei den folgenden Überlegungen um einen Antwortversuch auf das Problem der menschenrechtlichen Grundlegung, der das Spannungsverhältnis von Menschenrechten und Politik theologisch-politisch reflektiert. Diese Reflexion bewegt sich an der Grenze von vorpolitischen Maßstäben und Politik, Transzendenz und Immanenz, Universalität und Partikularität. Sie will dieses Grenzgebiet so ausleuchten, dass nicht ein etwaiger positiver Nachweis für die Notwendigkeit eines Gottesbezugs für die menschenrechtliche Grundlegungsfrage erbracht wird. Eher geht es darum zu verstehen, dass dieses Grenzgebiet selbst der Ort ist, an dem die Grundlegungsfrage verhandelt wird – und deshalb nicht in die eine oder andere Richtung verschoben werden kann. Ihm korrespondieren eine eigene Lebensform (Kap. 4.3.3) und ein Sprachmodus (Kap. 4.3.4), die konkrete Antworten auf das Grundlegungsproblem darstellen und es gleichzeitig offenhalten. Das *Recht, Rechte zu haben* lässt sich als Ausdruck dieser partikularen Verwirklichung des Universalen und universalisierungsfähige Partikularität begreifen (Kap. 4.3.5). Zuvor ist jedoch der Problemstellung noch einmal nachzugehen, die sich in Form der Gottesfrage als Aporie der politischen Philosophie darstellt (Kap. 4.3.1) und auch in einer säkularisierten Form nicht auflösen lässt (Kap. 4.3.2).

4.3.1 Der Gottesbegriff als Aporie der politischen Philosophie oder noch einmal: die Frage nach den normativen Grundlagen von Politik

Im Kontext der Formulierung des *Rechts, Rechte zu haben* verweist Hannah Arendt auf eine altbekannte Aporie der Philosophie: dass eine politische Ordnung nicht aus sich selbst heraus ihre (letzt-)gültigen, unverrückbaren Maßstäbe formulieren kann. Traditionell bürgte der Gottesgedanke für eine Ganzheit, eine allgemein verbindliche Ordnung und stellte die Antwort auf das „Absolutheitsproblem" (Arendt 2019b, 244) dar. Die Menschenrechte überwanden diese Aporie nicht konsequent: Einerseits sollten sie eine universalistische Legitimationsquelle politischer Ordnung sein, die nicht auf ein Absolutes zurückgreifen muss. Andererseits traten sie zunächst an die Stelle Gottes oder blieben ihrerseits rückgebunden an ein höheres, transzendentes Gut, ein Absolutes. So finden sich in Schlüsseltexten der Protagonisten der bürgerlichen Revolutionen des 18. Jahrhunderts[45] immer wieder Rückgriffe auf eine „transzendente Autoritätsquelle" (Arendt 2019b, 244). Diese muss nicht explizit in klassisch-theologischer Terminologie auf den Schöpfer rekurrieren, sondern kann auch schlicht metaphysisch gedacht sein. Entscheidend ist aber, dass die Begründungsstruktur sich nicht grundsätzlich verändert. Das Festhalten an einer transzendenten Autoritätsquelle entspricht aus Arendts Sicht nicht der inneren Dynamik der Revolutionen als Neugründungen von Formen politischen Zusammenlebens und ihrer Deutung als Anbruch eines neuen Weltzeitalters („novus ordo saeclorum", Arendt 2019b, 232). Diese metaphysische Sicherheitsgarantie bleibt in Arendts Betrachtung ambivalent. Im Falle der amerikanischen Revolutionäre hält sie diese für Reminiszenzen an die abendländische Tradition aus Angst vor der eigenen revolutionären Courage, das neue Weltzeitalter und die neue Form des Zusammenlebens ohne transzendente Autoritätsquelle konsequent auszubuchstabieren (vgl. Arendt 2019b, 239–244). Doch bleibt sie auch wie hinlänglich beschrieben gegenüber gänzlich immanenten Legitimationsstrategien skeptisch, weil sie eben nicht das gewährleisten, wofür über mehrere Jahrhunderte der Gottesbegriff mitsamt der Vorstellung von einem gemeinsamen Ursprung der Menschheit standen: metaphysisch und schöpfungstheologisch eine Einheit zu artikulieren, die (wenn auch zu einem hohen Preis) prinzipiell universalistische Garantien

---

45 Explizite Erwähnung finden für die Französische Revolution Maximilian de Robespierre und sein Versuch, einen Kult des „Höchsten Wesens" einzuführen und das Recht durch einen „Unsterblichen Gesetzgeber" abzusichern (vgl. Arendt 2019b, 238–239) sowie Thomas Jeffersons und John Adams' umstandslose Berufungen auf den Schöpfergott bzw. den Gott im Himmel (vgl. Arendt 2019b, 239–240).

auszusprechen ermöglichte. Der Zusammenbruch der metaphysischen Einheit in der Moderne kann jedoch nicht durch einen säkularisierten Einheitsuniversalismus beantwortet werden, der sich seinerseits keinen Begriff von Partikularität, vom Besonderen, machen kann.[46]

In der Diskussion ums *Recht, Rechte zu haben* waren unterschiedliche Ansätze in ihren Vor- und Nachteilen vorgestellt worden, wie mit dem Problem der normativen Grundlegung umgegangen werden soll. Der diskurstheoretisch begründete interaktive Universalismus Seyla Benhabibs setzte auf eine moralische Grundlegung. Demgegenüber standen andere Entwürfe, die den aporetischen Charakter der Menschenrechte selbst zu ihrer Grundlage erklärten und das performative Moment des Politischen betonten. Wieder andere waren bestrebt, die normativen Grundlagen in den Grundvollzügen des Menschen als *politisches* Lebewesen, also anthropologisch zu plausibilisieren. Wenn auch mitunter religiöse Traditionen zumindest als Stichwortgeber in Anspruch genommen wurden, so hatte die Gottesfrage keinen systematischen Stellenwert. Daher soll nun noch einmal ein neuer Anlauf aus theologischer Perspektive genommen werden.

4.3.2 *Die verallgemeinerten und konkreten Anderen und die Andersheit Gottes*

Bereits in der Auseinandersetzung mit den intellektuellen Grundlagen von Seyla Benhabibs kosmopolitischer Philosophie begegnete die Unterscheidung zwischen den verallgemeinerten und den konkreten Anderen (Kap. 3.2.2.1). Benhabib entwickelte diese in einer kritischen Diskussion mit den wirkmächtigen universalistischen Konzepten John Rawls' und Jürgen Habermas'. Bei diesen kämen die Anderen nur abstrakt in Form eines Gegenübers zum Subjekt vor. Dessen Bedürfnisse und Wünsche könnten nur erfüllt werden, wenn die Anderen eine Sphäre der Integrität und des Schutzes respektierten und zugleich die öffentliche Sphäre als einen gemeinsam geteilten Raum begriffen, in dem wechselseitig gleichberechtigte Ansprüche geltend gemacht werden könnten. Demgegenüber betonte Benhabib mit dem Begriff der konkreten Anderen, dass die Sphäre, in der sich die Identität des Subjekts – das,

---

46 In der neueren Forschung wird diskutiert, ob bestimmte Begriffe und Aspekte in Arendts Werk als „kryptotheologisch" bezeichnet werden können und z. B. die Tradition der lurainischen Theologie der Marranen, zwangsgetaufter spanischer Juden, die ihrem Glauben im Verborgenen treu blieben, fortführt. Ausgehend vom Gedanken des verborgenen Gottes werden hier vor allem Weltverwiesenheit und Immanenz als theologische Schlüsselkategorien stark gemacht. Die Welt ist nicht zu sakralisieren, sondern theologisch gerade in ihrer Weltlichkeit zu würdigen (vgl. Bielik-Robson 2021, 61–64). Denn die Welt „is the only possible arena of redemptive action" (Bielik-Robson 2021, 64).

was es gegenüber Anderen individuiere – ausbilde, als Lebensraum und Ort ethischer Fragestellungen unterbelichtet bleibe. Zumal auch in dieser klassisch ‚privat' genannten Sphäre das Leben mit Anderen geteilt werde, die ganz konkret Ansprüche an das Subjekt formulierten und sogar einen wesentlichen Teil der Identitätsbildung ausmachten. Menschen sind demnach nicht in einem abstrakten Sinne füreinander Andere, sondern ganz konkret als geschlechtliche Wesen, als Kinder, Erwachsene oder Alte, als Pflegende oder Pflegebedürftige usw.

Der liberale Universalismus nach Rawls geht begründungstheoretisch gedankenexperimentell vor, während der diskurstheoretische Universalismus nach Habermas transzendental begründet. Das freie und friedliche Zusammenleben von Subjekt und (verallgemeinerten) Anderen soll durch gerechte Verfahren und einen Basiskonsens gesichert werden. Benhabib hingegen nimmt die konkreten Anderen als Begründungsfiguren ernst und verankert ihre Moraltheorie in einem stetig fortlaufenden und immer wieder eröffneten bzw. um neue Gesprächsteilnehmer:innen erweiterten Moralgespräch. Damit formuliert sie ein hochdynamisches und offenes Konzept, das aber letztlich ebenfalls ein stabiles Fundament sein soll. Das Grundanliegen dieser ganzen Diskussion sind Lückenschlüsse im Bereich der normativen Grundlagen.

Es ist eine anthropologische Grunderfahrung mit Anderen zusammenzuleben; wie prekär sich diese jedoch ausnehmen kann, wurde insbesondere an der existenzphilosophischen Zivilisationskritik Hannah Arendts deutlich, in der das öffentliche Erscheinen von Verschiedenheit als größte Herausforderung für die Zivilisation benannt wurde (Kap. 3.1.2.2.4). Sowohl mit der Figur der verallgemeinerten als auch der konkreten Anderen soll dem Umstand, dass Menschsein sich immer im Zusammenleben mit Anderen vollzieht, eine tragfähige normative Grundlage verliehen werden, mit der auch wohlbegründete Kritik an gesellschaftlichen Pathologien formuliert werden kann. Überraschenderweise spielt dabei die religiöse Tradition der Andersheit Gottes, wie sie etwa in der bereits dargestellten neuen Politischen Theologie zum Ausdruck kommt, kaum eine Rolle. Dabei ist der Rekurs auf ein ganz Anderes, eine radikale Differenz in der europäischen Geistesgeschichte allseits bekannt. Die Figuren des verallgemeinerten bzw. des konkreten Anderen lassen sich leicht als säkularisiertes Echo der Alterität Gottes lesen.

Wenn aber die von Arendt im Gottesbegriff entdeckte Aporie politischer Philosophie zutreffend formuliert ist, dann kann sie nicht durch eine einfache Säkularisierung aufgehoben werden. Wie lässt sich in diesem Zusammenhang dann die Tradition der Andersheit Gottes verstehen? Mit dem Gedanken des ganz Anderen lässt sich kein stabiles Fundament legen, kein sicherer Grund finden, keine letzte Gewissheit im Vorpolitischen festhalten, mit dem dann die normative Grundlage der Menschenrechte hinreichend begründet wäre. Er gibt nicht einmal eine zufriedenstellende Antwort auf die politisch-philosophische Aporie des Gottesbegriffs. Ein sinnvoller Bezug kann jedoch in einem Grundlegungsvorbehalt bestehen: Im Politischen gibt es keine ersten oder letzten Gewissheiten, die die menschliche Existenz metaphysisch abzusichern vermögen. Damit wird jedoch nochmals die konstitutive Ungeschütztheit dieser Existenz eingeschärft, die sich dann als praktische Frage noch einmal dringlicher stellt. Der Gottesgedanke als Aporie der politischen Philosophie ist eine Irritation, eine Infragestellung, keine Antwort. Er wirft die Frage nach den Möglichkeiten einer menschlichen Existenz in den diesseitigen Verhältnissen auf, kann sie aber nicht absichern. Im Namen Gottes kann man keine Politik, auch keine menschenrechtlich orientierte Politik machen – im Namen Gottes kann man aber nach einer solchen Politik fragen und sich auf die Suche nach einer ihr entsprechenden Lebensform machen.

4.3.3 Menschwerdung als Lebensform. Das Pariatum im Spiegel zeitgenössischer Konzepte des Universalismus

In diesem Kontext ist an ein Stichwort der religiösen Tradition anzuknüpfen, das bereits in der Diskussion um ein menschliches Recht und den Überlegungen zur Souveränitätskritik angeklungen war (Kap. 3.3.2.3; Kap. 4.2.3.2): die Menschwerdung. Vor knapp 50 Jahren interpretierte Johann Baptist Metz im Kontext der modernen Säkularisierungsthese das Christusereignis als Initium zur Weltwerdung der Welt interpretiert (Kap. 4.2.2.1). Was aber kann dieses Stichwort jenseits des Heilsereignisses der Inkarnation in Jesus Christus zu den Debatten um die Grundlegung durchsetzungsfähiger Menschenrechte beitragen? Und spielt dabei seine theologische Bedeutung überhaupt noch eine Rolle?

In der menschenrechtsphilosophischen Debatte ist es üblich, von den Menschenrechten als Rechten allein aufgrund des Mensch*seins* zu sprechen. Je nach Ansatz kommen dann Überlegungen zur Vernunftbegabung des Menschen, zum Menschen als Bedürfniswesen, zur Subjektivität und Individualität oder aber auch zur grundlegenden Sozialität menschlicher Existenz ins Spiel. In jedem Fall ist Menschsein nicht nur auf die biologische Tatsache der Gattungszugehörigkeit zu reduzieren. Das theologische Stichwort der Mensch*werdung* kann in diesem Zusammenhang durchaus provozieren: Es kann nach einer Infragestellung des Menschseins klingen und somit auch nach einem Absprechen damit verbundener Rechte. Gleichwohl bringt es eine grundlegende anthropologische Erfahrung zum Ausdruck: Menschsein ist eine Aufgabe und ein aktiv zu gestaltender Prozess. Wir sind nicht einfach Menschen, wir müssen immer auch Menschen werden. Und als Menschen besitzen wir nicht einfach unteilbare, unveräußerliche, allgemeine Rechte; ihnen muss eine Lebensform korrespondieren, die vom Alltag über das kulturelle Leben bis hin zur offiziellen Politik reicht.[47] Der Begriff der Menschwerdung ist folglich dem Anspruch nach universalistisch und, sofern er praktisch wird, gleichermaßen partikular verfasst. Dazu bietet sich im Zusammenhang dieser Arbeit eine Befragung einer modernen jüdischen Tradition eher an als ein Gespräch mit den dogmatischen Überlieferungen des Christentums. Dabei wird sich herausstellen, dass diese Tradition im Horizont ausgewählter zeitgenössischer Entwürfe eines Universalismus (der Menschenrechte)[48] von großer Aktualität ist und zugleich ein eigenes Profil prägt.

Mitte des 20. Jahrhunderts beschrieb Hannah Arendt in einem Essay[49] mit dem Pariatum eine Lebensweise, die die Frage nach den Möglichkeiten aufwirft, als *Mensch* unter den historischen und gesellschaftlichen Bedingungen der jeweiligen Zeit leben zu können. Dies versucht sie, anhand verschiedener Figuren in konkreten Vollzügen und nicht in der Beschreibung abstrakter Eigenschaften des Menschen greifbar zu machen. Das Pariatum ist als Anknüpfungspunkt also deshalb geeignet, weil hier eine konkrete Lebensform als Mensch unter Menschen zu leben imaginiert wird. Sie hat zwar Parallelen zur Schlüsselfigur des Flüchtlings (Kap. 3.3.1) und den darin kondensierten ambivalenten Erfahrungen in Geschichte (Kap. 3.1.2.1.3) wie Gegenwart (Kap. 2.2), stellt jedoch ein Modell dar, das einmal als Lebensform in emanzipatorischer Hinsicht bewusst gewählt werden konnte. Gegenüber der Flüchtlingserfahrung bietet sie somit größere individuelle Handlungs- und Entfaltungsmöglichkeiten. Das Pariatum ist jedoch kein Held:innen-Epos; der Enthusiasmus einer revolutionären Menschenrechtssemantik (Kap. 1.1.1.3)

---

47   Damit entspricht das im Gespräch mit Arendts Paria-Konzept entworfene Verständnis von Lebensform ziemlich exakt dem sozialphilosophischen, insbesondere im Anschluss an Rahel Jaeggi geprägten, Begriff von Lebensformen (siehe dazu in aller Kürze und mit Verweis auf weitere Literatur sowie theologische Rezeption: Grümme 2023, 62–63).

48   Das Gespräch konzentriert sich auf zwei, in jüngerer Zeit stark rezipierte und diskutierte Konzepte: den vermittelten Universalismus der Politikwissenschaftlerin Janne Mende (vgl. 2021) und den radikalen Universalismus des Philosophen Omri Boehm (vgl. 2022). Das Ringen um ein angemessenes Universalismusverständnis kennzeichnet zudem auch Ansätze zur Aktualisierung der Neuen Politischen Theologie (vgl. Kreutzer 2017, 163–180; Grümme 2023, bes. 137–153).

49   Dieser Essay mit dem Titel „The Jew As Pariah. A Hidden Tradition" von 1944 (in englischer Sprache; Arendt 1944) und 1948 (in deutscher Sprache; Arendt 2019a) ist eine Zusammenstellung von vier paradigmatischen Figuren des öffentlichen Lebens in der zweiten Hälfte des 19. und ersten Hälfte des 20. Jahrhunderts (Heinrich Heine, Bernard Lazare, Charlie Chaplin und Franz Kafka), die auf prägnante Weise essentielle Aspekte des Paria-Daseins repräsentieren. Mehr dazu weiter unten.

und des Empowerments bisher ausgeschlossener Subjekte (Kap. 3.3.1.3) ist ihm fremd. Dagegen wird den Entbehrungen, Belastungen und Erschwernissen einer solchen Lebensform Raum gegeben, wie noch zu zeigen sein wird.

Der Entstehungskontext von Arendts Überlegungen sind die systematische Verfolgung, Entrechtung und Vernichtung der Juden in Europa durch das nationalsozialistische Deutschland sowie die allgemeine internationale Hilflosigkeit und Überforderung angesichts dieses Menschheitsverbrechens. Bereits seit Ende der 1920er-Jahre beobachtete Arendt die politischen Entwicklungen in der Weimarer Republik mit Sorge; wissenschaftlich setzte sie sich in einer Studie über Rahel Varnhagen mit einer bedeutenden Jüdin in der Epoche der Romantik auseinander, in der sie sich auch erstmals eingehend mit der Figur des Paria beschäftigte (vgl. Arendt 2020, 209–225). Das Nachdenken über das Pariatum erwächst aus einer ausführlichen Beschäftigung mit dem kulturellen Erbe des europäischen Judentums und dessen Beitrag zu eben dieser europäischen Kultur. Der Text zur verborgenen Tradition des Juden als Paria ist im Grunde eine Dokumentation seines Untergangs und darin zugleich der Versuch, sein Andenken zu bewahren.[50] Das Vorzeichen zum Essay ist somit das, was erst in dessen Schlusspassage zum Ausdruck kommt: Arendt unterscheidet zwischen gesellschaftlichen und politischen Parias. Letztere befinden sich im Zustand völliger Rechtlosigkeit und damit ist im Grunde unmöglich, ein menschliches Leben zu führen, weil es ein Zustand der Gleichgültigkeit und Überflüssigkeit ist. Niemanden kümmert in einem politisch qualifizierten Sinne das Geschick und Wohl der Rechtlosen (vgl. Arendt 2019a, 152).

Diese Unterscheidung ist einer der Gründe dafür, das *Recht, Rechte zu haben* als eine Forderung danach zu lesen, dass Menschen einen garantierenden, schützenden Rahmen benötigen, damit sie überhaupt ein Leben als gesellschaftliche Parias führen können (vgl. Benhabib/Raddon 2008, 74–75; 78). Arendt hält selbst mehrfach kritisch fest, dass das Pariatum auf eine individuelle Existenz, eine in gewissem Sinne private Lebensentscheidung beschränkt blieb, eine politische Sammlungsbewegung im Namen des Pariatums ausblieb und die nationalsozialistische Vernichtungspolitik auf schrecklichste Weise bewusst gemacht hat, wie schutzlos Menschen ohne jeden wirksamen Rechtstitel in der Moderne sind (vgl. Arendt 2019a, 137–138; 141; 151–152). Dennoch bin ich der Auffassung, dass zwischen dem *Recht, Rechte zu haben* und

---

50 Damit ist wohl kaum ein Text Arendts so maßgeblich von ihrer Aneignung des Geschichtsdenkens Walter Benjamins beeinflusst wie dieser Essay. Dieser Einfluss zeigt sich in der Montagetechnik, die aus verschiedenen Fragmenten eine Konstellation bildet und so für sich stehende Teile zusammenfügt, ebenso wie in dem Verständnis von rettender Kritik, die in der Dokumentation der Zerstörung auch ein bewahrendes Moment erhält.

(gesellschaftlichem) Pariatum mehr als ein Folgeverhältnis besteht, insofern im Pariatum eine Lebensform vorgezeichnet ist, die die Menschwerdung in den Mittelpunkt stellt. Die Impulse, die von dieser Lebensform auch heute für zeitgenössische Konzepte des Universalismus ausgehen können, sollen nach einigen allgemeinen Vorbemerkungen zum Begriff anhand von drei Aspekten herausgearbeitet werden, die anhand bestimmter Verständnisse von (1) *Kritik*, (2) *Protest und Provokation* sowie (3) dem *Menschlichen* beschrieben werden können.

Arendt rekonstruiert den Paria aus Werken von Dichtern, Schriftstellern und Künstlern im postaufklärerischen Europa[51] des langen 19. Jahrhunderts, das nach der Emanzipation der Juden für mehr als ein Jahrhundert annähernd gleichbleibende politische und gesellschaftliche Rahmenbedingungen hatte und so die Herausarbeitung der Paria-Figur als „eine für die moderne Welt bedeutsame neue Idee vom *Menschen*" (Arendt 2019a, 127; Hervorh. J. K.) begünstigte. Ihren Sitz im Leben hat die Pariafigur in Kreisen einer literarisch-künstlerischen Avantgarde, die aus dem säkularen, bisweilen assimilierten jüdischen Bildungsbürgertum stammte. Die Schöpfer dieser sozioliterarischen Figur versteht Arendt als „diejenigen (…), die (…) versucht hatten, die frohe Botschaft der Emanzipation so ernst zu nehmen, wie sie nie gemeint gewesen war, und als Juden Menschen zu sein." (Arendt 2019a, 127)[52] Mit dem Paria sollen also das Allgemeine und das Besondere miteinander so verbunden werden, dass sie sich nicht voneinander lösen, sondern nur miteinander realisieren, d. h. einen universalistisch ausgerichteten Lebensentwurf konkret werden lassen. Einerseits ist Arendt sehr wichtig, dass es sich um eine genuin *jüdische* Tradition in der Moderne handelt, andererseits betont sie aber auch deren universalistischen Gehalt (vgl. Benhabib/Raddon 2008, 65; 78). Dabei präsentiert sie eine Viererkonstellation unterschiedlicher Pariafiguren, die verschiedene Lebensbereiche verkörpern: der Schlemihl und Traumweltherrscher in der Dichtung Heinrich Heines (Kunst und Kultur), der bewusste Paria in der Publizistik Bernard Lazares (Politik), der Paria unter Verdacht in den Filmen Charlie Chaplins (Alltag der einfachen Leute) und der Mensch guten Willens in der Prosa Franz Kafkas (Recht und Verwaltung).

---

51 Die herangezogenen Quellen stammen aus Deutschland, Frankreich, Großbritannien/ USA und dem habsburgischen Vielvölkerstaat. Das ist nicht exklusiv zu verstehen und dem zugrunde liegenden Material geschuldet.

52 Diese Charakterisierung erschließt sich in Gänze erst vor dem Hintergrund, dass die Emanzipation der Juden im 18. Jh. von vielen ihrer politischen Befürworter als ein Projekt gesehen wurde, die Juden zu Menschen in einem aufklärerischen Sinne zu machen, was bedeutete, dass sie ihr Judentum ablegen, also sich assimilieren mussten (vgl. Arendt 2020, 21–22).

Parias sind dadurch gekennzeichnet, „Einzelindividuen" (Arendt 2019a, 127) zu sein, die sich „in leidenschaftlicher Opposition zu(r) soziale[n] Umgebung" (Arendt 2019a, 127) befinden und vor allem an einer ausgeprägten „Einbildungskraft von Kopf und Herz" (Arendt 2019a, 127) sowie „Volksnähe" (Arendt 2019a, 127) erkennbar sind. Sie stellen ein „symbol of humanity, passion, and imagination in the darkest of times" (Benhabib/Raddon 2008, 69) dar und repräsentieren eine Form von „authentic humanity" (Benhabib/Raddon 2008, 71).

Damit lassen sie sich klar von anderen Idealtypen jüdischer Existenz nach der Emanzipation abgrenzen: den Parvenus, die um jeden Preis anerkannter und geachteter Teil der bürgerlichen Gesellschaft werden wollen, und denjenigen, die sich durch Mimikry einfach anpassen und so unbehelligt bleiben wollen. Paria zu sein heißt demnach nicht primär, sich in einem klassischen Verhältnis politisch-rechtlicher Unterdrückung zu befinden. Treffender lässt sich die Position als randständig oder liminal beschreiben, die sowohl einen Stand*ort* markiert und mit struktureller Diskriminierung wie (informeller) Unterdrückung einhergeht als auch einen Stand*punkt* im Sinne einer spezifischen Perspektive und Bewusstseinsbildung darstellt (vgl. Arendt 2019a, 127). Es handelt sich um ein Ambivalenz- oder Zweideutigkeitsverhältnis zu Staat und Gesellschaft. Hierin deutet sich schon an, dass das Pariatum nicht auf das Judentum beschränkt, sondern potentiell dort anzutreffen ist, wo Menschen sich in randständigen oder liminalen sozialen Positionen befinden. Und bereits jetzt lässt sich erkennen, dass das Pariatum zunächst keine freie Entscheidung selbstbewusster Charakterköpfe ist, sondern aus einer aufgezwungenen sozialen Position und damit verbunden vorenthaltener Anerkennung und verweigertem Zugang zu gesellschaftlichen Einrichtungen erwächst. Es fordert einen hohen Preis und zieht einige Entbehrungen nach sich; dafür bieten sich auch ungeahnte Möglichkeiten, sofern sie nicht wie von Arendt moniert einen individuellen Ausweg darstellen und von einer Form kollektiver Organisation begleitet werden.

4.3.3.1 Kritik

Kritik ist ein zentraler Charakterzug des Pariatums. Zugleich spielt sie auch in zeitgenössischen Konzepten zur Begründung des (Menschenrechts-)Universalismus eine wichtige Rolle. Ein aktueller Ansatz, den Menschenrechtsuniversalismus neu zu begründen, ist der vermittelte Universalismus der Politikwissenschaftlerin Janne Mende (vgl. 2021). Kritik ist dabei in zweierlei Hinsicht konstitutiv: Zum einen sollen einschlägige Kritiken der Menschenrechte[53] in diesen Begründungsansatz integriert werden, indem die

---

53 Die Auseinandersetzung Mendes konzentriert sich auf klassische Kritiken der Menschenrechte: den Vorwurf, die Menschenrechte seien ein ‚weißes' oder ‚westliches' Herrschafts-

Menschenrechte mit ihrer Kritik vermittelt werden. Vermittlung heißt hier im Anschluss an G. W. F. Hegel und Theodor W. Adorno, den antinomischen (i. e. widersprüchlichen) Charakter des menschenrechtlichen Universalismus nicht aufzulösen, sondern in seiner Spannung zu entfalten und dessen Widersprüche systematisch zu reflektieren (vgl. Mende 2021, 42–45). Zum anderen hat ein spezifisches Kritikverständnis eine tragende Bedeutung für den Gesamtansatz. Mende leitet ihr fundierendes Kritikkonzept von einem Verfahren der moralischen Vermittlung her (vgl. Mende 2021, 184). Moral fungiert dabei als Motor für Kritik und zwar eine immanente und transzendente[54] Formen vermittelnde Kritik. Sie kann sowohl Kollektive oder Gemeinschaften, letztlich auch die Menschheit als Weltgemeinschaft, an ihren eigenen Maßstäben und Ansprüchen messen (*immanente Kritik*) als auch von einem außerhalb liegenden Standpunkt auf das Richtige, Gerechte, Gute hinweisen und dieses einfordern (*transzendente Kritik*) (vgl. Mende 2021, 186–193). Moralisch vermittelte Kritik formuliert demnach selbst normative Maßstäbe.[55] Kritik wird bei Mende als Methode entwickelt; die Frage nach dem Subjekt dieser Kritik und den Konsequenzen, die sich aus ihrer Artikulation ergeben, bleiben dabei naturgemäß etwas unterbelichtet.

Einen vom Verständnis transzendenter oder externer Kritik geleiteten Ansatz vertritt der deutsch-israelische Philosoph Omri Boehm, der den Rekurs auf eine unhintergehbare Wahrheit[56] als einem „unabhängigen Gerechtigkeitsstandard, der über dem Willen des Volkes steht" (Boehm 2022, 76) für

---

instrument (postkoloniale Kritik) (vgl. Mende 2021, 48–59); den Vorwurf, der vorgebliche Menschenrechtsuniversalismus sei in Wahrheit nur ein für den ‚Westen' passendes Konzept und könne daher gar keine universelle Geltung beanspruchen (kulturrelativistische Kritik) (vgl. Mende 2021, 76–84); der Vorwurf, die Menschenrechte seien ein individualistisches Konzept, das die soziale Dimension des Menschseins nicht berücksichtige und entsprechend die Rechte von Völkern nicht respektiere (kollektivrechtliche Kritik) (vgl. Mende 2021, 108–135); der Vorwurf, die Menschenrechte seien ein Privileg von Männern (feministische Kritik) (vgl. Mende 2021, 152–162). Diesen und Mendes Antworten kann hier nicht im Detail nachgegangen werden.

54 Der Begriff der Transzendenz bleibt hier inhaltlich unterbestimmt. In der Philosophie gängiger ist die Bezeichnung externe Kritik.

55 Bei Mende werden diese in den Begriffen Menschenwürde, Leiden und gesellschaftlich vermittelte Freiheit artikuliert, wobei Leiden ein negativer Maßstab ist und die gesellschaftlich vermittelte Freiheit als Korrektiv zu einer reduktionistisch verstandenen individuellen Freiheit gedacht ist (vgl. Mende 2021, 193–198). Die Gründe und Überzeugungskraft dieser Maßstäbe wären an anderer Stelle ausführlicher zu diskutieren. Die Anschlussfähigkeit theologischer Ethik bei allen drei Begriffen liegt jedenfalls auf der Hand.

56 Der Wahrheitsbegriff Boehms paraphrasiert an dieser Stelle die Rede von den „self-evident truths" der US-amerikanischen Unabhängigkeitserklärung (vgl. Boehm 2022, 57–58).

notwendig hält, um menschliche Autoritäten tatsächlich wirkungsvoll kritisieren zu können. Wichtiger als ein Konzept universeller, unteilbarer und unveräußerlicher Rechte ist sodann ein Begriff der Pflicht, dessen bleibende Bedeutung und Relevanz Boehm erörtern und so von seinem für moderne Ohren negativen Beiklang befreien will (vgl. Boehm 2022, 14). Denn aus seiner Sicht bedarf es eines absoluten, unabhängigen Geltungsgrundes, damit ein Universalismus der Rechte und Pflichten seinem eigenen Anspruch genügen kann und tatsächlich von partikularen Konventionen, Interessen und Bedürfnissen unabhängig ist (vgl. Boehm 2022, 17). Vor diesem Hintergrund ist Kritik dann berechtigt, wenn sie im Namen eines universalistischen Maßstabs formuliert wird und entsprechend auf Grundsätze hinweist, die aus guten Gründen für alle verpflichtend sind.

Das Pariatum hält sich mit Vorstellungen dessen, was für alle verpflichtend ist, ebenso zurück, wie es mehr und anderes ist als ein methodisches Verfahren. Vielmehr lässt es sich als eine Variante „situierte(r) Kritik" (Loick 2018, 870) verstehen. „Das heißt, dass sie nicht immer gleich bleiben darf: Sie ist keine Schablone, die sich von außen an die gesellschaftlichen Verhältnisse anlegen lässt, sondern muss ihren Gegner, ihre Waffen und ihre Allianzen immer an Ort und Stelle und zu gegebener Zeit suchen." (Loick 2018, 870) Dabei kann jedoch auf Elemente aus unterschiedlichen Kritikformen zurückgegriffen werden. Und das Pariatum lässt Kritik fast beiläufig Teil einer Lebensform sein. So gehen etwa beim Paria als Schlemihl und Traumweltherrscher die „reine Freude am irdischen Dasein" (Arendt 2019a, 130) und Hohn und Spott für die künstlich hergestellten Hierarchien und Distinktionsmechanismen der Gesellschaft Hand in Hand (vgl. Arendt 2019a, 131). Der Paria befreit sich von sozialem Anpassungsdruck und gesellschaftlichen Konventionen und wendet sich der Natur und der Kunst als Sphären zu, die einen Zugang zur Unverfügbarkeit der „göttlich-natürlichen Realitäten" (Arendt 2019a, 130–131) ermöglichen. Von diesem Standpunkt aus – der „Sonne, die alle bescheint" (Arendt 2019a, 131) – lebt der Paria aus dem Bewusstsein der „Gleichheit alles dessen, was Menschenantlitz trägt" (Arendt 2019a, 131) und verkörpert so einen diametralen Gegensatz zur bürgerlichen Gesellschaft. Dieses Bewusstsein der Gleichheit begleitet ein ebenso ausgeprägtes Bewusstsein der Freiheit zur Kritik der menschengemachten Realität, zur Verspottung von jeglicher Herrschaft und zu einem öffentlichen Auftreten, das sich um das soziale Ansehen keine Sorgen machen muss (vgl. Arendt 2019a, 131–132).

Dieser freudig-unbefangenen, fast spielerischen Kritikform steht jedoch ein anderer Ansatz gegenüber: Kritik als „Nachdenken" (Arendt 2019a, 142), das die einzige spezifische Eigenschaft der Pariafigur des Menschen guten Willens ist. Diese Form des Nachdenkens ist keine akademische Pflichtübung, der ja manchmal auch etwas Geschäftiges anhaftet und die sich dann nicht von der Betriebsamkeit anderer Gesellschaftsbereiche unterscheidet. Vielmehr ist das Nachdenken eine äußerst seltene Erscheinung (vgl. Arendt 2019a, 142), insofern es im wahrsten Sinne des Wortes alles einer kritischen Prüfung unterzieht. Dabei eignet ihm ein dekonstruktivistisches Moment, indem es „Himmel und Erde (…), Schönheit von Kunst und Natur" (Arendt 2019a, 144) als narkotische gesellschaftliche Produkte begreifen lernt. Genau diejenigen Sphären, die dem Paria als Schlemihl noch als Kontrastfolie dienten, erscheinen dem Menschen guten Willens als Mittel der Beschwichtigung und Ablenkung (Arendt 2019a, 144), denen nur mit einem neuen „Realitätsbewusstsein" (Arendt 2019a, 144) und einer „neue(n) aggressive(n) Form des Nachdenkens" (Arendt 2019a, 144) entgegen getreten werden kann. Sie entstehen in einer gesellschaftlichen Situation, in der Parias beginnen, an ihrer eigenen Realität zu zweifeln. Wer ständig übersehen und übergangen wird, wessen Sichtweisen in der Öffentlichkeit nicht vorkommen und wessen Äußerungen kein Gehör finden, der beginnt offenkundig irgendwann an der eigenen Wirklichkeit zu zweifeln (vgl. Arendt 2019a, 142–143). Eine Vergewisserung über die eigene Realität gelingt nun über eine radikale Kritik der gesellschaftlichen Scheinrealitäten. Diese ist äußerst unbequem – für die Parias selbst wie für ihre Mitmenschen. Sie erzeugt Unmut, Unverständnis und Unsicherheit, weil sie eingespielte Routinen und soziale Arrangements entblößt. Doch sie ist kein Selbstzweck, sondern will in den Blick rücken, „was an Menschlichem in der Gesellschaft nicht zu seinem Recht kommt." (Arendt 2019a, 139–140)

Im Rahmen eines Paradigmas der Menschwerdung als Lebensform bedeutet Kritik also, dem Menschlichen zu seinem Recht zu verhelfen. Ein Zeichen dafür ist, die formulierte Kritik persönlich zu verantworten und weder sich selbst noch die Mitmenschen und erst recht nicht die irdischen Autoritäten zu schonen. Dabei ist gerade nicht mit allgemeiner Zustimmung, Lob und Anerkennung zu rechnen, sondern eher mit Unmut, Unverständnis oder Ablehnung. Das gewonnene Bewusstsein der Gleichheit aller Menschen und die daraus erwachsende Freiheit können jedoch auch große Freude bereiten. Kritik muss daher nicht notwendig der unerbittlichen Strenge einer absoluten Wahrheit entspringen und kann mehr sein als eine Methode.

4.3.3.2   Protest und Provokation

Für manche ist schon das bloße Auftreten eines Parias eine Provokation, weil diese Figur sich in dem, was sie tut und sagt, so offensichtlich abhebt von allen gängigen Konventionen und Maßstäben – und dabei weigert, bestimmte Eigenschaften oder Identitätsmarker abzulegen, um Anerkennung zu finden. Parias haben weder Standesdünkel noch legen sie Wert auf Statussymbole und halten damit all jenen, die sich in diesen Strukturen bewegen, bereits einen Spiegel vor. Zum Pariatum gehört jedoch auch, gezielt zu protestieren und zu provozieren – und zwar besonders gegen „die Schändung und Unterdrückung der Menschheit" (Arendt 2019a, 137), die in jedem zum Paria gemachten Menschen geschieht (vgl. Arendt 2019a, 136–137). Denn selbst wenn man den Nimbus der gesellschaftlich und politisch Mächtigen mit ihrer Selbstgewissheit und Definitionsmacht ankratzen kann, indem man sie lächerlich macht, karikiert und verspottet, die Zugehörigkeit zu ihren Clubs für nicht erstrebenswert erklärt oder durch immer weiter vorangetriebenes aggressives Nachdenken die Willkür ihrer Regeln bloßstellt. Die Zurückweisung, der Ausschluss, die Diskriminierung, die perpetuierte Ungleichheit bleiben eine fundamentale Ungerechtigkeit (vgl. Arendt 2019a, 137). Und so bedeutet Pariatum auch, „Rebell" (Arendt 2019a, 136) zu sein.

Protest und Provokation des Pariarebellen können sich auf sehr unterschiedliche Weise äußern. Er kann sich gegen die Privilegierten, die Mächtigen und ihre Herrschaft richten, die im Vergleich „zur Sonne, die uns alle bescheint, den König wie den Bettler" (Arendt 2019a, 131) nichts ist. Doch dieser erhabene Standpunkt, der sich aus „einem Jenseits von Herrschaft und Knechtschaft" (Arendt 2019a, 132) nährt, ist nicht immer zielführend, gerade wenn es um reale Kämpfe und Auseinandersetzungen geht. Dann geht es eher um aktiven Widerstand gegen Abhängigkeiten, Unterdrückung und Unfreiheit – und den Versuch, die zu Parias gemachten Menschen zu mobilisieren und zu versammeln (vgl. Arendt 2019a, 137). Wie ungerecht die Welt aktuell auch immer organisiert sein mag und wie sehr die Parias soziale und politische Nachteile erfahren mögen, als Bewohner:innen „der von Menschen geschaffenen Welt" (Arendt 2019a, 137) haben sie eine nicht delegierbare politische Verantwortung. Damit wird das Menschliche als Bezugspunkt des Pariatums aus der Sphäre des Erhabenen, erfahrbar in Kunst und Natur, in die innerweltlichen, öffentlichen Angelegenheiten geholt (vgl. Arendt 2019a, 137).

Damit setzt das Pariatum einen wichtigen Akzent im Umgang mit Leidens- und Unrechtserfahrungen: Es will das Erleiden umwandeln in Aktion – und auf diese Umwandlung zielen auch die intellektuellen Anstrengungen. Möglicherweise bräuchte er ergänzend oder besser: präzisierend einen sensorisch ausgerichteten Umgang, also die Fähigkeit, „spezifische Erfahrungen von Leiden und Unrecht in den Blick" (Mende 2021, 135) zu nehmen. Diese Wahrnehmungsfähigkeit bezieht sich auf eigene wie fremde Leidens- und Unrechtserfahrungen. So wie es Handlungsfähigkeit braucht, bedarf es auch eines Sensoriums, das einen Zugang zu diesen Erfahrungen eröffnet und deren Artikulation, möglicherweise auch als Aktion, ermöglicht. Weniger auf die Ausprägung eines leid- und unrechtssensiblen Blicks als auf eine bestimmte Form des Ungehorsams ausgerichtet ist die aus dem Maßstab absoluter Gerechtigkeit abgeleitete Pflicht, sich unmenschlichen Gesetzen und gesellschaftlichen Konventionen nicht zu unterwerfen (vgl. Boehm 2022, 29–30; 145–146). Im Rahmen eines radikalen Universalismus, der von den biblischen Zeiten Abrahams bis in die Gegenwart reicht, kann das bedeuten: den eigenen Sohn nicht als Opfer darzubringen (vgl. Boehm 2022, 141); sich seines eigenen Verstandes zu bedienen und mündig zu werden (vgl. Boehm 2022, 121–122); Sklavenhalter in den USA des 19. Jahrhunderts der Lynchjustiz zu unterziehen (vgl. Boehm 2022, 25–26), Gräber von Soldaten der konföderierten Truppen im US-amerikanischen Bürgerkrieg auf einem gemeinsamen Soldatenfriedhof zu exhumieren (vgl. Boehm 2022, 84),[57] mit entschiedener Gewaltfreiheit gegen die rassistische Diskriminierung und für die Bürgerrechte der Schwarzen US-Amerikaner:innen zu demonstrieren (vgl. Boehm 2022, 147–149), sich nicht durch ein patriotisches, identitäres oder anders essentialisiertes „Wir" definieren zu lassen und an der Menschheit als einer abstrakten moralischen Einheit zu orientieren (vgl. Boehm 2022111–112). Ob all diese Ausdrucksformen des Ungehorsams in gleicher Weise durch das Kriterium der höheren Gerechtigkeit gedeckt sind und dadurch überhaupt in dieser Form miteinander verbunden werden können, kann hier nicht weiter diskutiert werden. Es handelt sich jedoch bei allen um der Intention nach freie, selbstermächtigende Akte.

Das Pariatum wiederum kennt noch einen Ungehorsam als Form des Protests, der schlicht eine Überlebensstrategie darstellt. Im Paria unter Verdacht verdichtet sich ein permanenter Konflikt mit den Gesetzeshütern, der nicht primär durch kriminelle Handlungen, sondern durch einen generellen Verdacht ausgelöst wird. Zugleich führt er jedoch auch vor Augen, wie es immer wieder gelingen kann, Schlupflöcher zu entdecken, die von Strafen verschonen (vgl. Arendt 2019a, 138–139). Dieser überlebensnotwendige Ungehorsam gegen ungerechte Gesetze ist wenn überhaupt eine gebrochene Selbstermächtigung,

---

57 Diese beiden Beispiele sind im deutschsprachigen Kontext erklärungsbedürftig, weil relativ unbekannt: Der Abolitionist John Brown hatte 1857 mit einigen Mitstreitern sechs Sklavenhalter entführt und hingerichtet, was in den USA zu einer kontroversen öffentlichen Debatte darüber führte, mit welchen Mitteln legitimerweise gegen die Sklaverei gekämpft werden dürfe. Dabei standen sich gemäßigte Positionen, die auf Reformen setzten, und radikale Standpunkte, die mit Blick auf die Ungerechtigkeit der Sklaverei die Gerechtigkeit jeglicher Form des Widerstands betonten (vgl. Boehm 2022, 25–26). Das zweite Beispiel ist einige Jahre später angesiedelt: Nach der Schlacht um Gettysburg 1863 mussten zunächst alle gefallenen Soldaten wegen der schnellen Verwesung gemeinsam begraben werden. Als Präsident Abraham Lincoln im November den Soldatenfriedhof einweihte, wurden die Gräber wieder ausgehoben, um alle konföderierten Soldaten wieder in ihre Heimatstaaten überführen zu können und ihnen nicht die Ehre eines Grabes auf dem Kriegerfriedhof zuteil werden zu lassen (vgl. Boehm 2022, 84).

die eine Existenz in „Angst und Frechheit" (Arendt 2019a, 141) nach sich zieht – Angst vor dem Gesetz, das wie eine Naturgewalt und nicht wie eine veränderliche Größe erscheint, und Frechheit als Strategie gegenüber einer Gesetzesordnung, deren Gewalt es sich wenigstens partiell zu entziehen gelingt (vgl. Arendt 2019a, 141). Der Paria unter Verdacht erfährt die Willkür der Ordnungshüter am eigenen Leibe und macht sich daher nichts mehr aus ihrer Autorität. Er protestiert und provoziert jedoch nicht im Namen hehrer Ideale, sondern notgedrungen – in Form einer zwielichtigen Existenz an der Grenze von Legalität und Illegalität, die neben der eigenen Chuzpe mitunter auch nur durch die „unerwartete Güte und Menschlichkeit eines Vorübergehenden" (Arendt 2019a, 139) vor dem Untergang bewahrt wird.

4.3.3.3 Das Menschliche

Die Güte und Menschlichkeit eines Vorübergehenden erinnert den theologisch versierten Lesenden mehr als deutlich an das Gleichnis vom barmherzigen Samariter. Während es in christlich geprägten Kontexten häufig als Beispiel besonders vorzugswürdigen menschlichen Handelns erörtert wird und Barmherzigkeit wie Nächstenliebe als fundamentale ethische Kategorien narrativ plausibilisiert, hat die Menschlichkeit bei Arendt auch ambivalente Züge. Sie ist Movens und Charakteristikum eines Handelns, das Hilfe und Rettung in aussichtsloser Situation bedeutet für Menschen, denen normalerweise nicht geholfen wird. Gleichzeitig überdeckt sie einmal mehr die systemimmanente Problematik, dass es Menschen gibt, die sich nicht auf die offiziellen Institutionen und deren Repräsentanten verlassen können. Dass Menschlichkeit eine besonders vorzugswürdige, übergebührliche Handlung zum Ausdruck bringt, zeigt ihre Abwesenheit oder wenigstens ihren stets prekären Status in den regulären Vollzügen von Politik und Gesellschaft.

In Absetzung von diesem Begriff der Menschlichkeit stellt sich die Frage, was das Menschliche im Kontext der Menschwerdung als Lebensform ausmacht. Wodurch zeichnet es sich aus, wenn es nicht primär eine Qualität herausragender beispielgebender Handlungen sein soll? Auf welchen Ebenen und in welchen Vollzügen lässt es sich erkennen und beschreiben? Die Kehrseite des Parias, der sich als Gesellschaftskritiker oder Provokateur sozial exponiert und in Opposition begibt, kann Vereinzelung und Isolation sein. Das Pariatum ruft Verdacht und Argwohn hervor, so dass das Menschliche immer auch dort zu suchen ist, wo ein genereller Verdacht gegenüber bestimmten Personen besteht (vgl. Arendt 2019a, 139–140).

Am Beispiel des Parias unter Verdacht lässt sich nachvollziehen, dass das Suspekte den Unterschied zwischen Recht und Unrecht vollkommen obsolet macht – auch für den Paria selbst. Es äußert sich sowohl in der „Angst vor dem

Polizisten" (Arendt 2019a, 139) als auch in der „Weisheit, dass die menschliche Schlauheit Davids unter Umständen mit der tierischen Stärke Goliaths fertig werden kann" (Arendt 2019a, 139). In diesen individuellen Reaktionen, aus denen die stete Gefährdung, Stress und Habachtstellung sprechen, kommt im Umkehrschluss zum Ausdruck, dass menschliche Existenz einen verlässlichen Orientierungsrahmen von Recht und Unrecht, Gerechtigkeit und Ungerechtigkeit braucht. Wo dies nicht der Fall ist, muss von einer strukturellen Menschenfeindlichkeit ausgegangen werden – und zwar gerade dann, wenn der generelle Verdacht sich auf spezifische Personengruppen bezieht.

Wie aber sieht ein solcher verlässlicher Orientierungsrahmen aus? Für Janne Mende gibt es keine überzeugende Alternative zu den Menschenrechten in ihrer rechtlich-politischen Form eines Systems internationalen Rechts (vgl. Mende 2021, 198), das offen sein muss für „Kritik, Ausgestaltung und Weiterentwicklung des Universalismus der Menschenrechte (...), die den Subjekten der Menschenrechte dient: den Menschen." (Mende 2021, 198) Diese Orientierung an *den* Menschen, nicht dem Menschen als Subjekten der Menschenrechte ist ein Versuch, der Vereinzelung und Isolation schon in der Definition des Subjekts der Menschenrechte zu wehren. Damit soll auch der konkreten menschlichen Existenz samt ihrer Sozialität und ihren vielfältigen identitätsbildenden Faktoren wie dem Geschlecht, der ethnischen Zugehörigkeit, den kulturellen und geschichtlichen Überlieferungen, den religiösen Überzeugungen usw. auf der abstrakten Ebene internationalen Rechts Rechnung getragen werden. Das Menschliche wird hier also durch ein hochdifferenziertes Geflecht internationaler Normen und deren kritischer Fortentwicklung geschützt.

Bei Omri Boehm ist die Menschheit dagegen moralisch bestimmt: Menschen sind nicht einfach Naturgeschöpfe. Sie können genauso wenig als biologische Art verstanden werden, wie sie zoologisch, historisch, anthropologisch oder soziologisch entschlüsselt werden können (vgl. Boehm 2022, 49). Sie sind zur Übernahme von Verantwortung fähig und daher die einzigen Lebewesen, die sinnvolle Adressat:innen von Pflichten sein können. Pflichten sind demnach nicht einfach theonom, sondern ein wesentliches Kriterium zur Unterscheidung zwischen Menschen und anderen Lebewesen (vgl. Boehm 2022, 49–50). Die Menschheit ist kein Gattungsbegriff, sondern ein Abstraktum, das letztlich eine Unabhängigkeit von der endgültigen Bestimmung durch die Natur – Instinkte, Triebe, körperliche Grundbedürfnisse – verleiht (vgl. Boehm 2022, 50). Und die menschliche Würde leitet sich her von der Freiheit, „die das Vermögen ist, nicht durch konkrete Tatsachen bestimmt zu sein (vgl. Boehm 2022, 52). Erst die Abstraktion, das Allgemeine ermöglicht diese menschliche Freiheit – und verleiht ihr so universelle und kategorische Geltung (vgl. Boehm 2022, 52). Die Menschheit als allgemeine, abstrakte moralische Größe dient als Richtschnur partikularer politischer Gemeinschaften, die sich als ein ‚Wir' mit gemeinsamen Werten, Traditionen und Überzeugungen verstehen und dazu aufgerufen werden, sich stets selbst zu transzendieren (vgl. Boehm 2022, 112). Hier geht es nicht so sehr darum, das Menschliche lebensweltlich zu verankern, sondern als einen externen Maßstab dem Wechselspiel menschlicher Angelegenheiten zu entziehen.

Eine letzte Hinwendung zu Arendts Überlegungen zum Pariatum bestätigt auf den ersten Blick auch noch einmal, dass das allgemein Menschliche in der Lebenswelt kaum einen Platz findet. Der Paria als Mensch guten Willens, verkörpert in den Romanfiguren Kafkas, tritt vor allem als eine Figur auf, die das für sich einfordert, was sie für andere Menschen als selbstverständlich betrachtet, etwa Arbeit, Familie, ein Zuhause und bürgerliche Rechte. Bei näherer Betrachtung stellt sich jedoch heraus, dass diese scheinbaren Selbstverständlichkeiten gar nicht als allgemein menschliche Ansprüche geltend gemacht werden können, sondern auf guten Beziehungen zu den Herrschenden bzw. einem mehr oder weniger auskömmlichen Arrangement mit den herrschenden sozialen Verhältnissen beruhen. Wer sich hier exponiert und offensiv etwas als genuin menschliches Recht einfordert, erregt Unverständnis und sogar Unmut. Der Paria wird als Nestbeschmutzer und Störenfried betrachtet. Insofern wird dem Menschen guten Willens sehr klar vor Augen geführt, dass das Allgemein-Menschliche nicht normal oder selbstverständlich ist und nicht erreicht werden kann, indem man einfach ununterscheidbarer Teil einer Gemeinschaft wird (vgl. Arendt 2019a, 147–150). Vielmehr erfordert eine Existenz als Mensch erhebliche Kraftanstrengungen – über eine sehr lange Zeit hinweg, ohne wirklich Erfolge zu verzeichnen, und bis irgendwann die Kräfte erschöpft sind (vgl. Arendt 2019a, 151). Das Streben danach, „ein Mensch unter Menschen, ein normales Mitglied einer menschlichen Gesellschaft zu sein" (Arendt 2019a, 151) geht über die Kraft und Spanne eines menschlichen Lebens hinaus.

An Hannah Arendts Ausführungen zum Pariatum, das sich aus exemplarischen Beispielen der Dichtung, Literatur und Filmkunst des 19. und frühen 20. Jahrhunderts rekonstruieren lässt, können wichtige Erfahrungen mit dem Menschlichen nachvollzogen werden. In ihnen ist zwar auch Erhabenheit und Unantastbarkeit zu erkennen, ebenso aber auch unzählige Mühen, Verdächtigungen und Niederungen. Das Menschliche ist nicht durch moralische oder juristische Abstraktion zu schützen, wenn es nicht auch als Vollzug, als konkrete Lebensform mit allen Möglichkeiten der Verfehlung und des Scheiterns reflektiert wird. Welcher Stellenwert kommt nun in dieser Gemengelage dem *Recht, Rechte zu haben* zu?

Das Pariatum als Menschwerdung ist die Lebensform, die diesem Recht am ehesten entspricht, wenn man es als Forderung versteht. Gleichzeitig erwächst die Formulierung selbst aus den Paria-Erfahrungen und sucht diesen einen rechtlichen Ausdruck zu verleihen, der dann konsequenter Weise nicht durch Eindeutigkeit, Klarheit und juristische Präzision besticht. Vielmehr fängt er in einem paradoxen Ausdruck die spannungsvolle Existenz zwischen Schutzbedürftigkeit und Handlungsmacht ein – und dies am konkreten Beispiel des Pariatums, das nicht in einem allgemeinen Sinne das Menschsein verkörpert, sondern konkret fasst, auch in den Abgründigkeiten, Ambivalenzen und Überforderungen, die im menschlichen Leben als Zusammenleben stecken. Die Formulierung kommt nicht aus der sog. ‚Mitte' der Gesellschaft und kann deshalb auch nur schwerlich als allgemein zustimmungsfähiger Basis-Konsens verstanden werden. Vielmehr ergibt sie sich aus randständigen, liminalen Positionen und will diese theoretisch und praktisch stärken. Das Problem, von dem Hannah Arendt ausging, war ja zunächst nicht, dass Menschen das Menschsein abgesprochen wurde, sondern dass sie nur noch das Menschsein hatten und dabei feststellen mussten, dass sich damit kein politischer Status, kein Sprech- und Handlungsraum verband. Nur unter der Voraussetzung, dass Mensch zu sein auch heißt, Mensch zu werden, lässt sich das *Recht, Rechte zu haben* als allgemeiner Anspruch zu verstehen. In menschenrechtlicher Terminologie könnte man auch festhalten: Menschen haben Menschenrechte nicht nur *aufgrund*, sondern *kraft* ihres Menschseins.

4.3.3.4   ... und die Gottesfrage?
Bei all diesen innerweltlichen und zwischenmenschlichen Zusammenhängen stellt sich die Frage, welche Rolle die Gottesfrage überhaupt dabei spielt, wenn über die Menschwerdung als Lebensform und das Pariatum als ein konkretes Beispiel nachgedacht wird. Gibt es also mehr als eine bloß zufällige Verknüpfung des Theologoumenons der Menschwerdung und der Gedanken Arendts zum Pariatum?

Bis auf einige wenige kursorische Andeutungen hat die Gottesfrage für das Pariatum keine Bedeutung. Da sind die Hinweise auf das Erhabene von Kunst und Natur, die ‚göttlich-natürlichen Realitäten' als Rückzugsort des Paria und überlegener Standpunkt für die spottende, beißende Kritik an den politisch Herrschenden und gesellschaftlich Mächtigen. Da ist die Referenz an David, der mit Schlauheit und Gottes Hilfe den körperlich haushoch überlegenen Krieger Goliath zu besiegen vermag. Und da ist schließlich die radikale Dekonstruktion des Himmels und der Erde als konventionellen Trostpflastern der Gesellschaft für all diejenigen, die nicht dazugehören dürfen oder sollen. Letztlich scheint demnach doch alles auf einen Universalismus ohne Gott hinauszulaufen. Inwiefern ist also eine theologische Perspektive hilfreich oder relevant? Wozu sollte die Gottesfrage im Horizont der Menschwerdung überhaupt wachgehalten werden?

Zunächst ist festzuhalten, dass es bei der theologischen Rede von der Menschwerdung nicht um eine theologische oder religiöse Verdoppelung des Menschlichen geht. Ebenso wenig ist darin der Versuch zu sehen, doch einen abstrakt-metaphysischen Ankerpunkt zu definieren und den Prozess der Menschwerdung ‚von oben' her zu initiieren. Vielmehr ist Menschwerdung auch theologisch als ein ganz und gar weltlicher und menschlicher Prozess zu reflektieren, in dem nach der „Spur einer Transzendenz" (Peters 2008, 69) zu suchen und zu fragen ist. Vor diesem Hintergrund sind einige Aspekte des Pariatums noch einmal durch Kategorien und Konzepte zu bekräftigen, die auch für die theologische Menschenrechtsethik eine zentrale Bedeutung haben: Die doppelte Perspektive auf Marginalität als Resultat einer fundamentalen Ungerechtigkeit und als gewichtiger Erkenntnisort, der einen unbestechlichen Blick auszubilden ermöglicht, weist große Ähnlichkeiten zum subjekthaften Status der Armen in der Befreiungstheologie und der Leidenden in der Neuen Politischen Theologie auf. Die Option für die Armen mit ihrer theologischen, analytischen und politischen Mehrdimensionalität ist ebenfalls sehr stark von einem Gedanken der Mensch*werdung* geprägt, der nicht in einem abstraktallgemeinen Sinne auf das Menschsein aller Menschen, sondern in seiner Parteilichkeit für das Menschsein der Armen „universale Geltung" (Rottländer 1988, 86) beansprucht (vgl. Rottländer 1988, 85–86). Im Horizont der Menschwerdung als Lebensform geht damit ethisch nicht nur eine Optionalität (vgl. Heimbach-Steins 2003, 172–175), sondern mehr noch eine *Oppositionalität* einher, die so lange fortbesteht, wie die Welt so ungerecht bleibt, wie sie ist. Dieses Ambivalenzverhältnis zu Welt und Gesellschaft kommt auch im Konzept der vulnerablen Handlungsfähigkeit (vgl. Kap. 1.2.2.1) zum Ausdruck. Im Kontext der Menschwerdung als Lebensform wird noch einmal pointiert, dass Vulnerabilität nicht nur ein anthropologisches Grundmerkmal ist, sondern von sozialen Verhältnissen abhängt – und zugleich ein konstitutives Merkmal von Handlungsmöglichkeiten überhaupt ist. Handlungsfähigkeit gibt es nicht ohne Vulnerabilität und Vulnerabilität nie gänzlich ohne Handlungsfähigkeit. Die Aufmerksamkeit für besonders vulnerable Personen sollte daher nie außer Acht lassen, dass sie auch als Hilfesuchende und Schutzbedürftige eine eigene, unvertretbare Handlungsfähigkeit haben. Diese hat ein Moment der Unvorhersehbarkeit und der Veränderungsmacht – und muss ihrerseits eigens geschützt und anerkannt werden. Sowohl die grundlegende Bedeutung der Marginalität als auch die Option für die Armen und die vulnerable Handlungsfähigkeit lassen auf eine nicht nur zufällige Verbindung von Menschwerdung und Pariatum sondern auf eine Kompatibilität oder gar interne Verknüpfung zwischen beidem schließen.

Darüber hinaus ist vor allem noch eine genuin theologische Qualität der Menschwerdung als Lebensform hervorzuheben. Immer wenn Menschwerdung in der oben skizzierten Weise in Angriff genommen wird, besteht die reale Möglichkeit des Scheiterns, des Misslingens und des fortbestehenden Unrechts. Hierbei geht es nicht einfach um eine Sinndeutung angesichts der Höhen und Tiefen eines menschlichen Lebens. Vielmehr gilt es, das Zerschlagene, Gefährdete und Anfechtbare zu würdigen und zu bewahren, wo die Kraft des Menschlichen nicht reicht. Das Vergebliche und Gescheiterte muss seinen Platz haben, erzählt und erinnert werden – gerade auch in der Formulierung des *Rechts, Rechte zu haben* – und zwar nicht als Vorstufe zur Anerkennung und Durchsetzung, sondern als vergebliche Bemühung und eben als Scheitern. Dies lässt sich kaum anders als theologisch fassen, gerade weil darin eine Möglichkeit offen gehalten werden soll, die immer wieder aufs Neue ergriffen werden kann: Mensch zu werden – über die je gegebene Situation hinaus. Darin, dass das Scheitern, der Untergang, die Vergeblichkeit wirklich ist und gleichzeitig nicht alles sein darf,[58] liegt die erwähnte ‚Spur einer Transzendenz'.

4.3.4 Das Recht, Rechte zu haben *einklagen – Theologische Anmerkungen zu einer vernachlässigten Semantik des Klagebegriffs*

Wenn auch das *Recht, Rechte zu haben* sich mit einer theologisch-politischen Lebensform der Menschwerdung beschreiben lässt, so bleibt dennoch die Frage, welche Möglichkeiten denjenigen bleiben, die in Arendts Terminologie zu politischen Parias geworden sind und demnach rechtliche Ansprüche nicht wirksam und verlässlich geltend machen können. In Arendts Formulierung ließ sich ja ein konstruktives Element identifizieren (siehe Kap. 3.1.2.1): der Vorschlag einer internationalen Strafgerichtsbarkeit, die sich auf einen einzigen Tatbestand – das Verbrechen gegen die Menschheit (*crime against humanity*)[59] – beschränkt, der einen Verstoß gegen das eine Menschenrecht, eben das *Recht, Rechte zu haben* darstellt.

Die gegenwärtige Situation internationalen Rechts geht weit über Arendts Vorschlag hinaus. Der ISGH verhandelt nicht nur *crimes against humanity*, sondern auch Kriegsverbrechen und Genozid. Regional sind Menschenrechtsgerichtshöfe tätig, etwa der ACHPR oder der EGMR. Letzterer ist in

---

58   Diese Formulierung ist der berühmten theologisch-politischen Sentenz Adornos entlehnt: „Nur wenn das, was ist, sich ändern lässt, ist das, was ist, nicht alles."
59   Zu Arendts Verständnis dieser völkerrechtlichen Formulierung siehe Kap. 3.1.2.1.

den vergangenen Jahren immer wieder mit aufsehenerregenden Urteilen in Asyl- und Flüchtlingsfragen in Erscheinung getreten. Diese wurden initiiert durch Klagen von Asylsuchenden oder abgeschobenen Flüchtlingen gegen verschiedene europäische Staaten, die im Rahmen des Konzepts der „strategischen Prozessführung" (vgl. Thym 2020, 992) von Menschenrechtsanwälten und NGOs unterstützt wurden. Streitsachen waren hier hauptsächlich Push-Back-Situationen an Land- und Seegrenzen sowie Ab- und Zurückschiebungen in menschenunwürdige Situationen innerhalb und außerhalb Europas (vgl. Thym 2020, 991–992; 1013). Das Ziel der strategischen Prozessführung besteht darin, über den Klageweg Präzedenzfälle zu schaffen und Grundsatzurteile herbeizuführen, die die Rechtssicherheit von Flüchtlingen erhöhen, und so „die europäische Grenzpolitik (…) zu verändern" (Thym 2020, 992).[60]

In der Menschenrechtsjudikatur des EGMR zu Asyl und Flucht spielen vor allem das Verbot von Folter sowie menschenunwürdiger und erniedrigender Behandlung (Art. 3 EMRK) und das Verbot der Kollektivausweisung (Art. 4 4 Zusatzprotokoll zur EMRK) eine wichtige Rolle. Aus erstem wurde das völkerrechtlich herausragende Non-Refoulement-Prinzip abgeleitet; letzterer hat bis 2020 faktisch ein individuelles Asylgrundrecht begründet (vgl. Thym 2020, 993–995). In der Auslegung vieler Expert:innen verfolgte der EGMR über viele Jahre eine menschenrechtsexpansive Rechtsprechung. Diese wurde jedoch im Jahr 2020 durch zwei Urteile erschüttert, die Push-Back-Maßnahmen bei Personen, die illegal auf europäisches Gebiet einreisen (aber auch nur in diesen Fällen), für konform mit der Europäischen Menschenrechtskonvention erklärten (vgl. Thym 2020, 996).

Das Gewicht der Urteile des EGMR als suprastaatlichem Gericht[61] besteht darin, „neben der Einzelfallgerechtigkeit zugleich verfassungsrechtliche Standards vorzugeben, die von den nationalen Gerichten in zahlreichen Folgeverfahren effektiv angewandt werden (…)." (vgl. Thym 2020, 996) Aus Perspektive der Kläger:innen bedeutet dies, dass ein Erfolg nicht nur auf der Einzelfallebene eine Entschädigung oder ein Aufenthaltsrecht zuspricht, sondern auch Rechtssicherheit über den Einzelfall hinaus geschaffen werden kann. Im Umkehrschluss sind aber auch – wie bei allen juristischen Verfahren – langwierige

---

60   Zu den Erfolgsaussichten und Möglichkeiten der strategischen Prozessführung siehe in aller Kürze: Thym (2020, 1013–1015).
61   Der EGMR gliedert sich organisatorisch in Ausschüsse, Sektionen und Kammern (siehe: https://www.coe.int/de/web/portal/organisation-des-egmr, abgerufen 30.12.2022). Das Setzen von Standards kommt insbesondere der Großen Kammer zu. Diese verfolgt dabei seit geraumer Zeit den Ansatz einer Differenzierung zwischen allgemeinen Maßstäben und einzelfallbezogener Subsumtion, mit dem die dezentrale Durchsetzung der EMRK in nationaler Rechtspraxis gefördert werden soll (vgl. Thym 2020, 996).

Prozesse in Kauf zu nehmen und im Falle einer Niederlage ebenfalls juristische Tatsachen von teils immenser menschenrechtlicher Tragweite geschaffen. Menschenrechte werden demnach über juristische Verfahren (formelle Klagen, Urteile) positiviert; gerade die Praxis des Klagens war in der jüngeren Vergangenheit ein Katalysator, um drängende Menschenrechtsfragen auf die rechtspolitische Agenda setzen und ins Licht der Öffentlichkeit zu rücken. Die Menschenrechte werden dadurch aber auch – wie jedes Recht – Auslegungs- und Streitsache (vgl. Thym 2020, 993–994).

Es zeigt sich, dass ein anderes juristisches Institut als die Definition eines Straftatbestands eine herausragende Rolle für die Grundlegung der Menschenrechte spielt: die Klage, die oftmals Initiationspunkt und Anstoß für eine Debatte und Urteilsbildung auf verfassungsrechtlicher Ebene ist. Der Begriff der Menschenrechte enthält jedoch traditionell auch die grundlegende Annahme, dass sie – dem Anspruch nach – nicht nur von Urteilssprüchen und Klageerfolg abhängen dürfen. Wie ist also mit dieser Dimension des Menschenrechtsbegriffs umzugehen, die ja gerade in der globalen Flüchtlingssituation eine existenzielle Bedeutung für Millionen von Menschen aufweist? Zumindest in der deutschen Sprache hat der Begriff der Klage eine über den juristischen Kontext hinausgehende Semantik. Die Klage ist nicht nur ein Rechtsbegriff; sie hat auch einen Sitz im religiösen Leben, besonders in der Praxis des Betens. Im Folgenden soll diese zuweilen vergessene Semantik in Erinnerung gerufen werden, um die Klage als ein Modell menschenrechtlicher Grundlegung verstehen zu können, das einerseits den menschenrechtlichen Entstehungskontext der Leidens- und Unrechtserfahrungen noch einmal stärker betonen kann und eine Sprachfähigkeit eröffnet, wo die juristische Terminologie an ihre Grenzen stößt. Zwischen der Klage im juristischen und der Klage im theologischen Sinn besteht also ein qualitativer Unterschied.

Das Bedeutungsspektrum und die Formen der Klage reichen sehr weit und sind vielfältig: Klagelieder des einzelnen und des Volkes stehen neben Toten- und Leichenklagen, Stadtklagen sowie Klagen JHWHs (vgl. Janowski 2021, 40–41). Auch Subjekte und Adressaten der Klage sind breit gefächert. Der Klagebegriff lässt sich folglich nicht so leicht greifen.[62] Umgekehrt bezieht sich die Klage immer auf etwas sehr Spezielles. Dabei lassen sich insbesondere drei Dimensionen voneinander abgrenzen: (1) „die an eine Instanz gerichtete Klage (*die Anklage*)" (Janowski 2021, 37; Hervorh. i. Orig.); (2) „die Beziehung der Klage auf den Klagenden (*das Sich-Beklagen*)" (Janowski 2021, 37; Hervorh. i. Orig.);

---

62 Gleichwohl folgen Klagelieder als Gattung häufig einer gleichbleibenden Struktur: Anrufung (Invocatio) – Klage – Bitte – Schuldbekenntnis/Unschuldsbeteuerung – Vertrauensäußerung – Lobpreis (vgl. Janowski 2021, 41).

(3) „die auf einen Rechtsgegner gerichtete Klage (*das Verklagen*)" (Janowski 2021, 37; Hervorh. i. Orig.). Diesen entsprechen biblisch verschiedene Klagetypen: die Gott-Klage, die Ich-Klage und die Feind-Klage (Janowski 2021, 37–38), die im Lauf der Jahrhunderte eine zum Teil geradezu bedeutungsverkehrende Auslegung erfahren. So wird etwa die Ich-Klage als Selbstmitleid bzw. Weinerlichkeit oder die Gott-Klage als Blasphemie gedeutet (vgl. Janowski 2021, 38). Hinzu kommt der Prozess der „neuzeitlichen Auflösung des Klagebegriffs" (Janowski 2021, 38), die elementar mit der „philosophischen Gebetskritik" (Janowski 2021, 367) Kants im Rahmen seines Projekts der „Moralisierung alles Religiösen" (Janowski 2021, 367) zusammenhängt: „Wer schon, so Kant, Fortschritte im Tun des Guten gemacht hat, hört auf zu beten, jedenfalls zu klagen und zu bitten." (Janowski 2021, 367)

Das seit einiger Zeit zu beobachtende Interesse an den biblischen Klagen bezieht sich besonders auf ihre Bedeutung „als anthropologische Grundtexte" (Janowski 2021, 367), deren Wiedergewinnung zugleich eine Rehabilitation der Praxis des Gebets einzuschließen sucht. Die Klage als poetisch-literarische Form gibt Zeugnis von der „Menschwerdung des Menschen" (Janowski 2021, 11) vor Gottes Angesicht und in Auseinandersetzung mit Gott (vgl. Janowski 2021, 11). Dieser anthropologische Grundzug, Menschen in ihren vielfältigen sozialen Bezügen und Lebensvollzügen in den Mittelpunkt zu stellen, macht sie auch für den Zusammenhang dieser Arbeit anschlussfähig. Vor allem ist dabei der starke Gerechtigkeitsbezug der Klage relevant, wobei hier „Gottes Gerechtigkeit" (Schönemann 2012, Kap. 4) im Fokus steht. Die biblische Gerechtigkeitsvorstellung, die dem altorientalischen Denken entstammt, hat einen stark konnektiven Charakter. Als Schlüsselbegriff ist Gerechtigkeit „die Kraft, die die Welt ‚im Innersten zusammenhält, und zwar dadurch, daß sie die Folge an die Tat bindet" (Janowski 2021, 138). Die Klage als literarische Form zeigt ein reflexiv gewordenes Verhältnis zum Tun-Ergehen-Konnex an – in zweierlei Hinsicht: Die Klage bringt individuelle oder kollektive Krisen- und Katastrophenerfahrungen ins Wort. Sie artikuliert „Erfahrungen unterschiedlicher Notsituationen" (Schönemann 2012, Kap. 1), die vielfach ein leidvolles Ergehen thematisieren, das sich für die Klagenden nicht aus einem eigenen Tun erklären lässt. Die Klage stellt somit einen „Konfliktfall von Glaube und Erfahrung" (Schönemann 2012, Kap. 1) dar und nicht selten handelt es sich dabei um eine Situation absoluter Aussichts- und Hoffnungslosigkeit. Sie bringt eine Erfahrung der Todesnähe zum Ausdruck, wobei der Tod nicht auf das biologische Lebensende bezogen ist, sondern auch den Ausschluss aus allen sozialen Bezügen und eine grundlegende Schutzlosigkeit meint (Janowski 2021, 64); er ist „das Prinzip des alles auflösenden und isolierenden Zerfalls." (Janowski 2021, 51) Damit wohnt der Klage auch ein apokalyptisches

Moment im Wortsinne inne: Sie enthüllt die irdischen Gewaltverhältnisse, in denen sich die Klagenden wiederfinden (vgl. Janowski 2021, 373).

Und dennoch handelt es sich bei biblischen Klagen auch um performative Akte, mit denen die Klagenden sich vorwegnehmend auf die Wiederaufnahme des Lebens, „das Prinzip der alles miteinander verknüpfenden Kraft" (Janowski 2021, 50) richten, eine Art Selbstwirksamkeitserfahrung der besonderen Art (vgl. Janowski 2021, 74). Diese Selbstwirksamkeit ist nicht mit Handlungsmächtigkeit gleichzusetzen, sondern enthält das Wissen um die Abhängigkeit des Klagenden sowie die Dringlichkeit einer von woanders her kommenden Initiative (vgl. Bayer 1983, 267–268). Dabei kommt der „Appellfunktion der Klage" (Janowski 2021, 46) ein hoher Stellenwert zu. Diese Funktion dient nicht der Selbstdarstellung im Leid oder dem Selbstmitleid, sondern soll das Leid wenden und richtet sich demnach an eine Instanz, die dazu in der Lage ist (vgl. Janowski 2021, 46). Hier ist Gott als gerechter Richter und als Retter gefragt (vgl. Janowski 2021, 147–151). Gott wird angerufen als ein „Gott des Lebens (...), der den Schrei nach Gerechtigkeit nicht ungehört verhallen lässt" (Janowski 2021, 373) und von dem „die Durchsetzung von Recht und Gerechtigkeit in einer Welt voller Ungerechtigkeit" (Janowski 2021, 373) eingeklagt wird. Den Klagenden ermöglicht die Klage als „Rückfrage nach Gott angesichts des Leidens" (Schönemann 2012, Kap. 1), nicht „sprachlos und apathisch zu werden – gerade auch gegenüber Gott" (Janowski 2021, 373) Mit der Klage kommt etwas in Gang in der Hoffnung darauf, dass das Leid sich wenden möge – ohne dass Gewissheit darüber besteht, wie die Krisensituation sich fortentwickelt.[63] „Die biblische Klage bewahrt [so] gleichermaßen die Gottheit Gottes, die Realität und Mächtigkeit des Leidens und die Würde und Hoffnung als Glaubender." (Schönemann 2012, Kap. 5)

Was bedeutet vor dem Hintergrund dieser theologischen Bedeutungsdimension der Klage, das *Recht, Rechte zu haben* einzuklagen? Und inwiefern handelt es sich dabei um ein Modell der menschenrechtlichen Grundlegung? Es ist jedenfalls keine Rehabilitation des Gebets, in dem Sinne, dass Notleidenden empfohlen wird, in ihrer ausweglosen Lage helfe nur noch Beten. Natürlich geht es in diesem Zusammenhang nicht um eine Verankerung der Menschenrechte in einer intensiveren Frömmigkeit. Vielmehr hat das Einklagen des *Rechts, Rechte zu haben* einen negativen Grundzug. Davon

---

63 Diese Dynamik ist häufig als „Stimmungsumschwung" (Janowski 2021, 75) beschrieben worden. Dieser Terminus weist auf einen äußeren Faktor als Auslöser für den Wechsel von der Klage zur Vertrauensäußerung hin. Tatsächlich ist das Phänomen jedoch differenzierter zu betrachten (siehe dazu: Janowski 2021, 75–84).

ausgehend richtet sich das Augenmerk auf Arendts Beschreibung der Verluste von Heimat, Schutz der Regierung und Menschenrechten (Kap. 3.1.2.2.3), die sich wie eine säkulare Form der biblischen Klage liest. Den Verlust und die Zerstörung in ihrem ganzen Ausmaß ins Wort zu bringen, ist von grundlegender Bedeutung. Das *Recht, Rechte zu haben* als ein verlorenes Recht zu verstehen (Kap. 3.3.2.2) ist in diesem Sinne nicht bloß nüchterne Feststellung, beißende Kritik oder bitter-ironisches Zeugnis. In der Klage über diesen Verlust wird es auch aufgehoben und negativ bewahrt. Zugleich lässt sich eine neue Verbindung zum Appellativ als einer mit dem *Recht, Rechte zu haben* verknüpften Sprachform (Kap. 3.3.3) herstellen: Stärker als in der politisch-philosophischen Diskussion ums *Recht, Rechte zu haben* bezieht sich der Appellativ aber auf die schmerzliche Erfahrung der Klagenden, als auf politische Prinzipien und die daraus erwachsende Verantwortung politischer Gemeinschaften. Er hat keinen unmittelbar greifbaren Adressaten, richtet sich aber an eine Kraft, der zugesprochen wird, das Zerstörte, Verlorene zu retten und zu heilen. Diese kommt erst dann zur Geltung, wenn alle Wege konventioneller Rechtspraxis ausgeschöpft sind. So hat das *Recht, Rechte zu haben* seinen Grund in einer tiefen Verzweiflung, die jedoch nicht der Hoffnungslosigkeit erliegt, sondern performativ eine Wende der aktuellen Situation antizipiert. Eine solche Grundlegung kann sich nicht vorrangig auf ein Vorherwissen um Recht und Unrecht oder auf einen übergeordneten Maßstab der Gerechtigkeit, auf menschenrechtliche Konventionen oder eine überstaatliche Verfassungsgerichtsbarkeit beziehen. Letztlich kann sie nur als Anfangspunkt eines dynamischen Prozesses verstanden werden, in dessen Verlauf ein Moment mobilisiert wird, das den Weg zum Leben als dem Prinzip der alles verbindenden Kraft bahnt.

4.3.5 *Die Grundlegung des* Rechts, Rechte zu haben *oder: der Bedarf eines theologisch-politisch lebbaren Universalismus*

Der Ausgangspunkt dieses Kapitels war die von Hannah Arendt beschriebene Aporie der politischen Philosophie, dass die politische Ordnung auf einen vorpolitischen Maßstab angewiesen sei. Diese Aporie ist in Arendts Augen auch durch die modernen Revolutionen und ihren Rekurs auf die Menschenrechte nicht gelöst worden, auch wenn damit der traditionelle Rückgriff auf den Gottesbegriff nicht mehr vorgenommen wird. Die zeitgenössische Menschenrechtsphilosophie kommt in der Regel ohne einen einheitlichen, metaphysischen Bezugspunkt aus. Doch zum Beispiel in der Rede von den verallgemeinerten und konkreten Anderen ist weiterhin ein theologisches Echo vernehmbar. Die religiöse Tradition der Rede von der Andersheit Gottes eignet sich allerdings nicht für eine starke Grundlegung im Sinne eines (transzendentalen, hypothetischen oder dynamisch ausgehandelten)

Begründungskonsenses. Vielmehr ist er eine Infragestellung und Irritation – die Alterität Gottes stellt einen Grundlegungsvorbehalt dar, der fundamental auf die Praxis verweist. Eine solche Praxis lässt sich als Lebensform mit dem Theologoumenon der Menschwerdung und anhand des sozio-literarischen Pariatums sowie in Auseinandersetzung mit zeitgenössischen Konzepten des Universalismus beschreiben. Wichtige Merkmale dieser Lebensform sind Kritik, Protest und Provokation sowie das Menschliche. Bei all dem spielt die Gottesfrage eine subtile Rolle: Die Lebensform der Menschwerdung kommt auch ohne den Gottesbegriff aus. Er ist keine zwingende Voraussetzung oder notwendige Bedingung. Die theologische Rede von der Menschwerdung will demnach keine religiöse Verdopplung des Menschlichen sein. Doch das Theologische ist nicht ausgeschlossen und hat eine eigene Qualität in der Akzentuierung und der Perspektivierung: Es ermöglicht eine Entschiedenheit für den Standpunkt der Marginalität und Liminalität und es verleiht dem Verlorenen, Geschlagenen und Gescheiterten ein unhintergehbares Gewicht.

Wie auch beim Durchsetzungsproblem legt sich für das Grundlegungsproblem ein schwacher Ansatz nahe, der keine metaphysische Höhe, sondern die Tiefe, die Abgründe in den irdischen Verhältnissen zum Ausgangspunkt nimmt. Daher bietet sich ein vom biblischen Klagen inspiriertes Einklagen des *Rechts, Rechte zu haben* als performatives wie antizipierendes Modell menschenrechtlicher Grundlegung an. Dabei ist unbedingt das Missverständnis zu vermeiden, es ginge um eine gesteigerte oder wiederbelebte Frömmigkeit. Vielmehr hat die Klage einen Sinn als Erhalt einer Sprachfähigkeit jenseits konventioneller Rechtspraxis und als Appell an eine Initiative zur Wendung einer ausweglosen Situation.

In diesem Sinne ist für einen theologisch-politisch lebbaren Universalismus zu plädieren, der sich bewusst für eine schwache Grundlegung der Menschenrechte ausspricht und diese in einer Lebens- und einer Sprachform zum Ausdruck zu bringen vermag. Hierbei handelt es sich um Handlungs- und Redemöglichkeiten, wo ansonsten keine gesehen oder zugesprochen werden. Insofern bedeutet theologisch-politischer Universalismus auch Protest gegen die Bedeutungslosigkeit und Gleichgültigkeit gegenüber den Handlungspotentialen von Menschen als Menschen. Dieser Universalismus findet Bündnispartner auch jenseits religiöser oder weltanschaulicher Grenzen, ist dort sprach- und argumentationsfähig und leistet dennoch einen eigenen, nicht einfach austauschbaren Beitrag zur menschenrechtlichen Grundlegung. Dabei geht es demnach weder um einen theologischen Begründungsexklusivismus noch um einen Begründungsinklusivismus, sondern um die Möglichkeit einen theologisch-politischen Universalismus lebbar zu machen, wie er in Grundzügen hier skizziert worden ist.

4.4 Zusammenfassung: Die Produktivität einer theologisch-politischen Lesart des *Rechts, Rechte zu haben*

Das *Recht, Rechte zu haben* wird in einer theologisch-politischen Lesart nicht als regulatives Ideal oder Prinzip verstanden, dem die Realität sich immer weiter anzunähern hat. Es wird auch nicht als konkreter, positiv-rechtlicher Anspruch verstanden, dem komplementär ein Pflichtenträger zugeordnet wird. Das *Recht, Rechte zu haben* erscheint hier nicht als Schlussstein, als letztes Puzzleteil der Menschenrechtsethik. Vielmehr wird es als ein Provisorium konzipiert, das schon darauf verweist, dass diese Welt anders werden muss, damit dem zum Durchbruch verholfen werden kann, wofür das *Recht, Rechte zu haben* steht: die Möglichkeit als Mensch unter Menschen leben, in Pluralität statt Souveränität zusammenleben und im gemeinsamen Handeln frei sein zu können. Ihre Produktivität entfaltet die theologisch-politische Lesart über die Erkenntnisse im Einzelnen hinaus dabei in drei übergreifenden Gesichtspunkten: (1) der Perspektive der theologischen Menschenrechtsethik auf das Durchsetzungs- und Grundlegungsproblem der Menschenrechte; (2) einer konvergierenden theologisch-politischen Anthropologie; (3) dem Bewusstsein für die Grenzen des *Rechts, Rechte zu haben*.

Mit der hier vorgeschlagenen Lesart erhält die theologische Menschenrechtsethik die Möglichkeit, eine *Perspektive auf das menschenrechtliche Durchsetzungs- und das Grundlegungsproblem* einzunehmen, die sich von konventionellen Intuitionen und Konzepten der politischen Philosophie abhebt. Ein wichtiges Merkmal dieser Perspektive ist der reflektierte Ansatz bei Positionen der Marginalität und der Liminalität. Die Frage der Zugehörigkeit wird damit vielschichtiger und ambivalenter, als es die Formulierung als basaler menschenrechtlicher Anspruch zulässt. So ermöglicht eine randständige Position prekärer Zugehörigkeit Einsichten und Urteile, die einer Perspektive im Zentrum der Gesellschaft verschlossen bleiben müssen. Zwei Einsichten erscheinen dabei wesentlich: Das Durchsetzungsproblem wird nicht durch Souveränität gelöst. Im Gegenteil, wird aus der Perspektive des *Rechts, Rechte zu haben*, eine zugespitzte Souveränitätskritik notwendig. Diese kann als Politische Theologie der Souveränität formuliert werden, in der ein schwacher, leidsensibler und pluralitätsfähiger Monotheismus und Universalismus in Stellung gebracht werden. Hinzu tritt eine konsequente Kritik theologisch-politischer Souveränitätsvorstellungen und die Skizzierung alternativer Traditionen, wie der (auch) schöpfungstheologischen Plausibilisierung menschlicher Pluralität als Grundsignatur und Lebensform sowie der Natalität als messianischem Potential des Menschlichen. Aus der Politischen Theologie der Souveränität ergibt sich ein schwaches Konzept der Durchsetzung der Menschenrechte, das aber nicht mit Durchsetzungsschwäche verwechselt werden darf. Menschenrechtliche Durchsetzung kann sich nur nicht auf offizielle staatliche und internationale Institutionen und Organisationen verlassen, solange sie sich mal mehr, mal weniger ausgeprägt am Prinzip der Souveränität orientieren. Auf das Grundlegungsproblem gibt das *Recht, Rechte zu haben* ebenfalls keine starke Antwort. Vielmehr ist auch hier bei der Handlungsfähigkeit und Subjektwerdung der Marginalisierten und Ausgeschlossenen anzusetzen – die jedoch keine Demonstrationen von Stärke werden, sondern Modelle zum Vorschein bringen, für die Scheitern, Verwundbarkeit, Aussichtslosigkeit konstitutiv sind. Grundlegung im Sinne des theologisch-politisch gelesenen *Rechts, Rechte zu haben* geschieht dort, wo die Not und das Leiden nur noch beklagt werden können. In diesen Tiefen und Abgründen beginnt das menschenrechtliche Denken, sich Bahn zu brechen und denen, die nur noch klagen können, den Weg in die Welt, ins Leben, die Beziehungsnetze der Menschen zu bereiten. Der Ausgang ist jedoch ungewiss und kann nur in einer antizipierenden, appellativen Form festgehalten werden.

In den obigen Ausführungen deutete sich schon an, dass die Produktivität einer theologisch-politischen Lesart auch in einer entsprechenden *Anthropologie* besteht. Sprache und Handeln als allgemeine Elemente einer dem *Recht, Rechte zu haben* korrespondierenden Anthropologie werden stärker konkretisiert: Zum einen geht es dabei um die Beschreibung einer Lebensform, die in einer Gleichzeitigkeit aus Universalität und Partikularität Profil gewinnt. Es geht darum, Mensch zu werden – nicht im Sinne der Entkleidung aller partikularen Merkmale, sondern als eine partikulare Lebensform, die sich jedoch nur realisieren lässt, wenn sie sich allen Menschen widmet. Universalismus heißt dann nicht zuerst, Maßstäbe und Kriterien zu erarbeiten, die alle Menschen legitimer Weise in die Pflicht nehmen können und für alle verbindlich gelten. Universalismus bedeutet, ein Leben zu leben, das allen Menschen gewidmet ist – und sich gerade deshalb der Grenzen und Beschränkungen der Bemühungen eines einzelnen bewusst ist. Eine theologisch-politische Anthropologie denkt in Spannungen und Ambivalenzen nicht als Selbstzweck, sondern weil so das Drama der Menschwerdung unter den gegenwärtigen Bedingungen artikuliert werden kann. Als Mensch leben zu wollen, impliziert die Entscheidung für eine Existenz, die nicht mit gesellschaftlicher Reputation und Anerkennung rechnen kann. Obschon diese Lebensform auch auferlegte und aufgedrängte Anteile hat, so kann in einem emanzipatorischen Prozess aus Kritik, Protest und Provokation und einer tieferen Bewusstwerdung des Menschlichen ein universalistisches Leben lebbar werden. Es liegt auf der Hand, dass dies auch eine massive Zumutung bedeutet – und daher ist nötig, ein Sensorium dafür zu behalten, was von wem in welcher Situation noch getragen und ertragen werden kann. Hilfe und Fürsorge bleiben elementare Lebensvollzüge, im Rahmen der Lebensform der Menschwerdung jedoch mit einem kritischen Verhältnis zu ihrer systemischen Funktion im internationalen System der humanitären Nothilfe. Im Gegenzug erhalten alte theologische Begriffe wie Schöpfung/Geschöpf, Inkarnation/Menschwerdung oder die Klage in theologisch-politischer Gestalt eine neue Relevanz und Aussagekraft. Sie können einerseits Festgelegtes und Abgeschlossenes aufbrechen und öffnen; andererseits transportieren sie ein Wissen um den Ernst der Lage. Es geht nicht einfach nur um Sprachspiele, sondern um konkrete Schicksale.

Abschließend ist gleichwohl auf die *Grenzen des Rechts, Rechte zu haben* hinzuweisen. Das Ungewisse, Öffnende, Nicht-Festlegende, das mit einer theologisch-politischen Lesart stark gemacht wird, ist selbstverständlich alles andere als ausschließlich positiv. Wenn diese Aspekte überbetont werden oder zu einem Grundprinzip erklärt werden, verfehlen sie ihr Ziel. Primär wird damit anvisiert, eine ausweglose, festgefahrene Situation aufzubrechen und eine neue Dynamik zu initiieren. Das heißt jedoch nicht, dass Gewissheit über rechtliche Ansprüche, Sicherheit und entsprechende Garantien im Rahmen einer globalen Menschenrechtsordnung zu verachten wären; schließlich geht es dabei um den Schutz menschlicher Grundbedürfnisse. In Bezug auf konkrete Vorschläge für institutionelle Reformen oder Innovationen des internationalen Menschenrechtsregimes kann eine theologisch-politische Lesart wenig Auskunft geben. Insofern ist das festgestellte Manko der auffälligen Formlosigkeit auf der Ebene der Institutionalisierung nicht kuriert. Damit erübrigt sich die Frage nach einer Institutionalisierung des *Rechts, Rechte zu haben* freilich in keiner Weise. Nur eine theologisch-politische Lesart ist hierfür nicht der geeignete Ansatz, so dass hier Potential für weitere Forschung und Diskussionen besteht.

KAPITEL 5

Fazit: Für eine theologisch-politische Menschenrechtsethik im Kontext globaler Migration

Den Anfang dieser Arbeit bildete die Erkenntnis, dass das in den vergangenen gut 30 Jahren entstandene Modell einer theologischen Ethik als Menschenrechtsethik im Kontext globaler Migration fundamental herausgefordert ist: durch die globale Flüchtlingssituation und durch die so weitläufige wie kontroverse Diskussion ums *Recht, Rechte zu haben*. Angesichts dieser Herausforderungen stellen sich zwei bekannte menschenrechtsphilosophische Grundprobleme in dem Sinne neu, dass sie eine komplexe innere Verbindung aufweisen: das Problem der Durchsetzung und das Problem der normativen Grundlegung. An beiden muss sich die Möglichkeit theologischer Menschenrechtsethik neu bewähren.

Der Kontext globaler Migration ist folglich kein bloßer Anwendungsfall menschenrechtsethischen Denkens. Vielmehr stellt er eine notwendige Heuristik und zugleich eine Fokussierung grundlegender menschenrechtsethischer Probleme und Herausforderungen dar. Diese Arbeit ist also nicht – trotz einiger Schnittstellen – im engeren Sinne der (christlichen) Migrationsethik zuzuordnen, sondern legt einen durch die globale Flüchtlingssituation provozierten Entwurf theologischer Ethik vor, der sich als *theologisch-politische Menschenrechtsethik* bezeichnen lässt. Dieser Entwurf hat einen stark ausgeprägten anthropologischen Grundzug und geht eigenständig und kreativ mit den allgemeinen Anforderungen an die theologische Ethik um, sowohl analyse- und kritikfähig als auch urteils- und orientierungsfähig zu sein. Nicht zufällig, sondern folgerichtig und mehr als berechtigt kommt dem *Recht, Rechte zu haben* dabei eine Schlüsselrolle zu.

Zum Abschluss ist noch einmal im Querschnitt der Forschungsergebnisse dieser Arbeit zu bündeln, worin der produktive Beitrag einer theologisch-politischen Menschenrechtsethik im Kontext globaler Migration besteht. Zunächst ist sie in der Lage, *Akzentuierungen und Differenzierungen* in die bisherige Theoriebildung theologischer Menschenrechtsethik einzuschreiben (Kap. 5.1). Zudem führt sie systematisch den bereits etablierten Ansatz theoretischer *Horizonterweiterungen* fort (Kap. 5.2). Gleichzeitig nimmt sie in bestimmten Bereichen fundiert und in Auseinandersetzung mit den zur Debatte stehenden Ansätzen *Korrekturen* vor (Kap. 5.3) und benennt bleibende (möglicherweise strukturelle) *Desiderate*, mit denen ein intellektueller Umgang gefunden werden muss (Kap. 5.4)

5.1 Akzentuierungen und Differenzierungen

Innerhalb der theologischen Ethik lässt sich eine differenzierte Forschung und Theoriebildung zu den Menschenrechten rekonstruieren (Kap. 1.1 und 1.2). Im Rahmen eines Entwurfs theologisch-politischer Menschenrechtsethik können einige der dort ausgebildeten Kategorien akzentuiert und differenziert werden. Die Identifikation bisher unentdeckter Subjekte der Menschenrechte (Kap. 1.2.2) legt sich in der Auseinandersetzung mit der globalen Flüchtlingssituation nahe. Zwar ist der Flüchtlingsbegriff im Völkerrecht fest verankert (Kap. 2.1). Doch in der eingehenden Auseinandersetzung mit der gegenwärtigen Flüchtlingserfahrung (Kap. 2.2) sowie dem korrelierenden Institutionengefüge (Kap. 2.3) wird deutlich, dass Flüchtlinge als Menschenrechtssubjekte neu entdeckt werden müssen. *Vulnerabilität* etwa ist in ihrer Ambiguität als Grundprinzip des humanitären Flüchtlingsregimes (Kap. 2.3.1) und grundlegendes Konstituens menschlichen Daseins (Kap. 1.2.2.1) zu reflektieren. Hilfreich erscheint dabei, den Akzent noch entschiedener auf ein agency-Konzept zu legen, wie er etwa in Hakers Modell einer *vulnerable agency* bereits vorliegt. Im Umkehrschluss ist eine gewisse Zurückhaltung gegenüber der abstrakten Hilfe- und Fürsorgedimension des Vulnerabilitätsbegriffs angeraten, ohne Hilfe und Fürsorge als grundlegende Bedürfnisse für obsolet zu erklären. Eine andere Akzentsetzung scheint auch bei der Rede von *Grundbedürfnissen* sinnvoll: Grundsätzlich lässt sich an der heutigen Flüchtlingserfahrung zeigen, dass sie eher nicht als selbstverständliche menschenrechtliche Schutzgüter zu betrachten sind, sondern im Rahmen eines humanitären Nothilfeparadigmas eine Priorisierung zugunsten des Überlebens vorgenommen wird. Als dauerhafter, institutionalisierter Zustand, exemplarisch in den Camps greifbar (Kap. 2.3.3), ist dieser Fokus aber eine massive Einengung menschlicher Entfaltungsmöglichkeiten (Kap. 2.2.2). Daher wäre ein stärker vom Menschen als politischem Lebewesen her konzipiertes Verständnis von Grundbedürfnissen zu entwickeln, in dem Handeln, Sprechen und Partizipation an den öffentlichen Angelegenheiten ebenfalls als grundlegende Bedürfnisse plausibilisiert werden (Kap. 2.2.3; Kap. 3.3.1.3; Kap. 3.3.2). Damit wird auch die Kategorie des *Empowerments* weiter differenziert (Kap. 1.2.2.4): Die Menschenrechte sind zugleich Voraussetzung und Medium von Empowerment, also dem Prozess, Menschen in die Lage zu versetzen, ein selbstbestimmtes Leben zu führen, an den gesellschaftlichen sowie politischen Prozessen teilzuhaben, Zugang zu

Institutionen der Macht zu erlangen und sich in diesen Gehör zu verschaffen. Hierbei ist jedoch immer zu berücksichtigen, dass diesem Prozess ein passives, dependentes Moment eignet, der sich aus der grundlegenden Sozialität menschlicher Existenz ergibt und etwa in Begriffen wie Natalität und Pluralität ausgedrückt, aber auch mit theologischen Konzepten wie Menschwerdung und Klage verknüpft werden kann (Kap. 3.3.1.2; Kap. 4.2.3.2; Kap. 4.3.3; Kap. 4.3.4). Damit erhält das Empowerment einen Charakter, der nicht nur einen Zugewinn an Handlungsmacht oder den Ausgleich von Nachteilen bedeutet, sondern Angewiesensein, Schwäche, Abgründe und Bedrängnisse reflektiert und auch für das Politische als Ort, an dem Rechte, Anteile, Teilhabemöglichkeiten ausgehandelt werden, als konstitutiv erschlossen werden.

In diesem Sinne wird nicht zuletzt die Kategorie der *Erfahrung* zu einem noch stärker konstituierenden Faktor. Leidens-, Unrechts- und Unterdrückungserfahrungen werden schon lange als Entstehungskontext von Menschenrechten betrachtet (Kap. 1.2.2.3). Die konkreten Beispiele der Flüchtlingserfahrung heute (Kap. 2.2) und der Staatenlosen im 20. Jahrhundert (Kap. 3.1.2.1.3) führen einerseits vor Augen, dass der Erfahrungsbezug eine unsichere Basis für die Grundlegung der Menschenrechte ist, insofern sich in ihnen auch offene Infragestellungen (bestimmter Lesarten) der Menschenrechte artikulieren. Sie können zugleich aber auch Ausgangspunkt für einen Zugang zu den Menschenrechten sein, der aus guten Gründen auf eine metaphysische oder transzendentale Absicherung der Menschenrechte verzichtet. Eine erfahrungsorientierte Menschenrechtsethik kann nur durch die geschichtlichen und gesellschaftlichen Verhältnisse hindurch zu einem gehaltvollen Menschenrechtsbegriff gelangen, muss sich also immer der Frage nach den konkreten Wirkungen für das konkrete Leben stellen (Kap. 3.1.2.2; Kap. 4.3.3; Kap. 4.3.4). Vor diesem Hintergrund ist die Kategorie des *praktischen Geltungsvorrangs* ebenfalls zu differenzieren: Der praktische Geltungsvorrang wird ja vor allem gegenüber einem Konsens in Begründungsfragen postuliert. In der Frage, wie Menschenrechte praktisch zur Geltung kommen, wird speziell das Durchsetzungsproblem als besonders dringlich diskutiert (Kap. 1.2.3). Bei näherer Betrachtung und in Auseinandersetzung mit den widersprüchlichen Erfahrungen der Flüchtlinge mit den Menschenrechten tritt die intrinsische Verknüpfung von Durchsetzungs- und Grundlegungsproblem hervor, die beide als praktische Fragen fundamentale theoretische Probleme darstellen (Kap. 2.3.5; Kap. 3.1).

Für den gesamten Entwurf etabliert theologisch-politische Menschenrechtsethik noch stärker ein *Denken in Spannungen*, als dies bisher ausgeprägt ist: Grundsätzlich ist die theologische Menschenrechtsethik immer mit der Spannung von Mindeststandards, die nicht unterschritten und also garantiert werden müssen, und Veränderungen, die prospektiv im Namen und unter Inanspruchnahme der Menschenrechte konfrontiert (Kap. 1). Weitere immer wieder anzutreffende Spannungen menschenrechtsethischen Denkens bestehen zwischen Menschenrechten und Politik, institutioneller Ordnung und emanzipatorischer Praxis, orientierender Ethik und politischer Anthropologie, Subjekt und Person (Kap. 3.4). Diese Spannungen sind nicht als dichotomische Gegensätze, sondern als polare Punkte zu begreifen, zwischen denen sich die Menschenrechtsethik hin- und herbewegt. Sie sind dabei nicht prinzipiell festgelegt, sondern dynamisch angelegt und jeweils für sich differenziert zu untersuchen und zu beurteilen. Manchmal muss ein Umgang mit einer Spannung gefunden werden, manchmal ist sie auch (situativ) in die eine oder andere Richtung aufzulösen.

5.2 Horizonterweiterungen

Den Anspruch der Horizonterweiterung sucht theologisch-politische Menschenrechtsethik *ad intra* innerhalb der theologischen Ethik und *ad extra* mit Blick auf die politische Philosophie und Theorie einzulösen. Für die theologische Ethik ist die Horizonterweiterung in einem neuen Zugang zum Flüchtlingsbegriff, in Bezug auf die Beschreibung des globalen Flüchtlingsregimes sowie in der systematischen Erschließung der Diskussion ums *Recht, Rechte zu haben* zu sehen. Politische Philosophie und Theorie können ihren Horizont insbesondere hinsichtlich eines produktiven Umgangs mit religiösen und theologischen Begriffen erweitern, die auch aus dezidiert theologischer Perspektive in säkularen Zusammenhängen Relevanz und Aussagekraft entfalten können.

Der *Flüchtlingsbegriff* ist menschenrechtsethisch alles andere als einfach zu greifen. Jenseits seiner völkerrechtlichen Stellung besteht erheblicher Reflexionsbedarf, weil mit dem Rechtsbegriff weder soziale Realität noch normative Wirkung des internationalen Flüchtlingsregimes adäquat erfasst werden können. Auch der theoretische Rang der Flüchtlingsfigur bleibt unterbelichtet. Diese Aspekte sind jedoch auch für die Frage der Menschenrechtssubjektivität eminent wichtig. Daher erarbeitete diese Arbeit im ersten Schritt einen kritischen Flüchtlingsbegriff anhand der gegenwärtigen Flüchtlingserfahrung, die sich in den Schlüsselmomenten der Zerstörung, der Einengung und des Handelns verdichtet (Kap. 2.2). Sodann wurde der institutionelle Rahmen, innerhalb dessen sich die Flüchtlingserfahrung formt, berücksichtigt. Neben Grenzen und Camps sowie Exekutiven und Administrationen ist vor allem die prekäre oder ambivalente Beziehung von Flüchtlingen zum Recht und zu Rechten hervorzuheben (Kap. 2.3).

Seine Ursprünge hat ein solcher Flüchtlingsbegriff in der kritischen Analyse des Minderheiten- und Staatenlosigkeitsregimes sowie der legalen Lage der Rechtlosen im unmittelbaren Kontext des *Rechts, Rechte zu haben* bei Hannah Arendt (Kap. 3.1.2.2.2; Kap. 3.1.2.2.3). Hier wurde eine kritische Perspektive grundgelegt, die den Flüchtling als eine theoretische Schlüsselfigur etabliert. Diese Figur zeichnet sich dadurch aus, nicht nur Gegenstand wissenschaftlicher Untersuchungen zu sein, sondern sich selbst als ein Subjekt zu äußern und sich einzuschalten in politische oder theoretische Diskussionen (Kap. 3.3.1.3; Kap. 3.3.2.1). Sowohl in der politiktheoretischen Reflexion als auch in der sozialwissenschaftlichen Rekonstruktion ist ein starker Fokus auf die Handlungsfähigkeit zu beobachten (Kap. 2.3.2.3; Kap. 3.3.1.3; Kap. 3.3.2.3; Kap. 3.3.2.4), selbst dort, wo diese abgesprochen oder vorenthalten wird (Kap. 3.3.1.1; Kap. 3.3.2.2).

Aus theologisch-politischer Sicht ist mit Blick auf Flüchtlinge als Menschenrechtssubjekte zu betonen, dass vor allem Bedarf an einer Lebensform der Menschwerdung besteht. Hierfür kann auf das von Hannah Arendt im Moment seines historischen Untergangs beschriebene Pariatum rekurriert werden. Das Interesse richtet sich dabei auf der einen Seite auf die Handlungsmöglichkeiten an marginalen Standpunkten, z. B. Kritik, Protest und Provokation, zum anderen auf die Aufmerksamkeit für das Gescheiterte und Vergebliche, das eine solche Lebensform stets begleitet (Kap. 4.3.3). Die Menschenrechtssubjektivität von Flüchtlingen ist also nicht nur in erfolgreich ausgefochtenen Kämpfen ums Recht (Kap. 3.3.1.3) oder in der visionären Vorstellungskraft eines anderen Rechts, einer anderen Politik, einer anderen Demokratie (Kap. 3.3.2.2; Kap. 3.3.2.3; Kap. 3.3.2.4). Sie wird auch sichtbar in Verzweiflung, Klage, Wut und Trauer ob der herrschenden Zustände in der Welt (Kap. 4.2.4).

Eng damit verbunden ist die *kritische Beschreibung des internationalen Flüchtlingsregimes* inklusive der Rolle, die die Menschenrechte darin spielen (Kap. 2.2.2.2; Kap. 2.3.1; Kap. 2.3.3; Kap. 2.3.4; Kap. 2.3.5). Sie tut sich jedoch nicht dadurch hervor, konkrete Reformvorschläge vorzubringen oder progressive Potentiale zeitgenössischer Entwicklungen auf den Begriff zu bringen (Kap. 2.1.; Kap. 3.2.2). Vielmehr nimmt sie konsequent die aktuelle Verfasstheit des Flüchtlingsregimes aus einer marginalen Perspektive in den Blick, die ein kritisches Interesse am Wirksamwerden der Menschenrechte hat. Die Tendenz zu einer humanitären Behandlung, die auf das Überleben, nicht aber auf eine Lebensform ausgerichtet ist, wurde hier besonders kritisiert, weil sie Flüchtlinge vor allem als passive Hilfeempfänger betrachtet und oft im Rahmen von polizeilichem Handeln, etwa beim Grenzschutz, oder militärischem Engagement, wie humanitären Interventionen, auftritt (Kap. 2.3.3). Besondere Aufmerksamkeit wurde zudem dem Souveränitätsbegriff geschenkt, dessen Kritik als Prinzip und Praxis theologisch-politisch zugespitzt wurde. Damit geht diese Arbeit über Vermittlungsansätze von Menschenrechten und demokratischer Souveränität weit hinaus (Kap. 3.2.2.3): Souveränität ist als menschenrechtlicher Durchsetzungsmodus ungeeignet, weil sie systematisch hervorbringt, was die Menschenrechte vermeiden sollen (Kap. 3.1.2.2.3; Kap. 3.3.3.2; Kap. 4.2).

Auf der Ebene wissenschaftlicher Diskussion besteht die Horizonterweiterung in der systematischen Erschließung der komplexen und vielschichtigen Diskussion ums *Recht, Rechte zu haben*. Die vor allem mit Hannah Arendt in Verbindung gebrachte Formulierung – sprachlich so eingängig wie schillernd – ist nur auf den ersten Blick ein klares Postulat für die Schließung einer menschenrechtlichen Lücke durch ein menschenrechtsbasiertes Modell politischer Zugehörigkeit. Tatsächlich offenbarte die Quellenkritik zunächst den unklaren Gehalt des *Rechts, Rechte zu haben*: Einigen spärlichen, vornehmlich rechtstheoretischen konstruktiven Elementen (Kap. 3.1.2.2.1) stehen kritische Elemente gegenüber, die im Umfang deutlich größer sind (Kap. 3.1.2.2.2). Die Rezeptionsgeschichte der vergangenen knapp 20 Jahre verrät hingegen, dass die Konzeption als ein Menschenrecht auf Zugehörigkeit (oder citizenship als definiertes Modell von Zugehörigkeit) lediglich eine Variante der Auslegung ist (Kap. 3.2.2). Als solchem kommt dem *Recht, Rechte zu haben* primär eine Begründungsfunktion in der Menschenrechtsphilosophie zu; darüber hinaus transportiert es aber auch eine Signalfunktion in Bezug auf menschenrechtsgefährdende Situationen sowie eine Vermittlungsfunktion im Rahmen eines migrationsethischen Paradigmas, die einen menschenrechtsorientierten Basiskonsens zur Migrationsfrage in der politischen Philosophie anstrebt (Kap. 3.2.2.4). Daneben und zum Teil in explizitem Widerspruch verknüpfen andere Rezeptionslinien das *Recht, Rechte zu haben* stärker mit revolutionären, praxisphilosophischen Konzeptionen der Menschenrechte. Hier reicht das Spektrum der Fundierung von Menschenrechten in politischen (statt: moralischen) Prinzipien oder Praktiken des zivilen Ungehorsams über die konstruktive Reflexion inhärenter Widersprüche des Menschenrechtsbegriffs bis hin zur radikalen Infragestellung des modernen Rechtsbegriffs und bestehender Formen der Institutionalisierung von Menschenrechten und Demokratie. Hier ist eher eine Differenzierung nach Sprachmodi zu beobachten: Der Appellativ ruft vor allem den Menschenrechten verpflichtete politische Gemeinwesen zur Verantwortung. Der Innovativ intoniert den revolutionären, visionären Charakter. Während Reflexiv und Integrativ auf die unauflöslichen Widersprüche der Menschenrechte hinweisen und nach einem geeigneten Umgang damit suchen (Kap. 3.3.3). Ob das *Recht, Rechte zu haben* nun als robuster Basisschutz durch Zugehörigkeit, ein revolutionärer Ruf nach menschenrechtsorientierter Veränderung politischer Gemeinwesen oder eine praktisch-utopische Vision einer grundlegenden Neubestimmung von Recht und Politik sein soll, ist in dieser Diskussion nicht abschließend zu entscheiden.

Angesichts dieser Gemengelage ist für einen Entwurf theologisch-politischer Menschenrechtsethik zunächst die kritisch-analytische Anlage des *Rechts, Rechte zu haben* maßgeblich. Diese ergibt sich aus der Quellenlage mehr als deutlich (Kap. 3.1.2.2.2) und ist daher konzeptuell stark zu machen. Ob sich dabei die originären Begriffe Arendts, wie z. B. der Terminus der Rechtlosigkeit, als tragfähig erweisen, ist strittig (Kap. 3.3.1.1). In jedem Fall ist der von Arendt selbst eingeführte temporale Charakter (Kap. 3.1.2.2.1) zu berücksichtigen, der schon konzeptionell eine Aktualisierung mit Hilfe zeitgenössischer Analyseansätze und Kritikstrategien erfordert (Kap. 3.1.4; Kap. 4). In normativer Hinsicht erscheint hilfreich, die bleibenden Spannungen nicht zwingend aufzulösen, sondern sie zu nutzen, um Bewegung zu erzeugen. Deshalb kann keine pauschale Antwort contra ein Menschenrecht auf Zugehörigkeit oder pro ein Menschenrecht auf Politik bzw. Demokratie gegeben werden oder ein Plädoyer für die Überwindung bzw. Neufassung modernen Rechts verstärkt werden. Stattdessen gilt es, situativ zu schauen und ein Momentum zu erkennen, das neue Handlungsmöglichkeiten für diejenigen, die sich in marginalen Positionen befinden, auslotet. In diesem Sinne tendiert die theologisch-politische Menschenrechtsethik eher zu den Polen der Praxis, der Veränderung und der Emanzipation und bleibt gegenüber großen und kleinen Fortschrittserwartungen in Bezug auf institutionelle Sicherheit und Garantien oder dem Versprechen einer kosmopolitischen Ordnung zurückhaltend.

5.3 Korrekturen

In vielerlei Hinsicht erweist sich eine theologisch-politische Menschenrechtsethik also als Fortschreibung und Profilierung innerhalb der theologischen Ethik als Menschenrechtsethik. An einigen Stellen setzt sie jedoch zu Korrekturen der bisherigen Theoriebildung an. In Bezug auf die Reflexion ethischer Fragen im Kontext globaler Migration zeichnet sich die christliche Migrationsethik gegenüber philosophisch-ethischen Zugängen durch ein hohes Problembewusstsein, eine sachgemäße, wissenschaftlich satisfaktionsfähige und intellektuell redliche Herangehensweise aus (Kap. 3.2.1.2). Ausgehend vom *Recht, Rechte zu haben* ist jedoch ein Abschied von einem migrationsethischen Paradigma angeraten. Theologisch-politische Menschenrechtsethik ist keine

Migrationsethik. Das Gespräch insbesondere mit der im anglophonen fachphilosophischen Diskurs dominierenden Ethics of Migration ist über lange Zeit eine Einbahnstraße und daher völlig fruchtlos geblieben. Deren Annäherungen an den Untersuchungsgegenstand, die Kriterien der ethischen Diskussion und das bevorzugte Verfahren einer moralischen Rechtsbegründung erweisen sich zudem überwiegend als hochgradig unterkomplex und selbstreferentiell (Kap. 3.2.1.1). Zu den in dieser Arbeit erörterten Problemen der Durchsetzung und der Grundlegung sind die Impulse der migrationsethischen Diskussion überschaubar. Insofern sind die relevanten Diskussionspartner theologisch-politischer Menschenrechtsethik außerhalb der Migrationsethik zu finden und Durchsetzungs- und Grundlegungsproblem jenseits eines migrationsethischen Paradigmas zu bearbeiten.

Eine Möglichkeit, produktiv mit dem menschenrechtlichen Durchsetzungs- und dem Grundlegungsproblem umzugehen, ist aus theologisch-politischer Sicht eine Annäherung über religiöse und theologische Stichworte im Kontext der Diskussion ums *Recht, Rechte zu haben*. Bisher ließen sich in der theologischen Menschenrechtsethik ein enges und ein weites Durchsetzungsverständnis voneinander abgrenzen: Das enge Durchsetzungsverständnis votierte für eine priorisierte und konsequente Umsetzung der bisherigen Pakte und Konventionen, statt immer weiter differenzierte Menschenrechtsdokumente zu verabschieden. Das weite Durchsetzungsverständnis bezog dagegen verschiedene Akteur:innen (internationale Gemeinschaft, Staaten, NGOs, Individuen) und Formen (Rechtsprechung, Schaffung kritischer Öffentlichkeit, Demonstrationen, Bildungsarbeit) ein (Kap. 1.2.3). Vom theologisch-politischen Standpunkt aus betrachtet ist dagegen der Gegensatz von starker und schwacher Durchsetzung von größerer Dringlichkeit, der sich aus der Spannung zwischen Menschenrechten und Souveränität ergibt, wie sie von Hannah Arendt in einer politischen Kritik der französischen Menschenrechtserklärung identifiziert worden ist (Kap. 3.1.2.2.3). Zwar lassen sich implizit bei Arendt einige Rückschlüsse ziehen, die auf die Einforderung eines starken Durchsetzungsverständnisses hindeuten. Von größerem Gewicht sind im Rahmen theologisch-politischer Menschenrechtsethik aber die souveränitätskritischen Potentiale ihres Denkens, v. a. in den Bereichen, in denen sie auf die religiöse Tradition, z. B. die Schöpfungserzählungen, die Inkarnation oder das Gott-Welt-Verhältnis Bezug nimmt (Kap. 4.2.3). In Verbindung mit einem Begriff Politischer Theologie, der sich in jeglicher Hinsicht fundamental von der Souveränitätslehre Carl Schmitts unterscheidet (Kap. 4.2.2) ist Durchsetzung folglich souveränitätskritisch im Sinne gegen-souveräner Orte, Personen und Institutionen zu denken (Kap. 4.2.4).

Parallel dazu wird das Grundlegungsproblem theologisch-politisch nicht im Wege moralphilosophischer Begründung angegangen. Die Gottesfrage und ihre Säkularisate, zu denen nicht nur Natur, sondern auch Moral gezählt werden können, sind dabei nicht aus den Grundlegungsverfahren verschwunden. Gleichzeitig ist das Spannungsverhältnis von Menschenrechten und Politik zur Kenntnis zu nehmen und kann nicht einfach, wie sorgfältig reflektiert auch immer, transzendental oder metaphysisch aufgelöst werden (Kap. 4.3.1; Kap. 4.3.2). Stattdessen ist *sub-et-extraversiv*, d. h. von einem Standpunkt von unten *und* außerhalb ausgehend, ein Konzept zu entwickeln, das einen produktiven Umgang mit dem Grundlegungsvorbehalt, der in der Gottesfrage steckt, ermöglicht. Hier sind zwei Wege skizziert worden: Der eine setzt auf eine Lebensform, die das Theologoumenon der Menschwerdung als einen ganz und gar weltlichen und menschlichen Prozess politisch konkret werden lässt und sich dennoch in einem bestimmten Sinn transzendenzoffen zeigt. Dadurch, dass sie dem Glücklosen, Gescheiterten und Vergeblichen ausdrücklich einen Platz einräumt, bleibt sie offen für die „Spur einer Transzendenz" (Peters) (Kap. 4.3.3). Der zweite Weg behält mit der Klage eine Sprachfähigkeit, wo die juridische Praxis des Klagens ihre Grenzen erreicht. Das Einklagen des *Rechts, Rechte zu haben* ist dabei nicht konstatierend, sondern setzt auf eine Initiative zur Wendung einer Situation der Not und der Ausweglosigkeit durch die Mobilisierung einer Kraft, die sich nicht ausschließlich in den Händen der Klagenden befindet (Kap. 4.3.4). Somit erhält der durchgängige anthropologische Grundzug der theologisch-politischen Menschenrechtsethik noch einmal ein eigenes Profil: Handeln und Sprechen als Grundfähigkeiten der Menschen als politische Lebewesen werden hier in die Menschwerdung als Lebensform und in der Klage als Redeform gebracht – als Bewegungen an der Grenze von Handeln und Erleiden, von Sprechen und Verstummen.

5.4   Desiderate

Zu den Ergebnissen dieser Arbeit gehört schlussendlich auch, die bleibenden Desiderate einer theologisch-politischen Menschenrechtsethik zu benennen. Diese zeigen sich vor allem auf klassisch sozialethischem Gebiet: der Institutionen- und Ordnungsethik sowie der Gesellschaftsethik im engeren Sinne.

An mehreren Stellen wurde festgestellt, dass beim internationalen Flüchtlingsregime, ja der globalen Menschenrechtsordnung erheblicher Veränderungsbedarf besteht. Zugleich war bei stärker auf eine Veränderungspraxis setzenden Ansätzen eine auffällige Formlosigkeit hinsichtlich der *Institutionalisierungs- und der Ordnungsfrage* festgestellt worden. Die daraus sprechende Zurückhaltung hat gewichtige sachliche Gründe: Die Einsicht in die verfahrene und komplexe globale Flüchtlingssituation hemmt allzu vollmundige Reformvorschläge; die mangelnde Seriosität prominent diskutierter Vorschläge, wie z. B. die Einrichtung von wirtschaftlichen Entwicklungszonen rund um Camps (Kap. 2.1), verstärkt diese Neigung zusätzlich. Hinzu kommen die erfahrungsbasierte Skepsis und Kritik institutionellen Handelns, die sich eine theologisch-politische Menschenrechtsethik aus der Perspektive des Pariatums zu eigen macht (Kap. 4.3.3.1). Hinzu kommt, dass es gute Gründe gibt, den Potentialen eines institutionellen kosmopolitischen Progresses gegenüber kritisch eingestellt zu sein (Kap. 3.2.3.3). Das Verhältnis von Flüchtlingen zu gesellschaftlichen und politischen Einrichtungen ist zu ambivalent, um leicht eine alternative Ordnung zu skizzieren. So bleiben die konkreten Veränderungsvorschläge auf situative, performative, antizipierende oder prospektive Akte beschränkt (Kap. 3.3.2; Kap. 4.2.4; Kap. 4.3.3; Kap. 4.3.4). Der Avantgarde-Charakter, die bewusst angeeignete marginale Position, ein offensiv gepflegtes Außenseiter:innentum sind Zumutungen und letztlich als exemplarische, stellvertretende Lebensformen zu betrachten. In Bezug auf eine internationale Ordnung des Menschenrechtsschutzes ist noch keine bessere Alternative als die politische organisierte Menschheit in Sicht. Deren Gestalt wiederum müsste aus theologisch-politischer Sicht erst konturiert werden. Die Skizze einer Lebensform ist in keiner Weise hinreichend, selbst wenn die Orientierung am Menschlichen darin eine zentrale Rolle spielt (Kap. 4.3.3.3). Wie, wenn überhaupt lässt sich eine menschenrechtliche Ordnung schwacher Durchsetzung juridisch, vor allem aber politisch institutionalisieren? In welchem Verhältnis steht eine Lebensform der Menschwerdung zu einer Form des Zusammenlebens als Menschheit? Welche Prozesse, Foren und Instrumente erscheinen hierbei geeignet und wo werden sie bereits erprobt? Wie sähe eine konkrete, lebbare Alternative zum weltpolitischen Mehrebenen-System aus? – Die Klärung dieser Fragen ist für eine theologisch-politische Menschenrechtsethik so offen wie dringend.

Damit korrespondiert auch die Frage der intermediären Ebene der Gesellschaft. Die theologisch-politische Lebensform der Menschwerdung adressiert zunächst vor allem das Subjekt. Ein Ethos i. S. einer Sittlichkeit, die sich in sozialen Strukturen und gesellschaftlichen Einrichtungen niederschlägt, ist demgegenüber allenfalls schemenhaft vorhanden. Auch dies lässt sich aufgrund der tiefgreifenden Exklusions- und Marginalisierungserfahrung nachvollziehbar machen. Gleichzeitig bleibt die Frage, wie sich ein Zusammenleben beispielsweise im alltäglichen und kulturellen Leben gestaltet. Wie lassen sich die spezifischen Paria-Fähigkeiten fördern und wie sieht eine Gesellschaft aus, die diese Fähigkeiten kultiviert? Welchen Stellenwert haben dabei gesellschaftliche Schutzräume und Rückzugsorte, Refugien im Wortsinn, und worin unterscheiden sie sich von der klassischen Privatsphäre?

Der Auftrag einer theologisch-politischen Menschenrechtsethik bleibt eine Welt, in der Menschen als Menschen unter Menschen leben können. Deren Aufbau reflexiv zu begleiten, ist die Aufgabe, der auch diese Arbeit gewidmet ist.

Literaturverzeichnis

Ackermann, Philipp (2023): Der Tod Gottes und das nachidealistische Denken. Zu den Positionen von Alain Badiou und Johann Baptist Metz. Bielefeld: transcript.

Adorno, Theodor W. (2020): Kulturkritik und Gesellschaft II. Eingriffe – Stichworte. 8. Aufl. Frankfurt/Main: Suhrkamp.

AEMR – Vereinte Nationen (1948): Allgemeine Erklärung der Menschenrechte, online unter <https://www.un.org/depts/german/menschenrechte/aemr.pdf>, abgerufen am 29.01.2023.

Agamben, Giorgio (2019): Homo sacer. Die souveräne Macht und das nackte Leben. 12. Aufl. Frankfurt a. M.: Suhrkamp.

Agier, Michel (2008): On the Margins of the World. The Refugee Experience Today. Cambridge (u. a.): Polity.

Agier, Michel (2011): Managing the Undesirables. Refugee Camps and Humanitarian Government. Cambridge: Polity Press.

Agier, Michel (2016): Borderlands. Towards an Anthropology of the Cosmopolitan Condition. Cambridge (u. a.): Polity Press.

Agier, Michel (2019): Lagerwelten. Von Dadaab bis Moria: Wie aus Provisorien für Geflüchtete ein Dauerzustand wird. In: Mahlke, Stefan (Hg.): Atlas der Globalisierung. Welt in Bewegung. Berlin: Le Monde diplomatique, 128–129.

Agier, Michel; Bouagga, Yasmine; Galisson, Mael; Hanappe, Cyrille; Pette, Mathilde; Wannesson, Philippe (2019): The Jungle. Calais's Camps and Migrants. Cambridge (u. a.): Polity.

Agier, Michel; Bouagga, Yasmine; Galisson, Mael; Hanappe, Cyrille; Pette, Mathilde; Wannesson, Philippe (2020): Der „Dschungel von Calais". Über das Leben in einem Flüchtlingslager. Bielefeld: transcript.

Anlauf, Lena (2007): Hannah Arendt und das Recht, Rechte zu haben. In: MenschenRechtsMagazin 13 (3), 299–304.

Arendt, Hannah (1944): The Jew as Pariah. A Hidden Tradition. In: Jewish Social Studies 6 (1), 99–122.

Arendt, Hannah (1949): The Rights of Man: What are They? In: Modern Review 3, 24–37.

Arendt, Hannah (1951): The Burden of Our Time. London: Secker & Warburg.

Arendt, Hannah (2016a): Sokrates. Apologie der Pluralität. Berlin: Matthes & Seitz.

Arendt, Hannah (2016b): Vita activa oder Vom tätigen Leben. 18. Aufl. München (u. a.): Piper.

Arendt, Hannah (2017a): Elemente und Ursprünge totaler Herrschaft. Antisemitismus, Imperialismus, totale Herrschaft. 20. Aufl. München (u. a.): Piper.

Arendt, Hannah (2017b): Es gibt nur ein einziges Menschenrecht. In: Menke, Christoph; Raimondi, Francesca (Hg.): Die Revolution der Menschenrechte. Grundlegende Texte zu einem neuen Begriff des Politischen. 2. Aufl. Berlin: Suhrkamp, 394–410.

Arendt, Hannah (2017c): The Origins of Totalitarianism. London: Penguin Books.

Arendt, Hannah (2019a): Die verborgene Tradition (1944/48). In: Knott, Marie Luise; Ludz, Ursula (Hg.): Wir Juden. Schriften 1932 bis 1966. München: Piper, 126–153.

Arendt, Hannah (2019b): Über die Revolution. 7. Aufl. München: Piper.

Arendt, Hannah (2019c): Was ist Existenz-Philosophie? In: Hahn, Barbara; Breysach, Barbara (Hg.): Sechs Essays. Die verborgene Tradition (Kritische Gesamtausgabe, Bd. 3). Göttingen: Wallstein Verlag, 41–63.

Arendt, Hannah (2020): Rahel Varnhagen. Lebensgeschichte einer deutschen Jüdin aus der Romantik. 22. Aufl. München: Piper.

Autiero, Antonio (Hg.) (1998): Menschenrechte (Jahrbuch für christliche Sozialwissenschaften, 39). Münster: Regensberg.

Babo, Markus (2003): Kirchenasyl – Kirchenhikesie. Zur Relevanz eines historischen Modells im Hinblick auf das Asylrecht der Bundesrepublik Deutschland. Münster (u. a.): Lit-Verlag.

Babo, Markus (2010): Grenzenlose Souveränität? Thesen zur Diskrepanz zwischen Völkerrecht und Staatenpraxis. In: Becka, Michelle; Rethmann, Albert-Peter (Hg.): Ethik und Migration. Gesellschaftliche Herausforderungen und sozialethische Reflexion. Paderborn: Schöningh, 139–146.

Bader, Veit (2005): The Ethics of Immigration. In: Constellations 12 (3), 331–361.

Balibar, Etienne (2007): (De)constructing the Human as Human Institution. In: Rosenmüller, Stefanie; Grunenberg, Antonia (Hg.): Hannah Arendt. Verborgene Tradition – unzeitgemäße Aktualität? (Deutsche Zeitschrift für Philosophie Sonderband, 16). Berlin: Akademie-Verlag, 261–268.

Balibar, Etienne (2017): „Menschenrechte" und „Bürgerrechte". Zur modernen Dialektik von Freiheit und Gleichheit. In: Menke, Christoph; Raimondi, Francesca (Hg.): Die Revolution der Menschenrechte. Grundlegende Texte zu einem neuen Begriff des Politischen. 2. Aufl. Berlin: Suhrkamp, 279–305.

Balibar, Etienne (2018): Für ein Recht der Gastfreundschaft, online unter <https://www.zeit.de/2018/37/menschenrechte-fluechtlinge-gastfreundschaft-migration-hilfe>, abgerufen am 17.03.2020.

Bamberger-Stemmann, Sabine (2020): Europäischer Nationalitätenkongress, online unter <https://ome-lexikon.uni-oldenburg.de/begriffe/europaeischer-nationalitaetenkongress>, abgerufen am 13.01.2021.

Barichello, Stefania (2015): The Legacy of Hannah Arendt on the Analysis of the Contemporary Condition of the Refugee. In: Universitas Relacoes Internacionaes 13 (1), 41–51.

Baumeister, Martin; Böhnke, Michael; Heimbach-Steins, Marianne; Wendel, Saskia (Hg.) (2018a): Menschenrechte in der katholischen Kirche. Historische, systematische und praktische Perspektiven. Paderborn: Ferdinand Schöningh.

Baumeister, Martin; Böhnke, Michael; Heimbach-Steins, Marianne; Wendel, Saskia (2018b): Vorwort. In: Baumeister, Martin; Böhnke, Michael; Heimbach-Steins, Marianne; Wendel, Saskia (Hg.): Menschenrechte in der katholischen Kirche. Historische, systematische und praktische Perspektiven. Paderborn: Ferdinand Schöningh, 9–13.

Bayer, Oswald (1983): Erhörte Klage. In: Neue Zeitschrift für Systematische Theologie und Religionsphilosophie 25 (1–3), 259–272.

Becka, Michelle (2009): Kein Status, kein Recht, keine Anerkennung? Einige Anmerkungen. In: Azcuy, Virginia R. (Hg.): Citizenship – Biographien – Institutionen. Perspektiven lateinamerikanischer und deutscher Theologinnen auf Kirche und Gesellschaft. Münster (u. a.): Lit-Verlag, 55–67.

Becka, Michelle (2010a): Einleitung. In: Becka, Michelle; Rethmann, Albert-Peter (Hg.): Ethik und Migration. Gesellschaftliche Herausforderungen und sozialethische Reflexion. Paderborn: Schöningh, 9–13.

Becka, Michelle (2010b): Zugehörigkeiten, Rechte, Partizipationsmöglichkeiten. Dimensionen von Citizenship und ihre Herausforderung durch Migration. In: Becka, Michelle; Rethmann, Albert-Peter (Hg.): Ethik und Migration. Gesellschaftliche Herausforderungen und sozialethische Reflexion. Paderborn: Schöningh, 81–106.

Becka, Michelle (2015): Integration als Teilhabe. In: Dabrowski, Martin; Wolf, Judith; Abmeier, Karlies (Hg.): Migration gerecht gestalten. Paderborn: Ferdinand Schöningh, 171–178.

Becka, Michelle (2019a): Art. Migration, IV. Sozialethische Implikationen. In: Staatslexikon (3). 5. Aufl. Freiburg im Breisgau: Herder, 1602–1606.

Becka, Michelle (2019b): Christliche Sozialethik als Menschenrechtsethik. In: Stimmen der Zeit 144 (11), 813–822.

Becka, Michelle; Emunds, Bernhard; Eurich, Johannes (Hg.) (2020a): Sozialethik als Kritik. Baden-Baden: Nomos.

Becka, Michelle; Emunds, Bernhard; Eurich, Johannes; Kubon-Gilke, Gisela; Meireis, Torsten; Möhring-Hesse, Matthias (2020b): Einleitung. Sozialethik als Kritik. In: Becka, Michelle; Emunds, Bernhard; Eurich, Johannes (Hg.): Sozialethik als Kritik. Baden-Baden: Nomos, 7–18.

Becker, Josef (2020): Normative Probleme der Ethics of Migration – Zur Relevanz der ethischen Methode des Grenzgangs. In: ders; Kistler, Sebastian; Niehoff, Max (Hg.): Grenzgänge der Ethik. Münster/Westf.: Aschendorff, 69–86.

Benhabib, Seyla (1987): The Generalized and the Concrete Other. The Kohlberg-Gilligan Controversy and Feminist Theory. In: Benhabib, Seyla (Hg.): Feminism as

Critique. On the Politics of Gender. Minneapolis: University of Minnesota Press, 77–95.

Benhabib, Seyla (1992): Kritik, Norm und Utopie. Die normativen Grundlagen der kritischen Theorie. Frankfurt a. M.: Fischer.

Benhabib, Seyla (1995): Selbst im Kontext. Kommunikative Ethik im Spannungsfeld von Feminismus, Kommunitarismus und Postmoderne. Frankfurt a. M.: Suhrkamp.

Benhabib, Seyla (1999a): Citizens, Residents, and Aliens in a Changing World: Political Membership in the Global Era. In: Social Research 66 (3), 709–744.

Benhabib, Seyla (1999b): Hannah Arendt and the Right to Have Rights. In: Hannah Arendt.net. Zeitschrift für politisches Denken 2 (1), 5–14.

Benhabib, Seyla (1999c): Kulturelle Vielfalt und demokratische Gleichheit. Politische Partizipation im Zeitalter der Globalisierung. Frankfurt a. M.: Fischer.

Benhabib, Seyla (2002a): Political Geographies in a Global World. Arendtian Reflections. In: Social Research 69 (2), 539–566.

Benhabib, Seyla (2002b): The Claims of Culture. Equality and Diversity in the Global Era. Princeton: Princeton University Press.

Benhabib, Seyla (2004): The Rights of Others. Aliens, Residents and Citizens. Cambridge: Cambridge University Press.

Benhabib, Seyla (2006): Hannah Arendt. Die melancholische Denkerin der Moderne. Frankfurt a. M.: Suhrkamp.

Benhabib, Seyla (2008a): Demokratische Iterationen: Das Lokale, das Nationale, das Globale. In: Benhabib, Seyla; Waldron, Jeremy; Post, Robert; Atzert, Thomas (Hg.): Kosmopolitismus und Demokratie. Eine Debatte (Theorie und Gesellschaft, Band 66). Frankfurt a. M.: Campus, 43–71.

Benhabib, Seyla (2008b): Die philosophischen Grundlagen kosmopolitischer Normen. In: Benhabib, Seyla; Waldron, Jeremy; Post, Robert; Atzert, Thomas (Hg.): Kosmopolitismus und Demokratie. Eine Debatte (Theorie und Gesellschaft, Band 66). Frankfurt a. M.: Campus, 19–42.

Benhabib, Seyla (2008c): Die Rechte der Anderen. Ausländer, Migranten, Bürger. Frankfurt a. M.: Suhrkamp.

Benhabib, Seyla (2008d): Gastfreundschaft, Souveränität und demokratische Iterationen. In: Benhabib, Seyla; Waldron, Jeremy; Post, Robert; Atzert, Thomas (Hg.): Kosmopolitismus und Demokratie. Eine Debatte (Theorie und Gesellschaft, Band 66). Frankfurt a. M.: Campus, 129–159.

Benhabib, Seyla (2013): Human Dignity and Popular Sovereignty. Some Themes in the German-Jewish Experience. In: Social Research 80 (1), 262–292.

Benhabib, Seyla (2014): Von Horkheimer zu Habermas und in die Neue Welt. Der ethisch-politische Horizont der Kritischen Theorie. In: Blätter für deutsche und internationale Politik 60 (8), 97–109.

Benhabib, Seyla (2016): Kosmopolitismus ohne Illusionen. Menschenrechte in unruhigen Zeiten. Berlin: Suhrkamp.

Benhabib, Seyla (2017): 37 Defense of Modernity. The Philosophical Discourse of Modernity (1985): Modernity as Rationalization and the Critique of Instrumental Reason. In: Lafont, Cristina; Brunkhorst, Hauke; Kreide, Regina (Hg.): The Habermas Handbook. New York: Columbia Univ. Press, 394–416.

Benhabib, Seyla (2018): Exile, Statelessness, and Migration. Playing Chess with History from Hannah Arendt to Isaiah Berlin. Princeton: Princeton University Press.

Benhabib, Seyla (Hg.) (1996): Democracy and Difference. Contesting the Boundaries of the Political. Princeton: Princeton Univ. Press.

Benhabib, Seyla; Cornell, Drucilla (1987): Introduction. Beyond the Politics of Gender. In: Benhabib, Seyla (Hg.): Feminism as Critique. On the Politics of Gender. Minneapolis: Univ. of Minnesota Press, 1–15.

Benhabib, Seyla; Raddon, Eluca (2008): From Antisemitism to the Right to Have Rights. In: Lassner, Phyllis; Trubowitz, Lara (Hg.): Antisemitism and Philosemitism in the Twentieth and Twenty-First Centuries. Representing Jews, Jewishness, and Modern Culture. Newark: Univ. of Delaware Press, 63–80.

Benhabib, Seyla; Waldron, Jeremy; Post, Robert; Atzert, Thomas (Hg.) (2008): Kosmopolitismus und Demokratie. Eine Debatte (Theorie und Gesellschaft, Band 66). Frankfurt a. M.: Campus.

Betts, Alexander (2013): Survival Migration. Failed Governance and the Crisis of Displacement. Ithaca: Cornell University Press.

Betts, Alexander; Collier, Paul (2017): Gestrandet. Warum unsere Flüchtlingspolitik allen schadet – und was jetzt zu tun ist. Bonn: Bundeszentrale für Politische Bildung.

Bhabha, Jacqueline (2009): Arendt's Children. Do Today's Migrant Children Have a Right to Have Rights? In: Human Rights Quarterly 31 (2), 410–451.

Bielefeldt, Heiner (2018): Weder Kulturkampf noch Vereinnahmung. Zum Verhältnis von Menschenrechten und Religion(en). In: Baumeister, Martin; Böhnke, Michael; Heimbach-Steins, Marianne; Wendel, Saskia (Hg.): Menschenrechte in der katholischen Kirche. Historische, systematische und praktische Perspektiven. Paderborn: Ferdinand Schöningh, 15–37.

Bielik-Robson, Angela (2021): Amor Mundi: The Marrano Background of Hannah Arendt's Love for the World. In: Zawisza, Rafael; Hagedorn, Ludger (Hg.): „Faith in the world". Post-secular readings of Hannah Arendt. Frankfurt a. M. (u. a.): Campus, 61–83.

Birmingham, Peg (2006): Hannah Arendt & Human Rights. The Predicament of Common Responsibility. Bloomington: Indiana University Press.

Birmingham, Peg (2007): The An-Archic Event of Natality and the „Right to Have Rights". In: Rosenmüller, Stefanie; Grunenberg, Antonia (Hg.): Hannah Arendt.

Verborgene Tradition – unzeitgemäße Aktualität? (Deutsche Zeitschrift für Philosophie Sonderband, 16). Berlin: Akademie-Verlag, 269–278.

Birnbacher, Dieter (2015): Menschenbilder und Menschenrechte – eine Wechselwirkung. In: Bogner, Daniel; Mügge, Cornelia (Hg.): Natur des Menschen. Fribourg: Academic Press (u. a.), 29–43.

Blake, Michael (2017): Das Recht zu gehen. In: Dietrich, Frank (Hg.): Ethik der Migration. Philosophische Schlüsseltexte. Berlin: Suhrkamp, 232–249.

Bock, Veronika (Hg.) (2010): Die Würde des Menschen unantastbar? 60 Jahre Allgemeine Erklärung der Menschenrechte. Berlin (u. a.): Lit.

Boehm, Omri (2022): Radikaler Universalismus. Jenseits von Identität. Berlin: Propyläen.

Bogner, Daniel (2014a): Das Recht des Politischen. Ein neuer Begriff der Menschenrechte. Bielefeld: transcript.

Bogner, Daniel (2014b): Recht erfordert Politik. Chancen des Menschenrechtsdiskurses vor dem Horizont katholischen Sozialdenkens. In: Große Kracht, Hermann-Josef (Hg.): Der moderne Glaube an die Menschenwürde. Philosophie, Soziologie und Theologie im Gespräch mit Hans Joas. Bielefeld: transcript, 187–207.

Bogner, Daniel (2016): Grundrechte/Menschenrechte, online unter <https://www.bibelwissenschaft.de/fileadmin/buh_bibelmodul/media/wirelex/pdf/Grundrechte_Menschenrechte__2018-09-20_06_20.pdf>, abgerufen am 29.01.2023.

Bogner, Daniel (2019a): Unvermischt und ungetrennt. Überlegungen zur notwendigen Einheit von rechtlicher, politischer und ethisch-moralischer Dimension der Menschenrechte. In: Jäger, Sarah; Oeter, Stefan (Hg.): Menschenrechte und humanitäres Völkerrecht – eine Verhältnisbestimmung. Wiesbaden: Springer, 103–135.

Bogner, Daniel (2019b): Zur theologisch-ethischen Verankerung von Menschenrechten. In: Jäger, Sarah; Lohmann, Friedrich (Hg.): Eine Theologie der Menschenrechte. Frieden und Recht, Bd. 2. Wiesbaden: Springer, 123–126.

Bohmann, Ulf; Söhrensen, Paul (2019): Zur Kritischen Theorie der Politik heute. In: Bohmann, Ulf; Sörensen, Paul (Hg.): Kritische Theorie der Politik. Berlin: Suhrkamp, 9–59.

Brock, Gillian (2017): Brain Drain – welche Verantwortung tragen Emigranten? In: Dietrich, Frank (Hg.): Ethik der Migration. Philosophische Schlüsseltexte. Berlin: Suhrkamp, 212–231.

Brown, Wendy (2018): Mauern. Die neue Abschottung und der Niedergang der Souveränität. Berlin: Suhrkamp.

Brumlik, Micha (2007): Zwischen Polis und Weltgesellschaft. Hannah Arendt in unserer Gegenwart. In: Rosenmüller, Stefanie; Grunenberg, Antonia (Hg.): Hannah Arendt. Verborgene Tradition – unzeitgemäße Aktualität? (Deutsche Zeitschrift für Philosophie Sonderband, 16). Berlin: Akademie-Verlag, 311–329.

Brunkhorst, Hauke (1996): Are Human Rights Self-Contradictory? Critical Remarks on a Hypothesis by Hannah Arendt. In: Constellations 3 (2), 190–199.

Buchwalter, Andrew (2014): Hegel, Arendt und das Recht, Rechte zu haben. In: Hegel-Jahrbuch 16, 179–185.

Buckel, Sonja (2016): Rechtskritik. In: Kritische Justiz 49 (3), 289–304.

Carens, Joseph (2013): The Ethics of Immigration. Oxford: Oxford University Press.

Cassee, Andreas (2016): Globale Bewegungsfreiheit. Ein philosophisches Plädoyer für offene Grenzen. Berlin: Suhrkamp.

Cassee, Andreas; Goppel, Anna (2012): Ein doppeltes Recht auf Ausschluss? Einleitende Gedanken zu Migration und Ethik. In: Cassee, Andreas; Goppel, Anna (Hg.): Migration und Ethik. Münster: Mentis, 9–21.

Cole, Phillip (2000): Philosophies of Exclusion. Liberal Political Theory and Immigration. Edinburgh: Edinburgh University Press.

Cole, Phillip (2011): Part Two: Open Borders: An Ethical Defense. In: Wellman, Christopher Heath; Cole, Phillip (Hg.): Debating the Ethics of Immigration. Is There a Right to Exclude? (Debating ethics). Oxford (u. a.): Oxford University Press, 159–313.

Dallmann, Hans-Ulrich (2013): Migration und die Grenzen nationalstaatlicher Souveränität. In: Ethik und Gesellschaft 2 (2), online unter <https://doi.org/10.18156/EUG-2-2013-ART-5>, abgerufen 29.01.2023.

Daniels, Detlef von (2017): Schwerpunkt: Ethik der Migration. In: DZPhil 65 (4), 689–691.

DeGooyer, Stephanie (2018): Das *Recht*, Rechte zu haben. In: DeGooyer, Stephanie; Hunt, Alastair; Maxwell, Lida; Moyn, Samuel (Hg.): Vom Recht, Rechte zu haben. Hamburg: Hamburger Edition, 30–60.

DeGooyer, Stephanie; Hunt, Alastair; Maxwell, Lida; Moyn, Samuel (2018): Einführung. In: DeGooyer, Stephanie; Hunt, Alastair; Maxwell, Lida; Moyn, Samuel (Hg.): Vom Recht, Rechte zu haben. Hamburg: Hamburger Edition, 7–29.

Delgado, Mariano (1991): Versuch einer „Theologie der Migration" in ethisch-praktischer Absicht. In: Lutz-Bachmann, Matthias (Hg.): Freiheit und Verantwortung. Ethisch handeln in der Krise der Gegenwart. Berlin (u. a.): Bernward, 248–283.

Delgado, Mariano (1994): Kolonialismus und Menschenwürde. Die Ethikdiskussion des 16. Jahrhunderts im Zusammenhang mit der spanischen Expansion. In: Brose, Thomas; Lutz-Bachmann, Matthias (Hg.): Umstrittene Menschenwürde. Beiträge zur ethischen Debatte der Gegenwart. Hildesheim: Morus, 35–67.

Delgado, Mariano (2011): Mit welchem Recht …? Die Kontroverse über die Legitimität der Unterwerfung der Indios durch die Spanier im 16. Jahrhundert. In: Delgado, Mariano (Hg.): Ringen um die Wahrheit. Gewissenskonflikte in der Christentumsgeschichte. Stuttgart (u. a.): Kohlhammer (u. a.), 157–187.

Dietrich, Frank (2017b): Ethik der Migration – zur Einführung. In: Dietrich, Frank (Hg.): Ethik der Migration. Philosophische Schlüsseltexte. Berlin: Suhrkamp, 9–28.

Dietrich, Frank (Hg.) (2017a): Ethik der Migration. Philosophische Schlüsseltexte. Berlin: Suhrkamp.

documentaX (1997): Manifest: kein mensch ist illegal, online unter <https://noii2017.wordpress.com/portfolio/manifest-de/>, abgerufen am 29.01.2023.

Ebach, Jürgen (2015): Ethik aus Erinnerung. Biblische Perspektiven auf Fremde und Flüchtlinge. In: Nassehi, Armin; Felixberger, Peter (Hg.): Kursbuch 183. Wohin flüchten? (Kursbuch, v.183). Hamburg: Murmann, 89–99.

Eißel, Dieter (2003): Art. Globalisierung. In: Drechsler, Hanno; Hilligen, Wolfgang; Neumann, Franz (Hg.): Gesellschaft und Staat. Lexikon der Politik. 10. Aufl. München: Verlag Franz Vahlen, 430–438.

EJPT – European Journal of Political Theory (2007): Themenausgabe Seyla Benhabib: The Rights of Others. In: European Journal of Political Theory 6(4).

EMRK – Europarat (1950): Europäische Menschenrechtskonvention, online unter <https://www.echr.coe.int/documents/convention_deu.pdf>, abgerufen am 29.01.2023.

Engel, Ulrich OP (2016): Politische Theologie „nach" der Postmoderne. Geistergespräche mit Derrida und Co. Ostfildern: Matthias Grünewald-Verlag.

Fine, Sarah; Ypi, Lea (2016b): The Ethics of Movement and Membership. An Introduction. In: Fine, Sarah; Ypi, Lea (Hg.): Migration in Political Theory. The Ethics of Movement and Membership. Oxford: Oxford University Press, 1–7.

Fine, Sarah; Ypi, Lea (Hg.) (2016a): Migration in Political Theory. The Ethics of Movement and Membership. Oxford: Oxford University Press.

Fisch, Andreas (2007): Menschen in aufenthaltsrechtlicher Illegalität. Münster (u. a.): Lit.

Folkers, Andreas; Rödel, Malaika (2015): Biopolitik/Biomacht, online unter <urn:nbn:de:bsz:15-qucosa-219523>, abgerufen am 29.01.2023.

Forst, Rainer (1993): Kommunitarismus und Liberalismus. Stationen einer Debatte. In: Honneth, Axel (Hg.): Kommunitarismus. Eine Debatte über die moralischen Grundlagen moderner Gesellschaften. Frankfurt a. M. (u. a.): Campus, 181–212.

Fuchs, Ottmar (2002): Die Menschenwürde der Anderen. In: Blum, Matthias (Hg.): Die Grenzgänger. Wie illegal kann ein Mensch sein? Opladen: Leske und Budrich, 79–117.

Furger, Franz (1989): Weltgestaltung aus Glauben. Versuche zu einer christlichen Sozialethik. Münster: Aschendorff.

Furger, Franz (Hg.) (1994): Flucht – Asyl – Migration (Jahrbuch für christliche Sozialwissenschaften, 35).

Frevel, Christian (2017): Im Lesen Verstehen. Studien zu Theologie und Exegese. Berlin: de Gruyter, online unter <10.1515/9783110424386-010>, abgerufen 05.08.2023.

Gabriel, Ingeborg (2013): Naturrecht, Menschenrechte und die theologische Fundierung der Sozialethik. In: Vogt, Markus (Hg.): Theologie der Sozialethik. Freiburg: Herder, 229–251.

Geuss, Raymond (2019): Normativität in der Kritischen Theorie der Politik. In: Bohmann, Ulf; Sörensen, Paul (Hg.): Kritische Theorie der Politik. Berlin: Suhrkamp, 348–363.

GFK – Vereinte Nationen (1951): Genfer Flüchtlingskonvention, online unter <https://www.unhcr.org/dach/wp-content/uploads/sites/27/2017/03/GFK_Pocket_2015_RZ_final_ansicht.pdf>, abgerufen am 29.01.2023.

GG – Parlamentarischer Rat (1949): Grundgesetz für die Bundesrepublik Deutschland, online unter <https://www.bundestag.de/gg>, abgerufen am 29.01.2023.

Goldstein, Jürgen (2012): Perspektiven des politischen Denkens. Sechs Portraits. Weilerswist: Velbrück Wiss.

Gosepath, Stefan (2007): Hannah Arendts Kritik der Menschenrechte und ihr „Recht, Rechte zu haben". In: Rosenmüller, Stefanie; Grunenberg, Antonia (Hg.): Hannah Arendt. Verborgene Tradition – unzeitgemäße Aktualität? (Deutsche Zeitschrift für Philosophie Sonderband, 16). Berlin: Akademie-Verlag, 279–288.

GPF – Vereinte Nationen (2018b): Globaler Pakt für Flüchtlinge. Bericht des Hohen Flüchtlingskommissars der Vereinten Nationen. New York.

GPM – Vereinte Nationen (2018a): Globaler Pakt für eine sichere, geordnete und reguläre Migration. New York.

Grillmeier, Franziska (2020): Die Wut der Insel. In: taz am wochenende vom 13.03.2020, 35.

Große Kracht, Hermann-Josef (1993): Gesellschaftsethik als Kritik? Zum Entwurf der Politischen Theologie und zu ihrer Bedeutung für die christliche Gesellschaftsethik. In: Emunds, Bernhard; Hengsbach, Friedhelm; Möhring-Hesse, Matthias (Hg.): Jenseits katholischer Soziallehre: neue Entwürfe christlicher Gesellschaftsethik. Düsseldorf: Patmos-Verl., 168–190.

Große Kracht, Hermann-Josef (Hg.) (2014): Der moderne Glaube an die Menschenwürde. Philosophie, Soziologie und Theologie im Gespräch mit Hans Joas. Bielefeld: transcript.

Grümme, Bernhard (2023): Öffentliche Politische Theologie. Ein Plädoyer. Freiburg i. Br. (u. a.): Herder.

Grundmann, Thomas; Stephan, Achim (Hg.) (2016): „Welche und wie viele Flüchtlinge sollen wir aufnehmen?" Philosophische Essays. Stuttgart: Reclam.

Gündogdu, Ayten (2015): Rightlessness in an Age of Rights. Hannah Arendt and Contemporary Struggles of Migrants. New York: Oxford University Press.

Gutiérrez, Gustavo (1992): Theologie der Befreiung. 10. Aufl. Mainz: Matthias Grünewald.

Habermas, Jürgen (2019): Faktizität und Geltung. Beiträge zur Diskurstheorie des Rechts und des demokratischen Rechtsstaats. 7. Aufl. Frankfurt am Main: Suhrkamp.

Habermas, Jürgen (2021): Noch einmal: Zum Verhältnis von Moralität und Sittlichkeit. Vortrag an der Universität Frankfurt, 19. Juni 2019. In: Forst, Rainer; Günther, Klaus (Hg.): Normative Ordnungen. Berlin: Suhrkamp, 25–41.

Hack, Tobias (2018): Die Flüchtlinge und der barmherzige Samariter. Zur Bedeutung des christlichen Liebesgebotes im Migrationsdiskurs. In: Stimmen der Zeit 143 (1), 10–20.

Haker, Hille (2020): Towards a Critical Political Ethics. Catholic Ethics and Social Challenges. Basel (u. a.): Schwabe (u. a.).

Hamacher, Werner (2011): Das Theologisch-politische Fragment. In: Lindner, Burkhard (Hg.): Benjamin-Handbuch. Leben-Werk-Wirkung. Stuttgart: J.B. Metzler, 175–192.

Hamacher, Werner (2014): On the Right to Have Rights: Human Rights; Marx and Arendt. In: The New Centennial Review 14 (2), 169–214.

Hamacher, Werner (2017): Vom Recht, Rechte nicht zu gebrauchen. In: Menke, Christoph; Raimondi, Francesca (Hg.): Die Revolution der Menschenrechte. Grundlegende Texte zu einem neuen Begriff des Politischen. 2. Aufl. Berlin: Suhrkamp, 215–243.

Hark, Sabine; Villa, Paula-Irene (2017): Unterscheiden und herrschen. Ein Essay zu den ambivalenten Verflechtungen von Rassismus, Sexismus und Feminismus in der Gegenwart. Bielefeld: transcript.

Harrington, Austin (2008): 1945: A New Order of Centuries? Hannah Arendt and Hermann Broch's „The Death of Virgil". In: Sociologisk Forsning 45 (3), 78–88.

Heimbach-Steins, Marianne (1996): Kirchenasyl. Christliche Verantwortung im Konflikt mit dem Rechtsstaat? In: Stimmen der Zeit 214 (5), 291–304.

Heimbach-Steins, Marianne (2001a): Einmischung und Anwaltschaft. Für eine diakonische und prophetische Kirche. Ostfildern: Schwabenverlag.

Heimbach-Steins, Marianne (2001b): Menschenrechte in Gesellschaft und Kirche. Lernprozesse, Konfliktfelder, Zukunftschancen. Mainz: Matthias Grünewald.

Heimbach-Steins, Marianne (2002): Sozialethik als kontextuelle theologische Ethik – eine programmatische Skizze. In: Jahrbuch für christliche Sozialwissenschaften 43, 46–64.

Heimbach-Steins, Marianne (2003): Identität – Kontextualität – Optionalität. Kriterien christlicher Sozialethik. In: Sedmak, Clemens (Hg.): Was ist gute Theologie?. Innsbruck (u. a.): Tyrolia, 164–175.

Heimbach-Steins, Marianne (2004): I. Hinführungen: 3. Biblische Hermeneutik und christliche Sozialethik. In: Heimbach-Steins, Marianne (Hg.): Christliche Sozialethik. Ein Lehrbuch, Bd. 1. Regensburg: Pustet, 83–110.

Heimbach-Steins, Marianne (2008): Unsichtbar Gemachte(s) sichtbar machen. Christliche Sozialethik als gendersensitive kontextuelle Ethik. In: Spieß, Christian;

Winkler, Katja (Hg.): Feministische Ethik und christliche Sozialethik. Berlin: Lit, 185–218.

Heimbach-Steins, Marianne (2010): Migration und Zugehörigkeit. Sozialethische Perspektiven. In: Jahrbuch für christliche Sozialwissenschaften 51, 15–40.

Heimbach-Steins, Marianne (2014b): Migration in a Post-colonial World. In: Collier, Elizabeth W.; Strain, Charles R. (Hg.): Religious and Ethical Perspectives on Global Migration. Lanham: Lexington Books, 87–107.

Heimbach-Steins, Marianne (2016b): Grenzverläufe gesellschaftlicher Gerechtigkeit. Migration – Zugehörigkeit – Beteiligung. Paderborn: Ferdinand Schöningh.

Heimbach-Steins, Marianne (2018): „Dem Gemeinwohl der ganzen Menschheit dienen …" (Gaudium et spes 26). Konturen einer Ethik globaler Migration. In: Könemann, Judith; Wacker, Marie-Theres (Hg.): Flucht und Religion. Hintergründe – Analysen – Perspektiven. Münster: Aschendorff, 185–210.

Heimbach-Steins, Marianne (2020): Menschenrechte – Potentiale, Herausforderungen und Aufgaben für eine weltkirchlich orientierte europäische Theologie. In: ET studies 11 (1), 47–69.

Heimbach-Steins, Marianne (Hg.) (2014a): Menschenrechte in der katholischen Kirche (Jahrbuch für christliche Sozialwissenschaften, 55). Münster: Aschendorff.

Heimbach-Steins, Marianne (Hg.) (2016a): Begrenzt verantwortlich? Sozialethische Positionen in der Flüchtlingskrise. Freiburg i. Br.: Herder.

Heimbach-Steins, Marianne (Hg.) (2022): Christliche Sozialethik – eine sozialwissenschaftliche und theologische Disziplin (Jahrbuch für christliche Sozialwissenschaften, 63). Münster: Aschendorff Verlag.

Heimbach-Steins, Marianne; Bachmann, Claudius (2022): Vorwort. In: Jahrbuch für Christliche Sozialwissenschaften 63, 9–21.

Heimbach-Steins, Marianne; Becker, Josef; Panreck, Sebastian (2019): Sechzig Jahre Jahrbuch für Christliche Sozialwissenschaften – Entwicklungen, Umbrüche, Aufgaben des Fachs. In: Jahrbuch für christliche Sozialwissenschaften 60, 275–316.

Heimbach-Steins, Marianne; Möhring-Hesse, Matthias; Kistler, Sebastian (Hg.) (2020): Globales Gemeinwohl. Sozialwissenschaftliche und sozialethische Analysen (Gesellschaft – Ethik – Religion).

Heller, Ágnes (1997): Politik nach dem Tod Gottes. In: Manemann, Jürgen (Hg.): Jahrbuch Politische Theologie, Bd. 2: Bilderverbot. Münster: LIT Verl., 68–87.

Heller, Ágnes (2020): After Thoughts: Beyond the ‚System'. Leiden: Brill.

Hengsbach, Friedhelm; Emunds, Bernhard; Möhring-Hesse, Matthias (1993): Ethische Reflexion politischer Glaubenspraxis. Ein Diskussionsbeitrag. In: Hengsbach, Friedhelm; Möhring-Hesse, Matthias (Hg.): Jenseits katholischer Soziallehre. Neue Entwürfe christlicher Gesellschaftsethik. Düsseldorf: Patmos, 215–291.

Henkel, Christian (2018): Von der Wüste Sonora zum Platz der Republik. Eine qualitative Studie zur politischen Interessenvertretung für undokumentierte MigrantInnen durch katholische Bischofskonferenzen und Nichtregierungsorganisationen in den USA und Deutschland. Münster: WWU, online unter <https://repositorium. uni-muenster.de/document/miami/69cf66fe-cb9a-40bb-96f0-281c3e97740c/diss_henkel_buchblock.pdf>, abgerufen 07.08.2023.

Herbst, Jan-Hendrik; Gärtner, Claudia (2020): Einleitung: Zurück in die Zukunft? In: Gärtner, Claudia; Herbst, Jan-Hendrik (Hg.): Kritisch-emanzipatorische Religionspädagogik. Wiesbaden: Springer, 1–19.

Heuer, Wolfgang (2007): Europa und seine Flüchtlinge. Hannah Arendt und die notwendige Politisierung von Minderheiten. In: Rosenmüller, Stefanie; Grunenberg, Antonia (Hg.): Hannah Arendt. Verborgene Tradition – unzeitgemäße Aktualität? (Deutsche Zeitschrift für Philosophie Sonderband, 16). Berlin: Akademie-Verlag, 331–341.

Heyer, Kristin E. (2012): Kinship Across Borders. A Christian Ethic of Immigration. Washington D. C.: Georgetown University Press.

Hillgruber, Christian (2022): Art. Souveränität, I. Rechtlich. Version 08.06.2022, 09:10 Uhr, online unter <https://www.staatslexikon-online.de/Lexikon/Souver%C3%A4nit%C3%A4t>, abgerufen am 29.01.2023.

Hilpert, Konrad (2016): Theologie und Menschenrechte. Fribourg (u. a.): Academic Press Fribourg (u. a.).

Hilpert, Konrad (2019): Ethik der Menschenrechte. Zwischen Rhetorik und Verwirklichung. Paderborn: Ferdinand Schöningh.

Hoffmann, Stefan-Ludwig (2010): Einführung. Zur Genealogie der Menschenrechte. In: Hoffmann, Stefan-Ludwig (Hg.): Moralpolitik. Geschichte der Menschenrechte im 20. Jahrhundert. Göttingen: Wallstein Verlag, 7–37.

Hollenbach, David SJ (2019): Humanity in Crisis. Ethical and Religious Responses to Refugees. Washington D. C.: Georgetown University Press.

Honneth, Axel (1993): Einleitung. In: Honneth, Axel (Hg.): Kommunitarismus. Eine Debatte über die moralischen Grundlagen moderner Gesellschaften. Frankfurt a. M. (u. a.): Campus, 7–17.

Hoye, William J. (2018): Die verborgene Theologie der Säkularität. Das Bild vom Menschen und die Ordnung der Gesellschaft. Wiesbaden: Springer, online unter <https://doi.org/10.1007/978-3-658-21094-6_2>, abgerufen 29.01.2023.

Huber, Wolfgang (2002): Kein Mensch ist illegal. Der Auftrag der Kirchen gegenüber Menschen ohne Aufenthaltsstatus. In: Blum, Matthias (Hg.): Die Grenzgänger. Wie illegal kann ein Mensch sein?. Opladen: Leske und Budrich, 137–152.

Ingram, James D. (2008): What is A Right to Have Rights? Three Images of the Politics of Human Rights. In: American Political Science Review 102 (4), 401–416.

International Military Tribunal (1945): Charter of the International Military Tribunal, online unter <https://avalon.law.yale.edu/imt/imtconst.asp#art6>, abgerufen am 29.01.2023.

IOM – **International Organisation of Migration** (2020): More than 13,000 Migrants Reported Along the Turkish-Greek Border, online unter <https://www.iom.int/news/more-13000-migrants-reported-along-turkish-greek-border>, abgerufen am 29.01.2023.

Isaac, Jeffrey C. (1996): A New Guarantee on Earth: Hannah Arendt on Human Dignity and the Politics of Human Rights. In: American Political Science Review 90 (1), 61–73.

Jaeggi, Rahel; Wesche, Tilo (Hg.) (2009): Was ist Kritik? Frankfurt a. M.: Suhrkamp.

Jakob, Christian (2022): Illegale Abschiebungen. In: Mahlke, Stefan (Hg.): Atlas der Globalisierung. Ungleiche Welt. Berlin: Le Monde diplomatique, 36–39.

Janowski, Bernd (2021): Konfliktgespräche mit Gott. Eine Anthropologie der Psalmen. 6. Aufl. Göttingen: Vandenhoeck & Ruprecht.

JBMGS 1 – **Metz, Johann Baptist** (1968): Zur Theologie der Welt. In: ders. (2015): Mit dem Gesicht zur Welt. Gesammelte Schriften, Bd. 1. Herausgegeben von Johann Reikerstorfer (Gesammelte Schriften 1). Freiburg (u. a.): Herder, 19–147.

JBMGS 3/1 – **Metz, Johann Baptist** (1977): Glaube in Geschichte und Gesellschaft. Studien zu einer praktischen Fundamentaltheologie. In: ders. (2016): Im dialektischen Prozess der Aufklärung, 1. Teilband (Gesammelte Schriften 3/1). Herausgegeben von Johann Reikerstorfer. Freiburg i. Br. (u. a.): Herder.

JBMGS 3/2a – **Metz, Johann Baptist** (1969): „Politische Theologie" in der Diskussion. In: ders. (2016): Im dialektischen Prozess der Aufklärung, 2. Teilband. Neue Politische Theologie – Versuch des Korrektivs einer Theologie (Gesammelte Schriften 3/2). Herausgegeben von Johann Reikerstorfer. Freiburg i. Br.: Herder, 27–60.

JBMGS 3/2b – **Metz, Johann Baptist** (1965): Gott vor uns. Statt eines theologischen Arguments. In: ders. (2016): Im dialektischen Prozess der Aufklärung, 2. Teilband. Neue Politische Theologie – Versuch des Korrektivs einer Theologie (Gesammelte Schriften 3/2). Herausgegeben von Johann Reikerstorfer. Freiburg i. Br.: Herder, 61–72.

JBMGS 3/2c – **Metz, Johann Baptist** (1985): Unterwegs zu einer nachidealistischen Theologie. In: ders. (2016): Im dialektischen Prozess der Aufklärung, 2. Teilband. Neue Politische Theologie – Versuch des Korrektivs einer Theologie (Gesammelte Schriften 3/2). Herausgegeben von Johann Reikerstorfer. Freiburg i. Br.: Herder, 125–142.

JBMGS 3/2d – **Metz, Johann Baptist** (1989): Anamnetische Vernunft. In: ders. (2016): Im dialektischen Prozess der Aufklärung, 2. Teilband. Neue Politische Theologie – Versuch des Korrektivs einer Theologie (Gesammelte Schriften 3/2). Herausgegeben von Johann Reikerstorfer. Freiburg i. Br.: Herder, 215–220.

JBMGS 3/2e – **Metz, Johann Baptist** (1999): Art. Politische Theologie. In: ders. (2016): Im dialektischen Prozess der Aufklärung, 2. Teilband. Neue Politische Theologie –

Versuch des Korrektivs einer Theologie (Gesammelte Schriften 3/2). Herausgegeben von Johann Reikerstorfer. Freiburg i. Br.: Herder, 267–269.

JBMGS 4 – Metz, Johann Baptist (2006): Memoria passionis. Ein provozierendes Gedächtnis in pluralistischer Gesellschaft. In: ders. (2017): Memoria passionis. Ein provozierendes Gedächtnis in pluralistischer Gesellschaft (Gesammelte Schriften 4). Herausgegeben von Johann Reikerstorfer. Freiburg i. Br.: Herder.

JBMGS 7 – Metz, Johann Baptist (2011): Mystik der offenen Augen. In: ders. (2017): Mystik der offenen Augen (Gesammelte Schriften 7). Herausgegeben von Johann Reikerstorfer. Freiburg i. Br.: Herder.

Joas, Hans (2011): Die Sakralität der Person. Eine neue Genealogie der Menschenrechte. Berlin: Suhrkamp.

John, Barbara (1987): Ausländerpolitik in Berlin. Integrationspolitik für Ausländer und Deutsche. In: Barwig, Klaus; Mieth, Dietmar (Hg.): Migration und Menschenwürde. Mainz: Matthias Grünewald, 28–34.

Karakayali, Serhat (2011): Migration und Flucht. In: Niederberger, Andreas; Schink, Philipp (Hg.): Globalisierung. Ein interdisziplinäres Handbuch. Stuttgart (u. a.): J. B. Metzler, 249–255.

Karavan, Dani (1993): Rede zur Eröffnung der Straße der Menschenrechte, online unter <https://www.nuernberg.de/imperia/md/menschenrechte/dokumente/karavan-rede-1993_neu.pdf>, abgerufen am 29.01.2023.

Karavan, Dani (2013): 20 Jahre Straße der Menschenrechte, online unter <https://www.nuernberg.de/imperia/md/menschenrechte/dokumente/rede_karavan_festakt_20_jahre_24okt_2013-2-de.pdf>, abgerufen am 29.01.2023.

Kempf, Victor (2019): Exodus oder dialektische Negation. Paradigmen der Kapitalismuskritik im Widerstreit. Wiesbaden: Springer.

Kesby, Alison (2012): The Right to Have Rights. Citizenship, Humanity, and International Law. Oxford: Oxford University Press.

Kleist, J. Olaf (2015): Über Flucht forschen. Herausforderungen der Flüchtlingsforschung. In: Peripherie 35 (138/139), 150–169.

Knoll, Eva-Maria; Gingrich, Andre; Kreff, Fernand (2011): Art. Globalisierung. In: Kreff, Fernand (Hg.): Lexikon der Globalisierung. Bielefeld: transcript, 126–129.

Kohlenberger, Judith (2022): Das Fluchtparadox. Über unseren widersprüchlichen Umgang mit Vertreibung und Vertriebenen. Wien: Kremayr & Scheriau.

Korff, Wilhelm (1988): Migration und kulturelle Transformation. In: Kleber, Karl-Heinz (Hg.): Migration und Menschenwürde. Passau: Passavia, 128–150.

Koudissa, Jonas (2014): Ethik und Migration. Das afrikanische Flüchtlings- und Migrationsproblem. Eine Herausforderung für Europa und für Afrika. Münster: Aschendorff.

Krause, Monika (2008): Undocumented Migrants. In: European Journal of Political Theory 7 (3), 331–348.

Kreutzer, Ansgar (2017): Politische Theologie für heute. Aktualisierungen und Konkretisierungen eines theologischen Programmes. Freiburg i. Br. (u. a.): Herder.

Kruip, Gerhard (2005): Vom „Sinn für Ungerechtigkeit" zur „Globalisierung der Solidarität". In: Kaplow, Ian; Lienkamp, Christoph (Hg.): Sinn für Ungerechtigkeit. Ethische Argumentationen im globalen Kontext. Baden-Baden: Nomos, 100–116.

Küng, Hans (1991): Projekt Weltethos. 3. Aufl. München (u. a.): Piper.

Kunze, Axel Bernd (2019): Staat – Identität – Recht. Konfliktlinien in der aktuellen politikethischen Debatte. In: Limina. Grazer theologische Studien 2 (1), 83–108, online unter <https://doi.org/10.25364/17.2:2019.1.5>, abgerufen am 29.01.2023.

La Rosa, Sybille de; Frank, Melanie (2017): Wo und wie finden flüchtende und geflüchtete Menschen Gehör? Über Subalternität in Europa und die Herausforderungen demokratischer Autorität. In: Z'flucht 1 (1), 41–71.

Lacroix, Justine (2015): The „Right to Have Rights" in French Political Philosophy: Conceptualising a Cosmopolitan Citizenship with Arendt*. In: Constellations 22 (1), 79–90, online unter <https://doi.org/10.1111/1467-8675.12144>, abgerufen am 29.01.2023.

Langenfeld, Christine; Lehner, Roman (2019): Art. Migration, II. Rechtswissenschaft, online unter <https://www.staatslexikon-online.de/Lexikon/Migration>, abgerufen am 29.01.2023.

Laux, Bernhard (Hg.) (2013): Heiligkeit und Menschenwürde. Hans Joas' neue Genealogie der Menschenrechte im theologischen Gespräch. Freiburg i. Br. (u. a.): Herder.

Lefort, Claude (1999): Fortdauer des Theologisch-Politischen? (Passagen Forum). Wien: Passagen-Verl.

Lehnert, Matthias (2020): Die Herrschaft des Rechts an der EU-Außengrenze?, online unter <https://verfassungsblog.de/die-herrschaft-des-rechts-an-der-eu-aussengrenze/>, abgerufen am 29.01.2023.

Leicht, Imke (2016): Wer findet Gehör? Kritische Reformulierungen des menschenrechtlichen Universalismus. Leverkusen-Opladen: Budrich.

Lesch, Walter (1987): Analyse – Beratung – Parteinahme. Überlegungen zum Status theologisch-ethischer Beiträge im Streit um Migration und Menschenwürde. In: Barwig, Klaus; Mieth, Dietmar (Hg.): Migration und Menschenwürde. Mainz: Matthias Grünewald, 178–210.

Lesch, Walter (1999): Migrationspolitik und Staatsbürgerschaftsregelungen. Aspekte einer Ethik der Integration. In: Ethica 7 (3), 281–306.

Lienkamp, Andreas (2004): Das Reich Gottes als Zielperspektive christlicher Sozialethik. Inspirationen aus dem jüdisch-christlichen Dialog und aus der Theologie Theodor Steinbüchels. In: Jahrbuch für christliche Sozialwissenschaften 45, 189–210.

Lohmann, Friedrich (2019): Gerechter Frieden und Menschenrechte. Entwurf einer Theologie der Menschenrechte in friedensethischer Absicht. In: Jäger, Sarah; Lohmann, Friedrich (Hg.): Eine Theologie der Menschenrechte. Frieden und Recht, Bd. 2. Wiesbaden: Springer, 47–120.

Lohmann, Georg (2014): Nicht affektive Ergriffenheit, sondern öffentlicher Diskurs. Sakralisierte Person oder säkulare Menschenwürde als Basis der Menschenrechte? In: Große Kracht, Hermann-Josef (Hg.): Der moderne Glaube an die Menschenwürde. Philosophie, Soziologie und Theologie im Gespräch mit Hans Joas. Bielefeld: transcript, 13–28.

Loick, Daniel (2012): Kritik der Souveränität. Frankfurt a. M.: Campus.

Loick, Daniel (2017a): Juridismus. Konturen einer kritischen Theorie des Rechts. Berlin: Suhrkamp.

Loick, Daniel (2017b): Wir Flüchtlinge. Überlegungen zu einer Bürgerschaft jenseits des Nationalstaats. In: Leviathan 45 (4), 574–591.

Loick, Daniel (2018): Kritik ohne Handgemenge. In: DZPhil 66 (6), 870–881.

Ludwig, Johannes (2021): Zwischen Anspruch und Wirklichkeit. Die politische Praxis des Heiligen Stuhls bei den Vereinten Nationen im Spiegel der katholischen Begründung der Menschenrechte. Freiburg i. Br.: Herder.

Maffeis, Stefania (2019a): Migration als Menschenrecht? Theoretische und politische Debatten in Europa, online unter <https://www.rosalux.de/fileadmin/rls_uploads/pdfs/Analysen/Analysen56_Migration_als_Menschenrecht.pdf>, abgerufen am 22.08.2019.

Maffeis, Stefania (2019b): Transnationale Philosophie. Hannah Arendt und die Zirkulation des Politischen. Frankfurt (u. a.): Campus.

Mandry, Christof (2017): Gesinnung oder Verantwortung? Zu einer irreführenden Alternative in der Migrationsethik. In: Brand, Cordula; Heesen, Jessica; Kröber, Birgit; Müller, Uta; Potthast, Thomas (Hg.): Ethik in den Kulturen – Kulturen in der Ethik. Eine Festschrift für Regina Ammicht Quinn (Tübinger Studien zur Ethik, 8). Tübingen: Narr Francke Attempto, 85–94.

Manemann, Jürgen (2004): Politische Gegenreligion. Theologisch-politische Einsprüche in der Berliner Republik. In: Jahrbuch für christliche Sozialwissenschaften 45, 170–188.

Manemann, Jürgen (2012): Migration und Exodus. Theologisch-philosophische Reflexionen. In: Manemann, Jürgen; Schreer, Werner (Hg.): Religion und Migration heute. Perspektiven – Positionen – Projekte. Regensburg: Schnell + Steiner, 202–213.

Manemann, Jürgen (2013): Wie wir gut zusammen leben. 11 Thesen für eine Rückkehr zur Politik. Ostfildern: Patmos.

Manemann, Jürgen (2018a): 60. Johann Baptist Metz (1977), Glaube in Geschichte und Gesellschaft. Studien zu einer Praktischen Fundamentaltheologie. In: Kühnlein, Michael (Hg.): Religionsphilosophie und Religionskritik. Ein Handbuch. Berlin: Suhrkamp, 715–725.

Manemann, Jürgen (2018b): The Border as an Interface – ethical-political perspectives after Auschwitz, online unter <https://philosophie-indebate.de/3085/schwerpunktbeitrag-the-border-as-an-interface-ethical-political-perspectives-after-auschwitz/>, abgerufen am 18.11.2020.

Manemann, Jürgen (2021): Revolutionäres Christentum. Ein Plädoyer. Bielefeld: transcript.

Manemann, Jürgen (Hg.) (2008): Jahrbuch Politische Theologie, Bd. 5: Politische Theologie – gegengelesen. Berlin, Münster: Lit.

Marchart, Oliver (2007): „Acting is fun". Aktualität und Ambivalenz im Werk Hannah Arendts. In: Rosenmüller, Stefanie; Grunenberg, Antonia (Hg.): Hannah Arendt. Verborgene Tradition – unzeitgemäße Aktualität? (Deutsche Zeitschrift für Philosophie Sonderband, 16). Berlin: Akademie-Verlag, 349–358.

Martinsen, Franziska (2019): Grenzen der Menschenrechte. Staatsbürgerschaft, Zugehörigkeit, Partizipation. Bielefeld: transcript.

Maxwell, Lida (2018): Das Recht, Rechte *zu haben*. In: DeGooyer, Stephanie; Hunt, Alastair; Maxwell, Lida; Moyn, Samuel (Hg.): Vom Recht, Rechte zu haben. Hamburg: Hamburger Edition, 82–100.

Meier-Braun, Karl-Heinz (1987): Integration oder Rückkehr? Die Ausländerpolitik der Bundesregierung und der Bundesländer. In: Barwig, Klaus; Mieth, Dietmar (Hg.): Migration und Menschenwürde. Mainz: Matthias Grünewald, 50–75.

Meints-Stender, Waltraud (2007): Hannah Arendt und das Problem der Exklusion. Eine Aktualisierung. In: Rosenmüller, Stefanie; Grunenberg, Antonia (Hg.): Hannah Arendt. Verborgene Tradition – unzeitgemäße Aktualität? (Deutsche Zeitschrift für Philosophie Sonderband, 16). Berlin: Akademie-Verlag, 251–260.

Mende, Janne (2021): Der Universalismus der Menschenrechte. Stuttgart: utb.

Mendoza, José Jorge (2015): Enforcement Matters. Reframing the Philosophical Debate over Immigration. In: The Journal of Speculative Philosophy 29 (1), 73.

Menke, Christoph (2008): Die „Aporien der Menschenrechte" und das „einzige Menschenrecht". Zur Einheit von Hannah Arendts Argumentation. In: Geulen, Eva; Kaufmann, Kai; Mein, Georg (Hg.): Hannah Arendt und Giorgio Agamben. Parallelen, Perspektiven, Kontroversen. München (u. a.): Wilhelm Fink, 131–147.

Menke, Christoph (2014): Dignity as the Right to Have Rights: Human Dignity in Hannah Arendt. In: Mieth, Dietmar; Braarvig, Jens; Düwell, Marcus; Brownsword, Roger (Hg.): The Cambridge Handbook of Human Dignity. Interdisciplinary Perspectives. Cambridge: Cambridge University Press, 332–342.

Menke, Christoph (2016): Zurück zu Hannah Arendt – die Flüchtlinge und die Krise der Menschenrechte. In: Merkur. Zeitschrift für europäisches Denken 70 (806), 49–58.

Menke, Christoph (2017): I. Revolution. Einleitung. In: Menke, Christoph; Raimondi, Francesca (Hg.): Die Revolution der Menschenrechte. Grundlegende Texte zu einem neuen Begriff des Politischen. 2. Aufl. Berlin: Suhrkamp, 15–20.

Menke, Christoph (2018): Kritik der Rechte. Berlin: Suhrkamp.

Menke, Christoph; Pollmann, Arnd (2017): Philosophie der Menschenrechte zur Einführung. 4. Aufl. Hamburg: Junius.

Menke, Christoph; Raimondi, Francesca (2017b): Vorbemerkung der Herausgeber. In: Menke, Christoph; Raimondi, Francesca (Hg.): Die Revolution der Menschenrechte. Grundlegende Texte zu einem neuen Begriff des Politischen. 2. Aufl. Berlin: Suhrkamp, 9–11.

Menke, Christoph; Raimondi, Francesca (Hg.) (2017a): Die Revolution der Menschenrechte. Grundlegende Texte zu einem neuen Begriff des Politischen. 2. Aufl. Berlin: Suhrkamp.

Merks, Karl-Wilhelm (1988): Migration als ethische Aufgabe. Zu den Möglichkeiten menschlicher Verantwortung angesichts komplexer Probleme. In: Kleber, Karl-Heinz (Hg.): Migration und Menschenwürde. Passau: Passavia, 35–69.

Metz, Johann Baptist (1997): Zum Begriff der neuen Politischen Theologie. 1967–1997. Mainz: Matthias Grünewald.

Metz, Johann Baptist; Kuld, Lothar; Weisbrod, Adolf (Hg.) (2000): Compassion. Weltprogramm des Christentums – soziale Verantwortung lernen. Freiburg i. Br. (u. a.): Herder.

Michelman, Frank I. (1996): Parsing „A Right to Have Rights". In: Constellations 3 (2), 200–208.

Miller, David (2017): Fremde in unserer Mitte. Politische Philosophie der Einwanderung. Berlin: Suhrkamp.

Möhring-Hesse, Matthias (2010): Aus Migranten werden Bürger? Anmerkungen zu Michelle Beckas „Zugehörigkeiten, Rechte, Partizipationsmöglichkeiten – Dimensionen von Citizenship und ihre Herausforderung durch Migration". In: Becka, Michelle; Rethmann, Albert-Peter (Hg.): Ethik und Migration. Gesellschaftliche Herausforderungen und sozialethische Reflexion. Paderborn: Schöningh, 107–126.

Moltmann, Jürgen (1972): Der gekreuzigte Gott. Das Kreuz Christi als Grund und Kritik christlicher Theologie. München: Chr. Kaiser.

Moreno-Lax, Violeta (2022): Towards a Thousand Little Morias: The EU (Non-)Rescue Scheme – Criminalising Solidarity, Structuralising Defection. In: Thym, Daniel; Odysseus Academic Network (Hg.): Reforming the Common European Asylum System. Opportunities, Pitfalls, and Downsides of the Commission Proposals for a New Pact on Migration and Asylum. Baden-Baden: Nomos, 161–185.

Näsström, Sofia (2014): The Right to Have Rights: Democratic, not Political. In: Political Theory 42 (5), 543–568, online unter <https://doi.org/10.1177/0090591714538427>, abgerufen am 29.01.2023.

Nida-Rümelin, Julian (2017): Über Grenzen denken. Eine Ethik der Migration. Hamburg: edition Körber-Stiftung.

Niederberger, Andreas (2021): Migrationsethik in der Krise. Einige grundlegende philosophische Überlegungen. In: Zeitschrift für Migrationsforschung 1 (1), 97–123.

Niesen, Peter; Ahlhaus, Svenja (2019): Regressionen im Mitgliedschaftsrecht. Für einen Kosmopolitismus von innen. In: Bohmann, Ulf; Sörensen, Paul (Hg.): Kritische Theorie der Politik. Berlin: Suhrkamp, 608–631.

Owen, David (2018): On the Right to Have Nationality Rights: Statelessness, Citizenship and Human Rights. In: Netherlands International Law Review 65 (3), 299–317.

Parekh, Serena (2004): A meaningful place in the world: Hannah Arendt on the nature of human rights. In: Journal of Human Rights 3 (1), 41–52.

Pecaut, Daniel (2000): The Loss of Rights, the Meaning of Experience, and Social Connection. A Consideration of the Internally Displaced in Colombia. In: International Journal of Politics, Culture and Society 14 (1), 89–105.

Peters, Anne; Askin, Elif (2020): Internationaler Menschenrechtsschutz: eine Einführung. In: Aus Politik und Zeitgeschichte 70 (20), 4–10.

Peters, Tiemo Rainer (1992): Mystik, Mythos, Metaphysik. Die Spur des vermißten Gottes (Gesellschaft und Theologie Forum politische Theologie, 10). Mainz (u. a.): Matthias-Grünewald-Verlag (u. a.).

Peters, Tiemo Rainer (1996): Unterbrechung des Denkens. In: Manemann, Jürgen (Hg.): Jahrbuch Politische Theologie, Bd. 1: Demokratiefähigkeit. Münster: Lit, 24–38.

Peters, Tiemo Rainer (1998): Johann Baptist Metz. Theologie des vermißten Gottes (Theologische Profile). Mainz: Matthias-Grünewald-Verlag.

Peters, Tiemo Rainer (2008): Mehr als das Ganze. Nachdenken über Gott an den Grenzen der Moderne. Ostfildern: Matthias-Grünewald-Verlag.

Peters, Tiemo Rainer; Metz, Johann Baptist (2005): „Wenn ich Gott sage." Johann Baptist Metz und Tiemo Rainer Peters im Gespräch. In: Langenohl, Bertil (Hg.): Wozu Theologie? Anstiftungen aus der praktischen Fundamentaltheologie von Tiemo Rainer Peters. Münster: Lit, 59–76.

Peukert, Helmut; Böckle, Franz (Hg.) (1969): Diskussion zur „politischen Theologie". Mainz: Matthias Grünewald-Verlag.

Pollmann, Arnd (2012): IV. Kontroversen, 2. Konzeptionelle Spannungsverhältnisse, 2.1 Drei Dimensionen des Begriffs der Menschenrechte: Recht, Moral und Politik. In: Pollmann, Arnd; Lohmann, Georg (Hg.): Menschenrechte. Stuttgart: J.B. Metzler, 358–363.

Pott, Andreas; Rass, Christoph; Wolff, Frank (Hg.) (2018): Was ist ein Migrationsregime? What is a Migration Regime? Wiesbaden: Springer VS.

PT – Johannes XXIII. (1963): Enzyklika Pacem in terris, online unter <https://www.vatican.va/content/john-xxiii/de/encyclicals/documents/hf_j-xxiii_enc_11041963_pacem.html>, abgerufen 29.01.2023.

Raimondi, Francesca (2014): Sakralität und Geschichte. Zu Hans Joas' Verfahren einer „affirmativen Genealogie". In: Große Kracht, Hermann-Josef (Hg.): Der moderne Glaube an die Menschenwürde. Philosophie, Soziologie und Theologie im Gespräch mit Hans Joas. Bielefeld: transcript, 81–96.

Ranciére, Jacques (2017): Wer ist das Subjekt der Menschenrechte? In: Menke, Christoph; Raimondi, Francesca (Hg.): Die Revolution der Menschenrechte.

Grundlegende Texte zu einem neuen Begriff des Politischen. 2. Aufl. Berlin: Suhrkamp, 474–490.

Rawls, John (1993): Gerechtigkeit als Fairneß: politisch, nicht metaphysisch. In: Honneth, Axel (Hg.): Kommunitarismus. Eine Debatte über die moralischen Grundlagen moderner Gesellschaften. Frankfurt a. M. (u. a.): Campus, 36–67.

Rebentisch, Juliane (2022): Der Streit um Pluralität. Auseinandersetzungen mit Hannah Arendt. Berlin: Suhrkamp.

Rehfeld, Emmanuel L. (2021): Gottebenbildlichkeit und Menschenwürde. Neutestamentliche Kontrapunkte zu einer „klassischen Begründungsfigur" theologischer Anthropologie. In: Zeitschrift für Theologie und Kirche 118 (3), 295–321, online unter <10.1628/zthk-2021-0015>, abgerufen 05.08.2023.

Rethmann, Albert-Peter (2010): Globale Gerechtigkeit und staatliche Souveränität. Die kontroverse Frage der Grenzen staatlicher Souveränität im Rahmen von Migrations- und Asylpolitik. In: Becka, Michelle; Rethmann, Albert-Peter (Hg.): Ethik und Migration. Gesellschaftliche Herausforderungen und sozialethische Reflexion. Paderborn: Schöningh, 127–138.

Reuter, Hans-Richard (1996): Rechtsethik in theologischer Perspektive. Studien zur Grundlegung und Konkretion. Gütersloh: Kaiser.

Riedl, Anna Maria (2017): Anstiftung zur Kritik. Überlegungen zu einer politisch-theologischen Ethik. In: Ethik und Gesellschaft 9 (2), online unter <https://doi.org/10.18156/EUG-EUG-2-2017-ART-1>.

Riedl, Anna Maria; Ostheimer, Jochen; Veith, Werner; Berenz, Thomas (Hg.) (2014): Interdisziplinarität – eine Herausforderung für die christliche Sozialethik. Münster: Aschendorff.

Rissing, Michaela; Rissing, Thilo (2009): Politische Theologie. Schmitt, Derrida, Metz – eine Einführung. München (u. a.): Fink.

Robaszkiewicz, Maria (2018): Herausforderungen der Pluralität. Hannah Arendts politische Urteilskraft im Kontext der aktuellen Migrationspolitik. In: HannahArendt.net. Zeitschrift für politisches Denken 9 (1), 1–17.

Rödel, Ulrich; Frankenberg, Günter; Dubiel, Helmut (1989): Die demokratische Frage. Frankfurt a. M.: Suhrkamp.

Römelt, Josef (2006): Menschenwürde und Freiheit. Rechtsethik und Theologie des Rechts jenseits von Naturrecht und Positivismus. Freiburg i. Br.: Herder.

Rosenmüller, Stefanie; Grunenberg, Antonia (Hg.) (2007): Hannah Arendt. Verborgene Tradition – unzeitgemäße Aktualität? (Deutsche Zeitschrift für Philosophie Sonderband, 16). Berlin: Akademie-Verlag.

Rottländer, Peter (1988): Option für die Armen. Erneuerung der Weltkirche und Umbruch der Theologie. In: Schillebeeckx, Edward (Hg.): Mystik und Politik: Theologie im Ringen um Geschichte und Gesellschaft. Johann Baptist Metz zu Ehren. Mainz: Matthias-Grünewald-Verlag, 72–88.

Rottländer, Peter (1993): Ethik in der Politischen Theologie. Johann Baptist Metz zum 65. Geburtstag. In: Orientierung 57 (13–14), 152–158.

Rüschenschmidt, David (2019): Neue Politische Theologie. Johann Baptist Metz und sein Denken im Horizont einer intellektuellen Gründung der Bundesrepublik. Baden-Baden: Tectum.

Sager, Alex (2016a): An Introduction to the Ethics of Migration. In: Sager, Alex (Hg.): The Ethics and Politics of Immigration. Core Issues and Emerging Trends. London (u. a.): Rowman & Littlefield International, 1–10.

Sager, Alex (Hg.) (2016b): The Ethics and Politics of Immigration. Core Issues and Emerging Trends. London (u. a.): Rowman & Littlefield International.

Sander, Hans-Joachim (1999): Macht in der Ohnmacht. Eine Theologie der Menschenrechte. Freiburg i. Br.: Herder.

Sandkühler, Hans Jörg (2014): Menschenwürde und Menschenrechte. Über die Verletzbarkeit und den Schutz der Menschen. Freiburg i. Br.: Karl Alber.

Schaap, Andrew (2011): Enacting the right to have rights: Jacques Rancière's Critique of Hannah Arendt. In: European Journal of Political Theory 10 (1), 22–45.

Schliesser, Christiane (2019): Zur Theologie der Menschenrechte. Positionen und Perspektiven. In: Jäger, Sarah; Lohmann, Friedrich (Hg.): Eine Theologie der Menschenrechte. Frieden und Recht, Bd. 2. Wiesbaden: Springer, 13–45.

Schmalz, Dana (2015): Der Flüchtlingsbegriff zwischen kosmopolitischer Brisanz und nationalstaatlicher Ordnung. In: Kritische Justiz 48 (4), 390–404.

Schmalz, Dana (2017): Der Flüchtling als normative Idee, online unter <https://metaphora.univie.ac.at/volume3-schmalz.pdf>, abgerufen am 23.08.2019.

Schmalz, Dana (2021): Recht, Politik und die Bedingungen der Ko-Präsenz: Das „Recht, Rechte zu haben" im Lichte gegenwärtiger Migrationsfragen. In: RphZ 7 (1), 32–46.

Schmidt, Christoph (2009): Die theopolitische Stunde. Zwölf Perspektiven auf das eschatologische Problem der Moderne. München: Wilhelm Fink.

Schmitt, Carl (2017): Politische Theologie II. Die Legende von der Erledigung jeder Politischen Theologie. 6. Aufl. Berlin: Duncker & Humblot.

Schmitt, Carl (2018): Der Begriff des Politischen. Synoptische Darstellung der Texte. Berlin: Duncker & Humblot.

Schmitt, Carl (2021): Politische Theologie. Vier Kapitel zur Lehre von der Souveränität. 11. Aufl. Berlin: Duncker & Humblot.

Schmitt, Lukas (2022): Von Grenzen, Menschen und Mauern. Migrationsethische Perspektiven in der globalisierten Weltgesellschaft. Freiburg i. Br. (u. a.): Herder.

Schmölz, Franz-Martin (1988): Migration und Menschenwürde. In: Kleber, Karl-Heinz (Hg.): Migration und Menschenwürde. Passau: Passavia, 13–34.

Schnabl, Christa (2006): Das „Recht, Rechte zu haben". Voraussetzungen des Bürgertums nach Hannah Arendt. In: Heimbach-Steins, Marianne; Wielandt, Rotraud; Zintl, Reinhard (Hg.): Religiöse Identität(en) und gemeinsame Religionsfreiheit.

Eine Herausforderung pluraler Gesellschaften (Judentum – Christentum – Islam. Bamberger Interreligiöse Studien, 3). Würzburg: Ergon, 89–104.

Schönemann, Hubertus (2012): Art. Klage (AT), online unter <https://www.bibelwissenschaft.de/wibilex/das-bibellexikon/lexikon/sachwort/anzeigen/details/klage-at/ch/18066d6e545eafa89703024497e744c3/>, abgerufen am 29.01.2023.

Schulze Wessel, Julia (2017): Grenzfiguren – zur politischen Theorie des Flüchtlings. Bielefeld: transcript.

Schulze, Anna (2015): Hannah Arendt und die Aporien der Menschenrechte. Working Paper Nr. 5, online unter <https://refubium.fu-berlin.de/bitstream/handle/fub188/18668/Working_Paper_Schulze.pdf?sequence=1&isAllowed=y>, abgerufen am 29.01.2023.

Schwenken, Helen (2018): Globale Migration zur Einführung. Hamburg: Junius.

Seglow, Jonathan (2013): Art. Immigration, online unter <DOI: 10.1002/9781444367072.wbiee153>, abgerufen am 29.01.2023.

Seitschek, Hans Otto (2022): Art. Souveränität, II. Politikwissenschaftlich. Version 08.06.2022, 09:10 Uhr, online unter <https://www.staatslexikon-online.de/Lexikon/Souver%C3%A4nit%C3%A4t>, abgerufen am 15.07.2022.

Shacknove, Andrew E. (1985): Who is a refugee? In: Ethics 95 (2), 274–284.

Sinder, Rike (2016): Republikanisches Recht und totale Rechtlosigkeit. Zum Naturrechtsdenken Hannah Arendts. In: RphZ 2 (2), 187–212.

Sobrino, Jon (2013): Die „Kirche der Armen". Erfolge und Rückschläge; von Papst Johannes XXIII. bis Bischof Romero. In: Concilium. Internationale Zeitschrift für Theologie 49 (1), 84–92.

Sölle, Dorothee (1991): Von der politischen Theologie zur Theologie der Befreiung für Christen unter dem Industrialismus. In: Jochum, Richard; Stark, Charly (Hg.): Theologie für gebrannte Kinder. Beiträge zu einer neuen politischen Theologie. Freiburg Breisgau, Basel, Wien: Herder, 181–189.

Somek, Alexander (2018): Rechtsphilosophie zur Einführung. Hamburg: Junius.

Spinoza, Baruch de (2018): Theologisch-politischer Traktat. Herausgegeben und übersetzt von Wolfgang Bartuschat. 2. verbesserte Auflage. Hamburg: Meiner.

Steiner, Hillel (2017): Libertarismus und transnationale Migration. In: Dietrich, Frank (Hg.): Ethik der Migration. Philosophische Schlüsseltexte. Berlin: Suhrkamp, 48–59.

Steins, Georg (1994): „Fremde sind wir …". Zur Wahrnehmung des Fremdseins und zur Sorge für die Fremden in alttestamentlicher Perspektive. In: Jahrbuch für christliche Sozialwissenschaften 35, 133–150.

Sterzinsky, Georg Kardinal (2002): Der Schutz der Menschenwürde ist Verpflichtung aller staatlichen Gewalt. „Leben in der Illegalität" – Eine humanitäre und pastorale Herausforderung. In: Blum, Matthias (Hg.): Die Grenzgänger. Wie illegal kann ein Mensch sein?. Opladen: Leske und Budrich, 153–166.

Štica, Petr (2018): Migrationsethik – theologische Optionen und menschenrechtliche Potentiale. In: Baumeister, Martin; Böhnke, Michael; Heimbach-Steins, Marianne; Wendel, Saskia (Hg.): Menschenrechte in der katholischen Kirche. Historische, systematische und praktische Perspektiven. Paderborn: Ferdinand Schöningh, 267–281.

Tassin, Etienne (2018): Philosophie und Politik der Migration. In: HannahArendt.net. Zeitschrift für politisches Denken 9 (1), 4–21.

Taylor, Lawrence J. (2011): Art. Grenzen. In: Kreff, Fernand (Hg.): Lexikon der Globalisierung. Bielefeld: transcript, 130–133.

Thym, Daniel (2020): Menschenrechtliche Trendwende? Zu den EGMR-Entscheidungen über „heiße Zurückweisungen" an den EU-Außengrenzen und humanitäre Visa für Flüchtlinge. In: ZaoeRVt 80 (4), 989–1020.

Thym, Daniel (2022): Never-Ending Story? Political Dynamics, Legislative Uncertainties, and Practical Drawbacks of the ‚New Pact' on Migration and Asylum. In: Thym, Daniel; Odysseus Academic Network (Hg.): Reforming the Common European Asylum System. Opportunities, Pitfalls, and Downsides of the Commission Proposals for a New Pact on Migration and Asylum. Baden-Baden: Nomos, 11–32.

Tödt, Heinz Eduard (1982): Menschenrechte, Grundrechte. In: Christlicher Glaube in moderner Gesellschaft, Bd. 27. Freiburg im Breisgau: Herder, 9–57.

Tugendhat, Ernst (1987): Asyl: Gnade oder Menschenrecht? In: Barwig, Klaus; Mieth, Dietmar (Hg.): Migration und Menschenwürde. Mainz: Matthias Grünewald-Verlag, 76–82.

UN-Charta – Vereinte Nationen (1945): Die Charta der Vereinten Nationen, online unter <https://unric.org/de/charta/>, abgerufen am 29.01.2023.

van Meegen, Sven (Hg.) (2008): Menschen-Rechte. Theologische Perspektiven zum 60. Jahrestag der Proklamation der Allgemeinen Erklärung der Menschenrechte. Berlin (u. a.): Lit.

Varela, Maria do Mar Castro; Dhawan, Nikita (2020): Die Universalität der Menschenrechte überdenken. In: Aus Politik und Zeitgeschichte 70 (20), 33–38.

Varela, Maria do Mar Castro; Mansouri, Malika (2020): Das Erbe kritisch betrachten: Verflechtungen von Kolonialismus, Rassismus und Migrationsrechtsetzung. In: Harbou, Frederik von; Markow, Jekaterina (Hg.): Philosophie des Migrationsrechts. Tübingen: Mohr Siebeck, 291–316.

von der Leyen, Ursula (2020): Tweet vom 29. Februar 2020, online unter <https://twitter.com/vonderleyen/status/1233828573397626886?ref_src=twsrc%5Etfw>, abgerufen am 29.01.2023.

Wacker, Bernd; Manemann, Jürgen (2016): „Politische Theologie". Eine Skizze zur Geschichte und aktuellen Diskussion des Begriffs. In: Kajewski, Marie-Christine; Manemann, Jürgen (Hg.): Politische Theologie und politische Philosophie. Baden-Baden: Nomos, 9–54.

Wagner, Heike; Pletzl, Elisabeth (2010): Konstruktion von Migration in Statistik, Diskurs und Praxis. In: Becka, Michelle; Rethmann, Albert-Peter (Hg.): Ethik und Migration. Gesellschaftliche Herausforderungen und sozialethische Reflexion. Paderborn: Schöningh, 25–50.

Walzer, Michael (1983): Spheres of Justice. A Defense of Pluralism and Equality. New York: Basic Books.

Wellman, Christopher Heath (2008): Immigration and Freedom of Association. In: Ethics 119 (1), 109–141.

Wellman, Christopher Heath (2011): Part One: Freedom of Association and the Right to Exclude. In: Wellman, Christopher Heath; Cole, Phillip (Hg.): Debating the Ethics of Immigration. Is There a Right to Exclude?. Oxford (u. a.): Oxford University Press, 13–156.

Wellman, Christopher Heath (2019): Art. Immigration. In: Zalta, Edward N. (Hg.): The Stanford Encyclopedia of Philosophy Archive, online unter <https://plato.stanford.edu/entries/immigration/>, abgerufen am 29.01.2023.

Wellman, Christopher Heath; Cole, Phillip (Hg.) (2011): Debating the Ethics of Immigration. Is There a Right to Exclude?. Oxford (u. a.): Oxford University Press.

Wendel, Saskia (2018): Diskurse und Praktiken von Menschenwürde und Menschenrechten in spätkapitalistischen Zeiten. Systematisch-theologische Überlegungen. In: Baumeister, Martin; Böhnke, Michael; Heimbach-Steins, Marianne; Wendel, Saskia (Hg.): Menschenrechte in der katholischen Kirche. Historische, systematische und praktische Perspektiven. Paderborn: Ferdinand Schöningh, 141–152.

Wild, Thomas (2006): Hannah Arendt. Leben, Werk, Wirkung. Frankfurt a. M.: Suhrkamp.

Witschen, Dieter (2013): Grundmerkmale der Menschenrechte. Kennzeichen, Kriterien, Konturen. Paderborn: Ferdinand Schöningh.

Young-Bruehl, Elisabeth (2016): Hannah Arendt. Leben, Werk und Zeit. Erweiterte Ausgabe mit neuem Vorwort. Frankfurt a. M.: Fischer.

Zawisza, Rafael; Hagedorn, Ludger (2021a): Faith in the World or: The Philosohical Contraband of a Hidden Spiritual Tradition. In: Zawisza, Rafael; Hagedorn, Ludger (Hg.): „Faith in the world". Post-secular readings of Hannah Arendt. Frankfurt a. M. (u. a.): Campus, 11–33.

Zawisza, Rafael; Hagedorn, Ludger (Hg.) (2021b): „Faith in the world". Post-secular readings of Hannah Arendt. Frankfurt a. M. (u. a.): Campus.

Zimmerer, Jürgen (2012): Expansion und Herrschaft: Geschichte des europäischen und deutschen Kolonialismus. In: Aus Politik und Zeitgeschichte 62 (44–45), 10–16.

Zuleeg, Manfred (1987): Zur Bedeutung des Ausländerrechts. Verhindert das Ausländerrecht die Integration? In: Barwig, Klaus; Mieth, Dietmar (Hg.): Migration und Menschenwürde. Mainz: Matthias Grünewald, 100–113.

Zuleeg, Manfred (1988): Arbeitsmigration und Asylantenproblem. In: Kleber, Karl-Heinz (Hg.): Migration und Menschenwürde. Passau: Passavia, 70–89.